【제3판】

지역사회복지론

【제3판】

지역사회복지론

김영란 · 김형준 · 전진호 · 한상미

KNOWLEDGE COMMUNITY 공동체

제3판 서문

2018년에 처음 이 책이 나왔고, 2020년에 개정했다. 당시 우리는 첫 번째 판보다 두 번째 판의 내용이 더 풍부해졌다고 은근히 만족했다. 첫판을 쓸 때 시간이 없어서 미루어두었던, 그렇지만 지역사회복지 실천에 꼭 필요한 페미니즘 관점을 넣었고, 저자들이 평소에 좋아했던 루빈과 루빈의 조직화 물고기 그림도 삽입했다. 물론 사회복지사 1급 자격증 시험에 나올 만하지는 않더라도 지역사회복지 실천에 꼭 필요하다고 생각하는 내용들을 포함하다 보니 수업에서 다루어야 할 분량이 많아진 것도 사실이다. 저자들은 그 책으로 약 4년간 수업을 했고, 책을 쓸 당시와 강의를 하고 있는 현재 사이의 시간 차를 실감하게 되었다. 예컨대 당시에는 커뮤니티케어를 계획하고 있다고 썼는데, 지금은 시범사업 2기까지 진행되었다든지 하는 차이 말이다. 그래서 제3판 개정을 고려하지 않을 수 없었다. 그러나 저자들 각자의 삶에 치여서 감히 개정 작업을 시작하지 못했는데, 첫 페이지부터 마지막 페이지까지 꼼꼼하게 읽으면서 수정할 부분을 먼저 파악해서 개정의 물꼬를 튼 전진호 선생 덕택에 일이 순조롭게 진행되었다.

제3판 개정에서 주력한 것은 모든 자료를 최신화하고, 글에서 나타나는 시간의 격차를 메우는 일이었다. 인터넷에 있는 자료들도 다시 접속하여서 가지고 있는 자료와 비교하고 최근 것으로 업데이트했다. 다음은 글을 다듬었다. 워낙 분량이 많아서 꼭 있지 않아도 괜찮을 단어나 문장은 삭제했고, 설명이 지나치게 자세한 부분은 간단하고 명료하게 다시 서술하였다. 또한 문장 때문에 혼선을 일으킬 만한 내용들은 글쓰기를 보완해서 잘 읽히도록 만들었다. 그리고 저자가 단정적으로 표현한 부분은 글을 완화해서 독자가 가질 생각과 입장의 여지를 남겨두었다. 마지막으로 두 차례의 개정에서까지도 발견되지 않았던 오탈자와 편집의 오류들을 이번에 바로잡았다.

한마디로, 제2판과 비교해서 확 드러나는 변화는 아닐지라도 문장마다, 표나 그림마다, 하다못해 조사(助詞)까지도 놓치지 않고 세심하게 수정한 것이 이번 개정의 특징이다. 전체적으로 보면 내용에 변화가 거의 없는데도 불구하고 책이 더 나아지도록 저자들의 개정 제안을 받아주신 공동체 출판사에 감사의 마음을 전한다. 덕택에 저자들과 이 책으로 공부하는 독자들에게 간접적으로나마

지역사회복지 발전에 기여할 기회가 주어졌다. 정부는 국민의 삶에서 멀어져 가고, 개인 스스로 자기 삶을 꾸려내기 힘겨운 현시점에서 지역사회가 할 수 있는 일, 해야 할 일은 더 많아졌다. 이 책이 그런 지역사회의 일을 도모하는 데 유용하기를 희망한다.

2024년 8월

김영란 · 김형준 · 전진호 · 한상미

제2판 서문

어색하지만, 이 책의 초판을 구입하신 여러분께 이 자리를 빌려 감사의 마음을 전한다. 그러면서 고백하건대 우리 저자들은 이 책을 처음 쓸 때부터 개정을 염두에 두고 있었다는 점도 밝히면서 미안한 마음도 함께 전한다. 처음 하는 일은 처음부터 잘 되지 않는다는 것을 익히 알고 있었기 때문에 우리는 가능한 한 빨리 '처음'을 치러내고 싶었다. 그래서 첫판을 출판할 때 우리의 글은 부족했지만 용감하게 단행했다. 또한, 출판사에서 우리의 책을 오랫동안 기다렸기 때문에 가급적 학기가 시작되기 전에 출판하려고 서둘렀다.

이렇게 개정은 이미 예견되었지만 그날은 생각보다 일찍 왔다. 저자 모두 지역사회복지 강의를 하고 있었기 때문에 첫판의 책으로 강의를 하면서 학생들에게 피드백을 받기도 했고, 우리 스스로 책의 어느 부분의 내용이 부족하거나 과한지, 어느 부분에서 논리가 꼬이는지를 찬찬히 살폈다. 또한, 잘못되거나 빠진 글자, 수상한 그림, 어색한 삽화까지 하나하나 체크했다. 더군다나 2년도 안 된 사이에 지역사회복지에서 다루어야 할 내용도 늘어났다. 대표적으로 커뮤니티케어가 그러하다. 우리는 스스로의 부끄러움과 추가해야 할 내용에 대한 책임감으로 개정을 결정했다.

2판에서 눈에 띄는 변화는 목차를 바꾼 것이다. 다시 말해서 전체 책에 들어가는 내용의 순서를 조절하였다. 이는 직접 강의를 하면서 학생들에게 어떤 방식의 흐름으로 설명하는 것이 가장 적절하게 이해를 도울 수 있을지를 깨닫게 되었기 때문에 가능했다. 그래서 첫판에서는 3부로 구성되었던 내용이 2판에서는 4부로 바뀌었다. 1부 지역사회복지의 이해에 1장 지역사회에 대한 이해, 2장 지역사회복지에 대한 이해, 그리고 역사를 통해서 지역사회복지를 이해하도록 3장 지역사회복지의 발달과정을 배치했다. 첫판 2부 지역사회복지 실천을 위한 이론과 기술 부분은 지역사회복지 실천을 위한 가치와 이론으로 고치고, 그 안에 첫판 1부에 있었던 지역사회복지 실천 관련 가치와 관점을 옮겨왔고, 지역사회복지 실천 관련 이론을 넣었다. 또한, 3부를 지역사회복지 실천과정과 기술이라고 하고 지역사회복지 실천모델, 실천과정, 실천기술을 차례로 설명하였다. 그리고 4부에서 지역사회복지의 실천현장을 다루었다.

다음은, 첫판에는 수록하지 않았던 내용을 새로 넣었다. 우선, 지역사회복지를 실천함에 있어 이해해야 할 필요가 있다고 보는 현재의 국내 환경을 포함하였다. 여기에서 지방자치, 공공서비스, 커뮤니티케어, 마을만들기, 시민 성장의 최근 경향이 지역사회복지 실천과 어떻게 관계되는지에 대해 설명했다. 또한, 첫판을 낼 당시에도 지역사회복지 실천가가 페미니즘 관점을 가져야 한다는 것이 저자들의 공통된 의견이었지만 시간관계상 포함하지 못했는데 이번에는 여성친화도시에 대한 설명까지 포함해서 다루었다. 마지막으로 첫판에서 전체 분량을 고려하는 바람에 순위에서 밀렸던 지역자활센터를 지역사회복지 실천 현장 부분에 제시하였다.

이 외에도 지역사회복지의 실천현장인 7개의 영역을 가급적 유사한 구성(목적, 변천과정, 조직구성, 세부내용, 향후 발전방향)으로 맞추었고, 3장 지역사회복지 발달과정도 가능한 한 최근의 내용을 포함하려고 노력했다. 또한, 내용 사이의 차이 나는 분량(어떤 부분은 너무 많이, 어떤 부분은 너무 간략하게 설명)과 불분명한 표현이나 설명에 대한 수정·보완은 물론이거니와 긴 문장을 짧은 문장으로 나누거나 접속어를 바꾸어서 더 편안하게 읽힐 수 있도록 만들었다. 그리고 '더 알아보기'에 넣었던 내용을 본문으로 옮기기도 하고, 일부의 '더 알아보기' 내용을 빼기도 했다. 특히 이번 기회에 우리 저자들이 모두 좋아하는 조직화 물고기 그림을 넣어서 흡족하다.

한마디로 2판은 첫판에 비해 좋아졌다. 책을 구입한 지 얼마 되지 않아서 다시 구입해야 하는 독자의 속상함을 누를 만큼은 되었다고 생각한다. 그럼에도 불구하고 이 책은 아직도 허점이 많다. 그것은 우리 저자들의 능력 문제이기 때문에 어찌해 볼 도리가 없는 일이긴 하다. 그래서 우리도 이 책을 쓴 경험을 바탕으로 더 정진하는 연구자이자 교육자가 되어야 한다는 점을 깨닫게 되었다.

이 모든 소중한 기회를 주신 공동체 출판사에 감사를 드린다. 한결같이 우리를 믿고 우리가 요구하는 모든 것이 가능하다고 말씀해 주시는 김동근 전무이사님께 특별한 감사의 마음을 보낸다. 또한, 검토 원고는 늦게 보내면서 까다롭게 디자인을 챙기는 우리를 차분히 응대해 주신 편집부 오연수 대리님께도 깊은 감사를 드린다.

우리는 첫판을 바탕으로 해서 바꾼 이 책을 다시 한번 독자들이 유용하게 사용하기를 바란다. 지역사회복지를 공부하고 실천하는 국내 사회복지사들이, 그리고 사회복지사가 되려는 학생들이 좋은 지역사회는 '좋은 삶'이 담기는 그릇이고, 그 그릇을 제대로 만드는 일이 사회복지의 몫이라는 점을 깨닫는 데 이 책이 도움이 되길 희망한다.

2020년 2월

김영란 · 김형준 · 전진호 · 한상미

초판 서문

어느 하나에 부침이 없이 중간이 된다는 것은 편안하기도 하지만 보기에 따라서 안일하기도 하다. 혹시 사회복지학에서 지역사회복지가 그런 것은 아닐까? 개인을 대상으로 하는 미시적 접근도 아니고, 그렇다고 정부의 일로 여겨지는 거시적 접근도 아닌, 그 사이 어디 중간쯤에 놓여 있는 것처럼 보이는 지역사회복지는 배우기도, 가르치기도, 실천하기도 애매한 영역으로 존재했다. 그럼에도 불구하고 저자들을 포함하여 사회복지학계는 이를 바로잡기 위한 노력을 열심히 하지 못했다고 생각한다.

한편 마치 약방의 감초처럼, 지역사회복지는 사회복지 전반에 걸쳐 여기저기서 드러난다. '환경 속의 인간(person in environment)'에서 환경은 그 인간이 살고 있는 지역사회를 의미해서 개인을 대상으로 하는 미시실천에서도 '지역사회개입'이 제안되었고, 지방자치제도의 도입과 더불어 사회복지정책에서도 지방정부의 사회복지서비스는 지역사회를 중심으로 이루어졌다. 시설보호보다는 각자의 가정에서 사는 것이 더 낫다는 취지의 실천을 강조할 때도 가정에서의 생활은 '지역사회보호'라는 실천방법으로 명명되었고, 자원봉사자를 비롯한 서비스 자원의 동원을 설명할 때도 지역사회가 중심이 되었다. 그래서 지역사회는 어떤 사회복지를 실천하든지 간에 변치 않는 고정된 배경처럼 사회복지 안에 붙박여 있다. 그렇다면 왜 지역사회복지라는 명칭과 그에 해당하는 교과목, 그리고 실천영역이 따로 존재하는 것일까? 사회복지 어디에나 있는 것 같으면서도 어디에도 없는 것 같은 지역사회복지의 존재(감)는 저자들의 학창시절부터 교수시절까지 풀리지 않는 숙제와도 같았다.

교수와 제자, 선배와 후배, 학계의 동료 사이로 엮어진 우리 저자들은 모두 지역사회복지를 강의한다는 공통점을 가지고 있다. 그래서 우리는 틈틈이 이 고충을 나누면서 교과목 강의계획서, 강의자료, 교재 등에 대한 정보를 교환해 왔고, 지역사회복지가 무엇이고, 무엇이 되어야 하는지에 대해서 고민해 왔다. 이 어설픈 책은 그 과정의 중간 산물 정도쯤 된다.

우리에게 분명한 것은, **지역사회복지는 지역사회를 대상으로 하는 사회복지실천의 한 분야**라는 것이고, 거기에 보태서 지금까지 알려져 온 것처럼, 다양한 사회복지 실천 분야에서 지역사회를 활용하는 일종의 실천방법이라는 것이다. 그리고 지역사회복지에 대한 저자들의 이러한 개념 정의가 책의 내용에 오롯이 담길 수 있도록 노력하였다. 이런 저자들의 입장을 전적으로 추진하지 못하고, 그렇게 하려고 '노력'한 것은 지역사회를 대상화하고, 그 대상과 더불어 실천하려는 학계나 실천계의 풍토가 아직 굳게 자리 잡지 못했기 때문이다. 더 쉽거나 거칠게 말한다면, 저자들의 의도대로 책을 쓴다면, 그런 내용의 책을 공부해서 진출할 현장도 거의 없고, 사회복지사 1급 자격증 시험에서 좋은 성적을 거둘 수도 없는 현실이라는 것이다. 그래서 우리는 책에 포함할 내용을 놓고 여러 번의 타협을 해야 했다. 저자들의 주장하는 바를 더 깊이 있게 다루는 데 들이는 노력보다 다른 저자들의 내용과 견주어서 빠진 것은 없는지, 혹은 빠진 것을 넣으려다 도리어 우리 저자들의 주장이 흔들려 버리는 것은 아닌지를 따져보는 일에 더 많은 노력을 들인 것은 안타까운 일이다.

이 책은 다른 책들과 유사한 목차로 구성되어 있다. 1부에서는 지역사회복지가 무엇인지를 이해하기 위한 총론 성격의 내용을 담았다. 지역사회복지는 지역사회를 대상으로 하는 실천분야이기 때문에 지역사회에 대한 이해는 필수적이다. 그래서 1장에서는 지역사회의 의미, 특성, 유형, 기능, 그리고 현실과 쟁점을 통해 지역사회란 무엇인지를 이해하도록 하는 내용을 포함하였다. 2장은 사회복지 전체에서 지역사회복지가 어떻게 그 부침을 달리하고 있으며, 이를 통해서 지역사회복지란 과연 무엇인지를 밝혀내는 내용을 다루었다. 이어서 지역사회복지의 개념과 내용, 그리고 실천의 목적을 포함하였다. 한마디로 2장은 저자들의 입장을 설명하는 이 책의 핵심적인 장이다. 3장은 지역사회복지를 실천할 때 실천가가 가져야 할 가치와 관점을 다루었다. 지역사회가 사회복지실천의 대상이라고 할 때, 실천가는 지역사회의 다양성과 문화적 차이를 이해하고, 지역사회도 자기결정과 역량을 강화해야 함을 중요시하며, 지역사회에 접근함에 있어 그리고 지역사회 주민이 주체가 되는 데 필요한 비판적 의식을 계발하고, 서로 배우는 가운데 사회정의와 자원의 평등한 분배에 대한 사명을 실현하는 가치를 지향해야 한다. 한편 지역사회복지 실천가가 학습해야 할 관점으로 기능주의 관점, 갈등주의 관점, 상호작용주의 관점, 다원주의 관점, 공동체주의 관점, 그리고 생태주의 관점을 설명하였다. 4장은 영국, 미국, 일본, 한국의 지역사회복지의 발달과정을 통해서 지역사회복지를 이해할 수 있도록 하였다. 이 부분은 각국의 지역사회복지 역사라고 할 만한 내용을 다룬 것이지만, 사회복지, 특히 지역사회복지 역사를 역사학자답게 다룰 수 있는 저자들이 아니기 때문에 감히 '역사'라는 제목을 붙일 수가 없었다. 그래서 느슨하게나마 각 나라에서 지역사회복지가 어떻게 진행되어 왔는지를 살펴봄으로써 지역사회복지에 어떤 내용이 포함될 수 있는지, 그리고 지역사회복지 실천가들은 무엇을 하는 전문가인지를 미루어 짐작할 수 있는 정보를 제공하는 데 그쳤다.

2부에서는 지역사회복지 실천을 위한 이론과 기술을 소개함으로써 실제로 지역사회복지를 실천할 때 활용할 수 있는 다양한 방법을 익힐 수 있도록 하였다. 여기에는 실천가가 지역사회가 처한 상황이나 해결하거나 개선하려고 하는 상태에 맞추어서 적절하게 선택할 수 있는 각종 이론, 모델, 기술, 그리고 그 모델과 기술을 설명하고, 그것을 이용해서 실천을 진행하는 과정에 대해 소개하였다. 5장에서는 지역사회복지 실천과 관련된 이론으로 사회체계이론, 사회적 교환이론, 권력구조이론, 헤게모니이론, 사회교육이론을 소개하였다. 6장은 여러 지역사회복지 실천모델을 다루었는데, 대표적으로 로스만의 모델(기본 모델과 확장 모델), 웨일과 갬블의 모델, 포플의 모델을 포함하였다. 7장에서는 지역사회복지 실천에 필요한 기술로, 임파워먼트 기술, 네트워크 기술, 자원개발 및 동원 기술, 조직화 기술, 옹호/대변 기술, 협상 기술, 그리고 지역사회교육 기술을 망라하였다. 8장에서 설명하고 있는 지역사회복지 실천과정은 학자마다 다르게 여러 단계를 설명하고 있지만, 그중 공통적이고 핵심적인 과정을 골라, 지역사회 이슈 확인, 지역사회 이슈와 관련된 니즈 사정, 계획 및 실행, 평가 단계로 구성하였다.

마지막 3부에서는 지역사회복지 실천이 이루어지는 실제 현장에 대한 내용을 다루었다. 사실상 저자들이 주장하는 지역사회복지의 개념으로 미루어서 국내의 현장은 매우 제한적이지만, 가능한 한 기존의 저자들이 소개했던 현장과 우리 저자들이 소개하고자 하는 현장을 포괄하려고 노력하였다. 이에 사회복지협의회, 지역사회보장협의체, 사회복지관, 자원봉사센터, 사회복지공동모금회를 포함하고, 우리 저자들의 의견을 담아 지역사회복지운동 부분에서 마을만들기운동, 지역화폐운동, 협동조합운동, 주거권운동, 환경권운동을 포함하였다.

비록 지역사회를 근간으로 하는 운동분야에서 사회복지 실천가들의 활동을 찾아보기는 쉽지 않지만 이 분야들이 앞으로 지역사회복지 전공자들이 활발하게 활동할 수 있는 실천현장이 될 것을 희망하면서 집필하였다.

저자들은 책의 내용뿐 아니라 글쓰기에도 세심한 주의를 기울였다. 첫째, 과연 우리의 주장과 우리의 글이 만인과 만물에 순환적이고 상생적인가를 지속적으로 점검해 보는 것이다. 그런 의미에서 우리는 가능한 한 '전략', '전술' 같은 군사적이라고 할 만한 표현을 자제하였다. 또한 '그'로만 표현되는 글을 '그/그녀'라고 했을 뿐 아니라 인용하는 이론가들이 여성인지 남성인지를 고려할 수 있도록 이름의 표현에서도 주의를 기했다. 마치 모든 이론가들이 남성일 것으로, 혹은 여성은 아닐 것으로 짐작하는 글쓰기는 피하기로 했다. 둘째, 흔히 지역사회 '문제'나 '욕구'라는 표현을 '이슈'나 '니즈'로 대신하였다. 지역사회를 문제를 가지고 있는 공간이기보다는 다양한 이슈가 만들어지는 공간으로, 욕구를 드러내기보다는 니즈(필요한 것)가 제대로 분배되지 않은 공간으로 이해하자는 취지에서이다. 셋째, 가능하면 친절하고 풍부한 자료를 제공하고자 했다. 그래서 각주를 사용하기도 했지만 '더 알아보기'라는 박스를 넣어서 관련된 사건, 사업, 기관, 인물 등을 설명하였다. 이 자료를 계기로 해서 학생들이 관련 내용에 흥미를 가지게 되고, 나아가 스스로 더 자세한 내용을 알아본다면 좋겠다고 생각했다. 마지막으로, 국내에 상당히 많이 출판된 '지역사회복지론'들에 뒤늦게 한 권의 책을 더 보태면서, 결국 유사한 내용을 다룰 수밖에 없는 상황에서도 가급적 원래의 문헌들을 직접 읽고 인용해서 연구자들의 입장에 맞게 인용이 선택되고 해석될 수 있도록 하였다. 그러나 여전히 더 많은 최신 자료를 활용하지 못한 것은 앞으로 노력해야 할 부분으로 남겨져 있다.

이 책은 여러 해 전에 계획되었고, 그래서 여러 번의 여름과 겨울(주로 방학 때 작업을 했기 때문에)을 거쳐 완성되었다. 전국 각지에 흩어져 있는 저자들은 집필의 뜻은 같이 했지만 행동을 같이할 수 있을 만큼 여유롭지 못했다. 또한 저자들은 이 책의 집필과 관련해서 자료로 활용하려고 했던 *Community Profiling-A Practical Guide*에 매료되어서 집필을 중단하고 번역서를 출판하는 데도 1년 넘게 보냈다. 저자들이 이러고 있는 동안 국내의 정치, 사회, 경제,

문화에서의 다양한 변화, 마을 중심의 사회복지 서비스 전달체계의 개편, 사회복지 관련 법령 개정 등 책을 계획했을 때와는 다른 국면이 펼쳐졌고, 우리는 그런 모든 변화를 수용하면서 이 책의 내용이 보다 최근의 상황을 포함할 수 있도록 노력하였다. 그러나 세상이 변하는 것처럼 우리 책도 몇 년 사이에 쓸모가 없어질 것이다. 그래서 우리는 앞으로 이 책에 대한 지속적인 개정을 시도할 예정이다. 예를 들어, 다음에는 여성주의 관점을 포함해야 할 것이고, 지역사회복지 발달과정이 역사가 되도록 보다 치밀한 자료 수집과 학습을 진행할 것이다.

이렇게 허점이 많은 책을 미리 읽고 피드백해서 더 나은 책이 되도록 도와준 목포대학교 사회복지학과 대학원생들과 부천대학 사회복지학과 학생들에게 고마움을 전한다. 그리고 책의 기획 이후 수년 동안 묵묵히 저자들의 건강만 걱정해 주시고, 불현듯 번역서를 내겠다는 저자들의 엉뚱한 제안을 망설이지 않고 받아주신 공동체 출판사의 김동근 전무이사님께, 고마움이 잴 수 있는 것이라면, 가장 많고 무거운 고마움을 드리고 싶다. 그뿐만 아니라 개강에 출판일을 맞추기 위해서 교정을 서둘러서 글이 활자로 자리 잡도록 최선을 다하신 편집부의 관계자들에게도 감사를 드린다.

이 책뿐 아니라 사회복지의 다양한, 그리고 좋은 공부를 하고도 취업을 걱정하는 학생들, 특히 지역사회를 사랑하지만 지역사회와 더불어 활동할 기회를 쉽게 갖지 못하는 학생들에게 이 책이 일종의 촉진제가 되기를 바라는 마음, 그리고 현재 지역사회에서 묵묵히 사회복지사의 길을 가고 있는 실천가들에게 이 책이 일종의 자기 확신이 되기를 바라는 마음을 가지고 우리 저자들은 이 부족한 책을 용기 있게 세상에 내놓는다.

2018년 3월

김영란 · 김형준 · 전진호 · 한상미

차 례

PART 04 지역사회복지의 실천현장

차 례

표 차례

차 례

그림 차례

더 알아보기 차례

01
PART

지역사회복지의 이해

01 CHAPTER 지역사회에 대한 이해

지역사회복지는 '지역사회'와 '복지'의 합성어로, 간단히 말해서 '지역사회를 위한 복지'라고 할 수 있다. 여기서 복지는 '좋은 상태(welfare = well + fare)'를 의미하고, 사회복지는 그러한 상태를 '사회적으로' 추구하는 것을 의미한다. 풀어서 말하면, 인간이 각종 사회적 위험으로부터 안전하고, 행복하게 일상생활을 영위하며, 그 행복이 미래에도 보장되는 상태가 바로 복지이다. 그런데 이러한 상태를 개인 혼자서 만들기 어려우므로 사회적, 즉 집합적인 방법을 사용하고자 할 때 사회복지라고 하는 제도가 활용된다.[1] 여기에 '지역사회'를 붙이면, 지역사회복지는 **지역을 좋은 상태로 만드는 사회복지실천 활동**이 된다. 그렇다면 지역사회는 무엇이고, 지역사회를 좋은 상태로 만든다는 것은 또 무엇인가? 지역사회복지는 '지역사회'를 키워드로 하는 사회복지실천이기 때문에 그 키워드에 대해서 제대로 이해하는 것은 올바른 지역사회복지실천을 하기 위한 필연적 과정이다. 그래서 지역사회를 이해하는 것을 이 책의 출발점으로 잡으려 한다.

1. 지역사회의 어의적 의미

지역사회복지는 외국으로부터 수입된 학문으로, 여기에서 지역사회는 영어의 '커뮤니티(community)'라는 단어를 '지역사회'로 번역한 것이다. 사회과학 문헌에서 커뮤니티라는 개념이 공식적으로 등장한 것은 1910년대이다. 이후 커뮤니티에 대해서 무수히 많은 정의가 나왔지만 손 안의 젤리가 손가

1) 그러나 이러한 제도가 항상 저절로 만들어지는 것은 아니다. 이는 이념과 재원을 둘러싼 정치적·경제적 주체들과 국민을 포함한 사회복지 지지자들 사이의 갈등과 투쟁의 결과로 얻어지는 것이다. 그러므로 사회복지란 '사회적 위험에 공적으로 대응하고자 하는 정신이자 실천운동'이라고 정의할 수도 있다.

락 사이로 빠져나가듯 손에 넣기 어려운 개념이라고 알려졌다(Pelly-Effrat, 1974). 더욱이 우리나라에서는 영어를 번역하여 사용하고 있는데, 우리말의 '지역사회'와 영어의 '커뮤니티'의 의미가 정확하게 일치하지 않아 용어에서부터 혼란을 가져온다.

영영사전(Merriam-Webster's, 1993 : 233)에서 커뮤니티를 찾아보면, 크게 세 가지의 뜻이 있고, 거기에 각각 세부적인 의미가 포함되어 있다. 요약하면, 커뮤니티는 ① 같은 지역에 거주하거나 같은 관심이나 특성을 갖고 있는 사람들의 집단, ② 넓게는 사회, ③ 합동 소유나 참여로 정의된다. 한편 국어사전에서 지역사회는 "일정 지역 안에 성립되어 있는 생활 공동체(이희승 감수, 1996 : 2430)"라고 정의되어 있다. 단어의 의미로 보아 영어의 커뮤니티는 일정한 지역에 함께 거주하든지, 같은 관심을 보이든지, 동일한 사회적 배경을 갖고 있든지 하는 다수로 구성된 사람들이 모인 동질적인 집단이라는 의미가 강한 반면, 우리말의 지역사회는 지리적 의미(즉, 지역성, locality)가 강하다.

영어의 커뮤니티가 이러한 의미를 갖게 된 이유는 그 단어의 어원에서 찾을 수 있다. 커뮤니티는 어원적으로 'communis'라는 라틴어에 뿌리를 두고 있다. 이는 'com(함께, 서로)'과 'munus(선물)'의 합성어로서 "함께 선물을 나누는 것"을 의미한다.[2] 즉, 어원적으로 커뮤니티라는 단어에는 공동 참여와 상호 교류의 의미가 내재되어 있을 뿐 지역성은 포함되지 않았다. 이후 중세에 와서 'communis'는 "성곽 내에 거주하는 사람의 총체"를 의미하게 되었고, 그래서 커뮤니티에 성곽이라는 경계가 있는 지리적 의미가 담기게 되었다.

지리적 의미가 담긴 영어의 커뮤니티는 우리말 '지역사회'로 번역하면 된다. 그리고 공통의 이해관계나 특성을 바탕으로 한 커뮤니티를 우리말에서는 '공동체'로 번역해도 좋다. 예를 들어, '학문 공동체', '문화 공동체', '생활 공동체' 등의 표현을 볼 수 있는데, 이는 지리적 경계와 상관없이 공동의 관심과 목표를 가진 사람들의 집합체를 의미한다. 나아가 공동체는 지

2) 이 어원은 김종일 교수가 그의 저서 『지역사회복지론(2012)』에서 녹색평론 65호에 소개된 베르나르 리에테르(Bernard Lietaer)의 글 '공동체 화폐'를 참조하였다고 밝힌 내용을 참고하였다.

향하는 이상을 공유하고 이를 향해 결집된 삶을 함께 영위한다는 의미가 강하다.[3] 그래서 이 책에서는 지리적 개념의 '지역사회'라는 용어를 주로 사용하면서 그 외에는 '커뮤니티'-특히 외국 문헌을 인용하는 경우-라고 영어 그대로 쓰고, 공동체성이 강하게 작용하는 경우에는 '공동체'로 표현할 것이다.

2. 개념으로 본 지역사회의 특성

앞에서도 말했듯이, 인간에 대한 이해가 어려운 것처럼 지역사회가 무엇인지를 이해하는 것도 쉽지 않다. 여기에서는 지역사회의 개념에 대한 설명을 통해서 지역사회란 어떤 것인지를, 혹은 어떠할 때 우리는 그것을 지역사회라고 부르는지를 살펴보기로 하자.

1) 전통적 개념의 지역사회

지금까지 소개된 커뮤니티에 대한 개념 중 대표적이며 전통적인 개념은 프랑스 사회학자인 뒤르켐(Durkheim, 1858~1917)의 구조적 관점과 독일의 사회학자 퇴니스(Tőnnises, 1855~1936)의 사회심리적 관점과 관련 있다. 구조적 관점에서 커뮤니티를 해당 커뮤니티 안에 있는 개인을 사회화하며 개인과 국가를 연결하는 구조로 파악한다면, 사회심리적 관점에서는 커뮤니티의 크기와 사회적 관계를 중요시하면서 커뮤니티를 인간을 서로 연결하는 경로로 파악한다(Warren & Lyon, 1983, Martinez-Brawley, 1995 : 536 재인용).

뒤르켐은 1893년 그의 저서 『사회분업론(*The Division of Labour in Society*)』에서 전통과 사회적 결속이 해체되는 상황에 주목하며, '무엇이 사회를 지탱하게 하는가?'라는 사회학의 근본문제를 제기하였다. 그는 사회를 사회적

3) 이상을 지향한다는 측면에서 공동체는 정신적 구성물이자 강한 소속감의 결집체를 의미하기 때문에 오히려 지역사회 내에서 권장되어야 할 특성, 즉 '공동체성(communality)'으로 이해될 수 있다.

에밀 뒤르켐
(Émile Durkheim, 1858~1917)

규범, 공유된 가치 및 관행 등의 결과로 나타난 소산물로 보았는데, 이때 사회 구성원들을 통합하는 규범적 핵심요소를 '연대'라고 하였다. 또한 그는 사회 발전 단계에 따라 **'기계적 연대**(mechanical solidarity)'와 **'유기적 연대**(organic solidarity)'로 나누었는데, 전자는 사회적 분화가 덜 이루어진, 단순하고 동질적인 삶의 방식이 지배적인 전통사회에서 발달하는 유대이다. 전통사회는 동질적인 생활조건, 생활양식, 문화와 신앙 등이 함께 연결된 사람들로 구성되어 있기 때문에 서로 간의 연대가 대단히 강하고 물질적·주관적 요소가 중요하다. 한편 후자는 직업적·사회적 분화가 크게 일어난 현대사회에서 발달하는 유대이다. 현대사회는 생활조건과 문화, 사상의 차이가 심한데, 이때는 전통사회의 강한 연대가 뒤로 물러나고 그 자리를 복잡한 노동분화와 전문화에 의해 조성된 '상호 의존성'이 대신한다. 이때 전통사회의 집단적 의식이 약화되고, 마치 우리 인간의 신체가 이질적인 기능을 지닌 다양한 유기적 요소들로 이루어지는 것처럼 현대인은 복잡한 사회구조의 한 유기적 구성인자로서 상호 의존하면서 살아간다(박호성, 2009 : 433-437). 이처럼 뒤르켐은 사회가 어떤 구조를 가지느냐에 따라 결속의 정도가 달라지고 상이한 연대가 이루어진다고 보았다.

한편 1870년까지 농업국가였던 독일이 급격하게 산업을 발전시키자 노동자가 수적으로 증가하고, 도시 산업지역으로 집중 이주하는 과정에서 가족과 촌락 중심의 생활이 크게 변화하는 상황을 경험하게 되었다. 이에 1887년 독일의 사회학자 퇴니스는 독일 '사회학의 창립문서'로 불리는 저서 『공동체와 사회(*Gemeinschaft und Gesellschaft*)』를 출판하였다. 이 책에서 그는 **'공동체(게마인샤프트, 공동사회)'**와 **'사회(게젤샤프트, 이익사회)'**를 대립적인 개념으로 설정하고, 이 중 공동체를 높이 평가하였다. 이를테면 '공동체'는 농업사회가 중심을 이룬 가족과 촌락을 의미하고 '사회'는 산업화된 도시를 의미한다. 그래서

페르디난트 퇴니스
(Ferdrinand Tönnies, 1855~1936)

'공동체'는 "모든 친근하고 내밀하며 배타적인 더불어 살기"가 이루어지는 곳으로, 이런 의미에서 "공동체 안에서는 태어나면서부터 모든 길흉화복을 짊어지고 공동체와 튼튼히 연결"되는 삶을 살게 된다고 보며, 반대로 '사회'로 들어간다는 것은 "마치 낯선 곳인 것처럼" 여겨지며, 일시적이고 겉치레뿐인 공생이 이루어지는 곳으로 간주된다고 하였다. 한마디로 '공동체'는 "살아 꿈틀거리는 유기체"라면, '사회'는 "기계적인 집합체나 인위적 구조물"이다(박호성, 2009 : 97-111).

1800년대의 사회를 보면서 이 두 사회학자들이 내린 사회에 대한 구분은 넓게는 지역사회를 도시적 성향과 농촌적 성향으로 특징짓도록 하였다. 이후 커뮤니티의 개념은 장소와 기능의 구조적인 요소를 고려하는 것에서 벗어나 "구성원의 연대감과 유의미한 감정을 경험하는 정도에 따라 결정된다(Clark, 1973, Martinez-Brawley, 1995 : 536 재인용)"고 보는 심리적인 요소를 강조하는 쪽으로 옮겨졌다. 이는 커뮤니티를 단순히 지역성에 국한된 개념에서 **연대성, 응집성, 일체성**(weness, 즉 우리는 하나라는 생각)과 같은 개인 삶의 내적인 면까지 포함하는 개념으로 확장시켰다.

2) 지리적 개념의 지역사회

커스트-애쉬만과 헐(Kirst-Ashman & Hull, 2001)은 커뮤니티를 지역성에 기초한 개념(즉, 우리말의 지역사회)에 국한한다고 전제하면서, 커뮤니티의 개념에 들어있는 세 가지의 공통 요소를 설명하였다. 지역사회복지도 주로 지리적 커뮤니티를 바탕으로 실천되는 만큼 커스트-애쉬만과 헐의 설명을 토대로 해서 지역사회가 무엇인지 이해해 보자.

(1) 물리적 공간의 공유

지역사회는 공유된 물리적 공간을 가진다. 이 말에는 지역사회가 공유된 공간과 공유되지 않은 공간으로 구분되고 이 둘 사이에는 경계가 존재한다는 의미가 담겨있다. 세계 시민으로서 우리는 지구라는 공간을 공유한다. 한편 서울 시민은 서울을, 부천 시민은 부천을, 그리고 목포 시민은 목포라는 물리적 공간을 공유한다. 여기에서 공간을 공유한다는 것은 공간을 차지하는 것이라기보다 공간을 서로 나누는 것(share)을 뜻한다. 또한 지역사회가 '공유된 공간'이라는 의미는 해당 지역사회에 속한다는 '소속감'의 문제와 관련 있다. 예를 들어, 서울 시민은 서울에 속하지 목포에 속하지는 않는다. 이때 서울과 목포 사이에는 경계가 존재한다. 그러나 과거 하나의 공간에서 주거, 노동, 교육, 여가 등이 이루어졌던 때와 달리, 현대인들은 다양한 활동을 근거로 각각 다른 공간에 중복해서 소속되어 있기 때문에 공간과 공간 사이에 경계가 분명한 것도 아니다.

(2) 사회적 상호작용

지역사회는 지역주민 사이에서 사회적 상호작용이 일어나는 공간이다. 지역사회 내에서 일어나는 사회적 상호작용은 고용, 여가, 종교 등 수많은 다른 목적들을 가지고 작동한다. 또한 지역사회에서는 사람과 지역사회가 서로 영향을 주고받으면서 상호작용하기도 한다. 지역사회는 하나의 사회조직으로서 제도와 기관이 일정한 상호작용의 패턴을 만들어 내고 주민들 역시 그러한 패턴과 상호작용한다. 따라서 지역사회의 특성은 **상호 의존성**(interdependency)과 **상호기대**(mutual expectation)로 요약될 수 있다. 상호 의존성은 지역사회 구성원들이 자신의 니즈를 혼자의 힘만으로 충족할 수 없기 때문에 싫든 좋든 다른 구성원들과 거래나 교환 관계를 맺으며 서로 의존하는 것을 의미한다. 상호기대는 지역사회 구성원들이 상대방의 행위를 예측하고, 그것에 적절히 반응하는 것으로, 우리는 각자에게 부여된 역할, 가치, 규범, 지위를 바탕으로 상대에게 일종의 기대를 갖는다(김종일, 2012 : 23-24).

(3) 정체성의 공유

지역사회 구성원들은 자신이 속한 지역사회에 대한 집합적인 정체성(collective identity)을 가지고 있다. 정체성은 어떤 존재가 본질적으로 가지고 있는 특성이고, 집합적인 정체성은 공통적 생활양식이나 가치관을 함께하는 집단이 가지는 본질적인 특성이다. 예를 들어, 인종이나 문화, 종교, 생활방식, 사상, 성적 지향, 능력 혹은 사회계급 등 다양한 기준에 의해 다른 집단과 구별되는 집단이 집합적인 정체성을 갖게 된다. 나아가 그러한 정체성을 바탕으로 지역사회 구성원들은 공통의 가치와 정서를 공유하고 그 지역사회에 소속감을 느낀다. 한편 각 지역사회가 다른 정체성을 가지고 있으면 '우리'와 '저들'을 가르고 '이 지역사회'와 '저 지역사회'를 가르기도 한다. 따라서 정체성을 공유하는 것은 연대성, 응집성, 일체성을 형성하는 데 필수적이지만 왜곡된 정체성 공유는 집단이기주의와 같은 문제를 초래할 수 있다.

위에서 말한 세 가지 구성요소들을 종합해 보면, 지역사회복지에서 다루는 **지역사회는 구성원 사이에 사회적 상호작용이 일어나고 공통의 정체감이 유지되는 공유된 물리적 공간**이라고 규정할 수 있다. 한편 지역사회의 규모가 작아서 실천적으로 보다 용이하게 접근할 수 있는 지역사회로 네이버후드(neighbourhood), 즉 우리말로 근린지역(이웃)이 있다. 근린지역은 서로 얼굴을 아는 정도의 관계(대면적 관계) 속에서 사회적 상호작용이 발생하기 때문에 보다 밀착적인 정체감이 형성되는 공간이다.

3) 비지리적 개념의 지역사회

지역성에 기초한 커뮤니티와 달리, 인종이나 문화, 종교, 생활방식, 사상, 성적 지향, 능력 혹은 사회계급 등 개인들이 공통적으로 가지고 있는 정체성에 기초한 커뮤니티(identificational community)[4]도 존재한다. 이는 바로 위에

4) 펠린(Fellin, 2001)은 이런 커뮤니티를 'identificational community'라고 표현했고, 김종일(2012)은 이를 '비(非)지리적 커뮤니티'라고 하였다. 이때 비지리적 커뮤니티는 지리적 커뮤니티가 아닌 모든 커뮤니티를 의미한다. 앞서 말한 영어번역을 떠올리면, 지리적 커뮤니티는 '지역사회'로, 비지리적 커뮤니티는 '커뮤니티'로 표현해도 무방하다.

서 설명한 지리적 지역사회가 정체성을 공유하는 특징이 있다는 내용과 유사하지만 여기에서는 그런 정체성이 같은 공간에서 살고 있지 않은 경우에도 공유되어서 하나의 커뮤니티를 형성함을 의미한다. 이런 커뮤니티를 우리나라 말로 '비(非)지리적 지역사회'라고 한다. 정체성 외에도 직업적으로 같은 일을 하기 때문에 해당되는 노동의 윤리, 문화, 조건을 공유하는 경우도 있다. 우리는 이런 경우를 '기능적 커뮤니티'라고도 부른다. 또한 정체성의 공유이든 기능에 따른 이해의 공유이든 서로 같은 처지에 있기 때문에 심리적인 유대를 갖게 되는데, 이런 특징을 반영해서 '심리적 커뮤니티'라는 개념도 통용된다.

공통의 관심과 심리적 유대를 공유하는 비지리적 커뮤니티는 지리적 커뮤니티보다 이해관계와 목적을 분명히 가지고 있고 서로 응집되어 있다. 정체성·기능·심리에 기초한 커뮤니티에서는 공통의 특징을 유지하고, 그에 따른 이익을 확보하거나 피해를 축소하기 위해서 조직(단체)을 구성한다. 그렇게 해서 자신이 속한 커뮤니티를 옹호하고 자신들의 주장을 명확히 드러내기 위해서 사회운동을 벌이기도 한다. 이런 예는 장애인 커뮤니티, 게이·레즈비언 커뮤니티, 은퇴자 커뮤니티, 종교(기독교, 가톨릭, 불교 등) 공동체, 사회복지사협회, 세월호희생가족모임 등 다양하다.

4) 실천적 개념의 지역사회

앞에서 언급한 개념에 따른 지역사회의 특성 외에도 지역사회복지 실천가는 다음과 같은 지역사회의 개념을 유념해서 보다 전문적이고 구체적인 실천을 행할 수 있다. 다시 말해서, 다음의 내용들은 지역사회복지를 실천하는 데 있어서 실천가들이 이해해야 할 지역사회의 성격을 소개한 것이다.[5)]

5) '삶의 공간으로서의 커뮤니티'는 켐프(Kemp, 1995, 지은구, 2003 : 32-33 재인용), '사회적 계급·사회적 연결망·연대로서의 커뮤니티'는 루빈과 루빈(Rubin & Rubin, 1992 : 83-87), 그리고 '갈등의 장으로서의 커뮤니티'는 하드캐슬, 위노커와 파워스(Hardcastle, Wenocur, & Powers, 1997 : 105-111)의 설명을 참고하였다.

(1) 삶의 공간으로서의 지역사회

지역사회가 삶의 공간이라는 것은 지역사회가 하나의 장소(혹은 공간)이며, 그 장소에서 사람들의 삶이 이루어지고 있음을 암시한다. 나아가 삶은 개인마다 상이한 사적인 경험들이 축적되어 가는 과정이기 때문에 삶의 공간으로서 지역사회를 이해한다는 것은 '전체'보다는 개개인의 다양성을 고려한다는 의미가 내포되어 있다. 다시 말해서, 주민들에게 지역사회는 그저 여러 사람이 모여 있는 물리적 생활공간으로만 인식되기보다는 자신의 인생에 비추어 이 공간에서 과연 무엇을 할 수 있을지를 따져보면서 자기 삶을 가꾸는 장소로서 중요하다. 그러므로 실천가는 주민 개개인이 지역사회에 안에서 자신의 삶의 목적을 발견하고 있는지 살피고, 그 목적을 실현할 수 있도록 돕는 실천을 해야 한다.

(2) 사회적 연결망으로서의 지역사회

지역사회는 사회적 연결망(네트워크)이 존재하는 곳이자 그러한 연결이 가능한 곳이기도 하다. 연결망으로 인해 사람들은 서로 특별하게 '연결'되어 있음을 인식한다. 또한 연결은 사람과 사람 사이에서만이 아니라 사람과 조직, 조직과 조직 사이에서도 존재한다. 어떤 연결망은 공식적으로 형성되어 지속적으로 유지되는 한편, 어떤 연결망은 비공식적으로 형성되었다가 사라지기도 한다. 연결망의 핵심은 관심사의 공유, 애정의 나눔, 상호부조라고 할 수 있다. 그러므로 실천가는 지역사회에 어떤 사회적 연결망이 존재하는지, 그리고 그것이 주민 개인의 삶과 지역사회에 어느 정도 영향력을 갖는지에 대해서 파악하고 있어야 한다.

(3) 연대로서의 지역사회

지역사회에는 다양한 연대가 존재한다. 사람들은 공통의 문화유산, 인종, 종교를 가졌다거나 같은 언어를 사용하는 사람들과는 함께하려고 하지만,

다른 인종이나 종교를 가진 사람들은 배제하려는 경향이 있다. 연대로 이루어진 커뮤니티에서 사람들은 소속감을 느끼고 충성스러운 감정을 갖는다. 특히 이런 사람들이 이웃에 함께 살고 있다면 그 결속은 보다 강화된다. 그러나 이웃에 있지 않더라도, 이를테면 자기 나라의(혹은 자기 문화나 인종의) 신문, 기관, 식당, 식료품점, 종교기관 등을 통해서 자주 소통하거나 방문하게 되면 연대를 기반으로 한 커뮤니티의 지리적 반경이 넓어지게 된다. 이런 현상이 확장되면 전 세계가 하나의 '지구촌'으로 묶인다. 지역사회를 연대가 일어나는 곳이라고 보았을 때 실천가는 연대를 활용하여 보다 강한 지역사회를 만들 수 있다. 한편 연대로 인해서 배제되는 집단이 존재하는지에 대해서도 세심하게 살펴서 그런 경우가 발생하지 않도록 해야 한다.

(4) 사회적 계급으로서의 지역사회

이는 지역사회를 사회적 계급(계층, class)이 구성되어 있는 곳으로 이해하는 것이다. 사회적 계급은 힘의 관계에 따라서 나누어지는데, 수입, 교육, 재산의 소유관계, 자원과 기회의 접근 정도에 기초한다. 다시 말해, 지역사회를 그냥 사람이 사는 곳이 아니라 계급으로 구분된 사람들이 사는 곳으로 이해해야 한다는 것이다. 이렇게 지역사회를 사회계급으로 구성된 사회로 고려하게 되면 사람들은 삶의 다양한 상황들에 관심을 갖게 되고, 그 상황들을 이해할 수 있게 된다. 예를 들어, 지역사회 내 사람들을 유산계급(재산이나 생산수단을 소유한 사람들)과 무산계급(재산이나 생산수단을 소유하지 않은 사람들)으로 구분할 때 실천가는 후자의 집단에 더 관심을 가지면서 이들의 노동 상황, 직업에서의 위험성, 열악한 건강상태 등에 개입할 수 있다.

(5) 갈등의 장으로서의 지역사회

지역사회가 갈등의 장이 된다는 것은 지역사회 내의 하위체계들이 서로 균형을 조정하면서 전체 사회의 안정에 기여한다는 체계 관점(기능주의적 관점)과는 달리 지역사회 안에는 다양한 권력집단이 존재하고 그들 사이에서는 끊임없는 갈등이 발생한다는 관점(갈등주의 관점)에 입각해서 지역사회를 이해하는 것이다. 간단히 말해서 하위체계로 구성되어 있는 지역사회 내에 각 체계들이 가지고 있는 힘(power)이 다르기 때문에 필연적으로 갈등이 발생할 수밖에 없다는 논리이다. 그러므로 실천가는 지역사회에서 존재하고 있는 갈등의 양상과 구조를 살펴서 그것을 완화할 수 있는 방법을 강구해야 한다.

3. 지역사회의 유형

앞에서는 지역사회의 특성에 따라 크게 물리적 공간을 공유하는 지리적 커뮤니티와 구성원 개인들의 공통적인 속성을 공유하는 정체성에 기초한 커뮤니티를 구분해 보았다. 그러나 공간을 공유하는지 그렇지 않은지를 구분하는 것만으로 지역사회를 이해하는 것은 충분하지 않다. 이는 마치 인간을 이해하는 데 생식기 특성만 가지고 남성과 여성으로 구분하고, 그것이 인간을 이해하는 유일한 특성이라고 여기는 것과 같다. 알다시피 인간은 신체적 성(性)말고도 개별적으로 다양한 특징을 지닌 유기체이다. 이처럼 지역사회도 동질적이거나 이질적인 요소들을 복합적으로 가지고 있는 매우 다양한 조직체이다. 한 사람도 같은 사람이 없는 것처럼, 한 지역사회도 같은 지역사회가 없다. 그러나 전문적인 실천을 하기 위해서는 몇 가지 특징적인 지역사회를 이해해 두는 것이 필요하다. 달리 말하면, 지금부터 소개하고자 하는 지역사회는 실천가들의 현장이 될 만한 지역사회의 유형들이다.

1) 펠린의 커뮤니티 유형

펠린(Fellin, 2001 : 51-69)은 커뮤니티 유형을 크게 세 가지로 구분하고, 각각 유형에 따라 예가 될 만한 커뮤니티를 소개하였다. 이 중 일부의 유형은 지역사회 개념과 동일하다.

(1) 지역성에 근거한 커뮤니티(Locality-based Community)

지역성에 근거한 커뮤니티는 지리적으로 같은 공간에 소속되어 있는 개인이나 사회집단이 모인 곳으로, 이웃(neighborhood community), 도시(municipal community), 대도시(metropolitan community), 지구촌(global community)으로 확대되며, 여기에 개인은 중층적으로 소속된다. 이런 지역사회는 흔히 행정구역으로 구분하는데, 행정구역은 '지리적 규모', '인구 밀도', '인구 다양성'에 따라 특징을 달리한다. 우리나라의 경우 행정구역은 인구수에 의해 구분된다.

더 알아보기 1-1 우리나라의 행정구역

우리나라의 행정구역은 1개의 특별시, 6개의 광역시, 6개의 도, 3개의 특별자치도, 1개의 특별자치시로 구성된다. 이상 총 17개의 행정구역은 광역지방자치단체로 분류된다. 특별시는 자치구로, 광역시는 자치구와 군으로, 도와 강원특별자치도와 전북특별자치도는 자치시와 군으로 하위 행정구역을 둔다. 이상의 행정구역은 기초지방자치단체로 분류된다. 제주특별자치도와 특별자치시에는 기초지방자치단체를 두지 않으며, 제주특별자치도에는 자치시가 아닌 행정시를 둔다. 행정시는 제주특별자치도지사 직속으로 그 역할을 하며 기초지방자치단체로서의 권한이 없다. 2019년 12월 기준으로, 8개 도와 6개 광역시에는 총 75개의 자치시와 82개의 자치군이 설치되어 있으며, 특별시와 6개 광역시에는 총 69개의 자치구가 설치되어 있다.

특별시와 광역시를 제외한 인구 50만 명 이상의 자치시에는 일반구를 둘 수 있다. 일반구는 기초지방자치단체로서의 권한이 없어, 특별·광역시에 설치된 자치구와 구별된다. 일반구의 구청장은 일반직 지방공무원으로 보(補)하고 시장이 임명한다. 구청장은 시장의 지휘·감독을 받아 소관 국가사무 및 지방자치사무를 맡아 처리하고 소속 직원을 지휘·감독한다.

시(자치시, 행정시)와 구(자치구, 일반구)는 읍·면·행정동으로, 군은 읍·면으로 하위 행정구역을 둔다. 다시 읍·면은 리로, 행정동은 통으로 나뉜다. 통 및 행정리는 말단 행정 구역인 반으로 나뉜다. 통과 반은 실생활에서 거의 사용되지 않는다.

<table>
<tr><th>광역지방자치단체</th><th>기초지방자치단체</th><th colspan="4">비자치구역</th></tr>
<tr><td>특별시</td><td>자치구</td><td rowspan="3">-</td><td>행정동</td><td>통</td><td rowspan="6">반</td></tr>
<tr><td>광역시</td><td>자치구, 군</td><td rowspan="3">읍, 면, 행정동</td><td>리</td></tr>
<tr><td>특별자치시</td><td>-</td><td rowspan="2">리, 통</td></tr>
<tr><td rowspan="2">도</td><td>자치시</td><td>일반구</td></tr>
<tr><td>군</td><td>-</td><td>읍, 면</td><td>리</td></tr>
<tr><td>특별자치도</td><td>자치시, 군</td><td>행정시</td><td>읍, 면, 행정동</td><td>리, 통</td></tr>
<tr><td>특례시</td><td>자치구</td><td>-</td><td>행정동</td><td>읍</td><td>자치구 3~4</td></tr>
</table>

출처 : 대한민국의 행정구역. ko.wikipedia.org/wiki. 접속일 : 2024년 6월 24일.

인구밀도는 물리적 공간의 크기 안에 거주하는 인구의 수를 의미하는데, 넓은 공간에 적은 수의 인구가 거주하면 인구밀도가 낮은 것이고, 좁은 공간에 많은 수의 인구가 거주하면 인구밀도가 높은 것이다. 대체로 대도시의 인구밀도가 농촌이나 교외지역의 인구밀도에 비해 높다고 할 수 있다. 인구밀도가 높은 지역이라는 것은 쉽게 말해 사람들이 북적거리는 지역이라는 것인데, 그러할 때 어떤 장단점이 있을지에 대해 생각해 볼 필요가 있다.

인구의 다양성은 그 지역사회에 살고 있는 사람들의 인구사회적 요소들(인종, 종교, 사회계층, 연령, 성별, 가족구성 등)이 어떻게 구성되어 있는지에 따라 달라진다. 이를 테면, 도시는 농촌에 비해 더 다양성이 존재할 것이다. 이는 인구수가 많으면 다양한 사람이 거주할 가능성이 높기 때문이다. 한 지역사회 안에 다양한 특징의 사람들이 모여 산다면 인간관계와 생활경험이 다채로워질 수 있고 지역사회의 역량이 강화될 수 있지만, 갈등과 분열이 일어나서 사회통합을 이루기 어려울 수 있다.

이상의 특징을 고려할 때 지역성에 근거한 커뮤니티에서 활동하는 실천가들은(예를 들어, 지역사회복지관) 해당 지역에서 첫째, 주택, 고용, 사회참여, 교육, 건강과 복지, 안전과 같은 니즈를 충족시킬 자원을 가지고 있는 사회조직이 어느 정도 있는지 파악하고, 둘째, 지역사회 안에서 일어나는 사회적 상호작용의 수준이 어떠한지 파악하며, 셋째, 지역사회에 대한 소속감을 가질 수 있는 집합적인 정체성이 무엇이고 어느 정도인지 알아야 한다.

(2) 계획된 커뮤니티(Planned Community)

계획된 커뮤니티는 특정한 목적을 가지고 의도적으로 만든 지역사회이다. 그 특정한 목적은 항상 '더 좋은' 무엇이다. 예를 들어, '살기 좋은 곳', '사업하기 좋은 곳', '자녀 키우기 좋은 곳', '은퇴 후 살 만한 곳' 등과 같이 개인과 가정에 따라서 '좋은' 지역사회에 대한 정의와 이미지는 다르지만 지역사회를 경쟁력 있고, 살기 좋고, 건강한 곳으로 만들려는 계획하에 형성된 지역사회라는 점에서는 하나의 유형으로 분류될 수 있다. 이러한 계획도시는 주로 정부나 건설개발회사, 혹은 양자의 협력에 의해 만들어진다.

역사적으로 근대적 개념의 계획도시는 산업혁명과 함께 나타난 도시문제를 해결하고자 했던 영국의 '신공동체(new community)' 건설에서 시작되었다. 예를 들어, 1800년대 초 로버트 오웬(Robert Owen, 1771~1858)이 스코틀랜드에 만든 뉴 래너크(New Lanark)는 역사적으로 대표적인 계획도시라 할 수 있다. 이후 제2차 세계대전의 전후복구 과정에서 신도시 개발이 범세계적으로 이루어졌다. 예를 들어, 미국은 주택, 공원, 수영장, 골프클럽, 학교가 들어가 있는 계획된 주거단지를 만들었고, 라스베이거스나 플로리다의 디즈니커뮤니티 같은 관광·오락도시, 애리조나의 선시티같이 최소 55세 이상의 은퇴자들이 모여 사는 실버타운을 만들었다. 이 외에 정부의 주도는 아니지만 아미시 공동체[6]처럼 특유의 종교, 신념, 가치지향을 가지고 있는 사람들이 모여서 그런 특징을 유지·추구하기 위해 집단 주거단지를 조성하는 경우도 계획된 지역사회에 속한다고 할 수 있다.

더 알아보기 1-2 로버트 오웬과 뉴 래너크

로버트 오웬
(Robert Owen, 1771~1858)

로버트 오웬(Robert Owen)은 1771월 5월 14일에 웨일스의 작은 상업도시인 뉴타운에서 태어났다. 아버지는 동네 가죽공이었고 오웬은 칠남매 중 여섯째였다. 어린 오웬은 총명하기 그지없어서 7세 때 이미 동네 교사의 수준에 올랐을 정도였다. 10세 때 런던으로 가서 가죽공으로 있다가 곧 스탠포드에 있는 직조공장에 도제로 들어갔다. 그의 고용주는 훌륭한 도서관을 가지고 있었고, 젊은 오웬은 많은 시간을 독서를 하는 데 할애했다. 그는 사업 수완이 좋아서 19세에 맨체스터에 있는 한 대규모 면직공장의 지배인이 되었으며, 얼마 안 되어 이 공장을 영국에서 동종업계 내 최고의 시설로 만들었다. 이후 성공적인 기업가가 된 오웬은 캐롤라인 데일(Caroline Dale)을 소개받아 결혼했는데, 그녀의 아버지는 유망한 은행가이자 자산가였고, 뉴 래너크에 거대한 면화 직조공장을 가지고 있었다. 오웬 부부는 1800년 1월 1일부터 뉴 래너크에서 가정을 꾸렸다.

---

6) 주로 미국의 펜실베이니아주와 캐나다 온타리오주에 거주하는 기독교 종파 중 하나로 자동차나 전기·전자제품, 전화, 컴퓨터 등의 현대문명을 거부하고 단순하고 소박한 검은색 계통의 옷만 입으며, 외부세계로부터 스스로를 격리시키면서 살아가는 공동체이다(ko.wikipedia.org/wiki/아미시파).

뉴 래너크 시에는 2,000여 명의 주민이 살고 있었고, 그중 500여 명은 인근 빈민가와 에든버러 및 글래스고의 고아원 출신 어린아이들이었다. 주민들의 생활환경은 열악했고, 불우한 환경으로 인해 범죄와 비행이 공공연히 발생했으며, 교육과 위생시설은 생각지도 못했고, 주거환경도 비참하기 이를 데 없었다. 오웬은 가옥들을 개량했고, 주민들이 질서·청결·절약에 습관이 들도록 격려했다. 또한 주민을 위한 상점을 열어 질 좋은 상품들을 생산비에 가까운 저렴한 가격에 구입할 수 있도록 하는 동시에 주류 판매는 엄격하게 제한했다. 그의 가장 뛰어난 활동은 교육으로 영국에서 최초로 유치원을 세워 아이들의 활동복에서부터 교육내용(춤과 신체활동 포함)까지 계획대로 실행했다. 아이들이 노동한다고 해서 교육을 받지 못하는 일이 없도록 해야 한다는 것이 그의 신념이었다. 공장들은 상업적으로 계속 번창했으나, 오웬의 몇몇 공동체 계획들은 상당한 비용을 필요로 하는 것이었고, 이것은 동업자들을 불쾌하게 만들어서 급기야 오웬의 사업권한에 제한을 가함으로써 그의 계획들이 좌절되었다. 드디어 오웬은 1813년 새로운 회사를 설립하고 자본금의 5%에 해당하는 수입금 지불에 만족하는 주주들을 영입했다. 결국 오웬은 공동체 건설에 더 많은 자유재량권을 갖게 된 것이다. 새 회사의 주주들 중에는 법률개혁주의자이자 공리주의 철학자인 제러미 벤담도 있었다.

뉴 래너크(New Lanark)의 전경

오웬은 사회개혁자이기도 했다. 그는 기계와 인간 노동력의 경쟁은 영원한 불행을 만들어 내는 원인이 된다고 주장하면서, 유일한 효과적 구제책은 인간의 단합된 행동과 기계를 인간에게 종속시키는 것에 있다고 말했다. 또한 그는 이런 원칙을 빈곤 대책의 기초로 삼았다. 오웬은 실업자를 위한 통일·협동 마을을 설립하는데 각 마을은 400~600헥타르의 대지에 1,200여 명의 사람들로 구성되며 모든 사람들은 공동부엌과 공동식당을 갖춘, 사각형 형태로 건설된 하나의 대규모 건축물에서 살고, 아이들의 경우 3세가 될 때까지는 가족들이 돌보게 되나, 3세 이후에는 공동체사회가 공동으로 양육했다. 부모들은 식사시간이나 적당한 시간에 아이들을 만날 수 있었다. 또한 거기에는 병원, 식당, 상점들이 있었다. 오웬은 그런 공동체사회가 개인에 의해서, 또는 지역교회, 주민들 혹은 국가에 의해서 세워질 수 있다고 믿었다. 그리고 이런 경우에 적절한 자격을 갖춘 사람이 감독을 하게 되며, 노동과 그 노동의 결과에 대한 향유는 공동으로 분배된다고 보는 계획 공동체사회를 제안하였다. 나아가 이런 공동체가 모여서 연방으로 결속되면, 전 세계가 하나의 공동체가 될 수 있다고 믿었다. 그 주장의 일부를 뉴 래너크에서 실현한 것이다.

출처 : New Lanark Conservation Trust(1997). *The Story of Robert Owen 1771~1858*. Scotland : New Lanark Conservation Trust.

국내에서는 1970년대 중화학공업 육성정책에 따라 산업기지를 만들고 창원을 신공업도시로 계획할 때 처음 '신도시'라는 용어를 사용하였다. 이후 대도시 서울의 주택문제를 해결하기 위해 목동과 상계동을 개발하였고, 서울지역 내에서 택지개발을 위한 땅이 부족해지자 1980년대 후반에는 급기야 외곽인 분당, 일산, 평촌, 산본, 중동을 신도시로 개발하였다. 최근에는 국가정책을 원활하게 수행하고 지역균형발전을 이루려는 목적으로 세종 행정도시, 나주 혁신도시, 송도 국제도시 등 신도시들이 계획되었다(국토교통부 홈페이지. www.molit.go.kr). 또한 인구의 감소, 산업구조의 변화, 도시의 무분별한 확장, 주거환경의 노후화 등으로 쇠퇴하는 도시를 경제적·사회적·물리적·환경적으로 활성화시키려는 목적으로 국가의 주도하에 여러 지자체가 도시재생사업을 진행하고 있다.

이상에서 설명한 국내에서 계획된 지역사회는 기존의 지역사회를 재개발할 목적으로 정부가 개인 소유의 토지(농촌의 경우 논이나 밭 등)를 사들여서 조성되기 때문에 계획을 이행하는 과정에서 원주민과 개발건설회사, 정부 사이에서 심각한 갈등이 빈번하게 발생하였다.

(3) 동일시와 이해관계 중심의 커뮤니티(Community of Identification and Interest)

앞서 지역성에 근거할 필요 없이 동일시, 관심, 혹은 문화 같은 공통의 특징을 가진 커뮤니티를 비지리적 커뮤니티라고 했다. 이런 커뮤니티는 다른 커뮤니티와 자신들만의 커뮤니티를 구분할 수 있는 고유한 특징을 기반으로 하는데, 주로 인종이나 국적(유대인 커뮤니티, 흑인 커뮤니티, 아시아 아메리칸 커뮤니티 등), 사회계층(상류층, 중산층, 노동자계층 등), 종교(가톨릭, 개신교, 유대교, 무슬림, 불교 등), 성적 취향(게이와 레즈비언), 특정한 문제(장애인, 여성 등)에 의해 구분된다. 또한 보다 밀접하게 관계를 맺고 있는 비지리적 커뮤니티로 전문가 단체, 직능조직, 사회운동조직 등을 포함할 수 있다. 이들은 공통된 관심을 가지고 자신들의 이익과 손해에 민감하게 대응하면서 체계적으로 활동하는 커뮤니티이다. 최근에는 인터넷의 웹사이트를 통해 상호작용하면서 공통의 주제에 의견을 교환하는 그룹들이 가상 커뮤니티를 만들어 활동하고 있다.

사람들은 흔히 한 개 이상의 동일시와 이해관계 중심의 커뮤니티에 소속된다. 또한 동일시하거나 동일한 이해관계를 가진 사람들끼리 같은 지역에 거주하기도 한다. 이렇게 다양한 동일시와 이해관계 중심의 커뮤니티가 형성될 때 종종 어떤 커뮤니티는 다른 커뮤니티로부터 차별을 받기도 한다. 예를 들면, 유색인종, 여성, 특정 종교, 게이나 레즈비언, 장애인 커뮤니티가 그와 반대되는(백색인종, 남성, 특정 종교, 이성애자, 비장애인) 커뮤니티로부터 차별을 받는 현상이 나타난다. 나아가 이런 커뮤니티의 구성원이 함께 거주하는 지역도 차별의 대상이 될 수 있다.

2) 김영모의 '문제지역' 유형

김영모(1999 : 195-197)는 지역사회를 유기체의 여러 조직을 매우 긴밀히 상호작용하는 생명에 비유하면서 유기체의 어느 한 부위가 과도하게 발달하거나 쇠약해지면 병리현상이 나타나게 되는 것처럼 지역사회도 내부 요소들 사이에서 불균형, 상충, 대립이 생기면 문제가 발생한다고 보았다. 따라서 건강한 상태로부터 벗어나서 문제적 상황에 직면한 지역사회를 '문제지역'이라고 정의하고, 다음과 같이 세 가지로 유형화하였다.

(1) 저개발지역

저개발지역은 인간이 살기에는 불리한 지형과 기후, 거친 토양 등으로 인해 각종 산업, 특히 농업, 어업, 임업 등 자연과 관련 있는 산업의 생산성이 낮고 새로운 산업을 유치하기에도 입지조건이 불리한 지역을 일컫는다. 대표적으로 농산어촌의 오지(산간지역, 섬지역 등)가 이에 해당한다. 그뿐만 아니라 빈곤지역처럼 낮은 소득과 생활환경의 악조건 등으로 문제가 되는 지역도 저개발지역에 포함된다.

(2) 침체지역

침체지역은 한때 성장·발전했으나 내외적인 경제여건의 변화로 높은 실업률, 저임금, 저소득 등 장기적인 경제적 침체 단계에 들어간 지역을 의미한다. 예를 들어, 폐광지역이나 농업지역처럼 하향세를 보이는 산업이 전국의 경제구조보다 불리한 위치에 놓이게 되면 구조적인 문제가 발생하는데, 이런 지역은 침체될 수 있다. 또한 어떤 지역이 입지적 측면에서 중심(흔히 '신도시')으로부터 밀려난 불리한 위치(흔히 '구도시')에 처할 때도 지역이 침체된다. 대부분 이 두 경우가 동시에 일어나는 편이다. 이렇게 지역이 침체되는 것을 '공동화(空洞化) 현상'이라고 한다.

(3) 혼잡지역

혼잡지역은 과도한 인구와 산업집중, 교통혼잡, 환경파괴와 공해의 심화 등이 문제가 되는 지역이다. 여기서 '혼잡성'이란 단지 경제활동력이 밀집해 있다는 의미라기보다는 지역이 건강한 상태를 유지하는 데 필요한 규모를 초과하여 오히려 부정적인 측면 또는 현상이 더 많이 증가하는 특성을 가지는 경우를 의미한다.[7] 이는 일종의 포화상태로, 이때 서비스의 과도한 공급이 필요하며, 그에 따라 재정적인 부담이 증가하고, 주택 부족이나 교통난처럼 주민 생활의 불편이 발생된다. 특히 저개발지역이나 침체지역과 비교할 때 지역 간 불균형의 문제가 함께 고려되어야 할 지역이다.

3) 최옥채의 지역사회 유형

최옥채(2012 : 79-107)는 지역조직화를 위해 실천가가 기본적으로 알아야 할 지역사회의 유형 일곱 가지를 소개하였다. 그리고 각 유형에 대해 중요성, 특성, 주요 문제, 개입방안, 준비과제를 설명하면서 실천가가 평소 이들 유형을 파악하여 정리해 두면 실천상황에 맞닥뜨렸을 때를 대비할 수 있다고 조언하였다. 여기에서 일곱 가지의 유형을 간략하게 설명하도록 하겠다.

7) 저개발지역에 견주어서 이런 지역을 '과개발지역'이라고 부를 수도 있다.

(1) 농촌

농촌은 농업을 비롯하여 어업, 축산업, 임업 등을 주업으로 하는 지역사회로, 자연환경을 이용하여 생산활동을 하다 보니 상대적으로 자연환경이 보존된 순수지역(청정지역이라고까지 말하기는 어렵다)이지만 최근에는 교통이 발달함에 따라 크고 작은 공장, 기업의 연구소, 물류단지 등이 들어오면서 급변하고 있다. 한편 상대적으로 옛날의 상태를 그대로 유지하고 있는 소위 '오지'는 자연환경이 보존되고 이웃 간 인심이 남아있지만 취약한 경제, 교육, 문화 등으로 인해 젊은 층이 도시로 떠나 돌아오지 않는 악순환을 거듭하고 있다.

(2) 유흥가

유흥가는 음주, 가무, 게임, 섹스 등의 유흥이 판매되는 곳으로 다양한 일탈행위가 일어나고 비행과 범죄의 원인을 제공하는 공간이면서 동시에 나름의 인정과 의리가 넘치는 곳이기도 하다. 유흥가에는 유흥을 소비하는 사람들(물론 그냥 구경하는 사람도 있지만)과 유흥을 제공하는 사람들이 공존하는데, 이들은 그 지역에 거주하는 것이 아니라 유흥을 사고팔 때만 모이기 때문에 지역사회에 대한 애정의 정도나 공동체 의식이 약한 편이다. 또한 오직 돈을 버는 것이 목적인 유흥업소 주인들은 업소의 종업원에 대한 착취와 비인간적인 대우, 비윤리적이며 불법적인 호객행위 등 사회규범적 통제력이 약하다는 특징을 가지고 있다.

(3) 성매매촌

성매매촌은 성매매가 이루어지는 일정한 구역을 일컫는데, 일반 성매매촌과 기지촌으로 구분할 수 있다. 일반 성매매촌은 일반인들을 대상으로 도시의 특정 지역에 밀집되어 형성되는 한편, 기지촌은 군부대 인근 지역에 위치하고 주로 군인(특히 미군)들이 출입한다. 성매매업 자체가 불법인 국내에서 성매매촌은 성매매 업주, 성매매 여성, 폭력조직, 단속기관이 깊숙이 연루되어 불법행위가 다반사로 일어나는 곳으로, 지역사회 전체가 사회적으로 낙인되어 지역사회에 대한 주민의 자부심은 거의 없다고 볼 수 있다. 한편 이 지역의 성매매 여성은 노동력의 착취와 인권 침해, 폭력 등으로 시달리고 있다.[8)] 이로 인해 2004년 9월 23일부터 본격적으로 「성매매특별법」이 시행되면서 도시재정비사업에 의해 서울의 용산, 영등포, 청량리 등 전통적인 성매매 밀집지역이 사라졌지만 도심의 모텔촌이나 농촌의 민박 등 숨겨진 성매매촌은 여전히 존재하고 있다.

(4) 산업단지

산업단지는 산업환경을 향상시키며, 기업집단을 위한 입지요건과 공동시설을 제공함으로써 효율적으로 경제적 이익을 도모하기 위해 정부와 관계 기관이 포괄적 계획을 세워 개발한 지역으로, 크게 국가산업단지, 일반산업단지, 도시첨단산업단지, 농공단지로 구성된다. 산업단지에는 그 안에서 근무하는 노동자(특히 여성과 외국인 같은 취약계층)의 불안정한 고용, 불합리한 임금, 열악한 근로조건 등이 문제시되며, 일부의 산업단지에서 나오는 공해로 인해 인접 지역사회(특히 농촌주민과 농작물)에 피해를 주는 사례도 발생하고 있다.

(5) 빈곤지역

빈곤지역은 도시의 특정 지역에 산재하여 있는 '달동네', '산동네', '판자촌', '비닐하우스촌', '쪽방촌' 등으로 불리는 곳으로, 소득이 낮은 주민들이 소규모의 주택을 단독 혹은 세를 얻어 거주하면서 고달픈 삶을 살아가는 주거지역이다. 이는 1970년대 산업화정책에 따른 농촌에서의 대규모 이주, 1980년대 대도시의 재개발, 그리고 1990년대 경제 위기의 결과 형성된 일종의 역사적·사회적 산물로, 주민 개인의 경제와 생활상의 문제뿐 아니라 열악

---

8) 착취, 인권 침해, 폭력의 대표적인 예로 2000년 군산 대명동과 2002년 개복동 화재를 들 수 있다. 이 두 곳은 군산의 성매매촌으로, 화재가 발생하여 각각 5명과 12명의 성매매 여성이 사망하였다. 당시 사건으로 인해 이 여성들이 인신매매되어 감금된 채 성매매를 강요당했다는 사실이 알려졌다. 이를 계기로 해서 2004년에 「성매매특별법」이 제정·시행된 것이다.

한 주거와 주변 환경으로 인해 다양한 니즈가 존재하는 곳이다. 여기에는 만성 실업, 알코올 중독, 질병, 비행과 범죄 등 신체적으로나 정신적으로 어려움을 겪고 있는 주민이 있으며, 주변 환경이 청결하지 못하고 주거상태도 열악해서 불편과 안전의 문제가 상존해 있다. 이런 상황으로 인해 주민들의 불만과 외부의 낙인이 심해 주민들 사이에서 지역에 대한 정체성과 자부심이 낮은 편이다. 특히 1988년 「주택건설촉진법」을 시행하면서부터 정부는 저소득주민이 한곳에 밀집해서 거주하도록 영구임대아파트단지를 건설하였는데, 여기에 의무적으로 지역사회복지관을 설립하도록 「사회복지사업법」을 개정하였다. 그래서 현재 영구임대아파트단지는 사회복지 실천가들이 지역복지를 실천하는 대표적인 현장이 되었다.

(6) 중산층 지역

중산층 지역은 주민 대부분이 기본적인 생활을 영위하는 데 경제적으로 어려움을 겪지 않는 지역으로 주민들의 공통된 니즈나 이슈가 두드러지게 나타나지 않는 곳이다. 그러나 이 안에서도 크고 작은 이슈들은 존재하는데, 예를 들어 자녀의 안전, 자기 계발, 가족적 문화 등에 대한 니즈와 더불어 주변의 문화복지시설, 운동시설, 생태적 환경(공원 등)에 대한 니즈가 높다. 한마디로 중산층 지역은 자신의 지역을 보다 편안한 공간으로 만들려는 노력과 피해가 되는 상황들을 피하려는 노력이 이루어지는 공간이라고 볼 수 있다. 예를 들어, 주변의 야산에 둘레길을 설치한다든지 공터를 공원으로 만든다든지 하는 데 찬성하면서 대중교통의 불편함에는 무관심하고 원치 않는 시설(사회복지 관련 시설을 포함하여 그들이 '혐오시설'이라고 간주하는 시설들)의 진입 등에는 적극적으로 반대하기도 한다. 또한 영구임대아파트단지에 인접해 있거나 아파트 단지를 공유하는 경우 중산층 아파트단지 주민들과 영구임대아파트단지 주민들 사이에서 갈등이 나타나기도 한다.

(7) 상업 중심 지역

상업 중심 지역은 기업을 포함한 상가가 밀집해 있는 곳으로, 재래시장을 비롯해서 영세 상인부터 갑부 상인에 이르기까지 다양한 모습이 존재한다. 특히 상업 중심 지역은 상품과 화폐가 집중적으로 교환되는 장소여서 사회복지의 자원을 확보할 수 있는 긴요한 공간이 될 수 있다. 한편 최근 기업의 대형마트로 인해 소상인들이 어려움을 겪고 있고, 또한 대형마트에 비정규직으로 고용된 여성과 아르바이트 젊은이들의 고용, 노동, 복지 문제가 표출되고 있다. 한편, 대형마트가 제공하는 편리성, 쾌적성, 경제성 때문에 위축된 재래시장은 다양한 시도를 통해 자구책을 찾아가고 있다.

4. 지역사회의 기능

지역사회는 사람이 사는 곳이고, 그로 인해 활동이 이루어지는 곳이다. 진공상태의 지역사회가 없는 것처럼, 지역사회에 발붙이고 살지 않는 인간도 없다. 앞에서 살펴본 지역사회의 개념처럼 사람들은 지역사회 안에서 서로 관계를 맺고 서로의 생활과 행동에 영향을 미치면서 함께 살아간다. 이때 지역사회는 사람들이 더불어 안정되게 살아가는 데 필요한 기능을 수행해야 한다. 워렌(Warren, 1963 : 9-11, 최일섭·이현주, 2006 : 10-13 재인용)은 모든 사회에서(즉 지역사회이든 국가이든) 공통적으로 수행해야 하는 필수적인 기능을 다섯 가지로 구분하여 설명하였다.

1) 생산 · 분배 · 소비의 기능

이는 주민들이 일상생활을 유지하는 데 필요한 것들을 생산하고 분배하며 소비하도록 지역사회가 기회를 제공하는 기능으로, 얼핏 경제적 기능처럼 보이지만, 그것에 국한된 것만도 아니다. 왜냐하면 일상생활을 유지하는 데 필요한 것들이란 의식주를 비롯해서 고용, 보건, 교통, 여가 등 다양하기 때문이다. 그럼에도 불구하고 이렇게 다양한 필요를 시장에서 구매해야 하고(즉, 소비해야 하고), 그런 구매력을 확보하기 위해서 돈을 벌어야(즉, 생산해야) 하므로 이는 필시 경제적 기능으로 집약될 수 있을 것이다. 문제는 개인이 이 모든 필요를 충족할 수는 없다는 점이다. 그러므로 지역사회는 주민들이 일상생활에 필요한 것들을 사적으로 그리고 공적으로 확보할 수 있도록 적절히 생산하고, 공정하게 분배하며, 올바르게 소비하게끔 하는 장치를 가지고 있어야 한다. 또한 한 지역사회가 다른 지역사회나 더 상위의 지역사회에 의존하지 않기 위해서는 어느 정도 이 기능을 자체적으로 수행할 수 있는 능력을 갖추어야 한다.[9] 그러나 현재 많은 지방정부는 이 기능을 수행하는 데 어려움을 겪고 있다.

2) 사회화의 기능

사회화는 사회가 향유하고 있는 일반적인 지식, 가치, 행동 양태 등을 그 사회 구성원들에게 전달하는 과정을 의미한다. 마치 마을을 '가장 큰 학교'라고 여기는 것처럼, 사람들은 자기 지역사회에서 나이와 상관없이 스승이자 학생으로서 타인과 더불어 살아가는 방식을 익히게 된다. 사회화 과정을 통해서 지역사회 구성원들은 다른 지역사회의 구성원과 구별되는 생활양식을 터득하고 다음 세대의 구성원들에게 전수하게 된다. 대표적으로 사회화는 가정과 학교, 미디어 등을 통해서 이루어지는데, 지역사회는 사회화가 올바르고 원활하게 이루어질 수 있도록 사회화를 담당하는 하위체계(즉, 개인, 가정, 학교, 미디어 등)를 지원해야 한다.

---

9) 지역발전의 추진주체와 발전의 힘, 그리고 발전된 성과가 그 지역으로 돌아오도록 하는 발전을 '내생적 발전'이라고 한다. 즉, 내생적 발전은 국가를 비롯한 지역 외부 세력이 주도하는 하향식 지역발전 방식에서 벗어나 지역이 자신의 개발을 스스로 주도하고, 외부의 자원이나 투입에 의존하기보다는 지역의 통제하에 지역 자원을 투입하는 개발을 통해 그 혜택을 지역이 갖는 발전을 지향한다. 본문에서 언급한 것처럼 지역사회가 생산·소비·분배의 기능을 스스로 하기 위해서는 이러한 내생적 발전이 요구된다.

3) 사회통제의 기능

사회통제의 기능은 사회 구성원들이 사회적 역할, 규범, 가치 등에 순응하여 사회질서를 유지하고 사회해체를 예방하기 위한 기능이다. 사회통제는 주로 법, 도덕, 규칙 등에 대한 강제력을 통해서 이루어지는데, 이를 담당하는 일차적인 기관은 (지방)정부이다. 정부는 경찰력과 사법권을 동원해서 비행과 범죄를 관리한다. 한편 가정, 학교, 종교기관, 기타 사회기관들도 부분적으로 사회통제의 기능을 수행한다. 예를 들어, 안면이 있는 주민 앞에서 일탈적인 행위를 자제하는 것은, 비록 법적으로 역할을 부여받은 것은 아니지만 주민들이 서로에게 통제자로서의 역할을 수행하고 있기 때문이다.

4) 사회통합의 기능

사회통합의 기능은 구성원들이 결속력을 갖게 하는 것으로, 일체성을 통해 사회의 분열을 막는 역할을 한다. 워렌은 이를 사회참여의 기능으로 설명했는데, 구성원들이 자발적으로 참여하는 제반 활동을 지역사회가 제공함으로써 사회적 상호작용의 기회를 갖게 되면 궁극적으로 구성원들의 결속이 강화될 수 있다고 보는 것이다. 예를 들어, 종교기관이나 시민조직은 자발성에 입각한 사회통합의 기능을 수행할 수 있는 대표적인 지역사회 장치들이다.

5) 상부상조의 기능

상부상조의 기능은 질병, 사고, 실업, 사망 등 스스로 해결하기 어려운 문제에 직면했을 때 지역사회의 구성원들이 도움을 주고받는 것으로, 전통적으로는 가족이나 친척, 이웃, 친목단체나 자선단체에 의해서 수행되어 왔다. 그러나 지금은 (지방)정부나 민간사회복지단체 등에서 제공하는 공식적인 사회복지제도가 상부상조의 기능을 담당하고 있다. 이는 현대사회에서 정부가 갖는 중요한 역할이기는 하지만, 제도에 의한 사회복지서비스로 인해 이웃

간의 상부상조 기능이 약화되기도 한다는 점을 놓쳐서는 안 된다. 제도는 융통성이 결여되어 있고 인간미가 부족하다. 오히려 제도로 인해서 '서로' 돕는다는 의미보다 '있는 사람'이 '없는 사람'을 도와준다거나 '없는 사람'을 도와줌으로써 '돈을 번다'는 의미가 더 강하게 되면 사실상 지역사회의 상부상조 기능은 퇴색하기 쉽다.

5. 지역사회의 현실과 쟁점

오늘날 지역사회가 처한 현실을 긍정적으로, 그리고 지역사회의 미래를 낙관적으로 보는 사람들은 드물다. 앞서 지역사회의 특징이라고 소개했던 지역성, 연대성, 응집성, 일체성이 약화된 지 오래다. 사람들은 학업이나 직업에 따라 빈번하게 이사를 하거나 매주 집을 떠났다가 주말에 돌아오는 생활을 감수한다. 출퇴근 시간이 1시간가량 걸리는 것도 다반사이다. 주거지와 과업지(학교든 직장이든)를 오락가락하는 단순하면서도 피곤한 일상에 젖어 있는 현대인들은 자신이 어느 지역에 살고 있고, 그 지역의 누구와 관계를 맺으며, 그 안에서 어떤 소속감을 가져야 할지에 대해서는 거의 생각할 겨를이 없다.

도시와 행복에 대한 책을 쓴 도시계획전문가 몽고메리(Montgomery, 2013, 윤태경 역, 2014)는 개인의 행복에 영향을 미치는 다양한 조사결과를 훑어본 후 다음과 같이 썼다.

> 여가시간이 길고 통근시간이 짧을수록 행복도가 높다. … 실제 건강상태보다도 본인이 건강하다는 느낌이 행복에 훨씬 더 많은 영향을 미친다. 좋은 병원에서 치료를 받는 것보다 좋은 친구를 사귀는 일이 본인이 건강하다는 느낌을 더 고취하는 경우도 있다(p. 57).

지금 현대인의 도시생활은 과중한 업무시간과 거리가 짧다고 해도 교통체증으로 길어진 통근시간으로 인해, 그리고 이런 상황을 불만스러워할 수도 없는 일자리 부족 상태로 인해 좋은 친구와 지속적인 관계를 유지하기조차 어려운 상황에 있다. '혼밥'하는 사람처럼 일부는 친구가 없겠지만, 일부는 혼자 있는 시간이 절대적으로 필요한, 뭐라고 딱 잘라 말할 수 없는 묘하고 어지러운 일상을 살아가고 있다.

보통 사람들이 행복과 멀어지는 일상을 살아내는 것처럼 그들이 살고 있는 지역사회도 소외와 반목의 중심지가 되어가고 있다. 끼니를 잇지 못해 죽거나 지병이 악화되어 죽거나 갑자기 숨이 멎거나 스스로 목숨을 끊은 사람이 발견되지 못해서 몇 달씩 방치되었다가 겨우 시신의 냄새 때문에 알아차리게 된 이웃들, 골목길에서 자동차에 치어 일어나지도 못하는 사람을 쳐다보기만 하고 그냥 지나가는 사람들, 같은 동네에 살면서 폭력과 폭언으로 끊임없이 괴롭히는 또래들, 정신요양시설이나 장애인생활시설, 하다못해 대학기숙사가 동네에 들어오면 집값이 떨어진다고 반대시위를 하는 주택소유자들이 지금의 지역사회를 구성하고 있다.

농촌은 도시보다 사정이 나은 편이지만, 그렇다고 해방구는 아니다. 소비패턴을 비롯한 현재 사회의 추세에 맞추어 살자면 농촌에서 살기가 어렵다. 농사가 소득을 보장하지도 못하고 농촌이 생활의 편리를 제공하지도 못한다. 그러다 보니 2020년 우리나라 농촌마을 10곳 중 1곳은 20가구 미만의 과소마을이 되어 공동체 기능이 유지되기 어렵다는 예측이 나오고 있다(심재헌 외, 2018). 이런 작은 마을에는 진입도로는 물론이거니와 학교, 대중교통, 병원 등 생활에 기반이 되는 시스템을 마련하지 않거나 심지어 폐쇄하기 때문에 주거여건은 더욱 나빠지고, 그렇게 되면 더 나은 곳으로 이주하는 인구가 더욱 늘어나는 악순환에 빠지고 만다. 이에 정부는 다문화정책, 귀농·귀촌정책, 출산정책, 농촌마을개발정책 등 다양한 대안을 내놓고 있지만 오히려 그런 정책들 때문에 발생하는 문제도 상당하다.

지역사회를 국가로 확대해 본다면, 국가 간의 경제·문화 교류가 활발해진 글로벌사회에서 인류는 '지구촌 이웃'이 되었지만 한편으로는 단일한 경제적 영향권 아래서 자유, 효율, 성장의 가치를 우선시하다 보니 값싼 수입농산물과 경쟁하기 버거운 국가의 경우, 생산자들의 삶이 파괴되고 부국과 빈국의 노동자들이 저임금과 열악한 노동조건을 감내해야 하는 지경에 이르렀다.

그뿐만 아니라 마약, 인신매매, 뇌물자금 은닉 등 각종 불법행위가 국경을 넘나들면서 성행하는 상황이 되었다.

한편 우주 전체를 놓고 볼 때 지구라는 지역사회는 온갖 환경오염으로 인해 생존을 위협받고 있는 실정이다. 그리고 마치 공기나 물이 국경에서 출입국 검사를 받을 수 없는 것처럼 이런 위협은 한 지역이나 한 국가에 국한될 수 없기 때문에 국제적 합의구조 형성이 매우 중요한데, 생각보다 쉽지 않다. 1962년 자연이 더 이상 인간에게 아무런 가르침을 주지 못할 만큼 죽어가고 있다는 레이첼 카슨(Rachel Carson 1907~1964)[10]의 경고 이후 세계는 급히 '지구의 날(4월 22일)'을 정하고 1972년 스톡홀름, 1992년 브라질 리오, 2002년 남아프리카 요하네스버그 등에서 정상회담을 개최하고 협약을 체결하는 등 부산스러운 움직임을 보였다. 그러나 상황이 나아지기는커녕 지구는 계속 병들어 가서 지금과 같은 생활패턴을 유지한다면 지구가 1.7개 더 있어야 한다는 보고도 나왔다.

이렇게 우리는 이웃에서부터 생태계에 이르기까지 지역사회가 얼마나 곤경에 처했는지를 설명했다. 정말 이다지도 절망적인가? 이렇게 돌아가는 세상을 40년 동안 근심 어린 마음으로 지켜보았던 요르겐 랜더스(Jorgen Randers, 2012, 김태효 역, 2013)는 조만간 산업혁명에 뒤를 이을 **지속가능성 혁명**(sustainability revolution)이 이루어질 것이라고 주장했다.[11] 단적으로 말해서 지속가능성 혁명은 "'화석연료에 기반을 둔 경제성장'이 아니라 '지속가능한 행복'이 최우선 목표(p. 37)"로 전환되는 것이다. 실제로 지속가능성 혁명은 조용히 진행되

10) 레이첼 카슨은 미국의 해양생물학자이자 작가로, 잘 알려진 작품은 『침묵의 봄(Silent Spring)』이다. 이 책은 20세기 가장 큰 영향력을 미친 책으로 무분별한 살충제 사용으로 파괴되는 야생 생물계의 모습을 적나라하게 공개해서 책의 출판을 막으려는 화학업계의 거센 방해를 받았다. 그럼에도 이 책으로 환경문제에 대한 대중적 인식을 이끌었으며 정부의 정책 변화와 전 지구적 환경운동을 가속화하는 데 기여하였다(https://ko.wikipedia.org/wiki/레이첼_카슨).

11) 요르겐 랜더스는 기업·정치·과학 등 각 분야의 저명인사들이 참여해 인류와 지구의 미래에 대해 연구하는 글로벌 비영리 연구기관인 로마클럽의 핵심 멤버이자 미래학 분야의 세계적 권위자이다. 그가 세상 돌아가는 것을 40년 동안 지켜봤다는 것은 1972년 미래학 연구의 기본서이자 이 시대에 가장 중요한 문서로 꼽히는 『성장의 한계(Limits to Growth)』를 공동 집필한 이후 다시 앞으로 40년을 내다보면서 『2052 : A global forecast for the next forty years』(국내에서는 『더 나은 미래는 쉽게 오지 않는다 : 성장이 멈춘 세계, 나와 내 아이는 어떤 하루를 살고 있을까』라는 제목으로 번역·출판됨)를 집필했기 때문이다.

고 있다. 산업혁명이 전 세계 시민들에게 미친 영향에 버금갈 정도로 지속가능성 혁명은 개인과 지역사회 수준에서 우리가 살고 일하는 공간, 우리가 먹는 음식, 그리고 우리가 추구하는 노력들에 이르는 모든 것에 심대한 영향을 미치고 있다. 또한 퍼스널 컴퓨터와 인터넷을 활용해서 보다 많은 정보를 신속하게 배포할 수 있게 되면서 지속가능성을 지향하는 집단을 조직하기 쉬워졌기 때문에 지속가능성 혁명의 영향은 급속도로 번지고 있다(Edwards, 2005). 지금은 더 긴밀해진 SNS(Social Network System)가 이 모든 과정에 기름을 붓고 있는 격이다.

전통적 의미의 커뮤니티가 실종된 것은 산업사회의 비극 중 하나(김종일, 2012 : 26)이지만, 지금은 후기산업사회 혹은 소위 '4차 산업혁명'을 맞이하는 사회이므로 설령 전통적 의미의 커뮤니티가 존재한다고 하더라도 예전의 그것과는 같지 않을 것이다. 지금부터 125년 전에 크로포트킨(Kropotkin, 1892, 여연·강도은 역, 2016 : 015)은 인류의 문제는 공동체로 풀어내야 한다고 주장하면서 "수천만의 사람들이 수백 년 동안 자신들의 마을 공동체 안에서 잘 살아가고 있었다는 사실"을 잊지 말고 희망을 가져야 한다고 했다. 이런 주장은 현재에도 의미가 있다. 우리가 명심해야 할 것은 지역사회가 쓸모없게 되었다는 절망보다는 그 지역사회를 운영하는 시스템, 그리고 그 시스템을 고안하고 관리하며 실행하는 사람에게 무슨 문제가 생긴 것인지를 자세히 살펴보고 고쳐보려는 의지를 세우는 일이다. 그러므로 우리 저자들은 앞으로 이 책에서 전개될 지역사회복지실천에 대한 공부가 지역사회에 희망을 심는 활동이 되도록 하는 데 집중할 것이다.

참고문헌

김영모 편(1999). **지역사회복지론**. 서울 : 한국복지정책연구소출판부.

김종일(2012). **지역사회복지론**(개정신판). 서울 : 청목출판사.

박호성(2009). **공동체론 : 화해와 통합의 사회·정치적 기초**. 경기 : 효형출판.

심재헌·엄진영·민경찬(2018). 농촌마을 과소화에 대응한 지역개발사업 유형개발 연구. 한국농촌경제연구원.

이희승 감수(1996). **민중 엣센스 국어사전**(제4판). 서울 : 민중서림.

지은구(2003). **지역복지론**. 서울 : 청목출판사.

최옥채(2012). **사회복지사를 위한 지역사회조직화 기술**. 경기 : 양서원.

최일섭(1987). **지역사회복지론**. 서울 : 서울대학교출판부.

최일섭·이현주(2006). **지역사회복지론**. 서울 : 서울대학교출판부.

Edwards, Andres R.(2005). *The Sustainability Revolution : Portrait of a Paradigm Shift*. Canada : New Society Publishers.

Fellin, Phillip(2001). *The Community and the Social Worker*(3rd ed.). Itasca, IL : F. E. Peacock Publishers, Inc.

Gilbert, Neil, Specht, Harry, & Terrell, Paul(1993). *Dimension of Social Welfare Policy*(3rd ed.). New Jersey : Presntice Hall,

Hardcastle, Daved A., Wenocur, Stanley, & Powers, Patricia R.(1997). *Community Practice : Theories and Skills for Social Workers*. New York, NY : Oxford University Press, Inc.

Kirst-Ashman, Karen K., & Hull, Grafton H., Jr.(2001). *Generalist Practice with Organization and Community*. Belmont, CA : Brooks/Cole.

Kropotkin, Pyotr Alekseyevich(1892). *La Conquete du Pain*. 여연·강도은 공역(2016). **빵의 쟁취**. 서울 : 행성비.

Martinez-Brawley, Emilia E.(1995). Community. In Linda Beebe, et al.(Eds.), *19th Encyclopedia of Social Work*(Vol. 1, pp. 539-548). Washington, DC : NASW PRESS.

Merriam-Webster, Incorporated(1993). *Merriam-Webster's Collegiate Dictionary*(10th ed.). MA : Merriam- Webster, Incorporated.

Montgomery, Charles(2013). *Happy City*. 윤태경 역(2014). **우리는 도시에서 행복한가**. 서울 : 미디어 윌.

New Lanark Conservation Trust(1997). *The Story of Robert Owen 1771~1858*. Scotland : New Lanark Conservation Trust.

Pelly-Effrat, M.(1974). Approaches to Community : Conflicts and Complementaries. In M. Pelly-Effrat(Ed.), *The Community : Approaches and Applications*(pp. 1-32). New York, NY : The Free Press.

Randers, Jorgen(2012). *2052 : A Global Forecast for the Next Forty Years*. 김태훈 역(2013). 더 나은 미래는 쉽게 오지 않는다 : 성장이 멈춘 세계, 나와 내 아이는 어떤 하루를 살고 있을까. 서울 : 생각연구소.

국토교통부. www.molit.go.kr

대한민국의 행정구역. ko.wikipedia.org/wiki

레이첼 카슨. ko.wikipedia.org/wiki/레이첼_카슨

아미쉬. ko.wikipedia.org/wiki/아미시파

요르겐 랜더스. www.yes24.com/24/goods/8336327?scode=032&OzSrank=8

02

CHAPTER

지역사회복지에 대한 이해

거의 모든 교과서는 예외 없이 개념을 정의하는 것에서부터 시작된다. 또한 거의 비슷하게도 대부분의 저자들은 개념을 정의하는 일이 간단하지 않다고 고백한다. 개념이 명확해야 그에 준하여 다루어야 할 영역이 정해지고, 그 영역에 해당되는 이론이나 실천방법을 정리해 나갈 수 있기 때문에 개념을 정의하는 일이 간단하지 않다고 해서 피해갈 수는 없다. 오히려 개념을 다룬다는 것은 그 분야의 기초를 다지는 일이다. 이 장은 앞으로 올 장들의 기초가 된다. 살면서 얼마나 많이 들어봤던가, 기초가 튼튼해야 공부를 잘할 수 있다는 말을! 따라서 학생들은 이 장의 내용을 이해하기 위해 각별히 노력해야 한다. 특히 학생들에게 이런 당부를 하고 시작하는 것은 우리나라의 지역사회복지 교과목은 사회복지학에 속한 여러 교과목 중에서 보기 드물게 이론과 실천 사이의 차이가 크기 때문이다. 이런 차이로 인해 공부할 때도 어렵지만 실천가가 되어서도 혼란스럽게 된다. 그러므로 이 책에서는 지역사회복지의 개념에 대해서 가급적 상세하게 설명하도록 하겠다. 이런 설명은 꽤 먼 데서부터 시작해야 한다는 점에서 학생들은 인내를 가지고 이 부분을 읽어야 할지 모른다. 그러나 자신이 지금까지 사회복지학과에서 배운 모든 것을 연결하면서 읽는다면 재미있고 쉽게 이해할 수 있을 것이다.

1. 사회복지실천에서 지역사회복지의 위치[1)]

우선 사회복지라는 큰 틀에서 지역사회복지의 위치를 알아봄으로써 그것의 실제 모습을 파악해 보자. 사회복지학은 이론적 체계를 갖고 있으면서도

1) 이 부분은 사회복지개론과 사회복지실천론 교과서를 참고하면 좋다.

실천적인 측면을 중요하게 다루는 학문이다. 그러므로 여기에서는 내용(이론) 차원과 수준(실천 방법) 차원 각각의 측면에서 지역사회복지가 어떤 위치에 있는지를 살펴봄으로써 지역사회복지의 개념을 구체화하고자 한다.

1) 사회복지실천의 내용 차원

사회복지학은 크게 방법론과 분야론으로 나뉜다. 방법론에서는 사회복지를 실천하는 방법에 대한 내용을 다루는데, 일반적으로는 개별적인 개인을 대상으로 실천하는 방법에 초점을 맞추게 된다. 과거에는 여기에 개별사회사업(casework), 집단사회사업(group work), 그리고 지역사회조직사업(CO : Community Organization)[2]이 포함되었고, 이것을 **사회사업실천의 3대 방법론**이라고 불렀다. 그러나 1950년대 말 미국에서는 이와 같은 전통적인 방법으로는 다양한 사회적 상황 속에서 발생하는 인간의 문제에 효과적으로 대응하기 어렵기 때문에 환경 속의 인간(person in environment)이라는 개념을 바탕으로 하는 사회사업실천의 통합적 관점을 중시하였고, 이로써 **통합방법론**에 대한 이론을 구축하였다. 국내 대학은 1990년대에 와서 이런 변화를 받아들여서 사회사업실천의 3대 방법론은 사회복지실천론으로 바꾸고, 그 안에 관계론, 면담론, 과정론을 포함하였으며, 개별 클라이언트를 사정한 결과에 따라 개인 수준의 개입, 집단 수준의 개입, 가족 수준의 개입, 지역사회 수준의 개입 중 하나 혹은 다수를 선택하여 여러 방법을 통합하는 방식으로 실천하는 이론과 모델을 가르쳤다. 더불어 사회복지사는 이 모든 것을 할 수 있는 일반사회복지실천가(generalist)로서의 능력과 기술을 갖추도록 훈련받았다.

여기서 우리가 관심을 가져야 할 부분이 바로 **지역사회 수준의 개입**이다. '지역사회 수준의 개입'과 '지역사회복지'가 같은 말인가? 만일 같다면 지역사회복지는 개인 클라이언트의 니즈와 문제를 효과적으로 충족하고 해결하기 위해서 개입하는 여러 방법 중 하나인가? 결론부터 말하자면, 지역사회

2) 지역사회조직사업과 지역사회복지의 차이에 대해서는 이후에 설명하겠다.

수준의 개입과 지역사회복지가 완전히 일치하는 것은 아니다. ‘지역사회 수준에서 개입한다는 것’은 사회복지의 개별 대상인 클라이언트의 문제를 해결하기 위해서 그(그녀)가 살고 있는 지역사회를 중요시하고 그 지역사회에 존재한 다양한 자원을 활용하는 실천을 의미한다. 한편 지역사회복지는 개인을 대상으로 하기보다는 지역사회를 대상으로 해서 더 좋은 지역사회를 만들기 위한 실천개입이다. 그러므로 지역사회복지의 개념을 포괄적으로 잡는다면, 지역사회 수준의 개입을 지역사회복지 개념 안에 포함시킬 수 있겠지만 그것이 지역사회복지와 같은 것이라고 할 수는 없다.

이번에는 사회복지의 분야론에 입각해서 지역사회복지의 개념을 설명해 보겠다. 사회복지에서 분야론이란 특정한 대상을 중심으로 사회복지를 이해하고 연구·실천하는 것으로, 기본적으로는 생애주기나 문제 중심으로 분야가 정해진다. 통상적으로 아동복지, 청소년복지, 노인복지, 여성복지, 장애인복지, 산업복지, 정신보건사회복지 등을 포함하며, 다문화사회복지, 학교사회복지, 교정사회복지, 군사회복지, 국제사회복지와 같이 새로운 분야가 개발되기도 한다. 한편 학자에 따라서는 사회보험과 공공부조 역시 사회복지의 한 분야로 포함시키기도 한다(오정수 외 2010, 권중돈 외, 2011 재인용).

그렇다면 지역사회복지는 사회복지의 다양한 분야 중 하나인가? 사회복지학에서 하나의 분야가 되기 위한 특별한 기준이 있는 것도 아니고, 더욱이 무엇이 사회복지 분야로 포함되어야 하는지를 선별하여 결정하고 최종적으로 선언하는 권위를 가진 조직이 있는 것도 아니다.[3] 우리나라의 경우 사회복지는 전적으로 서구-특히 미국-로부터 수입된 학문으로서 이미 그렇게 정해진 분야들을 받아들여서 국내의 상황에 맞게 구성해 온 것인데, 이때 지역사회복지가 사회복지실천의 한 분야로 수입되지는 않았다. 미국에서 지역사회복지는 ‘지역사회조직’으로 불렸고, 이후 그 이론과 실천방법이 발달됨에 따라서, 그리고 통합방법론이 유행하면서 ‘지역사회실천(community practice)’ 또는 ‘지역사회개입(community intervention)’이라는 용어

3) 그런 절차나 조직이 있어야 한다면, 그것은 아마도 각 분야에 관심을 가진 학자들이 모인 학회가 중심이 되어 해당 학문에 대한 자기 선언을 하는 것이다.

로 대체되었는데, 우리나라에서는 그것을 '지역사회복지론'이라 불렀다.[4)] 이해를 돕기 위해 초창기 지역사회복지에 관한 대표 저서라 할 수 있는 최일섭의 『지역사회복지론』(1985) 서문을 참고해 보자.

> '케이스 워어크', '그룹 워어크'와 함께 전문사회사업의 3대 방법론의 하나인 지역사회조직사업은 다른 방법이 개인, 가족, 집단이라는 비교적 소규모의 사회체계에 대해 변화를 시도하려고 하는 반면에, 지역사회의 수준에 개입하여 지역사회 주민의 복지와 관련된 문제를 직접적인 서비스 혹은 간접적인 계획을 통해 해결하고자 하는 조직적이고 전문적인 노력인 것이다.

그러나 최근의 지역사회복지는 실천방법이라기보다 오히려 하나의 실천 분야로서 다양하게 발전하고 있다. 쉽게 설명하자면, 예를 들어 아동복지가 '아동'과 '복지', 노인복지가 '노인'과 '복지'를 합성한 경우라면 지역사회복지는 '지역사회'와 '복지'를 합성한 것으로, 이때 지역사회는 아동과 노인에서처럼 관련 이론과 실천방법을 가진 사회복지의 한 대상이 된다.[5)] 다시 말해서, 지역사회복지는 **지역사회를 대상으로 하는** 사회복지의 한 분야가 되는 것이다.

지역사회복지가 사회복지의 한 분야라고 할 때는 ① 그것이 전적으로 지역사회를 대상으로 한다는 점, ② 자신의 실천 영역을 지역사회로 정하고 활동하는 사회복지사 혹은 사회복지기관이 있다는 점을 분명히 하는 것이다. 마치 개별실천의 대상인 개인이 단 한 명도 서로 같지 않은 것처럼, 완벽하게 동일한 지역사회가 존재할 수 없으며-그 지역의 역사, 문화, 상황 등이 다르기 때문에-, 긴 시간을 놓고 볼 때, 지역사회도 인간처럼 탄생과 죽음(소멸)의 유기적 과정을 거치게 된다.[6)] 따라서 개인이 삶 속에서-환경 속에서-다양한 이슈와 니즈에 직면하는 것처럼, 지역사회도 내부의 변화이든 외부의

4) 이에 대한 자세한 내용은 김종일(2012 : 31-32)의 『지역사회복지론』을 참고해도 좋다.
5) 그러나 최일섭(1985)은 지역사회복지가 아동복지나 노인복지 등과 같이 대상인구층 중심의 사회복지 개념과는 다른 차원의 개념임을 분명히 하고 있다.
6) 예를 들어, 태백지역은 1960년대부터 광산촌으로서 지역사회가 생성되어 1980년대까지 호황을 누리다가 1989년 석탄합리화정책으로 인해 광산이 문을 닫고 대부분의 광부들이 지역을 떠나 광산촌으로서의 지역사회는 사라졌다.

영향이든 어떠한 사회복지적 실천을 요하는 이슈와 니즈에 직면하게 된다. 예를 들어, 홍수, 태풍, 가뭄 등의 자연재해로 지역사회 전체가 파괴될 위험에 처한 경우, 생태환경과 지역주민을 고려하지 않은 외부로부터의 개발에 직면한 경우, 지역주민의 삶의 질을 증진시킬 만한 지역의 인프라가 부족하거나 부재한 경우 등이 그러하다. 이때 우리는 해당 지역사회를 분석하고 적절한 계획을 수립하여 문제해결을 위한 실천에 착수할 수 있다. 또한 이러할 때 활용되는 실천 모델과 기술이 이미 정립되어 있다.[7)]

그런데 이쯤에서 우리의 발목을 잡는 것은 바로 이런 실천을 자신의 주요 활동 영역으로 삼고 있는 사회복지사나 사회복지기관이 매우 드물다는 점이다. 단적인 예로, 어떤 지역에 홍수가 났을 때 우리는 그 지역의 사회복지사보다 동원된 군인을 보게 된다. 제주도 강정 군사기지건설과 같은 문제가 지역에 생겼을 때도 성직자나 시민단체 활동가는 있어도 사회복지사를 만나기는 어렵다. 김종일(2012 : 35)은 "대부분의 사회복지사들이 직접 서비스의 전달에 치우쳐 있는 한국의 경우"는 지역사회복지 실천을 사회복지의 고유 영역으로 주장하기 어렵다고 밝혔다. 그러나 이러한 경향은 조금씩 바뀌어 가고 있다. 예를 들어, 서울시복지재단이 2013년부터 서울시내 22개 종합사회복지관을 대상으로 '마을 공동체 중심 복지관 변화지원사업'을 진행하면서 소속 사회복지 실천가들이 전보다 주민을 대상으로 한 활동을 늘려가고 있다(welfare.seoul.go.kr, 작성 2014. 2. 12., 수정 2014. 2. 13.). 또한 2014년 세월호 참사 이후 희생자 가족에 대한 보다 체계적이고 조직적인 지원과 지역 공동체 회복과 성장을 위해 안산지역 10개 사회복지관이 네트워크를 구성하여 활동한 것은 지역사회가 처한 공통적인 어려움에 사회복지 실천가들이 개입한 모범적인 사례이다.[8)]

따라서 이 책에서는 지역사회복지를 복지관을 중심으로 사회복지사들이 실천하는 전문활동에 국한하지 않고, 지역사회에 초점을 두고 지역사회의

7) 지역사회복지 실천모델은 이 책의 6장에서, 실천기술은 8장에서 다룬다.
8) 세월호 참사가 일어난 직후 안산지역 10개 사회복지관 복지사들이 모여 '우리함께'라는 네트워크를 만들어 세월호 가족과 안산지역 공동체를 위한 센터를 세웠다. 자세한 내용은 인터넷에서 안산지역 공동체 회복을 위한 복지관 네트워크 '우리함께'를 찾아보면 된다.

복지 증진을 위해 이루어지는 모든 전문·비전문 활동을 포함한다. 더 나아가 미래에는 사회복지사들이 지역사회 전체를 복지 실천의 현장(대상)으로 삼아 사회복지 전문활동을 전개하는 것을 지향한다.

2) 사회복지실천의 수준 차원

실천 수준 차원에서 사회복지는 국가 차원의 정책을 다루는 거시적 접근(macro approach), 지역사회 수준에서 정책과 기술적 실천기법을 동시에 구사하는 중범위적 접근(mezzo approach), 개인·집단 수준에서 기술적으로 접근하는 미시적 접근(micro approach)으로 나누어진다. 이때 지역사회복지는 국가와 개인의 중간 지점에 있는, 혹은 국가와 개인을 연결하는 역할을 하는 중범위 실천으로 규정된다. 그런데 중범위 실천은 상대적으로 부각되지 못했다. 이런 정황은 사회복지 발달사를 통해 드러난다.

미국 사회복지학계는 전통적으로 사회복지의 대상을 개인 혹은 개인을 둘러싼 환경으로 국한하고, 그 개인의 문제와 욕구를 해결함으로써 혹은 해결하도록 그 개인을 도움으로써 그들의 삶의 질이 향상될 수 있고, 그러한 개인들이 사회적으로 잘 기능하면 살기 좋은 사회가 이루어진다는 믿음을 가지고 활동해 왔다. 이러한 관점을 발전시킨 선구자가 바로 메리 리치몬드(Mary E. Richmond, 1861~1928)이다. 그녀는 사회복지는 체계적인 지식과 이론이 없기 때문에 전문직이 아니라는 아브라함 플렉스너(Abraham Flexner, 1866~1959)의 비판 때문에 더욱더 사회복지의 지식기반을 갖추려고 노력하였고, 그 노력의 결과로 사회복지의 전문성을 진단주의(의료모델)에 입각한 개인치료에서 찾았으며, 사회복지 최초의 저서 『사회진단(Social Diagnosis)』을 저술했고, 최초로 사회복지 교육체계를 확립하였다. 반면 동시대에 살면서 개인의 문제를 사회환경의 결과로 인식하고 사회운동을 통한 사회개혁을 주장했던 제인 애덤스(Jane Addams, 1860~1935)는 사회복지의 전문성을 확립하는 일에는 그다지 관심을 갖지 않았다. 오히려 그녀는 사회복지가 전문성을 확보할수록 주민으로부터 멀어진다고 생각하였다. 이러한 입장을 고수한 것은 서비스 제공자와 수혜자 간의 계층화를 염려하였기 때문이다. 이로 인해 결과적으로 사회변화를 목적으로 하는 중범위 실천에 대한 공식적인 훈련과 이론체계가 만들어지지 못했다.9)

한편 복지국가의 토대를 마련한 영국의 페이비언주의자 베아트리스 웹(Beatrice Webb)과 시드니 웹(Sidney Webb)은 제1차 세계대전 이전까지 자치도시의 중요성을 강조하면서 빈민법 위원회 소수파 보고서에서도 지역 행정부가 빈민법의 기능을 맡아야 한다고 주장하였다. 당시 영국에서는 복지가 지역을 통해야 가장 잘 제공되며, 그뿐만 아니라 새로운 서비스들-예를 들어, 학교 급식, 학교 건강검진, 아동복지-도 지역 행정부에 의해 제공되어야 한다는 생각이 일반적이었다. 그러나 복지국가가 대두되면서 효율성과 공평을 바탕으로 서비스를 제공하기 위해서는 중앙정부가 사회복지를 지휘하는 위치에 있어야 한다고 보았고, 1940년대 이후로 헬스케어 국유화, 국가 교육시스템 통합, 국민부조법을 비롯하여 사회보장 혜택의 중앙집중화가 진행되면서 지방 행정부는 국가 복지서비스의 보조자 역할을 수행하는 데 그쳤으며, 사회복지사들은 지역사회 전체를 고려하기보다는 자신의 속한 기관 내에서 전문가로서의 정체성을 중요시하였다. 따라서 자연스럽게 중범위 수준의 실천은 약화되었다.10)

그러나 복지국가의 황금기를 지나 복지국가의 위기를 맞은 서구사회에서는 공동체주의 운동이 부활되고 지역의 중요성이 다시 강조되기 시작하였다. 사실 복지국가의 위기는 국가가 복지재정을 지출할 만한 능력에 위기가 왔다는 것만이 아니라 일부 복지제도에 대한 대중의 지지가 상실되면서 지역의 복지구조가 적당하지 않았기 때문에 생긴 위기라는 분석도 나왔다. 나아가 소비자본주의에 맞서기 위해서는 지역 수준의 돌봄과 이타주의의 미덕

---

9) 리치몬드의 관점을 사회복지실천의 '기능주의 궤도(function track)' 혹은 각 개별사례에 서비스를 제공한다고 하여 '사례론적 궤도(case track)'라고 하고, 애덤스의 관점을 '원인주의 궤도(cause track)'라고 한다. 리치몬드와 애덤스가 주도한 서로 다른 사회복지실천 관점에 대해서는 해리 스펙트와 마크 코트니(Harry Specht & Mark E. Courtney)의 『*Unfaithful Angels : How Social Work has Abandoned its Mission*』의 3장과 4장에 상세히 설명되어 있다.

10) 이 부분은 마이클 카힐(Michael Cahill)의 'Local Welfare : Nation and Society'를 참고하였다.

을 되돌리는 것이 중요하다는 사회철학의 확산과 세계화(globalization)에 대한 저항으로 인해 오히려 고용과 식량생산 등에 관해 지역을 중심으로 한 지역화(localization)가 필요하다는 인식이 증가하면서 중범위 수준의 실천이 강조되었다(Cahill, 2002).

한편, 한국은 독특한 경험을 가지고 있다. 국내 사회복지학계는 미시적 접근 중심의 미국 사회복지학을 여과 없이 수입하면서 자연스럽게 중범위 실천 활동의 중요성에 대한 인식뿐 아니라 학문적 발전과 현장의 개발에 관심을 갖지 않았다.[11] 그뿐만 아니라 해방 이후 국토와 이념이 분단되었고, 오랫동안 정치적 혼란에 휩싸였으며, 사회복지학이 수입되던 시기를 포함하여 수십 년 동안 독재정권의 억압하에 있었기 때문에 지역과 사회에 관한 문제를 제기하는 것은 국가정권에 대한 도전으로 여겨졌고, 나아가 북한에 협력하거나 공산주의에 물든 불순세력으로 취급받았다. 사실 두 사람이 모여서 대화를 나누어도 뭔가를 공모하고 있다는 혐의를 받아야 했던 당시의 상황으로 인해 주민과 함께 사회복지실천을 한다는 것은 투철한 의식과 훈련을 받은 집단 외에는 감히 엄두를 낼 수 없는 일이었다. 따라서 사회복지계는 개인의 변화를 통해 사회가 변화될 수 있다는 소박한 원칙을 바탕으로 활동했을 뿐 지역사회가 변화의 대상이라는 인식을 갖지 못했거나 혹은 그런 인식이 있다 하더라도 실천에 옮기지 못했다.

그러나 1987년 절차적 민주화를 성공시킨 6월 항쟁을 필두로 하여 '국민의 정부'에서 '참여정부'에 이르는 거의 10여 년간의 변화는 사회와 사람을 근간으로 실천하는 사회복지에도 많은 영향을 끼쳤다. 사회의 발전이 대립과 투쟁으로 얻어지는 것이라는 생각으로부터 개개인의 생각과 행동 양식이 그 사회의 수준을 결정하고 사람들 간의 조화와 협력이 사회발전의 힘이 된다는

---

11) 정무성은 1997년 한국사회복지학회에서 "전문사회사업방법론 중에서 지역사회복지가 차지하는 위치가 무엇이며, 그 내용은 어떻게 구성되어야 하는지에 대한 명확한 합의가 이루어져 있지 않다. 이는 실제 현장에서는 사회복지관 등을 매개로 하는 지역사회복지사업이 상당히 활발하게 전개되고 있음에도 불구하고 사회복지학계에서 전문실천방법론을 논할 때 주로 미시적인 임상에 치중하고, 실천방법으로서의 지역사회복지에 대한 진지한 논의는 부족했기 때문이다(pp. 21-22)"라고 주장하였다.

생각으로의 변화는 중범위 사회복지의 중요성을 강조하는 실천의 물꼬를 텄다. 또한 1999년 지방자치제도가 실시되면서부터 지역 단위의 활동이 존중받고 활성화되어 가는 쪽으로 사회운영시스템이 변화하여 사회복지의 외연이 개인에서 지역으로 확대되기 시작하였다. 더불어서 이러한 변화들에 신속히 응답할 만한 자원이 충분하지 못하고 앞으로도 자원은 계속 축소될 것이라는 점 때문에 사회복지는 개인에 대한 무조건적인 서비스보다는 개인들이 공유할 지역사회의 자원 확보 문제에 더 많은 관심을 갖게 되었다.

이상의 긴 설명을 다음의 그림으로 간단히 요약할 수 있다. **사회복지학의 내용 차원에서 볼 때 지역사회복지는 대인서비스에 대한 지역사회 수준의 접근이자 지역사회를 대상으로 하는 사회복지의 한 분야이며, 실천수준 차원에서 볼 때 지역사회복지는 사회복지의 중범위 수준에서 실천하는 제반 활동이 된다.**

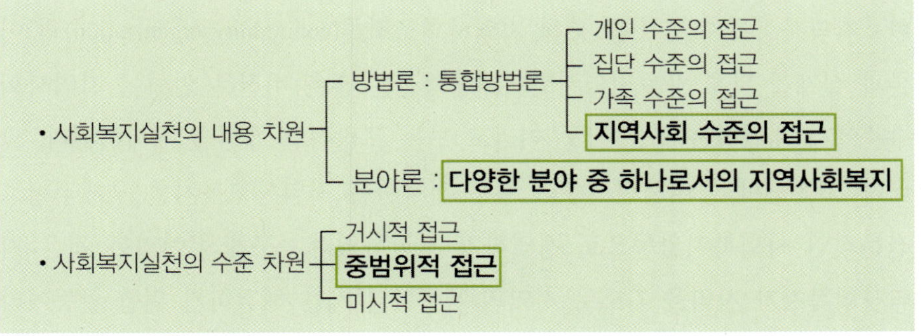

그림 2.1 사회복지 차원별 지역사회복지의 위치

2. 지역사회복지의 개념과 내용

1) 지역사회복지의 개념

지역사회복지는 현재 우리나라 사회복지학계와 실천현장에서 통용되는 다양한 개념 중에서 아마 가장 규정하기 어려운 개념일 것이다. 그것은 앞에서 설명한 것처럼 사회복지학에서 지역사회복지의 위치가 애매하기 때문이기도 하고, 동시에 일본의 지역복지, 영국의 지역사회보호(community care)나 커뮤니티 소셜 워크(community social work), 미국의 지역사회조직(community organization) 내지는 지역사회개입(community intervention)과 같이 다른 나라에서 사용하고 있는 용어와 혼용되기 때문이기도 하다. 이로 인해 지역사회복지를 확실히 정의하기 어렵다면, 지금까지 출판된 지역사회복지 관련 저서의 저자들이 내린 정의를 살펴보는 것도 도움이 될 것이다(표 2.1 참고).

국내에서 초창기 지역사회복지 교육을 주도했던 최일섭은 1985년에 저술한 『지역사회복지론』[12]을 통해 지역사회조직론(community organization)의 이론과 실제를 다루면서 지역사회복지를 "전문 혹은 비전문 인력이 지역사회 수준에서 개입하는 모든 활동"이라고 보는 포괄적인 개념을 제시하였다. 그러나 2000년에 들어서면서부터 일부 저자들은 지역사회복지를 구체적이고 전문적인 사회복지활동으로 정의하기 시작하였다. '구체적'이라는 것은 지역사회복지가 지역을 기초로 지역의 욕구나 문제를 해결하기 위한 활동이라는 것을 강조하는 것이고, '전문적'이라는 것은 지역사회복지가 사회복지의 기술과 지식을 바탕으로 한 조직적이고 전문적인 실천과정임을 분명히 한 것이다.

12) 당시는 <지역사회조직론>이라는 과목명으로 개설되었으나, 교과서는 『지역사회복지론』을 사용하였다. 저자인 최일섭은 서문에서 "지역사회조직사업이 지역사회복지를 증진시키는 유일한 방법이라고 할 수는 없으나, 다른 어떤 형태의 노력에 비해서 보다 과학적이고 체계적이며, 전문적이라고 할 수 있을 것이다. 한마디로 지역사회조직사업이 갖는 지식과 기술은 모든 형태의 지역사회복지를 향상시키고자 하는 노력에 활용될 수 있을 것이다"라고 하면서, 그러나 "다소 한정적이고 전문적인 제목"보다는 "포괄적이고 일반적인 제목"으로 지역사회복지론이라는 제목을 선택하였다고 밝히고 있다.

표 2.1 지역사회복지에 대한 여러 개념들(국내)

저 자	출판 연도	지역사회복지에 대한 정의
최일섭	1985	지역사회복지란 말은 매우 포괄적인 개념으로 전문 혹은 비전문 인력이 지역사회 수준에 개입하여 지역사회에 존재하는 각종 제도에 영향을 주고, 지역사회의 문제를 예방하고 해결하고자 하는 일체의 사회적 노력을 의미한다(p. 25).
김범수	1986, 2010	지역사회복지란 재가복지서비스를 중심으로 환경개선서비스, 지역사회 주민의 조직화 활동, 지역사회를 중심으로 지역사회 주민에 대한 생활문제의 전반적인 것을 도모하는 포괄적 개념으로 정의할 수 있다(p. 94)(2010년 저서에서는 p. 19).
김영모	1996	지역사회복지의 개념은 (중략) 지역사회 성원의 복지를 증진하기 위한 방법인 동시에 분야라고 할 수 있다(p. 4).
최옥채	2000	지역사회실천이란 지역사회의 욕구 혹은 문제를 예방 또는 해결하기 위해 사회복지사가 그 지역사회의 제반 자원과 지역사회실천 관련 기술을 활용하여 개입하는 사회복지실천의 한 방법이라 할 수 있다(p. 16).
정무성	2000	지역사회복지란 지역성에 기초한 지역사회나 목적성에 기초한 공동체에의 조직적이고 체계적인 개입을 통해 구성원들의 삶의 질을 향상시키기 위한 사회복지적 지식과 기술을 활용하는 전문 실천방법이다(p. 171).
김종일	2003, 2006, 2012	지역사회복지는 각종 사회적 위험이 사라진 안전하고 행복한 지역사회의 상태를 지칭하는 동시에, 이러한 상태를 실현하기 위한 지역사회 수준에서의 모든 노력을 의미한다(광의의 개념). 지역사회복지는 지역사회 구성원들의 문제와 욕구를 해결하거나 예방하기 위해 수행하는 사회복지사들의 전문적 활동이다(협의의 개념)(pp. 28-29)(2006년 저서에서는 p. 36, 2012년 저서에서는 p. 33).
지은구	2003	지역복지실천은 '지역주민들의 삶의 질을 개선시키고 지역의 문제를 해결하기 위한 사회복지의 전문적 개입방법이다'라고 정의할 수 있으며, 그리고 지역복지실천은 실천활동을 위한 지침 또는 기술로서의 실천모델들을 포함하는데 지역개발, 사회계획화, 사회행동 등이 여기에 포함된다(p. 47).
감정기·백종만·김찬우	2005	지역사회복지란 지역사회를 접근단위로 하여 그 구성원들의 복지를 실현하려는 사회적 노력이다(p. 21).
박태영	2008	지역사회복지는 일정한 지역사회 내에서 주민의 생활문제를 사회복지사와 주민이 함께 공식적·비공식적 자원을 활용·개발하여 해결하거나 예방하는 다양한 노력들이라고 정의할 수 있다(p. 42).
김범수·신원우	2013	첫째, 지역사회복지는 "지역사회를 위한 사회복지(welfare for the community)"이다. 둘째, 지역사회복지는 "지역사회에 의한 사회복지(welfare by the community)"이다(p. 21).

한편 외국에서 지역사회복지의 개념은 우리나라의 개념보다 포괄적이면서 적극적이라고 할 수 있다. 이를테면 국내의 개념이 지역사회나 주민의

문제와 욕구를 예방하거나 해결하는 제한된 내용을 포함하고 있는 것에 비해 외국의 개념정의는 지역사회를 전보다 나은 상태로 변화시키고, 그에 필요한 주민이나 지역사회 자체의 역량을 향상시키는 계획된 활동으로 정의하였다. 특히 포플(Popple, 2000 : 4-5)은 지역사회복지가 정치적인 것과 밀접하게 관련 있다고 하면서 테일러와 프레슬리(Taylor & Presley)의 정의가 가장 적절하게 이런 지역사회복지의 특성을 보여주고 있다고 설명하였다. 다른 전문직이 자기 분야의 전문성을 강조하는 것과 달리, 테일러와 프레슬리는 지역사회복지를 사회변화를 위해서 비전문가들과 주민들의 능력을 향상시키려고 하는 전문분야라고 보았다. 즉, 지역사회복지실천은 지역사회의 비전문가들이나 주민들의 능력을 향상시켜 그들이 스스로 지역사회 변화를 이루어 내도록 만드는 전문활동이라는 것이다.

표 2.2 **지역사회복지에 대한 여러 개념들(외국)**

저 자	출판 연도	지역사회복지에 대한 정의
테일러와 프레슬리 (Taylor & Presley)	1987	지역사회활동은 비전문가의 숙련성을 높이는데, 어렵고 취약한 상황에 처한 사람들이 그들의 집합적인 상태를 통제할 수 있도록 능력을 증가하는 데 기여하는 전문분야이다(Popple, 2000 : 5 재인용).
투웰브트리즈 (Twelvetrees)	1991	지역사회활동은 보통 사람들이 집합적인 행동을 취함으로써 자신의 지역사회를 향상시키도록 돕는 과정이다(p. 1).
넷팅 외 (Netting, et al.)	1993	지역사회실천은 거시적 실천의 한 분야로, 조직과 지역사회에 계획된 변화를 가져오도록 고안된 전문적인 직접 개입이다(p. 3).
웨일과 갬블 (Weil & Gamble)	1995	지역사회실천은 취약계층과 지역사회의 사회적·경제적 삶의 질 향상을 추구하는 개입을 위한 다양한 모델과 방법을 포함하는 것이다(p. 577).
하드캐슬 외 (Hardcastle, et al.)	1997	지역사회실천은 지역사회 집단, 조직, 제도의 행동 유형, 사람들의 관계, 이 모든 것들의 상호작용에 변화를 가져오는 실천기술을 적용하는 것이다(p. 1).

흥미롭게도 일본에서는 지역사회복지의 개념을 서비스들의 예를 포함해서 상세히 그리고 체계적인 분류에 따라 설명함으로써 지역사회복지가 무엇을 의미하는지를 분명히 이해할 수 있도록 하였다. 크게 일본 지역사회복지

는 기능적 개념과 구조적 개념으로 구분된다. 기능적 개념은 사회적 욕구를 충족하는 사회서비스 및 사회자원의 공급시스템 측면의 지역사회복지를 의미하며, 여기에는 이러한 욕구를 가능한 한 지역사회 자체 내에서 해결해야 한다고 보는 주체론적 접근과 욕구를 충족할 자원을 지역조직화를 통해서 동원해야 한다고 보는 자원론적 접근이 있다. 한편 구조적 개념의 지역사회복지는 지역복지를 정책으로 보는 입장으로, 정책제도론적 접근과 운동론적 접근이 있다. 정책제도론적 접근은 정부가 생활문제에 대한 대책으로 지역복지정책을 수립해야 한다는 접근이라면, 운동론적 접근은 지역사회의 복지가 정부의 정책보다는 주민의 자주적인 참가에 의한 운동을 통해서 가능하다는 접근이다(박태영·채현탁, 2014 : 34-36).

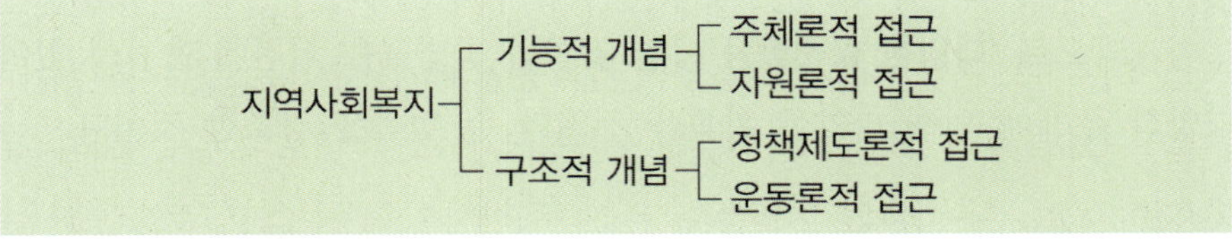

그림 2.2 **일본의 지역사회복지 개념도**

이상과 같이 지역사회복지에 대한 여러 개념정의들을 종합적으로 반영해서 우리는 지역사회복지의 개념을 다음과 같이 정의하겠다.

지역사회복지는 사회복지 전문 지식과 기술을 활용하여, 특정한 지역사회 안에서 발생하는 제반 이슈와 니즈를 해결할 뿐 아니라 지역사회에서의 삶이 전보다 향상될 수 있도록 주민, 조직, 제도를 강화하는 다양한 실천활동이다.

이 정의를 보다 구체적으로 살펴보면, '**사회복지의 지식과 기술**'을 활용한다는 것은 비록 지역사회복지에서 다루는 내용이 생활 전반에 걸친 광범위한 이슈와 니즈라 하더라도, 그것에 대한 개입은 분명히 사회복지가 가지고 있는 지식과 기술을 사용함으로써 여타 시민활동과는 구분되는 사회복지 고유의 영역임을 강조한 것이다. 또한 이는 지역사회복지가 사회복지의 조직체계 안에서 전문적인 방식으로 이루어져야 함을 의미하면서 전문적인 기술을 가지고 실천되는 구체적인 방법, 과정, 그리고 이때 요구되는 사회복지사의 역할이나 능력 등을 포함한다. 예를 들어, 지역사회조직, 지역사회계획, 지역사회개발, 지역사회운동 등이 지역의 이슈와 니즈에 따라 선택할 수 있는 사회복지의 전문 지식과 기술이다.

'**특정한 지역사회**'란 지역사회 크기나 특성에 따라 일정한 범위를 가지고 있음을 뜻한다. 크기 면에서 본다면 지리적 경계를 통한 구획을 의미하는 것이고, 특성 면에서 본다면 외국인 노동자라든지 도서지역이든지 하는 공통으로 가지고 있는 고유한 특징을 지닌 집단을 의미한다고 할 수 있다.

'**제반 이슈와 니즈**'란 좁게는 사회복지와 관련된 이슈와 니즈를 의미하기도 하지만 보건, 의료, 교육, 고용, 안전, 교통, 주거환경 등 특정한 지역사회의 구성원들의 삶과 밀접하게 관련된 다양한 영역을 포함한다는 의미이다.[13)]

마지막으로 '**다양한 실천활동**'이란 앞서의 방법들을 실천에 옮김에 있어 다양한 주체에 의해 다양한 활동을 전개할 수 있음을 강조한 것이다.

2) 지역사회복지의 내용

이상의 개념정의를 바탕으로 지역사회복지의 내용을 살펴보자면, 크게 네 가지를 포함할 수 있다.

(1) 지역사회 기반 사회복지서비스

지역사회 기반 사회복지서비스는 영어의 community-based social service 혹은 community-centered social service와 같은 개념이다. 이는 대인사회복지서비스를 제공함에 있어서 지역사회의 일반적인 삶을 준거로 하여 서비스 활동을 전개하는 것이다. 특히 이 활동은 정상화 원칙[14)]을 최대한 반영하여

---

13) 일본의 학자들은 이러한 영역과 내용을 통틀어서 '생활과제'라고 표현하기도 한다.

14) 정상화(normalization)의 원칙은 "특별한 장애나 욕구를 가진 사람이라고 해서 지역사회와 분리된 곳, 즉 시설이나 병원 등에서 살아가는 것은 인간다운 삶이 아니므로 가능한 한 일반인이 살아가는 보통의 삶과 유사한 생활을 살아갈 수 있도록 하는 것(박태영, 2003a : 35)"이라고 정의된다. 이는 장애인을 신체적·정신적으로 정상화시켜야 한다는 주장이기보다는 장애인도 일반적

서 비록 남의 도움을 받아야만 생활이 가능한 특정 이슈나 니즈를 가진 사람들도 서비스를 자신의 집이나 지역사회 내에서(혹은 그것을 **기반**으로) 제공받을 수 있도록 하는 사회적 노력이다. 대부분의 교과서에서는 이를 **지역사회 보호**(community care)[15]라는 용어로 설명하고 있다. 대표적으로 일반적인 클라이언트를 위한 사례관리, 노인이나 장애인 등을 위한 재가복지 프로그램, 정신장애인을 위한 사회화 프로그램 등을 들 수 있다. 이런 활동은 예를 들어 주로 사회복지관, 주·야간 보호센터, 장애인복지관, 지역사회정신건강증진센터 등에서 진행된다. 그러나 폭넓게 보면, 한 개인(주민이라고 해도 좋고 클라이언트라고 해도 좋다)이 평생을 살아가면서 자신이 살고 있는 지역사회가 제공하는 다양한 사회복지서비스를 활용하여 자신의 삶을 풍성하게 만들어 가도록 하는 것이 바로 지역사회 기반 사회복지서비스의 내용이라고 할 수 있다.

(2) 지역사회계획

사회계획(social planning)보다는 좁은 지역을 중심으로 이루어지는 지역사회계획은 지역사회 구성원 간의 구조적인 관계를 변화시키거나 지역사회 구성원들이 지역 문제에 대처하여 극복할 수 있도록 구체적인 실천과정을 계획하고 결정하여 수립하는 활동이다. 이러한 활동은 주로 지방자치단체가 담당하면서 전문가들의 자문과 용역을 병행하기도 한다. 보다 구체적으로 지역의 사회복지와 관련된 계획 활동인 지역사회복지계획은 지역주민 각자가 자기다운 삶을 추구할 수 있는 지역사회를 만들기 위하여 주민과 행정이 협력하

인 사람들과 같이 원래 정상적인 사람이므로 장애인이 지역사회에서 정상적으로 생활하고 인생의 다양한 경험을 할 수 있도록 제반 상황이 마련되어야 한다는 주장이다. 현재 장애인자립생활을 위한 활동보조인서비스, 공동생활가정, 지역사회 내 건축물의 접근성 개선 등 다양한 지역사회 프로그램들이 정상화이론에 근거해서 제공되고 있다.

15) 정부가 2018년 3월에 커뮤니티케어 종합계획을 추진하겠다고 발표하면서 지역사회보호는 현재 국내에서 '커뮤니티케어'라는 말로 굳어졌다. 정부는 커뮤니티케어를 "돌봄(care)을 필요로 하는 주민들이 자택이나 그룹홈 등 지역사회에 거주하면서 개개인의 욕구에 맞는 복지급여와 서비스를 누리고, 지역사회와 함께 어울려 살아가며 자아실현화 활동을 할 수 있도록 하려는 혁신적인 사회서비스 체계"라고 정의한다(보건복지부, 2018).

여 지역사회복지의 추진에 관한 사항을 전체적으로 정한 계획이다(大橋謙策, 2003). 이런 의미에서 지역사회계획은 주민참여를 중요시해야 한다. 지역사회계획은 니즈 및 이슈 분석, 복지정책의 우선순위 설정, 자원 및 서비스 공급체계의 설계 등을 통해 지역사회의 구성원들이 인간다운 삶을 추구할 수 있는 지역사회를 만드는 데 그 목적이 있다. 이처럼 계획은 철저한 조사와 분석을 바탕으로 수립되므로 과학성과 합리성을 유지하면서, 동시에 주민, 계획자(연구자), 정책 실행자 사이에 좋은 지역사회를 만드는 데 합심하려는 관계성을 중시해야 한다. 현재 이러한 활동은 특히 각 지방자치단체의 지역사회보장협의체에서 수행한다.

(3) 지역사회개발

지역사회개발은 두 가지로 구분할 수 있다. 하나는 저소득계층과 불리한 위치에 처한 지역사회 주민의 삶의 질을 향상시키기 위한 경제·사회적 개발활동이고, 다른 하나는 지역사회의 니즈와 이슈에 대처하는 지역사회 자원개발활동이다. 경제·사회적 개발활동은 지역사회 주민으로 하여금 지역의 개발을 주도하게 하는 한편, 개발의 이익이 주민에게 돌아갈 수 있도록 하는 실천이다. 대표적으로는 마을기업 같은 사회적 경제를 들 수 있다. 한편, 지역 자원 개발활동은 지역의 사회복지 활동을 위해 내부적·외부적 자원을 개발하는 것으로 자원봉사자 개발, 모금, 후원자 발굴 등의 활동을 포함한다. 대표적으로는 공동모금회라든지 자원봉사센터 등을 들 수 있고, 지역사회복지관의 후원 관리도 이에 속한다고 할 수 있다. 경제·사회적 개발활동이든 지역사회 자원 개발활동이든 지역사회개발은 지역사회 내에 존재하는 개발잠재성이 있는 다양한 개인이나 조직이 지역사회의 발전을 목적으로 서로 협력해야 한다는 취지에서 연대성을 중시하여야 하며, 개발 자체가 효율적으로 진행되어서 개발의 이익을 극대화할 수 있도록 해야 한다.

(4) 지역사회운동

지역사회운동은 주민들이 공유하고 있는 이슈를 위해 함께 투쟁하고, 주민들의 삶에 영향을 주는 결정들에 대해 주민 스스로 발언할 수 있게 이끄는 지역사회복지 실천활동이다(Rubin & Rubin, 2001 : 3). 따라서 이 활동은 지역의 많은 이들의 힘을 집약하고 민주적 조직을 만듦으로써 주민들의 문제해결 능력을 강화시키는 데 주력한다. 이때 중요한 것은 **조직화(organizing)**이다. 조직화는 문제의 원인이 개인에게 있는 것이 아니라 사회적이거나 구조적인 것에 있다는 점을 깨닫고, 그 문제들을 함께 공유하며, 서로 배우고 힘을 합쳐가는 과정을 통해서 변화를 위한 행동을 취할 수 있는 능력을 갖는 것이다(Rubin & Rubin, 2001 : 6). 이런 능력이야말로 조직 간의 연대를 통해서 달성될 수 있다. 또한 이러한 여러 조직들의 연대는 민주주의, 즉 다른 조직의 주체성을 존중하는 민주적 의사결정과 평등한 관계 형성을 통해서 이루어질 수 있다. 우리나라에서는 주로 시민단체에서 이러한 활동을 주도해 왔으나 최근에는 지역사회복지관에서도 관심을 보이고 있다.

다음의 표는 지역사회복지에서 다루는 네 가지의 활동을 정리하고, 각각의 활동들에 대한 개략적 내용, 이 활동의 토대가 되는 이념과 가치, 이런 활동을 수행할 때 사용될 수 있는 실천모델, 그리고 이런 활동을 주로 수행하는 현장의 예를 간략하게 제시하였다. 한마디로 이 표는 지역사회복지를 배울 때 다루어야 할 내용을 개괄한 것이라 할 수 있다. 즉, 앞으로 우리가 공부해야 할 모든 것을 한눈에 보여주는 것이다. 각각에 대한 내용은 앞으로 이어지는 장들에서 설명하도록 하겠다.

표 2.3 지역사회복지 활동과 내용

구분 / 활동	지역사회 기반 사회복지서비스	지역사회계획	지역사회개발	지역사회운동
활동내용	• 일반적 직접서비스 • 지역사회보호 • 재가복지	• 지역사회계획 • 지역사회를 위한 프로그램 개발 • 지역사회 자원 분배 및 조정	• 사회적 자원의 개발 • 경제적 개발 • 자원개발(모금 및 후원자 개발)	• 지역운동 • 주민조직화
활동이념 및 가치	• 정상화	• 주민참여 • 과학성 • 합리성 • 관계성	• 연대성 • 효율성	• 연대성 • 민주주의
대표적인 실천모델	• Popple의 지역사회보호 모델 • CBR(Community Based Rehabilitation)	• Rothman의 지역사회 계획 모델 • Weil & Gamble의 사회계획 모델/프로그램 개발과 지역사회연계 모델	• Rothman의 지역사회 개발 모델 • Weil & Gamble의 지역사회의 사회/경제 개발 모델 • Popple의 지역사회 개발 모델	• Rothman의 사회행동 모델 • Weil & Gamble의 정치/사회행동모델/사회운동모델 • Popple의 지역사회행동 모델 • Rubin의 동원모델
활동현장	• 사회복지관 • 장애인복지관 • 주·야간 보호센터 • 정신건강증진센터 • 지역아동센터	• 지방자치단체 • 사회복지협의회 • 지역사회보장협의체 • 공동모금회	• 공동모금회 • 자활센터 • 자원봉사센터 • 사회복지관	• 사회복지관 • 시민단체

3. 지역사회복지 실천의 목적

지역사회복지를 실천하는 궁극적인 목적은 한마디로 살기 좋은 지역사회를 이룩하는 것이다. 그렇다면 어떤 지역사회가 살기 좋은 지역사회인가? 어떤 사람은 교통이 편리해야, 어떤 사람은 좋은 학교가 있어야, 또 어떤 사람은 생필품을 쉽게 구입할 수 있어야 살기 좋은 지역사회라고 할 것이다. 그러나 여기에서 한 단계 깊이 들어가서, 이런 지역사회가 되기 위해서 지역사회는 어떠해야 하는지를 따져 보아야 실천의 방향을 잡을 수 있다. 이러할 때 어떤 기준이라는 것이 필요하다면, 아마도 워렌(1983)이 언급했던 '**좋은 지역사회**(a good community)'나 펠린(2001)이 언급했던 '**역량 있는 지역사회**(a competent community)'의 요건을 공부할 필요가 있다.

워렌은 다음의 다섯 가지 조건을 갖추었다면 '좋은 지역사회'라 할 만하다고 했다.

- 구성원 사이에 인격적인 관계가 이루어질 수 있어야 한다.
- 권력이 폭넓게 분산되어야 한다.
- 다양한 소득, 인종, 종교, 이익 집단이 포함되어야 한다.
- 동네 주민들의 자율권이 충분히 보장되어야 한다.
- 정책 형성 과정에서 갈등을 최소화하면서 최대의 협력을 도출할 수 있어야 한다.

즉, 워렌에 따르면, 좋은 지역사회는 인격적 인간관계, 권력분산, 다양성 존중, 자율권 보장, 협력 증대가 일어나는 지역사회이다. 그러므로 지역사회복지 실천의 목적도 지역사회가 이런 상태가 되도록 만드는 것이고, 그렇게 되면 궁극적으로 살기 좋은 지역사회가 될 것이라는 점을 유추할 수 있다.

한편 펠린(2001 : 70)이 언급한 역량 있는 지역사회가 의미하는 '역량'은 지역사회가 설정한 목적을 달성하기 위해서 문제해결 과정에 참여하는 지역사회의 능력이다. 그러므로 지역사회가 이런 역량을 가지고 있다는 것은 결국 지역사회가 설정한 목적을 달성할 수 있다는 것이고, 그렇게 목적이 달성된 지역사회가 살기 좋은 지역사회가 되는 것이다. 그리고 지역사회복지 실천은 이렇게 자기 지역사회가 정한 목적을 달성할 수 있는 능력을 가진 지역사회를 만들어 가는 과정이라고 할 수 있다.

구체적으로 펠린은 지역사회 역량을 두 가지의 차원에서 설명하고 있는데, 하나는 경제, 교육, 건강, 사회복지처럼 지역사회의 구성원이 가지고 있는 니즈(욕구)에 반응할 수 있는 능력을 갖는 것이고, 다른 하나는 일상생활을 하는 데 생기는 이슈(문제)들을 해결하기 위해 필요한 자원을 만들어 내거나 활용하는 능력을 갖는 것이다. 지역사회가 이러한 능력을 갖기 위해서는 다음의 조건이 필요하다. 이 조건은 크게 인적 차원과 시스템 차원으로 구분된다(Fellinm 2001 : 70).

① 인적 차원의 조건

- 주민들이 자기 지역사회에 대한 헌신성이 있어야 한다.
- 자기 가치와 이익을 가지고 있는 지역사회 내 다양한 집단들은 자신이 가지고 있는 가치와 이익이 무엇인지 정확하게 자각해야 한다.
- 지역사회 내 다양한 영역들 사이에서 발생하는 지역사회 이슈에 대해 효과적이고 분명하게 의사소통을 할 수 있어야 한다.
- 지역사회의 목적을 규정하고 그것들을 적용하는 데 주민이 참여해야 한다.

② 시스템 차원의 조건

- 지역사회 내 여러 집단 간에 일어나는 갈등을 처리하는 절차가 있어야 한다.
- 지역사회가 적절한 수준의 자율성을 유지하면서 외부 사회와의 관계를 처리하는 능력을 가져야 한다.

이처럼 지역사회복지 실천은 지역사회가 능력을 갖기 위해 필요한 조건을 향상시키기 위한 활동이라 할 수 있고, 지역사회복지 실천의 목적도 그런 조건의 향상으로 설정될 수 있다.

한편 웨일과 갬블(1995 : 577)은 지역사회복지 실천의 목적을 다음과 같이 제시하였다.

첫째, 시민과 시민집단의 조직화 기술과 능력을 계발하는 것
둘째, 한 지역사회 내에서 사회계획을 보다 접근 가능하고 포괄적으로 만드는 것
셋째, 풀뿌리 지역사회 집단들에게 사회·경제적 투자를 연결하는 것
넷째, 지역사회 문제를 해결하는 데 광범위한 연합들을 옹호하는 것
다섯째, 사회정의가 사회계획 과정에 우러나도록 하는 것

그러나 웨일과 갬블이 제시한 이상의 내용은 지역사회복지 실천의 목적이기보다는 지역사회복지 실천의 내용에 더 가깝다고 할 수 있다. 어떤 목적이든지 목적에는 그 목적을 달성하기 위한 행위가 요구되는데, 웨일과 갬블이 제시한 다섯 가지의 목적은 바로 그런 행위들을 설명한 것으로 보인다. 따라서 여전히 지역사회복지 실천이 목적하는 바는, 실천의 내용이 무엇이든지 간에, 그리고 다소 덜 구체적이며 추상적이고 이상적이라 하더라도, **지금보다 더 나은 지역사회를 만들어서 지역사회에 거주하는 모든 사람들의 행복이 보장되도록 하는 것**으로 집약된다.

마지막으로, '행복'이라는 단어에 초점을 맞추면서 지역사회복지실천의 목적을 한 가지 더 추가해 보겠다. 도시계획전문가인 찰스 몽고메리(Charles Montgomery, 2013 : 68-69)는 여러 철학자, 심리학자, 뇌과학자, 행복경제학자들의 통찰을 바탕으로 '도시 행복 처방전'을 도출했다. 그는 도시가 식량, 주거, 안전이라는 기초적인 필요를 충족하고 난 다음에 다음과 같은 목표를 달성해야 한다고 주장했다.

- 도시는 기쁨을 최대화하고 곤경을 최소화하기 위해 도시 형태와 시스템을 부단히 개선해 나가야 한다.
- 도시는 시민을 병들게 하기보다 시민을 건강하게 해야 한다.
- 도시는 시민이 원하는 대로 삶을 개척하고 이동하고 생활할 수 있는 참된 자유를 제공해야 한다.
- 도시는 경제적 충격이나 환경적 충격에서 곧 회복할 수 있는 능력을 길러야 한다.
- 도시는 공정한 방식으로 공간, 서비스, 이동성, 기쁨, 곤경, 비용을 배분해야 한다.
- 무엇보다 가장 중요한 목표로, 도시는 모든 사람이 친구, 가족, 낯선 사람과 인생에 의미가 있는 유대를 맺고, 강화할 수 있도록 도와야 한다. 이러한 유대는 도시의 가장 큰 성과이자 도시가 시민에게 제공할 수 있는 가장 큰 기회다.

찰스 몽고메리가 말하고 있는 행복한 도시가 되기 위해 달성해야 할 목표가 단어 그대로 '도시'에만 해당되는 것은 아니다. 갈수록 붐비고 각박해지는 도시에 필요한 목표라는 것은 명백하지만 농촌이나 어촌, 산촌 등을 통틀어서 사람이 사는 모든 지역사회에서 이러한 행복 처방은 항상 필요하다. 그래서 여기에 나온 '도시'를 '지역사회'로 바꾸어 생각해도 좋다. 그렇다면 지역사회복지실천가 역시 그 지역사회에 살고 있는 모든 사람이 행복할 수 있는 활동을 계획하고 수행하는 전문가라 할 만하다.

4. 지역사회복지 실천의 환경

앞서 언급한 바와 같이 지역사회복지는 사회복지의 여러 분야 중에서도 제자리를 찾기 어려운 실천이었다. 미국이나 영국의 지역사회복지 발달과정상 지역사회복지는 지역사회에 산재해 있는 여러 조직들을 연결해서 각각이 제공하는 서비스들을 조정하는 지역사회조직(CO : Community Organization)으로 출발해서 빈곤지역 주민들의 조직화(community organizing)로 발전했지만 국내에서는 정치·경제·사회 상황의 영향으로 인해 '조직'이나 '조직화'보다는 개인과 가족을 대상으로 하는 실천에서 가용할 수 있는 자원을 동원·관리하는 개입방법의 하나로 자리매김했다.[16] 그러나 1987년의 정치적 민주화를 기점으로 해서 현재에 이르기까지 한국사회는 다방면에서 변화해 왔고, 지금은 탈근대로 나아가고 있으며, 지역사회복지도 이 변화의 물결을 타고 때로는 순조롭게, 때로는 위태롭게 항해하고 있다. 여기에서는 주요한 물결 다섯 가지에 대해 설명하겠다.

16) 이와 관련해서는 2장 지역사회복지에 대한 이해의 앞부분과 3장 지역사회복지의 발달과정의 한국 부분에 상세히 기술되어 있다.

1) 지방자치의 물결

1991년 지방자치제도가 다시 도입되면서 국내는 본격적인 지방화시대를 맞이하였다.[17] 지방자치제도는 지방자치가 단순히 중앙집권과 관료주의를 지양하는 데 머물지 않고 지역 시민사회의 활성화에 기초한 지방정치를 바탕으로 주민의 자율과 자치가 민주주의의 원리에 의해서 시행되는 제도(김영란, 2013 : 221)이다. 특히 지역의 실정에 맞고 지역주민들의 삶의 질을 구체적으로 개선할 수 있는 다양한 정책들이 중앙정부보다 지방정부 수준에서 더 잘 만들어질 수 있다는 점에서 지방자치제도와 사회복지는 긴밀한 관계가 있다.

지방자치제도의 이러한 장점이 본격적으로 사회복지에 적용된 것은 2004년 1월 「지방분권특별법」이 제정되면서부터이다. 정부는 이 법에 근거하여 중앙정부의 재정으로 운영되고 있었던 533개의 사업 중 163개의 사업을 지방정부로 이양하였고, 이 사업 안에 포함된 보건복지부의 138개 사업 중 67개 사업(보건복지부 전체 예산의 12.1%에 해당)이 지방정부로 옮겨졌다. 이렇게 사회복지서비스 공급의 중심축이 중앙에서 지방으로 이동해 감에 따라 그해 7월에는 「사회복지사업법」이 개정되었다. 개정의 핵심은 지방정부가 지역사회복지체계를 구축하고, 지역복지계획을 수립하여 실천함으로써 사회복지서비스에 대한 지방정부의 책임을 강화한 것이다. 또한 법은 시·군·구의 공공기관과 민간 사회복지기관, 그리고 시민단체로 구성된 지역사회복지협의체를 운영하도록 하였다. 그러나 2014년 송파구에서 세 모녀가 생계비와 의료비를 감당하지 못해 극단적인 선택을 한 사건이 발생하면서 지역사회 중심의 공공복지서비스 전달에도 허점이 있다는 비판이 일었다. 이에 정부는 서둘러 이듬해인 2015년에 사회보장사업의 효율적 운영과 맞춤형 사회보장급여를 제공해야 한다는 취지하에 「사회보장급여법」을 제정하고, 복지와 보건을 넘

17) 우리나라에서 지방자치제도는 1952년 한국전쟁 중 초대 지방의회 개원을 시작으로 이승만 정부와 장면 정부 시기인 9년 동안 실시되다가 1961년 5·16 군사쿠데타로 중단되었고 30년 만인 1991년 노태우 정부 당시 주민 직접선거에 의한 지방의회를 재구성하면서 부활되었다. 이어 1995년 단체장 직선제를 도입하면서 형식적인 모양새를 갖추었고 2010년에는 교육감과 교육의원까지 직접 선거하게 됨에 따라 완전한 지방자치시대로 접어들었다고 할 수 있다(김영란, 2013 : 221-222).

어선 다양한 영역으로 보장급여를 확대하였다. 그리고 기존의 지역사회복지협의체를 읍·면·동까지 확대하여 지역사회보장협의체로 바꾸었다.[18)]

이런 변화들로 인해 사회복지실천은 지역 차원에서 이슈와 니즈를 조사해서 지역 고유의 복지 상태를 드러내고, 조사결과에 따라 서비스를 계획·실천함으로써 지역 주민으로 하여금 사회복지 수혜의 체감도가 높아지게 하는 방향에 초점을 맞추었다. 또한 '같은' 지역사회에 존재하지만 '따로' 서비스를 제공했던 각각의 실천분야가 지역사회복지협의체라는 시스템 속으로 들어와 서로 협력·조정하면서 전체 지역사회의 복지 향상을 위한 논의구조를 갖추게 되었다. 이렇게 지역사회 전체의 공급과 수요를 고려한 지역에 기반한 서비스를 계획·실행해야 한다는 측면에서 사회복지실천에 있어서 지역사회가 차지하는 비중이 높아졌다.

그러나 현실적으로 다수의 지방에서는 복지기획의 능력과 재정의 부족, 그리고 복지기관의 소극성 등으로 지방자치 복지운영이 갖는 장점을 제대로 살리지 못하고 있다. 또한 지방정부 간 재정, 복지인식, 사업의지의 격차가 복합적으로 작용해서 복지수준의 지방 간 불평등이 발생했고, 이런 문제는 해당 지역에 살고 있는 주민, 특히 불리한 위치에 있는 주민의 삶을 긍정적으로 변화시키지 못했다.

그럼에도 불구하고, 한편으로는 지방자치제도로 인해 주민이 직접 뽑은 단체장과 지방의원에 의한 지방정치가 가능해지면서 지역사회의 복지계는 주민의 복지권을 옹호하는 시민단체와 연대하여 지방정부와 지방의회를 상대로 복지요구를 구체화할 수 있는 기회를 얻었다. 예를 들어, 시민참여예산제도, 복지정책 공약화를 요구하는 정책선거, 지방의회와 지방정부와의 상설적인 의사소통 채널에 의한 로비 등이다(유동철·홍재봉, 2017). 이로써 지방자치제도는 중앙정부보다 더 가까운 (지리적으로, 제도적으로) 지방정부를 통해 지역밀착형이면서 주민주체형 지역사회복지를 구현할 수 있는 근거를 마련해 주었다.

---

18) 이에 대한 내용은 10장 지역사회보장협의체와 지역사회보장계획에 상세히 기술되어 있다.

2) 공공복지서비스 강화의 물결

2014년 2월 송파구의 엄마와 딸들, 2019년 7월 관악구 봉천동의 엄마와 아들, 같은 해 9월과 11월 각각 강서구 노모와 장애아들, 성북구 노모와 딸. 이들은 모두 생활고 때문에 극단적인 선택을 한 그 지역사회의 주민들이다. 이런 사건이 생기면 정부는 사회복지전담공무원으로 하여금 위험가구를 일제 조사하여 보고하고 대책을 세우라고 지시한다. 생활고가 죽음을 몰고 오는 비극은 국내 사회보장체계가 1997년 외환위기 때부터 거론되었던 '사회안전망'으로서 기능하지 못할 만큼 허약해서인데도 불구하고 정부는 수십 년 동안 공공복지서비스 전달체계를 손보는 일만 지속해 왔다.

시대의 변화를 반영한 사회복지전담 행정기구가 필요하고 이에 적합한 사회복지전달체계로 개편해야 한다는 주장이 제기된 것은 1980년대 초부터였다. 이러한 시도는 주로 각 지역마다 있는 동사무소의 기능 개편을 통해 이루어졌는데, 멀게는 1995년 보건복지사무소 시범사업과 2004년 사회복지사무소 시범사업을 들 수 있다. 그러나 둘 다 전국적으로 확대되지는 못했다.[19) 이후 정권이 바뀔 때마다, 그리고 위와 같은 사건이 터질 때마다 정부는 공공복지 전달체계의 형식과 내용 바꾸기를 거듭하였다.

사회복지사무소 시범사업이 실패하자 국무조정실은 2005년 '주민생활지원 통합서비스 전달체계 구축 기본계획'을 발표하고, 이듬해 3월부터 복지·보건·고용·주거·문화·관광·평생교육·생활체육 등 주민생활 8대 서비스를 통합하는 새로운 전달체계를 내놓았다. 나아가 2007년 9월부터는 읍·면 지역을 제외한 동사무소를 대상으로 주민생활과 밀접한 사무를 제외한 모든 업무를 구청으로 옮기고, 동사무소를 주민을 위한 문화·복지 공간으로 만들

19) 문민정부가 전국 5개 지역에서 보건소를 거점으로 하여 4년 6개월 동안 시행한 보건복지사무소 시범사업(1995년 7월~1999년 12월)은 인적·재정적 지원의 부족, 복지 관련 정보화 시스템 미비, 사업 필요성에 대한 인식 부족 등으로 성공하지 못했다. 이후 참여정부의 100대 선거공약의 하나로 사회복지전담 전달체계 구축이 포함되면서, 2004년 7월~2006년 6월까지 2년간 전국 10개 지역에서 보건복지부 중심의 전달체계로 사회복지사무소 시범사업이 계획되었지만, 시행 1년 만에 중단되었다. 사회복지사무소로는 사회안전망 구축이 어려우므로 새로운 사회안전망을 구축해야 한다는 이유 때문이었다.

고 명칭도 '주민센터'로 변경하였다(2015년 말까지 명칭 유지). 그러나 복지업무에 대한 전문성과 마인드가 부족한 행정직 공무원 중심의 조직이 가진 태생적 한계를 해결하기 어려웠다.

이명박 정부는 복합적 욕구를 가진 대상자에게 통합사례관리와 통합서비스를 제공하는 전담 조직으로 2012년 4월부터 시·군·구 단위의 기초자치단체에 '희망복지지원단'을 설치하였다. 이 조직은 민관협력을 통한 지역 단위 통합 서비스 제공 체계를 구축·운영함으로써 맞춤형 서비스를 제공하고 지역주민의 복지 체감도를 향상시키는 것을 목표로 하였다. 사례관리 대상자를 의뢰받아 욕구조사, 통합사례관리, 서비스 제공 계획, 모니터링 등을 주민센터와 협력하여 수행하고, 사회보장정보시스템(행복 e음)을 통해 통합사례관리 과정을 통합적으로 관리할 뿐 아니라, 복지자원관리시스템을 이용하여 지역의 공공 및 민간 자원을 입력·관리·연계하는 일을 맡았다. 이로 인해 지역사회가 통합사례관리의 사례 대상자 발굴처이자 사례 해결을 위한 자원 공급처로서 중요시되었다.

박근혜 정부는 2015년부터 대도시의 동주민센터 중심으로 읍·면·동 복지허브화 사업을 추진하였다. 이에 지역복지 문제 해결을 시·군·구 중심에서 동주민센터 중심으로 바꾸고 2016년부터 읍·면·동에 맞춤형 복지 전담팀을 설치하였다. 그러면서 동 단위에만 적용되었던 주민센터를 읍·면사무소까지 확대하고, 명칭도 '행정복지센터'로 변경하였다. 이로써 행정을 담당하는 민원 창구와 통합 상담 및 맞춤형 서비스를 담당하는 맞춤형 복지팀 창구로 각각 기능을 조정하여 공공행정과 사회복지가 대등한 위치에 놓이게 되었다. 그러나 인적·재정적·제도적 뒷받침이 여전히 부족한 상태에서 기능만 조정한 것이어서 사회복지전담공무원의 과로와 소진이 심화되었을 뿐 복지서비스의 양적·질적 향상을 체감하기 어렵다는 부정적 평가가 나왔다. 그럼에도 불구하고 읍·면·동 복지허브화는 풀뿌리 주민자치를 활성화한다는 긍정적 평가가 있어서 2018년부터 모든 읍·면까지 확대할 예정이었지만 자유한국당이 2018년 관련 예산 전액을 삭감하였다.[20)]

촛불혁명으로 2017년 5월 출범한 문재인 정부는 기존 사회보장전달체계를 강화하기 위해 민관협력을 통한 보건·복지서비스를 제공하는 "찾아가는 보건·복지서비스 강화"를 추진하였다. 다른 한편 국정과제 중 하나로 사회서비스의 공공성 및 투명성을 향상하고 서비스 종사자의 일자리 질 제고를 위해 사회서비스원 설립을 계획하였다. 2019년부터 4개 광역자치단체에서 시범사업을 실시하여 현재 17개 광역자치단체로 확대했다. 정부가 제시하는 사회서비스원의 주요 역할 및 기능은 첫째, 지방자치단체로부터 국·공립 시설을 위탁 운영하고, 서비스 종사자들을 직접 고용·관리하여 종사자들의 일자리 질을 제고하고, 둘째, 종합재가센터를 설치하여 재가서비스를 정부가 직접 제공한다는 것이다. 그러나 사회서비스원의 취지가 충분히 매력적임에도 불구하고 근거법과 제도의 미비, 공공인프라의 부족, 명확한 운영 모델 미비, 관리 범위 모호, 책임과 권한의 불분명, 인력 및 예산 부족 등 졸속 출범을 우려하는 목소리도 높다.

이 외에도 광역자치단체인 서울시가 2015년부터 자체적으로 추진하고 있는 '찾아가는 동주민센터'(이른바 '찾동') 사업도 있다. 이는 기존의 일반 행정 중심의 동주민센터를 마을공동체의 중심으로 변경하고, 보편 방문 서비스, 동 단위 공공사례관리,[21] 찾아가는 대상자 발굴, 지역담당 사회복지 공무원 제도인 '우리 동네 주무관', 지역사회 자원발굴과 복지생태계 구축 등을 주요 프로그램으로 포함하였다.

이상과 같이 현재 공공복지서비스는 지역사회가 주도해서 지역사회에 적합한, 그리고 지역사회의 자원을 활용한 서비스를 제공하는 것에 초점이 맞추어져 있다. 그러나 이런 실천에 익숙하지 않은 현재로서는 민간기관들과의 역할 중복을 어떻게 조정할지, 실질적 서비스 연계와 자원통합을 위한 정보를 어떻게 확보할지, 그리고 지역 내 한정된 자원을 두고 민간과 경쟁하

---

20) 2017년 3월 10일 박근혜 대통령이 탄핵되는 과정에서 그 정부가 추진한 사업들은 사실상 동력을 잃었고, 자유한국당 때문에 예산까지 전액 삭감되면서 '허브화'라는 명칭은 정부 공식 문서나 브리핑에서 사라졌다. 이후 읍·면·동 사회보장협의체가 중심이 되어 사례관리, 발굴, 서비스 계획 등을 진행하는 방향으로 노선이 변경되었다.

21) 동 단위 공공사례관리가 희망복지지원단의 사업과 유사한데, 희망복지지원단이 인력부족으로 사례관리를 제대로 수행하지 못하고 있는 데 반해 찾동에서는 공공복지 인력을 동 평균 5.8명 정도 보유하고 있어 실질적으로 사례관리를 할 수 있는 기반을 확충하고 있다.

는 것이 옳은 것인지, 양·질적으로 자원이 부족하고 서비스 전달 거리가 먼 농어촌지역에서의 해법은 무엇인지 등 해결해야 할 문제가 산적한 것이 현실이다. 분명한 것은 복지서비스의 공공성이 강화되었지만 중앙정부보다는 지역사회가 사회복지 서비스를 생산하고 전달하는 중심지로 부상하였다는 점이다.

3) 커뮤니티케어의 물결

최근 사회복지계의 관심을 불러일으키는 정부 정책 중 하나가 커뮤니티케어(community care)이다. 정부는 2020년부터 베이비부머 세대가 노인인구로 진입하게 되면 2026년에는 초고령사회가 되고, 기대수명 연장으로 후기고령인구가 폭발적으로 증가하는 반면, 복지 시설이나 병원에서의 돌봄은 비효율적이고, 이런 문제들을 지역사회가 다루기에는 자원이 미흡하다는 진단을 내렸다. 이에 2018년 3월 12일 커뮤니티케어를 추진한다고 발표하였고, '커뮤니티케어 종합계획'을 수립하여 현재 8개 지방자치단체에서 2차 선도사업을 진행하고 있다. 여기에는 해당 시·군·구 본청에 통합돌봄총괄팀 등 전담조직을 설치하고, 다양한 분야의 전문가들이 돌봄 대상자의 복합적인 욕구를 해결하기 위해 지역사회 내 민·관 협력을 이끌어 내는 지역케어회의를 운영한다는 내용이 포함되어 있다.

보건복지부가 주도하는 커뮤니티케어는 "돌봄(care)을 필요로 하는 주민들이 자택이나 그룹홈 등 지역사회(community)에 거주하면서 개개인의 욕구에 맞는 복지급여와 서비스를 누리고, 지역사회와 함께 어울려 살아가며 자아실현과 활동을 할 수 있도록 하려는 혁신적인 사회서비스 체계(김승연, 2018 : 9)"로 정의된다. 간단히 요점만 간추리면, 탈시설화를 지향하면서 지방자치를 토대로 '지역사회 내에서의 돌봄', '지역사회에 의한 돌봄'을 위한 시스템을 구축하여 보건의료서비스, 장기요양 및 복지서비스, 자립생활지원을 실천하겠다는 것이다.

이를 위해서 지역사회는 서비스 제공 차원에서 케어매니지먼트 시스템을 구축해야 할 뿐 아니라 지역 내 다양한 서비스와 연계하기 위한 제반 인프라(인력과 시설)를 확대하고 시설에 살았던 사람이나 시설에 살 만한 사람들이 덜 자유로운 시설보다는 지역사회에서 자유롭게 살도록 주거와 이동 등 생활 전반에 걸친 편의 장치를 갖추어야 한다.

이러한 정부의 계획서를 잠시 미루어 두고 지역사회의 현실을 생각해 보자. 기존에 있던 대규모 시설은 어떻게 해야 하나? 보호가 필요한 사람이 집에 살 때 그 가족의 부담은 어떻게 해결하나? 아직도 자기 동네에 노인요양시설이나 발달장애인 특수학교가 세워지면 안 된다고 반대하는 주민들이 존재하는데 지역사회 안에서 과연 차별받지 않고 생활할 수 있을까? 이런 점 등을 고려하면 커뮤니티케어는 서비스의 위치, 내용, 전달과 같은 행정 차원의 문제에서 가치, 정신, 운동 차원으로까지 포괄하는 종합적인 그리고 장기간의 계획이 필요한 제도이다.

이런 측면에서 '케어'보다는 '커뮤니티'를 더 강조하고, 지역사회복지적 차원에서 어떻게 커뮤니티케어를 위해 지역사회를 포용적 공간으로 만들지에 대해 고민해야 한다. 예를 들어, 타카유키(平野隆之, 2019)는 "사회적 고립과 배제를 넘어선 지역공생(with community), 기존의 제도적 복지를 넘어선 지역 만들기가 커뮤니티케어와 접목되어야 한다"고 주장하였다. 전문직 주도의 서비스 제공만으로는 복잡하고 유기적인 사람들의 생활과제에 효과적으로 대응할 수 없기 때문에 '케어'와 '마을만들기'의 상보적 관계를 활용해서 케어가 지역사회의 사회적 관계 속에서 이루어질 수 있도록 '지역사회의 힘(community power)'을 강화해야 한다는 것이다. 그래서 지역사회 안에서 살고 있는 수많은 개인과 조직이 그저 존재하는 것(공존)만이 아니라 살아내기 위해 서로 협력하는 것(공생), 그리고 그런 협력이 가능하도록 지원하는 것이 커뮤니티케어를 통한 사회혁신으로 이어질 수 있다는 흐름 속에서 지역사회복지 기관과 실천가의 입장과 위치를 설정해야 한다.

4) 마을만들기의 물결

바로 앞에서 마을만들기와 케어가 서로 상보관계를 이루어야 한다는 제안을 했다. 최근 마을은 거의 모든 사회복지 영역에 거쳐 주민의 복지를 실현하는 중요한 토대로 기능하고 있다. 이는 사람들에게 닥친 고난의 일부라도 이웃을 통해 해결되기를 바라는 희망의 시도라고 할 수 있다.

한국 사회는 도시화, 산업화 과정을 거치면서 교통과 통신의 발전으로 지리적인 마을의 경계가 무너지고 원거리 간에도 관계형성이 가능해졌다. 그러나 관계는 물리적 공간에서의 직접 만남보다는 매체를 통한 간접 만남을 통해 형성되고, 이런 관계는 정서적·심리적 유대감을 약화시키고 있어서 공동체 의식은 해체 국면에 있다. 이런 상태에서 이웃 간의 단절, 불신, 불안은 폭력으로 치닫기 쉽다. 주차문제나 층간소음 문제로 시작된 말다툼이 살인으로까지 이어지는 사건은 우리시대의 이웃관계를 적나라하게 보여주는 일례가 될 것이다. 한편, 이런 현상이 상대적으로 적게 나타나는 지방도시나 농어촌의 경우는 아예 30년 후에 마을 자체가 없어질 수 있다는 사망선고를 받아둔 상태이다.[22] 이러한 현실의 원인일지 결과일지 가늠하기 어렵지만 이런 마을에는 할 만한 일도 없고 함께 삶을 도모할 애인도, 친구도, 이웃도 없다.

정부는 이런 마을의 위기에 대응하기 위해서 마을공동체 만들기를 지원하는 법적·제도적 대책을 마련하였다. 2012년 3월 서울시의 「서울특별시 마을공동체 만들기 지원 등에 관한 조례」 제정을 계기로 2013년 부산광역시, 2014년 광주광역시 광산구 등 마을공동체 활동에 공적인 개입이 본격화되었다. 각 지방정부는 마을을 "주민이 일상생활을 영위하면서 경제, 문화, 환경 등을 공유하는 공간적·사회적 범위"라고 규정하고, 마을공동체는 "주민 개인의 자유와 권리를 존중하며, 상호대등한 관계 속에서 마을에 관한 일들을 주민이 스스로 결정하고 추진하는 주민자치 공동체"라고 정의하였다. 나아가 지방정부마다 '마을공동체 만들기 지원센터'를 설립하고, 마을공동체

22) '한국의 지방소멸보고서(이상호, 2018)'에 따르면 전국 지자체 중 3분의 1 이상은 30년 후 없어질 수 있다는 진단이 내려졌다.

지원 및 컨설팅, 도시재생활동가·청년활동가 양성과 같은 사업을 추진하고 있다.

지역사회복지관에서도 지역사회복지 실천과 주민조직화 활성화에 대한 관심이 높아지기 시작했다. 2013년부터 사회복지 분야별 단위 사업보다는 기능을 중시하는 방향으로 전환하여 사례관리 기능, 서비스제공 기능, 그리고 주민조직화 기능을 수행하도록 정부 지침이 바뀌었다. 이 중 주민조직화는 복지관이 소재한 마을에서 주민과 함께 하는 활동으로 초점을 맞추고, 복지관마다 그에 걸맞은 다양한 주민사업을 진행하는 방식으로 실천되고 있다. 예를 들어, 서울에서는 영구임대아파트 단지 내 복지관을 중심으로 총 22개소의 복지관이 '마을지향복지관'이라는 타이틀하에서 "마을구성원들(주민, 기관, 조직 등)이 마을의 일에 지속적이고 주도적으로 참여하여 자치를 이루며, 복지(행복과 안녕한 상태)를 이루는 방법과 관점(서울시복지재단, 2016 : 6)"을 바탕으로 다양한 활동을 하고 있다.

이상과 같은 마을지향의 복지변화뿐 아니라 도시 복원을 위한 도시재생사업을 비롯해서 여성친화도시, 아동친화도시, 치매안전마을, 농촌활성화마을 등 사회의 각 분야에서 존중되고 지향해야 할 가치와 실천을 마을이나 도시 단위에 담아내는, 그야말로 마을 중심 시대가 펼쳐지고 있다. 이런 현상은 지역사회복지실천이 그 이름대로 지역사회를 실천의 대상으로 삼는다는 점 때문에 명실공히 지역사회복지실천의 시대가 도래한 것과 같다.

5) 시민 성장의 물결

지역사회복지와 직접적으로 연결된다고 보기는 어렵지만 지역사회복지가 지역 주민의 역량을 키우고, 그 힘을 결집하여서 지역의 힘을 확보하는 것, 그리고 그 힘으로 지역주민에 의한 내생적 발전을 추구하는 것이라면, 광우병 사건, 세월호 사건, 국정농단 사건 같은 일련의 부정의(unjustice)와 부당함에 대항하는 집단행동은 시민들로 하여금 자유롭게 의사를 표출하는 방법을 학습하게 하고 민주시민으로 성장하게 만들었다. 시민들은 이제 사회관계망(Social

Network System)을 통해 의견을 결집하고, 결집된 의견을 광장에 모여 표출하는 방법을 터득하게 되었다. 또한 스스로 제도를 바꾸기 위해 청원을 하고 인터넷으로 즉시에 그 청원에 동의하는, '가만히 있지 않는' 시민으로 변모하고 있다. 국가적 차원뿐 아니라 도로 확장공사에 반대하는 제주도 비자림, 사드배치 철회를 요구하는 소성리, 송전탑 설치에 맞선 밀양 등 반민주적 절차에 의해서 지역 주민과 환경에 악영향을 미치는 지역 사안들에 대해 주민들은 자체적으로 대응하고 있고, 타 지역 시민이나 활동가들로부터 지원을 받고 있다. 이처럼 문제가 생기면 그 문제를 확인하고 논의하고 해결하는 과정에 직·간접으로 참여하는 경험을 통해 시민들은 더 좋은 사회를 만드는 행위자가 될 수 있다.

한편, 공포심을 유발한다는 이유로 발달장애인 특수학교 설립에 반대하고, 집값이 떨어진다는 이유로 노인요양시설이나 대학교 기숙사 건축을 막으며, 범죄를 이유삼아 영구임대아파트와 인접한 울타리를 폐쇄하는 등 공공이익과 인권을 무시하고 자신들의 이익에만 골몰하는 그릇된 집단행동도 존재한다.

두 가지의 다른 일이 동시에 벌어지는 현실은 혼란스럽지만, 사람들이 제각기 나름의 의견을 가지고 있고, 그 의견을 다양한 방식으로 표출하고 있다는 점에서 이런 혼란은 최소한 과거 독재시대의 억눌린 시민과는 다른 모습이다. 지역사회복지는 바로 이런 두 개의 다른 대한민국에서 살고 있는 주민과 함께 하는 실천이다. 그래서 어쩌면 매우 '시끄러운' 실천이 될 수 있다. 그러나 지역사회복지실천가는 이러한 소란 속에서도 좋은 지역사회를 상상하고, 지역 주민들도 그런 상상이 가능하도록 협력하면서 상상이 일상이 되도록 마을을 조직화할 수 있어야 한다.

참고문헌

감정기 · 백종만 · 김찬우(2005). **지역사회복지론**. 경기 : 나남출판.

권중돈 · 조학래 · 윤경아 · 이윤화 · 이영미 · 손의성 · 오인근 · 김동기(2011). **사회복지개론**. 서울 : 학지사.

김범수(2010). **지역사회복지론**. 경기 : 학현사.

김범수 · 신원우(2013). **지역사회복지론**(제3판). 서울 : 공동체.

김승연(2018). 정부의 커뮤니티케어 추진계획 및 지역의 과제. 제5차 전남복지포럼자료집. 3-27. 전남복지재단.

김영란(2013). 지방자치 20년, 그리고 사회복지. 고두갑 외. **지방자치 20년 성과와 전망**. pp. 219-257. 전남 : 한라문화.

김종일(2006). **지역사회복지론**. 서울 : 청목출판사.

______(2012). **지역사회복지론**(개정신판). 서울 : 청목출판사.

남기민(2011). **사회복지학개론**(제3판). 경기 : 양서원.

박태영(2003). **지역사회복지론**. 경기 : 현학사.

______(2008). **지역사회복지론**. 경기 : 학현사.

박태영 · 채현탁(2014). **지역사회복지론**. 경기 : 정민사.

보건복지부(2018). "한국형 커뮤니티 케어(community care) 전문가와 현장의 참여로 함께 만든다." 보도자료.

서울시복지재단(2016). 마을공동체지향 복지관 변화지원 사업 성과 연구. 서울 : 서울시복지재단

오정수 · 최해경 · 정연택 · 류진석 · 유채영(2010). **사회복지학개론**. 경기 : 양서원.

이상호(2018). 한국의 지방소멸보고서 2018. 한국개발연구원.

정무성(1997). 지역사회복지실천모델에 관한 이론적 고찰. **1997년 추계학술대회자료집**, 21-37. 한국사회복지학회.

지은구(2003). **지역복지론**. 서울 : 청목출판사.

최옥채(2000). **지역사회실천론**. 서울 : 아시아미디어리서치.

______(2001). **지역사회실천론**. 서울 : 양서원.

최일섭(1987). **지역사회복지론**. 서울 : 서울대학교출판부.

최일섭 · 류진석(1996). **지역사회복지론**(개정판). 서울 : 서울대학교출판부.

최일섭 · 이현주(2006). **지역사회복지론**. 서울 : 서울대학교출판부.

大橋謙策(오오하시, 2003). 地域福祉論. 放送大學校育振興會.

平野隆之(타카유키, 2019). 일본의 지역복지와 커뮤니티케어 : 오늘날의 과제. 2019. 사회복지행정학회 춘계학술대회 : 한·중·일 특별세션 자료. 한국사회복지행정학회.

Cahill, Michael(2002). Local Welfare : State and Society. In Fitzpatrick, Tony & Cahill, Michael(Eds.), *Environment and Welfare : Towards a Green Social Policy*. Hampshire : Palgrave Macmillan.

Fellin, Phillip(2001). *The Community and the Social Worker*(3rd ed.). Itasca, IL : F.E. Peacock Publishers, Inc.

Hardcastle, Daved A., Wenocur, Stanley, & Powers, Patricia R.(1997). *Community Practice : Theories and Skills for Social Workers*. New York, NY : Oxford University Press, Inc.

Netting, F. Ellen, et al.(1998). *Social Work Macro Practice*. New York : Addison Wesley Longman, Inc.

Popple, Keith(2000). *Analysing Community Work : Its Theory and Practice*. Buckingham : Open University Press.

Rubin, Herbert J., & Rubin, Irene S.(2001). *Community Organizing and Development*(3rd ed.). Needham Heights, MA : Allyn & Bacon.

Twelvetrees, Alan(1991). *Community Work*(2nd ed.). British Association of Social Workers. London : Macmillan Education LTD.

Weil, Marie & Gamble, Dorothy N.(1995). Community Practice Models. *Encyclopedia of Social Work*. New York : NASW Press, 577-594.

03 CHAPTER 지역사회복지의 발달과정

우리가 지역사회복지의 발달과정을 공부하는 이유는 과거를 이해함으로써 지금의 지역사회복지의 수준을 돌아보고 나아가 지역사회복지가 지향해야 할 방향을 찾기 위해서이다. 이 장에서는 영국, 미국, 일본 그리고 한국의 지역사회복지가 어떻게 발달해 왔는지에 대해 다루고 있다. 각 나라들의 상황이 다르듯이 지역사회복지의 발달과정도 다르기 때문에 나라마다 지역사회복지의 고유한 특징을 찾아볼 수 있다. 그럼에도 불구하고 그 안에서는 공통점도 발견된다. 우리는 이를 통해 한국의 지역사회복지가 나아가야 할 방향에 대한 아이디어를 얻을 수 있을 것이다.

1. 영국의 지역사회복지 발달과정

케이스 포플(Keith Popple)에 따르면, 영국의 지역사회복지 실천(community work)은 온정주의적 전통(영국의 식민통치와 COS, 그리고 인보관운동)과 집합적 지역사회행동(임대료 관련 시위, 실업자들의 운동, 여성참정권운동, 식민지 해방 투쟁)에 기반하여 전개된다. 이 장에서는 영국의 지역사회복지 발달과정을 포플의 구분을 바탕으로 설명하겠다.

1) 식민지 국가의 전통과 초창기 지역사회복지(1800년대 중반~1944년)

영국은 제국주의 국가로 많은 국가를 식민지화하였고, 그 식민지에서 지역사회개발을 실시하였다. 그 이유는 식민지 국가들을 자본주의 체제 안으로 통합시키기 위해서였다. 이 당시의 지역사회개발은 주로 식민지의 원주민 지배 계급에게 특별한 지위와 권한을 허용함으로써 그들에게 식민지 지배권을 부여하는 전략에 의해 이루어졌다. 식민지 국가의 지배층에게 권력을 부여하고 그 권한을 인정해 줌으로써 영국은 자신들에게 충성하려는 식민지들로부터 손쉽게 이익을 얻으려는 속셈이었다.

한편 영국 국내에서 지역사회복지 실천을 위한 토대는 1800년대 중반에 찾아볼 수 있다. 이 무렵 각종 개혁이 이루어졌는데, 노예제도가 폐지되었고 도시마다 지방정부가 설치되었다. 1600년대부터 존재했던 정주법의 오랜 전통은 19세기 초까지도 이어져 빈민들이 신규 노동력이 필요했던 버밍엄, 리즈, 리버풀 같은 신흥공업지역으로 일을 찾아 가는 과정에서 붙잡혀 지방 교도소에 감금되기도 하였다. 이들은 교도소 생활비 명목으로 한 달여 정도 강제노역을 한 후 각자의 전 거주지로 보내졌다. 그러나 이러한 위험에도 불구하고 경제적 어려움으로 사람들은 농촌을 떠났고, 도시의 소교구들은 빈민들과 구호신청자들로 넘쳐났다. 당시의 휘그당 정부[1)]가 이 문제에 관심을 돌렸을 때에는 과거 이런 문제들을 해결해 주었던 마을 공동체가 인클로저현상 등으로 이미 붕괴된 이후였다. 이에 정부는 보다 강력한 규제를 검토하게 되었고 1834년에 마침내 빈민법을 개정하였는데 이것이 이른바 '신빈민법'이다.

빈민들을 보다 강하게 통제하고, 동시에 구제비용을 줄이기 위해 개정된 신빈민법은 시행 초기에는 강력하게 집행되었다. 그러나 의회 안팎에서 비난이 많았고 시민들의 반대 행진 등 커다란 저항에 부딪혀 그 목적을 달성하지 못하였다. 또한 이 시기에 영국 사회는 빈곤뿐 아니라 콜레라, 장티푸스, 결핵 같은 전염병으로 큰 어려움을 겪고 있었다. 주로 빈민층에서 발생한 이 전염병들은 이후 당국으로 하여금 빈곤과 불행의 많은 부분이 질병에 의한 결과임을 인식하게 만들었다.

---

1) 현재의 자유민주당(Liberal Democratic Party)의 전신. 16세기 초반까지 영국 정치조직들은 모임이나 단체 성격이 강했는데 지금의 정치정당의 초기 모습은 1715년으로 추정하고 있다. 당시까지 휘그파와 토리파로 나누어져 있었는데, 1714년 앤 여왕이 죽은 후 휘그파가 지지하는 조지 1세가 왕위에 오르자, 1년 뒤인 1715년에 토리파 지도자인 헨리 세인트 존이 프랑스로 도피하게 된다. 이때부터 토리파는 정치력이 약화된 반면 휘그파는 거의 50년간 영국을 통치하였고 이때 정당으로서의 모습을 갖추게 된다. 이후 휘그당은 1859년에 자유당으로, 그리고 1988년에 현재의 자유민주당이 되었다. 토리당은 보수당이 된다. 한편 노동당은 1906년에 만들어진다(위키피디아).

이렇게 공공에 의한 해결책들이 무용지물이 되는 사이, 민간의 여러 단체와 개인들이 자발적으로 사회문제 해결에 나서게 되었다. 베버리지는(1942년의 『베버리지보고서』 발간 이후) 1948년에 『자원활동(Voluntary Action)』에 대해 조사하면서 박애(philanthropy), 상호부조(mutual aid), 그리고 개인적 검약을 특징적 운동으로 언급하였다. 박애는 사회계층 간의 전달, 즉 부유한 계층이 가난한 계층에게 도움과 나눔을 전달하는 것을 의미하며, 상호부조는 근로자들의 일상생활에서 예기치 못한 위험, 가령 실업, 질병, 장애, 노령과 죽음의 경우에 당사자나 가족들을 보호해 주기 위하여 상호 간 도움을 주고받는 것을 의미한다. 개인적 검약은 자신을 위해 스스로 준비하는 것으로, 일반적으로 자조(self-help)를 의미하는데 베버리지는 자조보다는 개인적 검약이라는 표현을 선호하였다고 한다(존스, 2000). 이런 민간부문에서의 대표적인 자원활동이 자선조직협회(COS : Charity Organization Society)와 인보관운동(Settlement House Movement)이다.

자선조직협회는 빈민들을 지원하기 위해 설립된 많은 자선단체들이 효과적으로 사업을 수행할 수 있도록 연합하여 서비스 중복과 누락의 문제를 해결하기 위해 1869년에 조직되었다. 신빈민법에 근거하여 공공이 주도하였던 구빈행정이 산업혁명과 도시화 등으로 발생한 계급 갈등, 빈곤, 주거환경 악화와 같은 새로운 도시문제에 대처하지 못하는 사이, 민간에서는 자선단체들이 많이 조직되어 활동하였다. 그러나 늘어나는 자선 단체들은 서로 협력하지 않고 제각기 활동함에 따라 빈민 구제의 효율성이 떨어졌고 이 문제를, 즉 서비스의 중복과 누락의 문제를 해결하기 위해 자선조직협회가 조직된 것이다.

자선조직협회는 구호신청자의 상황을 면밀히 분석하기 위해 우애 방문단(friendly visitors)을 가가호호 파견하여 구호를 받을 '자격이 있는 빈민'과 '자격이 없는 빈민'을 가려내고자 하였다. 이런 과정을 통해 협회는 서비스를 주는 시혜자인 반면 빈민은 서비스를 받는 수혜자의 관계에 있다는 것을 강하게 드러냈다. 자선조직협회의 실천은 전문사회사업의 효시가 되는데 오늘날의 사례관리와 재가복지 등에 영향을 미쳤다. 자선조직협회의 한계는 빈곤

발생의 사회적 환경을 경시하여 빈곤을 나태 등의 개인의 도덕적 책임으로 보는 입장이어서 공공구제의 확대를 반대하고, 빈민에 대한 공공지출의 삭감을 지지한 것이다.

인보관운동은, 위에서 살펴본 자선조직협회와는 다르게, 자선을 실천하는 사람들은 빈민들이 살고 있는 지역에서 거주해야만 빈곤으로부터 발생한 문제들을 관찰하고 경험하여 이에 잘 대처할 수 있다는 믿음에서 시작되었다. 1854년에 데니슨 목사가 주축이 되어 당시 옥스퍼드대학과 캠브리지대학의 학생들이 빈곤지역에 일시적으로 상주하면서 그 지역의 노동자들과 주민들을 결합시킴으로써 빈곤문제를 해결하고자 했었다. 이를 성공회 바넷 신부가 이어받아 1884년 런던 동부 빈곤지역에 세계 최초의 인보관인 '토인비 홀'을 설립하게 된다. 대학생들은 이 인보관에 거주하면서 가난한 노동자들과 그 가족들에게 문화와 교양을 깨우쳐 주면서 빈민들의 인간적인 성장을 도왔다. 빈민조직의 결성을 돕고, 지역 노동자들과 함께 노사문제를 상담, 협의하였다. 또한 주민들에게 글을 가르치거나 예술, 문화 활동을 하면서 교육과 자존감 향상을 위해 노력하였다. 19세기가 끝나갈 무렵에는 이러한 인보관이 영국 전역에 30여 개가 설립되었다가 두 번의 세계대전과 그 사이의 경기 침체 등으로 국가가 사회복지에 대한 책임을 강화하면서 인보관의 영향력은 줄어들게 되었다. 그러나 인보관운동은 오늘날까지 지역사회복지 활동에 영향을 주고 있는데, 특히 영구임대아파트 단지 내 지역사회복지관이 대표적이다.

2) 사회민주주의 시대의 지역사회복지(1945~1967년)

제2차 세계대전 직후 영국은 자본가와 노동자를 포함하여 전 국민이 전후 국가 재건 및 번영에 대해서 초당적으로 합의하였다. 이러한 국민적 열망은 전쟁 막바지인 1945년에 실시된 총선에서 노동당에게 승리를 안겨주었다. 1942년 발간된 『베버리지보고서』에 대해 거부 반응을 보였던 처칠 정부가 패한 것이다. 베버리지와 함께 대학생 시절 토인비 홀에서 활동한 애틀리

(Attlee)는 노동당 당수이자 총리로서 베버리지의 권고안을 착실히 수행하면서 복지국가의 기틀을 다졌다. 이 시기 지역사회복지 실천은 지방정부 내의 사회서비스 부서와 새로운 택지 지구에 만든 지역사회복지관(community centre)을 통해서 지속적으로 진행되었다.

1959년의 『영허즈번드보고서』는 사회복지사 자격제도와 교육제도를 제안하여 자격자의 공급을 증가시킨 것과 함께 지방정부 내에 산재되어 있던 서비스에 대한 조직화의 필요성을 피력하였다. 즉, 보건부(질병과 출산업무), 복지부(장애, 노령의 만성적 노약자 담당), 아동부(위험에 처해 있는 아동에 관한 업무를 발전시킴), 교육부(학교체계 내의 아동 담당), 주택부(무주거 가족, 임대료 연체와 미납 담당) 등으로 나누어진 정부 부서의 통합을 제안하였다.

이를 위해 시봄(Seebohm)을 위원장으로 한 위원회가 조직되어 잉글랜드와 웨일즈의 지방 사회서비스의 책임과 조직을 검토하고 어떻게 해야 효과적으로 가족복지서비스를 제공할 수 있는지에 대해 조사하였다.

3) 지역사회복지의 황금기(1968~1973년)

이 시기에는 세계 경제가 호황을 누리면서 완전고용이 실현되고 임금노동자에 근거하고 있는 사회보험이 안정되는 등 사회복지가 지속적으로 발전하였다. 이때 사회복지에 대한 태도와 인식이 변화되는데 그중의 하나가 작업장과 구빈원으로 대표되는 빈민법의 전통 속에 오랫동안 지속되어 오던 생활시설 중심의 사회복지서비스에 대한 비판이었다. 생활시설 중심의 수용형 서비스로는 다양한 욕구에 대해 대응하기 힘들다고 보았고, 무엇보다 가족과 지역사회에서 이탈되어 낯선 환경에서 살면서 서비스를 받는 것에 대해 문제가 제기되었다. 생활시설에 대한 부정적인 평가로 인해 1960년대에 들어오면서 사회복지서비스의 이념과 전개방법이 포괄적이고 지역사회를 기반으로 한 예방 원칙으로 전환되어야 한다는 주장이 설득력을 얻어서 지역사회보호실천이 강화되었다. 주로 정신질환자와 노인들에 대한 지역사회보호 프로그램들이 개발되고 확대되었다. 특히 1968년에 나온 『시봄보고서』는 효과적인 가족복지서비스를 위해서는 지역사회의 역할이 중요함을 강조하였고, 이 보고서의 권고들이 1970년의 '지방정부 사회서비스법(Local Authority Social Services Act)'의 기반이 되어 이듬해인 1971년에 사회사업 업무를 총괄하는 사회서비스부가 지방정부에 설치되었다. 이 사회서비스부의 책임자는 대부분 사회복지사였다.

더 알아보기 3-1 **『시봄보고서』의 주요 내용**

1. 지역에 기초를 둔 가족 중심적인 서비스가 모두에게 이용될 수 있도록 지방정부에 새로운 부서가 설치되어야 한다.
2. 이 부서는 독자적인 지위를 가져야 하고 다른 부서의 간섭을 받아서는 안 된다.
3. 아동부와 복지부의 사회서비스 업무는 결합하여 기존 두 부서는 없어지고, 교육부, 주택부, 보건부의 일부 업무—정신보건보호, 가정 내 도움, 주간 유아원, 시설보호—는 통합되어야 한다.
4. 이 새로운 부서의 업무는 사회서비스부장(책임자급)에 의해 지휘되며 주택부장, 보건의료관과 동급이어야 한다.
5. 사회서비스부는 그 지역의 사회서비스에 관한 모든 책임을 져야 한다. 여기에는 법정규정에 의한 책임과 발생할 수 있는 모든 요구에 의한 책임을 모두 포함한다.
6. 새로운 체계는 상호 호혜성의 개념이 강조되어야 한다. 사회서비스부는 최대의 사람에게 지역 공동체의 이익을 위하여 서비스를 주고받도록 유도하는 권력체로서 활동해야 한다. 개개인의 자원봉사자는 사회복지사와 함께 활동해야 하며, 자원단체는 지방정부로부터 재원을 보조 또는 지원받는 한편, 지방정부로 하여금 새로운 형태의 조치를 하도록 자극하고 자유롭게 비판해야 한다.

출처 : Jones, Kathleen(2000). *The Making of Social Policy in Britain.* 엄영진 · 이영찬 공역(2003). 영국사회정책 현대사. 서울 : 인간과 복지.

한편, 이 시기를 대표하는 두 개의 정부주도 지역사회 프로그램이 있는데 도시지역 프로그램(Urban Programme)과 지역사회 개발 프로젝트(Community Development Projects)이다. 당시 포웰은 '피의 강' 연설을 통해 미국에서 나타난 각종 인종차별 등의 갈등 사례를 보면서 영국도 조심해야 한다고 경고하였다. 1968년에 도입된 **도시지역 프로그램**은 도심의 빈민지역, 특히 유색 이민자들의 집단 거주 지역에서 발생하는 다양한 문제를 해결하기 위해 노력하였고, 1980년대까지도 지속되어 실직 상태의 청년들, 특히 흑인 청년들을 고용하도록 재정 지원도 하였다. 이 도시지역 프로그램은 자원활동 부문을 지원하였고 결과적으로 지역사회복지가 활성화되었다. 이듬해인 1969년 시작된 **지역사회 개발 프로젝트**는 빈민의 사회복지에 대한 의존을 줄이는 것이 원래의 목적이었다. 이 프로젝트는 빈곤을 사회병리학적 모델(model of community pathology), 즉, 소외된 지역에 사는 사람들은 사회구조적 불평등 때문이 아니라 지역사회나 개인 자체의 내재적 문제 때문에 시장에서 살아남지 못한다는 입장에서 시작되어, 빈민들을 도와 사회 서비스를 보다 건설적으로 이용하고, 이를 통해 궁극적으로는 복지 서비스에 의존하지 않도록 하였다. 그러나 이 프로젝트를 위해 리버풀 등 12개의 낙후된 지역에서 고용된 활동가들은 이러한 정부의 빈곤관에 강하게 반발하고 오히려 자체 연구 등을 통해 빈곤은 사회구조에 그 원인이 있음을 주장하였다. 이들의 맑스주의적 관점은 지방 당국은 물론 여러 지역사회의 반발을 불러왔고, 이러한 갈등 속에 1970년대 중반이 되면서 급격한 예산 삭감 등으로 쇠퇴하게 된다. 그럼에도 불구하고 빈곤의 원인을 사회구조에서 찾은 이들 활동가들로 인해 정부 당국도 변화하게 된 것은 매우 의미 있는 일이며 정부의 지원을 받은 지역사회복지 프로그램 중에서 가장 명확한 급진적, 사회주의적 접근 방식의 실천으로 평가받고 있다.

4) 지역사회복지의 위축과 뉴라이트(New Right)의 등장(1973~1997년)

1973년과 1979년, 두 번의 석유파동으로 국가 재정이 위기를 맞게 되었다. 이러한 위기는 높은 인플레이션과 실업률, 증가하는 조세 저항으로 공공지출의 감소를 불러왔고, 이에 따라 사회복지 지출도 감소되면서 사회복지가 퇴보의 길을 걷도록 만들었다. 1979년부터 1997년까지 약 20년 동안 집권한 보수당 정부는 이러한 경제위기를 타개할 목적으로 신자유주의 정책을 도입하였다. 공기업에 대한 민영화 실시 등 국가의 재정 지출을 줄이면서 효율성을 높이는 방향에 따라 지역사회복지에서도 공공부문의 역할보다는 민간의 역할이 상대적으로 강조되었다. 1968년 『시봄보고서』의 권고대로 각 지방정부에 설치되어 사회서비스 업무를 총괄하였던 사회서비스부는 대처 정부 내내 '보모국가(nanny state)'[2)]의 상징이라고 공격받으면서, 폐지의 위협에 처했다.

1980년대에 들어오면서 대처 정부는 장기요양병원 및 생활시설을 폐쇄하기 시작하였는데, 이로 인해 정신질환자와 심한 사회적 문제를 가진 이들을 적당한 보호대책 없이 사회로 내보냄으로써 결과적으로 노숙자가 현저하게 증가하는 결과를 낳았다. 심지어 일부 정신질환자들은 부적절하게도 병원 대신 감옥에 보내지기도 하였다. 이 같은 상황은 더 악화되어 '국민보건서비스(NHS)' 소속 병원에서 지내던 노인 환자들이 사회보장예산에서 공공 자금을 지원받고 있는 민간부문 요양시설로 옮겨가게 만들었고 그 결과 사회보장 비용은 더 증가하게 되었다. 무엇보다 민간부문은 대부분 시설보호 위주였다는 점에서 지역사회보호는 구호에 지나지 않게 되었다. 이러한 상황에서 그리피스(Griffiths)는 지역사회보호에 대한 조사업무를 요청받아 수행하였다.

1983년과 1988년 두 차례 『그리피스보고서』가 발간되면서 지역사회보호는 다양하고 광범위한 서비스 발전을 추구하게 되었고 지방당국의 역할뿐만 아니라 가족 등의 비공식 부문, 민간부문, 자원부문의 역할이 강조되었다. 특히 『지역사회보호 : 행동강령(Community Care : Agenda for Action)』이라는 제목으로 출간된 두 번째 보고서의 결론은 모든 구호 신청자에 대한 지역사회보호의 책임을 지방정부로 이전시켜야 한다는 것이었다. 즉, 법정부문, 자원부문, 그리고 민간부문의 재원을 기반으로 복지수급자에 대한 보호조치를 지방정부가 제공해야 한다고 권고하였다. 이 권고로 인해 1990년 '국민보건서비스 및 지역사회보호법'이 제정되었고, 그 결과 지방정부 내 사회서비스부에서 제공하던 직접적 서비스 업무가 중지되었다. 그래서 이 부서는 다양한 기관, 즉 전통적인 자원기관이나 종교단체 또는 이윤을 추구하는 등 상업적 동기에 의해 설립된 조직이 제공하는 서비스를 구입하는 기

2) 보모국가란 복지국가가 경제, 사회 각 분야에서 마치 보모처럼 국민을 돌본다는 의미로 지나친 복지에 대해 비판하는 단어이다.

능을 담당했다.

대처 정부는 집권 내내 사회 정책분야에서 국민들의 상당한 반대에 부딪혔음에도 불구하고 경제 호황을 이루면서 1987년 선거에도 한 번 더 승리하여 세 번째 정권을 이어가게 되었다. 그리고 더 많은 의석수를 확보한 보수당은 그동안 지지부진했던 지역보호서비스 분야를 크게 손보고자 하였다. 1989년에 인두세라고도 불리는 주민세(community charge)를 도입한 것이 그 예이다. 주택의 재산적 가치에 따라 부과되었던 주택세를 폐지하고 개인에 대해 균등액을 부과하는 주민세의 도입은, 후에 노인요양시설 입소자 등에게는 납부면제를 하였지만, 대저택 소유자인 백만장자와 가난한 지역주민이 동일한 세율로 세금을 내게 만들었다. 이는 전국적으로 거센 반대운동에 직면하였고 결국 1989년 대처는 사임했다. 이후부터 1997년 노동당에게 정부를 내어주기까지 메이저 정부가 정국을 운영하였다. 대처 정부 말기에 문제를 일으켰던 주민세는 끈질긴 국민 저항으로, 결국 1993년 11월에 재산 가치에 근거를 둔 누진적 재산세인 주민세(council tax)로 대체되었다(존스, 2000). 그러나 대처 정부 때보다는 유화적이었지만 메이저 정부에서도 민영화는 지속되었고, 거대조직이나 기관들은 분리되었다.

5) 지역사회복지의 변화기(1997년~현재)

『그리피스보고서』의 권고를 수용하며 1990년에 제정된 '국민보건서비스 및 지역사회보호법'은 지방당국보다도 가족과 이웃 등의 비공식 부문의 역할을 강조하였다. 즉, 민간 부문의 자원봉사활동, 그리고 이를 지원하는 행정과 정책의 조화를 강조하면서 영국의 지역사회복지는 새로운 발전 국면에 돌입하였다. 대처 정부 이후 18년간의 보수당 집권을 인정해야 했던 노동당도 중앙정부 주도의 복지공급에 대한 부담감을 가지고 있었고, 경제 침체와 공공지출 축소라는 환경 속에서 자연스럽게 복지의 주체를 지방과 민간 차원으로 이전시켜서 결과적으로 지역사회복지가 발전하는 계기가 되었다. 특히 1997년부터 집권한 신노동당 블레어 정부는 '제3의 길' 이념을 바탕으로 '노동연계복지(workfare)'와 '공공과 민간의 파트너십', 그리고 교육을 통한 인적자원 강화를 주장하는 '사회투자'를 통해서 지역사회의 중요성을 강조하였다.

블레어 정부는 소득세의 인상 없이 경제 발전을 도모하기 위해 당시 영국보다 높은 수준의 노동조건을 가지고 있던 유럽연합의 사회헌장에 가입하였고, 이듬해인 1998년에는 '국민최저임금법'을 제정하였다. 25세 이하 청년실업자들에게 구직과 직업기술 향상을 지원하는 '뉴딜(New Deal)' 정책은 점차 편부모, 장애인, 50세 이상 등으로 확대되면서 경기가 부양되는 효과를 보게 되었다.

그러나 블레어(Tony Blair) 이전의 노동당 정부와 비교하였을 때 사회적 약자에 대한 조치는 가장 미흡한 것으로 평가되었다. 장애인에게 과도한 고용유인책을 사용하는가 하면, 그 반대로 근로할 수 없는 장애인에게는 추가적인 정책이 없었던 것은 물론, 오히려 20세 이상의 중증장애인수당을 폐지하고자 했다. 노인장기요양보호에 대한 왕립위원회는 국가가 의료와 간호비용을 부담해야 한다는 보고서를 제출하였지만 노동당 정부는 실천하지 않았다.

2. 미국의 지역사회복지 발달과정

미국의 역사가 짧은 것처럼 지역사회복지의 역사도 길지 않다. 미국의 지역사회복지 실천은 19세기 후반 산업화 이후 농촌 및 유럽에서 이주한 이주민들이 도시로 집중되면서 발생한 지역사회 문제에서 그 출발점을 찾아볼 수 있다. 이후 두 번의 세계대전과 그 사이에 발생한 경제 대공황, 빈곤과의 전쟁, 신자유주의를 거치면서 지역사회복지가 전개되고 있다.

1) 자선조직협회와 인보관운동 시기(1877~1914년)

일반적으로 미국 지역사회복지의 역사는 자선조직협회의 활동과 인보관운동에서 그 시작을 찾고 있다. 미국 최초의 자선조직협회는 1877년 영국 성공회 소속인 거틴(Humphreys Gurtean) 신부에 의해 뉴욕주 버팔로에서 만들어졌다. 그 당시 미국 상류층은 산업화에 따른 도시화, 이민, 빈곤, 질병, 실업 등의 문제에 대해 인도주의적 양심에 따른 책임을 느끼면서 동시에 절망상태에 있는 빈민들이 사회질서를 파괴할지도 모른다는 공포심에 싸여있었다. 그래서 그들은 빈민들의 처지를 개선하고자 하였고, 그것을 위해 자선단체를 많이 설립하였다. 그러다 보니 영국의 경우처럼 민간자선단체들 간의 업무 조정을 통해 서비스의 중복과 누락을 방지할 필요가 제기되었고, 이에 따라 자선조직협회를 만들었다.

일반적으로 자선조직협회 활동은 세 가지로 요약될 수 있는데 첫째, 구호를 받고 있는 개인이나 케이스들의 명단을 만들고, 그 명단에 입각하여 직접 방문하여 실태를 확인하는 것, 둘째, 케이스분석 회의를 통해 케이스에 대한 원조방안을 모색하는 것, 셋째, 사회적·경제적 문제에 관해 분석하여 특정 조치를 건의하는 것이었다. 가구 방문을 통한 사실 확인은 대부분 중상류층 여성이 담당하였는데, 이들은 실태 조사와 아울러 구제 대상자에게 자립과 근면의 가치를 가르치고 훈계하였다. 이것은 빈민에 대한 방문자들의 도덕적 우월감에서 나왔는데, 이들은 빈곤을 개인의 도덕적 결함에서 발생한다고 보았고, 그래서 빈민들을 자신들과 동등한 인격체로 여기지 않았다. 그러나 계속되는 활동을 통해 얻은 자료와 경험은 빈곤의 원인이 개인의 잘못만은 아니라는 것을 깨닫게 만들었다. 실제로 이후의 자선조직협회의 활동을 보면 다양한 사회문제의 해결과정에도 개입하는 것을 알 수 있다. 임대주택에 관한 법과 제도의 개혁이나 청소년 전담 법원 신설, 아동보육 프로그램 제공 등이 그 사례들이다.

미국의 인보관운동은 1889년 제인 애덤스(Jane Addams)가 시카고에 세운 '헐하우스(Hull House)'와 그곳에서 실천한 대학생들의 활동에서 그 효시를 찾을 수 있다. 대학생들이 빈곤과 위생, 소외, 주거와 같은 많은 어려움을 겪고 있는 지역에 들어가 그 지역에서 거주하면서 교육, 숙식, 탁아, 체육, 문화, 친교 등의 다양한 프로그램을 제공하였는데, 이러한 일차적인 활동은 이후 지역사회에 대한 니즈 파악과 그 충족을 위한 보다 체계적인 실천으로 발전하였다. 지역주민과 인보관 자원봉사자들 사이의 친밀한 관계와 의사소통은 주민들의 니즈와 그에 맞는 서비스를 알게 하였고, 나아가 주민 상호 간의 관계를 저해하는 요인들을 제거하게 함으로써 지역주민들의 생활조건을 개선할 수 있게 만들었다. 이것은 인보관운동이 개인적인 문제를 개인주의적 치료접근방법이 아닌 개인과 함께 사회환경 변화를 추구하였기에 가능한 일이었다. 1911년에는 전국적으로 400개가 넘는 인보관이 설립되었고 각각의 인보관에서는 문맹퇴치 활동, 민속 축제, 공중목욕탕, 여름 캠프, 유치원 등 오늘날의 지역사회복지관이 제공하는 서비스를 실시하였다. 나아가 노동조합의 활동 공간이나 각종 사회문제에 대한 토론 장소로도 이용되었다.

더 알아보기 3-2 **제인 애덤스(1860~1935)와 헐하우스**

제인 애덤스는 1860년 미국 일리노이주 시더빌이라는 곳에서 태어났다. 체구는 작고, 병약했으며 게다가 척추병으로 한쪽 머리가 약간 기울어진 장애인이었다. 어머니를 비롯해서 형제자매들도 병을 많이 겪었고 일찍 사망했다. 그녀는 새 어머니와 새 형제들과 함께 자랐는데 특히 퀘이커 교도였던 아버지의 영향을 많이 받았다. 제인 애덤스는 의과대학에 입학하였지만 고질병인 척추병으로 장기 입원하게 되면서 학업을 중단했다. 이후 휴양을 겸하여 유럽여행을 하게 되었는데, 이때 영국 런던의 토인비 홀을 방문한 것이 헐하우스에 대한 구상을 갖게 된 계기가 되었다. 토인비 홀은 빈곤이 개인적이거나 경제적인 문제이기보다는 사회환경적 요인에 큰 영향을 받으며, 따라서 빈곤대책으로 교육이 중요하다는 신념을 가지고 실천하고 있었다. 미국에 돌아온 제인 애덤스는 시카고에 빈집을 얻어 헐하우스라 이름 짓고 오랜 기간에 걸쳐 지역주민들과 함께 숙식하며 교육, 탁아, 체육, 문화, 친교 등의 다양한 프로그램을 제공하면서 지역사회의 중요한 생활과 복지의 거점으로 일구어 나갔다.

당시 이 지역은 이민자들이 모여 사는 구역으로 빈곤과 소외가 가져온 위생문제, 주거문제, 사회적인 불안과 갈등, 복지의 결핍과 같은 많은 문제를 안고 있었다. 그녀는 지역사회의 일꾼들을 모아 교육을 시키고 스스로 돕게 하였다. 이 외에도 노동단체와 시민단체와 함께하며 공동주택법, 여성노동자의 1일 8시간 노동제, 공장 검열, 노동자의 임금문제 등을 위해 노력하였고, 이민자와 흑인에 대한 사법제도의 정립을 위해 힘썼다. 폭넓은 사회적·정치적 활동을 인정받아 1931년에는 노벨평화상을 수상하였다.

출처 : Addams, Jane(1910). *Twenty Years at Hull-House*. 심재관 역(2008). 서울 : 지식의숲.

2) 공동모금과 지역사회복지협의회 발전시기(1914~1929년)

이 시기에도 도시화로 인한 빈민의 문제를 다루는 자선단체와 사회복지기관들은 계속 증가하였다. 그러나 동시에 많은 기관들이 재정상의 어려움을 겪고 있었다. 자선가들은 구호방법을 개선할 필요성을 느꼈고, 고민의 결과, 지역공동모금제가 생겨났다. 당시 발생한 제1차 세계대전도 공동모금제가 발전하는 데 기폭제가 되었다. 전쟁모금회를 조직한 미국은 모금한 기금을 사회복지기관에 지원하였고, 사회복지기관으로 하여금 지역복구와 발전에 기여하도록 하였다. 1920년대에 공동모금을 실시한 지역사회가 353개에 달하기도 하였다. 이들 공동모금으로부터 지원받은 사회복지기관들은 각자의 활동이 활발해짐에 따라 수혜기관 간의 효과적인 업무조정이 필요하게 되었고, 그래서 그 역할을 하도록 지역 차원에서 사회복지협의회가 조직되었다. 1909년 피츠버그에서 최초의 사회복지협의회가 설립되었는데 지역사회복지 욕구에 대한 합리적이고 체계적인 접근과 지역사회가 당면한 문제와 앞으로의 욕구를 미리 찾아내는 데 주력하였다.

3) 공공복지사업의 발전시기(1929~1959년)

1929년의 경제 대공황으로 실업이 급증하자 당시까지 민간단체를 중심으로 행해졌던 자선활동의 한계와 더불어 국가의 책임과 역할이 분명해졌다. 이 시기 집권한 루즈벨트 정부의 뉴딜 정책은 경제 대공황의 해결에 있어서 국가 개입의 필요성을 잘 보여주었다. 정부가 주도한 뉴딜 정책은 크게 두 가지 방향으로 진행되었다. 공공근로사업을 통한 경제 부흥정책과 사회적 약자들에 대한 사회안전망을 확충하여, 경제문제와 복지문제를 함께 해결하고자 하였다. 사회보장의 개념과 이에 대한 국가의 책임 명시, 그리고 사회보험과 공공부조, 사회복지서비스를 골자로 하는 사회보장법(1935)과 함께 노동자들의 단체교섭권을 인정한 노동법인 와그너법도 이 시기에 제정되었다.

1950년대에는 경제와 복지에 대한 국가의 과도한 개입에 대한 부담감으로 인해 국가의 역할을 대신해 줄 사회복지 전문가 양성이 필요해졌다. 사회사업대학에서 행정에 관한 전문적 교육을 받은 실천가들이 협력하여 사회복지 행정을 하나의 실천 영역으로 형성하고, 이론 정립으로 하나의 독립적 영역을 확보하게 되었다.

4) 지역사회조직의 강화기(1960년대)

1955년 후반부터 미국 사회에서는 민권운동, 학생운동, 흑인운동, 소수인종운동과 여성운동 등 다양한 사회운동이 거세게 일어났다. 이러한 상황에서 4천만 명 이상의 미국인이 빈곤의 악순환에 갇혀있다는 조사 결과는 미국 정부로 하여금 즉각적이고 대대적인 대응을 하게 만들었다. 바로 '빈곤과의 전쟁' 정책이다. 미국의 빈곤문제를 근본적으로 해결하기 위해 엄청난 인력과 물자가 투입된 이 정책은, 비록 사회복지기관에 대한 불신 등으로 실효성 없이 끝이 났지만 이로 인해 흑인 및 빈민운동에서 풀뿌리 대중을 조직하는 계기가 되었다. 특히 주민 참여를 강조하는 지역사회행동 프로그램(CAP : Community Action Program)을 통해 지역사회의 주민들을 조직화하고 자신들이 당면한 문제를 스스로 해결하도록 유도한 것은 미국 지역사회복지 실천의 역사에서 매우 큰 의미를 가진다. CAP은 흑인과 빈민 지역에서 더욱 활발하게 진행되었는데, 흑인 민권 운동가들은 CAP를 대중을 조직하는 장치로 활용하였다. 일부 대도시에서 이 프로그램의 활동가들은 지방정부 공무원들을 비롯한 지역의 기득권 세력에 대항하였다. 이런 지역의 활동가들은 서비스 전달보다는 지역사회를 대변하고 조직하는 일에 전력을 쏟았다.

5) 지역사회복지의 변화기(1970~1980년대)

1970년 중반 이후의 경제 침체, 그리고 이어진 1980년대 신보수주의와 신자유주의 이념의 확산은 지역사회복지 실천에도 변화를 주었다. 레이건 행정부는 연방정부의 지출을 축소하기 위하여 민간참여를 강화하여 정부의 부담을 줄이고 서비스의 다양성을 확보하는 방안을 추구하면서 사회복지예산도 줄여나갔다. 이에 사회복지기관들은 줄어든 예산으로 인해 어려움을 겪게 되었고 사회복지서비스를 제공하기 위해 자조집단을 형성하고 자원봉사를 조직화하는 노력을 통해 지역사회복지를 위한 전략들을 다양하게 개발하였다.

이러한 국가 정책과 사회복지 환경은 사회복지 전반에 있어서는 침체를 가져왔지만 지역사회복지 차원에서는 지역 자원을 개발하려는 노력 등으로 오히려 발전하는 양상을 보였다. '지역사회개발공사(CDC : Community Development Corporation)'는 이러한 상황을 상징하는 조직이다. 이 공사는 원래 1960년대에 등장하여 저소득층 밀집 지역의 주거개선에 주력하던 비영리조직이었다. 그러나 1980년대부터 정부의 재정 지원이 줄어들면서 민간기업과의 동반자 관계를 통해 새로운 활로를 모색하였다. 이 공사의 주력 사업은 저소득층을 위한 저가의 주택을 건설하는 것이었는데 이후 주택 건설뿐 아니라 고용 창출과 범죄문제까지도 포괄하는 등 종합적인 지역사회 개발 조직의 성격으로 변모하였다. 그러나 이 과정에서 지역사회조직으로서의 기능을 망각하고 일종의 기업조직처럼 되어간다는 비판에 직면하였다(김종일, 2012).

6) 새로운 모색(1990년대~현재)

1990년대 미국에서는 '포괄적 지역사회 변화 운동(CCI : Comprehensive Community Initiative)'이라는 합의 중심 모델이 주목받았다. 이것은 앞에서 살펴본 '지역사회개발공사'처럼 지역주민과 기업, 그리고 정부의 협력을 강조하지만 지역사회의 다양한 쟁점에 대해 포괄적이고 장기적인 전략으로 접근한다는 점에서 다른 점도 보이고 있다. 이 CCI가 지역주민을 조직화하는 과정에서 강조하는 것은 포괄성과 커뮤니티 빌딩이라는 두 가지 원칙이었다. 포괄성의 원칙은 지역사회의 문제는 특정한 측면에서의 접근만으로는 해결할 수 없다는 인식에서 나온 것이고, 커뮤니티 빌딩은 주민 참여를 통한 지역사회의 문제해결 역량(community capacity)을 키우자는 것이다. 1996년에는 복지와 노동을 연계하는 '노동연계복지'라는 이른바 '복지개혁'이 이루어졌다. 복지급여 수급을 위해서는 노동을 조건으로 해야 한다는 것이다. 1935년 사회보장법이 제정된 이래로 60여 년 동안 어린 자녀를 둔 한부모 가정에게 지급되던 복지급여는 폐지되었고, 한시적인 지원으로 바뀌게 된다. 여기에 한부모에게는 주당 해야 할 노동시간이 함께 부과되었다. 복지의 개인책임을 강화한 것이다. 한편 복지개혁으로 국가의 복지에 대한 책임이 줄어들게 되자, 지역사회 내부에서는 사회복지 관련 비영리 조직들이 증가하였고, 이들 간 협력이 활발해졌다. 그 결과 지역수준에서는 사회복지실천이 활성화되었다.

3. 일본의 지역사회복지 발달과정

일본에서는 지역사회복지보다는 '지역복지'라는 용어가 일반적으로 사용되고 있다. 일본의 지역사회복지는 제2차 세계대전 이후 지역사회조직(CO : Community Organization)이 서구에서 도입되고, 지역사회 안에서의 주민들의 각종 활동 등을 포함하면서 최근에 들어와서야 정립되었다. 일본의 지역사회복지 발전과정은 크게 재택복지서비스에서 주민참여형, 그리고 현재의 지역복지계획 수립으로 나누어 볼 수 있다(김범수, 2012).

1) 지역사회복지의 맹아기 : 주민참여의 토대 구축(1950년대)

제2차 세계대전 이후 일본은 정부 주도의 사회복지서비스 제공을 명확히 하면서도 지역 단위에서의 주민참여가 진전을 이루었다. 남편이 사망한 여성, 고아, 부상자 등 전쟁 피해자나 보호가 필요한 사람들을 위한 조직들이 정부주도로 만들어지고, 무엇보다 1950년대 초 인구 십만 명을 기준으로 복지사무소를 설치, 복지 행정을 통해 지역사회복지 활동을 촉진하게 된다.

이와 함께 농촌이나 지방에서는 지역생활개선을 위한 주민들의 참여가 운동처럼 일어났다. 이러한 주민참여가 어린이회나 노인클럽 등 소집단 형태의 활동으로 활발해지면서 아동복지와 노인복지 분야에서 지역 단위, 혹은 전국 단위의 연대 경험이 쌓였다. 1959년에 반관반민(半官半民) 형태인 '보건복지 지역조직육성중앙협의회'가 창립되면서 지역조직 활동을 담당하게 되었다. 이 시기에 주민참여의 방법 중 하나로 지역사회조직(Community Organization)이 소개되었고 지역조직 활동의 실천적 경험의 축적과 실증적 연구를 바탕으로 지역조직에 대한 이론적 체계도 마련되었다. 비록 이 시기는 아직 '지역복지 활동'에 대한 개념적 틀이 명확히 형성되지는 않았지만 사회복지의 한 분야, 혹은 생활시설보호사업에 비교되는 개념으로서 지역사회복지가 인식되었다는 점과 주민참여의 토대가 구축되었다는 점에서 그 의의를 찾아볼 수 있겠다.

2) 지역사회보호 : 주민참여의 증가(1960~1980년대)

1960년대부터 이루어진 고도 경제성장에 힘입어 1970년대 일본에서는 사회보장부문의 예산이 확대되는 등 복지가 발전하기 시작하였다. 이 시기에 일본에는 영국의 지역사회보호 개념이 도입되면서 재택복지가 강조되었고 아울러 지역사회개발 및 주민운동 등이 이루어졌다. 일본의 지역사회복지는 장애인이나 노약자 등을 자신의 집에서 보호하는 취지의 재택복지라는 용어에서 알 수 있듯이 지역사회보호의 개념이 강했다. 이 재택복지로 사회복지의 주 대상자인 노인이나 장애인이 자택에 거주하면서 서비스를 제공받게 되었고 이런 서비스를 제공하는 지역사회의 사회복지시설을 다양화하였으며 아울러 서비스 제공 인력의 고용도 창출하게 되었다. 그러나 이렇게 공식적으로 투입되는 인력만으로는 재택복지서비스를 수행하기 어려웠고, 정부는 지역사회에 거주하고 있는 지역주민들을 통해 지역사회를 변화시켜 나가는 정책을 실시하였다. 이러한 정책에 의해 파트타임의 홈헬퍼나 자원봉사자 육성을 위한 다양한 프로그램이 등장하였다.

일본은 1980년에 접어들면서 급속한 노령화를 경험하게 된다. 노령화가 심각한 사회문제로 대두되면서 이의 해결을 위해 노인복지서비스를 지역사회 안에서 구축하고자 하는 지역사회에 기반한 복지서비스가 확대되었다. 복지개혁을 통해 복지공급 주체의 다원화 및 국가보조율을 재검토하는 등 예산낭비를 방지하는 한편 볼런토피아로 불리는 '복지자원봉사 마을 조성사업'을 통해 주민이 실천하는 지역사회복지가 활발해졌다.

3) 지역복지계획 및 지역복지 시대의 도래(1990년대 이후)

1990년대 일본은 광역 단위나 기초 단위에서 지역복지계획을 수립하는 것을 법으로 제도화하였다. 이에 따라 미국의 민간단체를 중심으로 한 사회계획과는 차원이 다르게 일본에서는 정부기관과 민간사회복지기관, 단체가 파트너십을 형성하며 지역복지계획을 수립하는 것을 의무화하였다. 거시적으로는 지역사회에 필요한 인력, 재원, 시설, 단체들을 조사하여 지역주민들의 욕구와 연계하는 활동을 전개하게 하였고, 미시적 차원에서는 지역주민들의 보건과 복지를 연계하는 건강 네트워크를 확립하고, 주택과 환경을 개선하고, 고령자와 장애인들을 위한 재가복지시스템을 구축하며 지역주민들의 사회참여를 위한 인력을 양성하는 사업을 전개하게 하였다. 현재 일본에서는 '마을만들기' 사업 등을 통해서 자원봉사 코디네이터를 지역에 배치하고 자원봉사활동을 강화하여 주민의 참여를 이루어 내고 있다.

4. 한국의 지역사회복지 발달과정

한국의 지역사회복지의 역사를 다루는 상당수 교재들은 주로 1950년의 한국전쟁 이후나, 일제 강점기 시대부터, 혹은 해방 이후의 역사만을 포함하고 있다. 이 때문에 한국의 지역사회복지의 역사는 매우 짧은 것으로 인식하게 된다. 그러나 지역사회복지의 개념에서 주민 주체의 의미를 중요시한다면 이야기는 달라진다. 지역주민 간의 상호부조라는 지역사회의 기능은 훨씬 이전부터 전통적인 지역 공동체 안에 존재해 왔기 때문이다. 따라서 이 절에서는 근대 이전의 시기와 일제시대, 그리고 그 이후로 나누어 살펴보고자 한다.

1) 근대 이전의 지역사회복지(조선시대~1910년)

한국 사회의 전통적인 지역사회복지 활동은 국가나 군·현 단위의 공공복지사업보다는 마을 단위 주민 간 협동 관행에서 더 잘 관찰된다. 대표적인 조직체들은 두레, 계, 품앗이, 향약 등으로 오늘날까지도 그 형태가 남아 있다. **두레**는 촌락 단위에 조직된 농민들의 상호 협동체를 말한다. 주로 촌락 공동체의 내부질서, 즉 공동방어, 공동노동, 공동제례, 공동유흥, 상호 관찰, 자발적 상부상조의 기능을 수행하였다. 오늘날에도 농촌을 중심으로 상호 협동의 생산방식이 남아 있다. **계**는 공익, 산업, 영리, 친목, 공제 등 다양하게 나타나며 우리 실생활과 밀접하게 운영되어 왔다. 현재에도 친목이나 공제적 목적으로 민간 차원의 계조직이 형성되어 있다. **품앗이**는 부락 내 농민들이 노동력을 서로 교환하는 활동을 말한다. 현재에는 지역사회 내 자원봉사조직체에서 금전이 아닌 자원봉사를 매개로 구성원들의 교환형태에서 품앗이의 전통이 이어지고 있다. 그 외에도 나쁜 일이 있을 때 서로 돕는 **향도**와 집을 짓거나 농사일을 돕는 **부조**, 그리고 지역사회와 주민들의 교화를 목적으로 지방의 향리들이 만든 자발적 조직인 **향약** 등이 있었다.

2) 일제 강점기와 미군정기(1910~1948년)

전 세계적으로 복지관의 전신으로 활동하였던 '인보관'이 우리나라에서 가장 먼저 설립되어 활동한 곳은 1906년 원산(지금의 북한지역)의 '반열방'으로 알려져 있다. 미국 감리교 선교사였던 메리 놀즈(Mary Knowles)가 여성들을 위해 설립한 '반열방'은 여성들을 위한 교육이나 보건 등의 사업을 하였는데, 이는 외국 선교사들이 복지사업을 활용하여 당시 일본 관헌들의 감시에서 벗어나 보려는 하나의 선교전략이라고도 볼 수 있다. 한편 1921년 서울

종로에서는 메리 마이어스(Mary Myers) 선교사에 의해 '태화여자관'[3]이 설립되었다. 이 태화여자관은 현재 '태화기독교사회복지관(서울 수서)'이라는 이름으로 계속 운영 중인 현존하는 사회복지관 중에서 가장 오래된 역사를 가지고 있다. 태화여자관은 기독교 복음의 전파와 사회문제 해결, 그리고 서울 지역의 여성 교인들의 활동 지원 등 크게 세 가지 기능을 수행하였고, 이 중 사회문제 해결을 위한 노력에서 서구의 사회사업방법론이 우리나라에 소개되었다(한국사회복지관협회, 2012).

이 시기에 일제는 일본의 사회사업제도였던 방면위원[4]제도를 1927년에 도입하였고, 이를 계기로 서울에 5개의 인보관이 설립되어 운영되었다.[5] 태화여자관을 포함한 인보관들은 아동과 여성들의 권익향상을 위한 활동을 하였는데, 특히 여성들에게는 의식개발, 인간교육, 지도력 육성을 위해 야학, 여학교, 재봉 등의 의식교육과 기술교육을 병행하였다.

한국은 1945년 독립과 동시에 분단시기를 겪게 된다. 남한엔 미군이, 북한엔 소련군이 들어와 지배하게 된 것이다. 1945년부터 1948년까지 3년간 남한에서 이루어진 미군정의 구호정책은 요구호자에 대한 구호의 필요성에 대응하는 것이 아니라 요구호자들로 인해 야기되는 정치적 불안에 대응하여 전개되었고 그 구호의 범위와 수준 또한 매우 열악하였다.

3) 한국전쟁 이후와 외원단체 중심의 지역사회복지(1950~1960년대)

한국 사회는 1950년에 발발한 한국전쟁의 피해와 사회문제를 해결해야 했지만 스스로의 역량이 부족하였다. 이에 외국의 원조기관(외원기관)들의 도움을 받을 수밖에 없었다. 이들 외원기관 중 7개 기관은 한국전쟁 중인 1952

---

3) 이후 태화여자관은 태화사회관, 태화기독교사회관으로 변경되었다가 현재는 태화기독교종합사회복지관으로 계속 운영되고 있다. 원래 태화관은 식당으로서 1919년 3·1 운동의 발상지이기도 하였다. 민족대표 33인이 독립선언문을 발표한 곳이기도 하다. 이곳을 감리교 선교단이 매입, 복지사업을 시작하였다.

4) 현재는 일본에서 민생위원으로 불리는데 우리나라 동 단위에 있는 복지위원과 비슷하다.

5) 서울 종로구에 동부인보관(1930)과 북부인보관(1935)이, 마포구에 마포인보관(1936), 성동구에 성동인보관(1936), 영등포에 영등포인보관(1936)이 설립되었다.

년에 '외국 민간원조기관 한국연합회(KAVA : Korea Association of Voluntary Agencies)'를 결성하였다.[6] KAVA는 회원 간의 상호 협의에 의한 보건, 교육, 사회복지, 구호 및 지역사회개발 등의 분야에서 전문사회사업 방법과 이론을 전파하였다. 외국원조단체는 원조기금을 통해서 전국에 사회복지기관을 설립, 지역사회복지를 수행하도록 하였다. 부산기독사회관(1952), 아펜셀라어린이회(1963), 목포사회복지관(1964), 인천사회복지관(1965), 이천사회복지관(1967), 마포사회복지관(1968) 등이 대표적이다. 또한 1919년 영국 런던에서 설립되어 전 세계에서 아동구호를 하던 '세이브더칠드런'이 한국전쟁이 끝나던 1953년에 한국지부를 설립, 최대의 피난처였던 부산을 거점으로 구호활동을 시작하였고 현재까지도 활발히 활동하고 있다. 이들 외국원조단체들은 1970년대 중반까지 활동하다가 본국으로 철수하거나 다른 나라로 이전하였다.

한편 한국 정부는 1958년 1월 『지역사회개발요강』을 채택하였고, 이에 따라 지역사회개발위원회가 중앙과 지방(도/군)에 정식으로 발족되어 지역사회복지개발사업이 본격적으로 시작되었다. 군 지역사회개발위원회의 위원장은 군수가 담당했으며 마을에 지역사회개발 지도원을 배치하여 부락주민과 지도원이 작성한 지역개발사업을 국가 재정으로 지원하여 추진하였다. 1958년도에는 전국의 5개 군에서 12개 시범부락을 선정하여 시범사업에 착수하였고, 1961년도에는 확대되어 86군 818개 부락에서 진행되었다. 이후 새마을운동에 흡수되게 되었다(국가기록원, http://www.archives.go.kr).

1960년대는 3·15 부정선거와 이에 반대하는 4·19 혁명, 그리고 1961년의 5·16 군사정변이 일어나는 등 혼란과 불안 속에 시작되었다. 이후 장기간 이어진 군부정권은 이러한 정치·사회적 혼란을 경제로 타개하기 위해 경제개발에 매진하였고, 이에 따라 1962년부터 제1차 경제개발 5개년 계획이 도입되었다. 그러나 경제정책의 목표는 양적 성장의 달성에 있었을 뿐 분배나 복지 문제는 등한시하였다.

6) 이후 KAVA는 1954년에 33개 단체, 1958년엔 59개 단체, 1960년에는 123개 단체로 확대되었다.

4) 관주도적 지역사회복지(1970년대)

1961년부터 집권한 군사정부는 1970년대에 들어오면서 경제개발과 아울러 사회개발도 추진하였는데 가장 대표적인 것이 새마을운동이다. 1970년부터 전국 33,000여 개 자연부락에서 '새마을 가꾸기 운동'이 전개되었다. 초기에는 농촌지역을 중심으로 시작되어 마을 진입로 가꾸기, 소하천이나 실개천의 정비, 공동우물, 마을 식수 등의 사업이 중점적으로 추진되었고, 이후 농어촌의 환경정비, 의식계발, 소득증진운동으로 전개되었다. 이것이 도시로 전파되어 법질서 준수, 시민의식 계발, 새마을 청소, 생활오물분리수거 등 그 범위가 넓어졌고 국민들의 근면, 자조, 협동을 생활화하는 의식개혁운동으로 자리매김하였다(김종일, 2012). 현재에도 제3세계나 저개발국가에 그 정신과 내용이 수출되고 있다. 그러나 새마을운동은 주거환경을 개선하고 소득을 증대하였다는 성과에도 불구하고 주민을 주체가 아닌 동원의 대상으로 보고 관이 주도하였다는 점에서 지역사회복지와는 다르다. 한편, 이 시기에 경제개발정책이 성과를 보여 경제성장이 이루어지면서 1970년대 중반부터는 외국원조단체가 점차 감소하게 되면서 한국의 지역사회복지는 스스로 복지 주체 역량을 강화해야 하는 새로운 국면을 맞이하게 되었다.

5) 지역사회복지 토대 구축(1980년대)

1980년대는 절대 빈곤 대신 빈부 격차와 상대적 빈곤의 문제가 새로운 쟁점으로 떠오른 시기였다. 아울러 외국원조단체가 철수하게 되자 국내의 민간단체가 도시 빈민지역 등을 중심으로 활동하게 되어 지역사회복지실천이 토착화되는 시기였다. 1983년 사회복지사업법 개정에 따라 사회복지관이 공식적으로 국가의 지원을 받게 되었고 주택건설촉진법(1988년 시행)에 의한 사회복지관 설치 의무화 등 지역사회복지 실천을 위한 법적·제도적 토대가 마련되었다. 즉, 200만 호 주택건설정책의 일환으로 1989년에 영구임대아파트 25만 호를 건설하면서 이들 영구임대아파트단지 내에 사회복지관 건립이 의무화되어 사회복지관의 수가 비약적으로 증가하였다. 이와 함께 1988년 '88 서울올림픽'의 준비과정에서 무리한 도시정비사업이 추진되어 대규모 철거가 이루어졌는데 이 철거와 도시 빈민의 생존권을 위한 지역사회행동이 직간접적으로 발생하였고, 이것이 향후 주거권운동(15장 참고)으로 확대되었다.

6) 지역사회복지 양적 확대기(1990년대)

1990년대 이후 한국의 지역사회복지는 1991년에 다시 도입된 지방자치제도의 실시, 사회복지제도의 확대, IMF 경제위기라는 환경의 변화로 인해 새로운 전환기를 맞게 되었다. 바로 지역사회복지의 양적·질적 발전이 이루어진 시기라고 할 수 있는데 무엇보다 1991년에 본격적으로 시작된 지방자치제도는 지역사회복지의 전개에 중요한 영향을 미쳤다. 지방자치는 주민의 참여를 필요로 하였고, 주민참여의 활성화는 사회복지서비스의 적절성을 높여주고, 주민들의 자원봉사활동을 활성화시켰다. 지역사회복지관과 재가복지봉사센터의 증가는 지역사회를 중심으로 하는 사회복지서비스를 확대시켰다. 정부 차원에서도 제7차 경제사회개발 5개년 계획(1992~1996년) 수립시 저소득층에 대한 복지 증진 방안으로 사회복지관 사업을 선정하였고 이에 따라 1990년 당시 88개였던 사회복지관이 1993년에 총 175개, 1999년에는 총 330여 개로 증가하는 등 이 시기는 지역사회복지의 확대기라 할 수 있다.

이러한 상황에서 맞이한 1997년의 IMF 국가외환위기는 지역사회복지관으로 하여금 실직노숙인을 포함한 빈곤주민에 대한 보호와 자립 및 자활에 집중하게 하였다. 서울의 실직노숙인 쉼터인 '희망의 집(1998)', 파랑새보금자리운동 등 실직노숙인 상담사업과 실직가정자녀지원사업 등의 서비스가 집중적으로 제공되었다.

7) 지역사회복지 분출기(2000년대 이후)

2000년대에 들어오면서 광역단체 및 기초자치단체 사회복지협의회의 독립 법인화, 지역사회복지협의체(현재는 지역사회보장협의체로 명칭이 변경됨)의 구성과 지역사회복지계획의 수립 및 실행, 그리고 사회복지재정의 지방 분권화, 마을만들기 등으로 지역사회 중심의 사회복지가 더욱 강화되었다. 특히 사회복지사업법의 개정[7)]과 국민기초생활보장법의 시행(2000. 10. 1)으로 국가가 수급자의 권리를 인정하여 기초생계비를 지급하는 등 공공의 책임성이 강화되는 한편, 2003년 지역사회복지협의체를 통한 민관 협력, 지역복지운동, 마을만들기운동, 커뮤니티케어 등 지역사회조직사업이 활발하게 전개되어 다양한 지역사회복지 관련 요구가 분출하고 있다.

지역사회복지협의체는 지역사회를 거점으로 지역주민의 삶의 질을 향상시키고 지역의 문제를 해결하기 위해 민간기관과 공공기관이 공동으로 주체가 되어 협력적 방식으로 실천하는 협치 구조이자 동시에 조직적인 활동을 강조하는 전문적인 서비스와 방법을 사용하고 있다. 2007년 사회적기업육성법 제정으로 사회적 경제에 대한 관심이 높아짐에 따라 지역주민들의 자활, 자립과 취업 및 창업 방식을 전환시켰고, 이는 2012년 협동조합기본법 제정으로 이어져 자활 공동체가 보다 쉽게 협동조합을 결성하고 조합원들을 중심으로 시장경제시스템에서 자립과 자활을 보다 다각적으로 추진할 수 있게 되었다. 2013년에는 사회복지관의 기능이 이전의 5대 기능 사업(가족복지사업, 지역사회보호사업, 지역사회조직사업, 교육문화사업, 자활사업)에서 사례관리 기능, 서비스 제공 기능, 지역조직화 기능의 **3대 기능**으로 변경되었다. 이것은 주민들이 지역의 이슈들을 해결할 수 있는 역량을 강화하는 것이 지역사회 변화에 있어 매우 중요하다는 것을 보여주고 있다. 지역사회복지협의체가 2015년에 지역사회보장협의체로 변경되면서 읍·면·동 단위에 보장협의체 신설을 법제화한 것, 그리고 서울시에서 같은 해 시작한 찾아가는 동주민센터('찾

7) 2000년 1월 12일에 개정된 사회복지사업법에서는 제34조 제4항에 사회복지관과 부랑인 보호를 위한 시설의 설치·운영에 관한 사항을 보건복지부령으로 정한다고 명시하였다.

동')를 통해 사례관리 주체를 구 단위에서 동 단위로 배치한 것도 같은 맥락에서 이해할 수 있다.

현재 한국 사회에서 지역사회복지에 대한 욕구는 가히 폭발적이라 할 수 있다. 지역사회 구성원들의 합의를 바탕으로 지역주민에 의해 더 좋은 지역사회를 만들고 이를 통해 주민 자신들의 삶의 질을 높일 수 있는 방향으로 움직이고 있다. 2020년부터 확대되는 국가의 주요 복지 정책 중 하나인 '커뮤니티케어'가 잘 실천되어 한국형 모형으로 제시될 수 있어야겠다.

참고문헌

김범수(2010). 지역사회복지론. 경기 : 학현사.
김종일(2012). 지역사회복지론(개정신판). 서울 : 청목출판사.
오정수·류진석(2016). 지역사회복지론(제5판). 서울 : 학지사.
한국사회복지관협회(2015). 사회복지관과 지역사회복지실천. 경기 : 공동체.

永田幹夫(나까타 미키오, 1988). 地域福祉論. 김현훈 외 역(2000). 서울 : 동인.

Addams, Jane(1910). *Twenty Years at Hull-House*. 심재관 역(2008). 서울 : 지식의숲.
Freire, Paulo(1970). *Pedagogy of the Oppressed*. 남경태 역(2002). 페다고지. 서울 : 그린비.
Jones, Kathleen(2000). *The Making of Social Policy in Britain*. 엄영진·이영찬 공역(2003). 영국 사회정책 현대사. 서울 : 인간과복지.
Popple, Keith(2000). *Analysing Community Work : Its Theory and Practice*. Burkingham : Open University Press.

02
PART

지역사회복지 실천을 위한 가치와 이론

CHAPTER 04

지역사회복지 실천 관련 가치와 관점

사회복지가 가치 지향적인 실천임에는 두말할 나위가 없다. 이 말은 정신의 구성물이라고 할 수 있는 가치가 실제 행동으로 드러나도록 실천해야 한다는 의미이다. 그렇다면 사회복지실천이 지향해야 할 가치는 무엇인가? 사회복지의 어떤 분야에서 실천을 하든지 간에 사회복지 전문직이 가장 우선시하는 가치는 **인간에 대한 존중(인권)과 사회정의에 대한 사명**이다. 지역사회복지 실천의 가치도 결국 사회복지 가치와 일치되어야 할 것이다. 이 외에 여타의 사회복지 분야들과 구분되는 지역사회복지만의 고유한 가치는 무엇일까? 지역사회를 대상으로 실천하는 사회복지사가 선택하는 실천 방법들은 어떤 집단에게는 혜택이 되는 반면 어떤 집단에게는 해가 되는 경우도 생기므로 지역사회복지 실천가들은 신중을 기해서 개입방법을 계획해야 하고, 일단 세워진 계획을 끝까지 추진하기 위해서는 방법선택에 대한 확고한 신념을 가지고 있어야 한다. 이런 의미에서 실천가들은 어떤 관점을 가지고 실천방법을 계획하고, 불굴의 의지로 그것을 실천하여야 할까? 이 장에서는 지역사회복지 실천의 실제를 공부하기 전에 지역사회복지 실천가가 가져야 할 가치와 관점에 대해서 다루도록 하겠다.

1. 지역사회복지 실천을 위한 가치

하디나(Hardina, 2002 : 19-27)는 미국 사회복지 윤리강령과 여러 학자들이 거론한 가치를 포함해서 다섯 가지의 기본 가치를 중시해야 한다고 설명하였다.[1] 그것은 **다양성과 문화적 이해, 자기결정과 역량강화, 비판적 의식의 계발,**

---

1) 사회복지 윤리강령은 사회복지 전문직에서만 통용되고, 대부분의 내용이 클라이언트에 대한 사회복지사의 윤리적 실천행위에 초점을 맞추고 있기 때문에 사회복지기관이 아닌 기관에서 지역사회복

상호 학습, 사회정의와 자원의 평등한 분배에 대한 사명이다. 이 장에서는 그 다섯 가지의 가치를 살펴볼 것이다. 그러나 각각의 가치에 대한 하디나의 설명에 전적으로 의존하기보다는 가능한 한 지역사회와 지역주민을 존중하는 저자들의 입장을 반영하여 설명하겠다.

1) 다양성과 문화적 이해(Diversity and Cultural Understanding)

미국 사회복지 윤리강령에 따르면, 사회복지 실천가는 모든 문화에는 강점이 있다는 점과 문화와 인간행동이 연결되어 있다는 점을 인정하고, 고유한 문화 간의 차이에 민감하게 대처하는 능력을 가지고 있어야 한다. 특히 다른 인종이나 국가 간의 차이로 인한 문화의 다양성뿐 아니라 동일한 인종이나 국가 내에서도 성별, 성적 지향, 연령, 결혼 여부, 정치나 종교적 신념, 장애 유무에 따라서 달라지는 문화의 차이도 민감하게 인지하며, 실천과정 중 어떠한 경우에도 그로 인한 차별이 발생하지 않도록 해야 한다.

다양성을 존중한다는 것은 바로 차이를 인정하고 차이로 인해 차별하지 않음을 의미한다. 그러기 위해서 사회복지사는 서로 다른 문화를 성숙하게 이해하고 있어야 한다. 문화는 가치, 신념, 문화적 양식에 의해 영향을 받은 사람들로 구성된 특정 집단이 공유하고 있는 삶의 방식(life style)이다. 이러한 삶의 방식은 가족, 부족, 종족, 국가 등과 같은 주체의 생각, 말, 행동에 의해 개발되고, 오랜 시간에 걸쳐서 전수되면서 점차 다듬어진 형태와 내용을 갖추게 된다.

아이프(Ife, 2002, 류혜정 역, 2005 : 408)에 따르면, 지역사회복지 실천에서 다양성의 존중이 중요한 가치로 거론되는 것은 단일문화나 하나의 질서로 모든 것을 강제하려는 식민주의적 침해, 문화적 세계화, 인종차별주의적 배타성, 성차별, 연령차별 등이 비주류 지역사회와 집단들에 대한 차별과 배제를 가져오기 때문이다. 또한 그는 “다양성의 중시라는 관념은 억압, 예를 들어 동

지를 실천하는 사람들이나 직접 클라이언트를 일대일로 대면할 기회가 적은 지역사회복지 실천가들이 참고하는 데 무리가 따를 수 있다.

성애자, 장애인, 소수인종이나 소수민족에 속한 사람들이 억압을 극복하기 위해 벌이는 제반의 투쟁에서 매우 중요한 의미를 갖는다(p. 409)"고 하였다. 따라서 다양성을 중시하는 것은 차이를 인정하는 것에서 그치는 것이 아니라 차이로 인해 억압을 받는다면 그 억압에서 벗어나도록 투쟁하는 것까지 포함해야 한다.

지역사회복지 실천가는 모든 지역사회는 다른 지역사회와 구분되는 고유한 특성과 차이점이 있다는 사실을 확고히 인식하고 이를 활용할 수 있는 실천방법을 가지고 있어야 한다. 따라서 다른 지역에서 사용하고 있는 모델이나 방식을 따라하기보다는 자기 지역을 고유하고 독특한 존재로 만드는 차이점을 찾아서 제 나름의 방식을 추구해야 한다. 그러므로 지역사회복지 실천에서 '한 가지의 정답'을 강제해서는 안 되며, 이 지역사회에서 옳은 것이 저 지역사회에서는 그렇지 않을 수 있다는 생각에 흔들림이 없어야 한다. 이것이 바로 지역사회 간의 다양성을 존중하는 것이다.

또한 지역사회복지 실천가는 자신의 지역사회 내에서도 다양성에 주목해야 한다. 특히 인종차별이나 동성애공포증과 같이 특정 문화(집단)에 대해서 배타적인 전통을 가진 지역사회에서 활동하는 지역사회복지 실천가는 이러한 배타성에 적극적으로 맞설 수 있는 인권과 사회정의적 관점을 가지고 있어야 한다. 왜냐하면 배타성이 억압으로 나타나고, 그것이 개인적·제도적 폭력을 통해서 만들어지고 유지되기 때문이다. 한 지역사회가 특정 집단의 문화를 경시하고, 그로 인해 그 집단 구성원을 소외시키고 차별하고 억압하며 폭력을 휘두른다고 해도 그것이 그 지역사회가 가지고 있는 문화이므로 인정해야 한다고 주장하는 것은 그릇된 판단이다. 그런 문화는 어떤 이유에서건 결코 인권적이며 정의로운 일이 아니기 때문이다. 그래서 다른 문화를 인정한다는 것은 그 문화가 인권과 정의의 관점에 비추어서 어긋남이 없을 때라는 조건을 필요로 한다는 것도 명심해야 한다. 그러므로 어떤 행위나 사고가 인권과 정의의 관점에 비추어 어긋남이 없는 것인지, 어긋남이 있는 것인지를 판단하는 실천가의 역량이 매우 중요하다.

2) 자기결정과 역량강화(Self-determination and Empowerment)

사회복지 윤리강령에서뿐 아니라 사회복지실천에서 클라이언트의 자기결정권을 인정하는 것은 당연시되어 왔고, 클라이언트의 일을 사회복지사가 결정하는 것이 아니라, 클라이언트 스스로 '좋은' 결정을 하도록 클라이언트의 역량을 강화하려는 노력을 사회복지실천의 핵심으로 여겨왔다. 그것은 사회복지서비스를 종료한 후에도 클라이언트가 자기 인생의 주체가 되어서 자기 삶을 자기 스스로 결정하도록 하기 위함이다.

지역사회도 마찬가지이다. 지역주민은 지역사회의 문제와 미래에 대해 스스로 결정해야 하고, 그렇게 할 만한 역량을 가지고 있어야 한다. 특히 지역사회복지 실천가가 주목해야 할 역량강화는 불리한 조건에 처한(소외된) 지역주민들의 능력을 고취하는 것이다. 지역주민들은 종종 무엇이 자기 지역사회를 위해 좋은 일이고, 지역사회를 좋게 만들기 위해서 무엇을 해야 할지, 또 자기 지역사회를 해치는 내·외부 세력에 어떻게 맞서야 하는지 잘 모를 수 있다. 또한 안다 하더라도 그런 논의나 결정과정에 참여하지 못할 수 있다. 그래서 자기결정과 역량강화는 동시에 중시되어야 하고, 이때 고려해야 할 것은 **능력**과 **권력**이다.

영어로 역량강화가 'empowerment'인데 여기서 의미하는 'power'는 '힘', '능력', '권력'으로 이해된다. 아이프(2002, 류혜정 역, 2005 : 122)는, 역량강화는 "개인 또는 집단에 권력을 이양하는 것, 권력을 이양 받은 자들이 직접 그 권력을 다룰 수 있도록 허용하는 것, '가진 자'로부터 '가지지 못한 자'에게 권력을 재분배하는 것이므로" 역량강화를 실천모델로 하는 사회복지사가 권력에 별로 관심을 기울이지 않는 것은 문제가 된다고 강조하였다. 특히 지역사회복지에서 권력은 지역사회가 직접 자신의 권력을 사용하여 자기결정을 할 수 있느냐의 문제에 집중된다. 여기서 아이프(2002, 류혜정 역, 2005 : 129-132)가 제시한 역량강화에서 고려되는 권력에 대해 살펴보기로 하자.

① 개인적 선택과 생활방식에 행사되는 권력

일반적으로 여성, 유색인종, 원주민, 소수민족 등 특정 집단은 거주지, 직업, 외모, 성적 정체성, 건강 등을 선택할 권리나 권력을 행사하기 어렵다. 그러므로 그런 권리나 권력을 행사할 수 있도록 해야 한다.

② 니즈 정의에 행사되는 권력

일부 집단의 구성원은 자신의 니즈를 정의하고 결정하는 책임주체가 될 수 없고 국가나 직업주체(의사, 사회복지사, 심리학자, 교사, 관리자 등)가 대신한다. 어떤 니즈는 지식이나 전문기술을 요구하기 때문에 이때 필요한 것은 역량강화 과정을 통해 교육과 정보접근권을 향상시키는 것이다.

③ 사상에 행사되는 권력

누군가에 의해 강요된 세계관이나 정보차단으로 인해 고착된 세계관에 기초해서 살아간다면 자기 삶을 스스로 결정할 역량을 잃게 된다. 그러므로 사상을 표현할 수 있는 자유, 대화에 참여할 자유와 능력, 대중문화 형성에 기여할 수 있는 사상 형성의 자유가 합법적으로 보장되어야 한다.

④ 제도에 행사되는 권력

경우에 따라서 교육, 보건의료, 가족, 종교, 사회복지, 정부구조와 매스미디어와 같은 사회제도에 의해서 사람들은 무력화될 수 있다. 그러므로 불리한 상황에 처한 개인 또는 집단이 사회제도에 실질적인 영향력을 행사할 수 있도록 사람들을 준비시키고, 보다 근본적으로 사회제도 자체에 접근하기 쉽고, 즉각적인 반응을 보이도록, 또 실질적인 책임을 지도록 변화시키는 역량강화가 필요하다.

⑤ 자원에 행사되는 권력

금융자원, 교육, 자기계발의 기회, 여가, 문화경험과 같은 자원에 대한 이용권이 거의 없으며, 그런 자원의 사용에 대한 선택재량도 행사하지 못하는 사람이나 집단이 자원의 분배와 사용에 대한 권력을 되찾아올 수 있도록 자원접근에 관한 차별을 시정하려는 노력을 강화해야 한다.

⑥ 경제활동에 행사되는 권력

생산, 분배, 교환으로 이루어지는 경제활동에 행사되는 권력이 보다 공평하게 분배되고 유지될 수 있도록 하는 역량강화가 필요하다.

⑦ 재생산에 행사되는 권력

출산, 양육, 교육, 사회화 등과 같은 재생산에 행사되는 권력이 불공평하게 분배되어 있음(특히 여성에게)을 인지하고 시정하려는 노력이 필요하다. 특히 사회의 모든 형태의 메커니즘이 양육, 교육, 사회화를 통해서 세대를 이어가며 전달된다는 점에서 재생산에 행사되는 권력은 개인의 선택이나 사상에 행사되는 권력과 밀접하게 관련 있기 때문에 매우 중요한 권력임을 명심해야 한다.

지역사회 내 불리한 위치에 있는 사람들이 이상에서 열거한 권력들을 갖기 위해서는 특별한 노력이 필요하다. 특권계급이나 지배계급에 속한 사람들은 기본적으로 불리한 위치에 있는 사람들에게 이런 권력이 부족하다는 것을 이해하지 못하거나, 자신들에게 이미 주어진 권력을 불리한 위치에 있는 사람과 나누어 갖기를 원하지 않거나, 불리한 사람들에게 권리가 주어지지 않을 때 자신들의 권리가 더 강화된다고 믿기 때문에 불리한 위치에 있는 사람들이 스스로 노력하지 않고서는 이상의 권력들이 그냥 주어지지 않는다. 이때 지역사회복지 실천가는 불리한 위치에 있는 사람들의 편에서 이상의 권력들이 평등하게 분배될 수 있도록 그들과 함께 교육과 직접행동, 옹호활동 등을 수행해야 한다.

3) 비판적 의식의 계발(Development of a Critical Consciousness)

상대성이론으로 유명한 이론물리학자 아인슈타인(Albert Einstein, 1879~1955)은 이런 말을 남겼다. “문제를 만든 것과 동일한 의식을 가지고 문제를 해결할 수 없다. 우리는 세상을 새롭게 보는 법을 배워야 한다(Sterling, 2001 : 12).” 비판적 의식은 문제를 만든 것과 동일한 의식이 아니라, 새로운 세상을 보듯이 새롭게 문제의 원인을 파악해서 문제를 근원적으로 해결하기 위해 필요하다. 그러므로 자기 지역사회의 문제를 해결하고자 하는 지역사회복지 실천가와 지역주민이 있다면, 지역사회가 가지고 있는 이슈와 니즈를 확인하는 것에서부터 출발하는 것도 중요하지만, 그 이슈와 니즈가 발생한 원인이 어디에 있는지 혹은 그 이슈와 니즈가 왜 해결되지 못하고 있는지에 대해서 비판적 시각을 가지고 분석하는 것도 필요하다.

비판적 사고는 시시콜콜 문제를 트집 잡아서 물고 늘어지는 것이 아니라 제기된 주장(문제)에 어떤 오류나 잘못이 있는지 없는지에 대해서 지식과 정보를 바탕으로 합당한 근거에 기초해서 분석하여 사실들에 입각한 판정을 내리는 사고의 과정을 의미한다. 따라서 비판적 사고의 출발 혹은 전제는 문제의식을 갖는 데 있다. 문제를 문제라고 느끼지 못한다면 비판적 사고는 일어나지 않으며, 그렇다면 그 문제가 합당한 것인지 아닌지, 그 문제의 원인으로 제시된 것이 정말 맞는 원인인지 어떤지를 알 수 없게 된다. 이런 상황에서 어떻게 문제를 해결할 수 있겠는가! 그러므로 지역주민들 스스로 문제를 해결할 수 있는 능력과 권한을 갖도록 하기 위해서 지역주민들에게 특히 필요한 능력은 문제를 문제라고 판단할 수 있는 비판적 의식이라는 점을 명심해야 한다(정명환, 2016).

한 마디로 비판적 의식은 문제의식을 갖고 고정관념을 타파할 때 계발될 수 있다. 그러므로 비판적 의식을 갖기 위해서는 고정관념에서 벗어나도록 하는 타인과의 대화와 교육이 중요하다. 이런 의미에서 다음에 나오는 상호 학습에 대한 가치가 실천되어야 한다.

4) 상호 학습(Mutual Learning)

상호 학습에서 '상호'는 우선 지역사회복지 실천가들과 지역주민 사이를 의미하고, 두 번째는 지역주민들 사이를 의미한다. 앞서 언급한 비판적 의식을 계발하기 위해서 문제의식을 갖고 고정관념을 타파하라고 하였는데, 이를 위해 우선 필요한 것은 서로 어떤 생각을 '같게' 하고 어떤 생각을 '다르게'

하는지에 대해 점검하는 것이다. 대화는 바로 그런 일이 가능하도록 만드는 방법이다. 나아가 서로의 다른 생각을 존중하지만 동시에 어떤 생각이 이슈나 니즈의 해결에 보다 타당한 것인지 비판하기 위해서는 정확한 정보와 지식을 갖추어야 하기 때문에 교육이 필요하다. 그럼에도 불구하고 지역사회복지 실천가들은 자신이 전문가라는 의식을 가지고 있기 때문에 자신의 가치와 신념, 행동과 풍습이 지역주민보다 상위에 있고(혹은 더 중요하거나 옳은 것이고), 그러므로 지역주민들은 이를 따라야 한다는 그릇된 생각을 가질 수 있다. 만일 이러하다면, 결국 지역사회복지 실천가는 지역주민의 순종을 요구하는 **억압자**가 되는 것이고, 지역주민은 지역사회복지 실천가에게 순종해야 하는 **피억압자**가 되는 것이다. 아마 여러분들은 지역사회복지 실천을 통해 억압자와 피억압자가 만들어질 수 있다는 점을 상상조차 하지 못했을 것이고, 더군다나 소위 '사회복지사'가 누구를 억압하는 사람이 될 수 있다는 것을 받아들이기 어려울 것이다. 그러나 이러한 잘못된 실천이나 관계는 사회복지사가 알게 모르게 흔히 발생한다.

이런 잘못을 막기 위해서 지역사회복지 실천가는 지역주민에게 '도움'을 주는 특별한 지식을 가진 '전문가'로 행세하기보다는 그 지역사회의 이슈와 니즈, 그 지역사회의 강점과 장점, 그 지역사회의 독특한 특성을 직접 경험해왔고, 현재도 경험하고 있는 지역주민이 지역사회에 대한 지식을 가장 많이 가지고 있다는 점을 항상 명심해야 한다. 이런 이유에서 지역사회복지 실천가도 지역주민으로부터 배우고, 또한 지역주민도 전문적 역량을 가진 지역사회복지 실천가로부터 배우는 상호 학습이 필요한 것이다.

지역지식의 존중에서 나오는 평등한 대화는 불리한 위치에 처한 지역주민들을 그런 위치에서 벗어나게 할 수 있는, 즉 피억압자도 억압자도 되지 않도록 하는, 더할 나위 없이 중요한 실천이지만 실제로 이를 실현하는 데는 어려움이 있다. 아이프(2002, 류혜정 역, 2005 : 219)에 따르면, 전문가, 정치인, 학자, 정책분석가, 관료 등 사회적으로 상당한 위치에 있는 사람들은 그들 자신이 가장 잘 알고 있으며, 해결책을 찾아내는 것도 자신의 역할이라고 굳게 믿고 있기 때문에 '지역주민이 제일 잘 알고 있다'는 관점을 받아들이는 것을 매우 힘들어한다고 한다. 그런 이유에서 파울로 프레이리(Paulo Freire)는 이런 교육을 "혁명적(1970, 남경태 역, 2002 : 110)"이라고 하였고, 아이프는 "급진적인 것(2002, 류혜정 역, 2005 : 219)"이라고 하였다. 어쩌면 사회복지사들은 '혁명'이나 '급진'이라는 단어에 흠칫할 수도 있겠다. 그러나 자신이 이론과 실천을 겸비한 전문가라는 편견에 사로잡혀서 상호 학습을 등한시한다면, 비판적 의식의 계발은 제한적일 것이고, 그렇다면 종국에는 지역사회의 역량강화가 실패하고 말 것이라는 점을 명심해야 할 것이다.

5) 사회정의와 자원의 평등한 분배에 대한 사명(Commitment to Social Justice and the Equal Distribution of Resources)

앞서 사회정의는 사회복지사가 추구하는 최상의 가치라고 설명하였다. 그러나 사회정의는 주장하는 사람마다 다르게 설명된다. 『정의란 무엇인가』의 저자로 유명한 마이클 샌델(Michael Sandel, 2009, 이창신 역, 2010 : 33)은 사회가 정의로운지 묻는 것은 소득과 부, 의무와 권리, 권력과 기회, 공적과 영광 등 사람들이 소중히 여기는 것들을 어떻게 분배하는지를 묻는 것과 같다고 했다. 그의 말에 동의한다면, 정의로운 사회는 인간에게 소중한 것을 공정하게 분배하는 사회이다. 그러나 어떤 사람에게 어느 만큼을 분배할까 하는 문제는 쉽게 결정하기 어렵다. 더 많은 것을 필요로 하는 사람에게 더 많이 분배해야 공정할까? 더 많은 기여를 한 사람에게 더 많이 분배해야 공정할까? 그리고 모든 사람이 동의할 수 있는 분배의 룰은 무엇일까? 이런 질문에 철학적으로 답한 사람이 바로 존 롤스(John Rawls, 1921~2002)이다.

그는 1971년에 출판된 『정의론(Theory of Justice)』에서 모든 사람이 수용할 수 있는, 분배를 규율하는 정의원칙을 만들었다. 여기에서 핵심적인 개념이 '원초적 상황(original position)'과 '무지의 장막(veil of ignorance)'이다. 예를 들어, 케이크를 다섯 조각으로 나누는데 자신이 어느 조각을 갖게 될지 모른다면 그는 공정하게 케이크를 자르려고 할 것이다. 이처럼 롤스는, 아직 인위적인 사회적 질서가 존재하지 않은 원초적 상황에서 사회 운영의 질서를 잡으려는 규율의 원칙을 정할 때(즉, 사회의 재화를 배분하는 원칙을 정할 때) 자신이 나중에 어떻게 될지 모른다면 자신에게 유리한 것보다는 공정한 혹은 정당한 원칙을 선택해서 자신이 부당하게 불리해지는 것을 피하려 할 것이라고 생각했다. 다시 말해, 원초적 상황에서 무지의 베일에 싸인 인간이 사회에서 자신의 위치, 재능, 소질, 나아가 어떤 대안이 가능할지에 대해서도 알지 못한다면, 사회계약의 의사결정 과정에서 자신의 이해관계를 반영할 수 없게 되므로 사심이 없는 상태, 혹은 자신이 가장 적게 받을지도 모른다는 불안한 상태에서 다음의 정의원칙을 선택할 것이다.

① **제1원칙**(first principle) : 타인의 자유와 양립할 수 있는 한, 사람은 누구나 가장 넓은 범위의 자유에 대해 동등한 권리를 가져야 한다.

② **제2원칙**(second principle) : 사회경제적 불평등은 다음과 같은 상태를 보장할 수 있을 경우에만 허용된다. ㉠ 사회의 가장 취약한 집단에게 최대의 이익이 주어진 경우(차등의 원칙), ㉡ 기회 평등의 공정성에 따라 사회의 직무나 직위가 모든 사람에게 개방되는 경우(기회 평등의 원칙)

이 원칙에 입각하자면, 정의는 사회에서 가장 취약한 집단에게 이익이 되도록 재화를 분배할 때 달성된다. 다시 말해서, 가장 적은 것을 가질 것으로 예상되는 상황에다 가장 많은 것을 분배한다는 것이다.[2] 정리하자면, 롤스는 자연적 우연성(타고난 재능)과 사회적 우연성(가정환경)에 의해서 어떤 사람은 유리한 인생을 사는 반면 어떤 사람은 불리한 인생을 누적해서 살다 보면 결국 인생의 결과가 공정할 수 없게 되고, 그런 상황을 그대로 방치하는 사회는 우연에 의한 불평등을 시정하지 않았으므로 정의롭지 못한 사회가 된다는 인식을 가지고 있었다. 그래서 그것을 시정할 수 있는 사회적 계약이 필요했고, 그 계약은 우연을 배제한 원초적 상태에서 무지의 베일로 자신의 처지를 가려두었을 때 가장 공정하게, 그리고 모두가 동의하는 가운데 이루어질 수 있다고 본 것이다. 이러할 때 사회의 기본재들은 그것을 가장 적게 가진 또는

2) 이를 '최소극대화의 원칙(maximin principle)'이라고도 한다. 'maximin'은 'maximizing the minimum'을 의미한다.

거의 갖지 못한 사람에게 분배될 것이고, 이것이 정의로운 분배가 된다. 그렇다면, 갖지 못한 사람에게 가장 많이 분배하는 것은 적게 가졌음을 불쌍히 여기는 '시혜'가 아니라 사회정의 원칙에 입각한 '논리적 행위'가 된다.

지역사회도 마찬가지이다. 어떤 지역주민이 자원이 부족한 지역에서 태어난 것은 우연이고, 또한 해당 지역이 자원이 부족한 지역이 된 것 역시 자연적 우연성과 사회적 우연성을 그 국가가 개선하지 못했기 때문이다. 그러므로 지역사회복지 실천가는 지역사회 간, 그리고 지역사회 내의 다양한 집단 간에 평등하게 자원이 분배되어 사회정의를 달성할 수 있게 할 만한 규칙들을 정하는 국가의 정책과 제도에 관심을 가져야 하며, 그런 정책과 제도가 만들어질 수 있도록 사회행동에 앞장서야 한다. 또한 분배의 정의를 해치는 정책과 제도가 만들어지려고 할 때 그것을 제지하려고 노력해야 한다. 그뿐만 아니라 자신이 활동하는 지역의 자원이 부족할 때 정의의 원칙에 입각해서 분배될 수 있도록 지역의 몫을 당당하게 주장해야 한다.

2. 지역사회복지실천 관련 관점

사실 지역사회복지실천에 관한 관점이 명백하게 존재하는 것은 아니다. 대부분의 기존 이론이나 이념은 지역사회를 직접 다루기보다는 인간의 삶에 영향을 끼치는 사회의 구조와 기능, 개인과 구조와의 관계 등에 대한 거시적 측면에서의 분석을 담고 있다. 우리는 이러한 기존 이론이나 이념을 통해 지역사회 혹은 지역사회복지와 관련된 현상을 이해하는 하나의 시각이나 틀을 얻고, 지역사회복지에서 관심을 갖고 있는 어떤 현상을 이해하고 실천하는 데 도움을 얻고자 한다. 즉, 우리는 기존 이론이나 이념들을 통해 지역사회복지 실천에 적용할 수 있는 관점을 취할 수 있게 된다.

여기서 우리는 지역사회복지실천 관련 관점을 제시하는 데 도움이 되는 이론으로 ① **기능주의**(functionalism), ② **갈등주의**(conflictism), ③ **상호작용주의**

(interactionism), ④ **다원주의**(pluralism), ⑤ **공동체주의**(communitarianism), ⑥ **생태주의**(ecologism), ⑦ **페미니즘**(feminism) 등 일곱 가지를 선택하였다. 기능주의, 갈등주의, 상호작용주의는 사회와 그와 관련된 현상을 설명하는 사회학 이론[3] 중에서 전통적으로 가장 많이 사용되어 온 이론이고, 다원주의, 공동체주의, 생태주의, 페미니즘은 전통적인 이론이 갖고 있는 한계를 극복하고, 변화된 현대사회에 적용하기 위해 최근에 많이 논의되고 있는 이론이다.

이 이론들에 대한 설명을 통해 지역사회 혹은 지역사회복지를 이해하고, 그에 입각해서 지역사회복지 실천을 행하는 데 도움이 되는 유용한 시각이나 틀로 활용할 수 있는 지역사회복지 실천 관련 관점을 얻을 수 있을 것이다.

1) 기능주의 관점

기능주의(functionalism)는 1870년대 이후부터 오늘날까지 사회학의 주류 이론으로서 대부분의 과학 영역에 영향을 미치고 있는 것으로 평가되지만, 최근에는 그 한계를 지적하는 광범한 논쟁이 벌어지고 있다(오명근·백승대, 1985 : 175, 206-207). 기능주의적 관점(functionalist perspective)은 19세기 말 유럽을 휩쓸고 있던 공리주의적 관점(utilitarianism perspective)이 갖고 있던 개인주의의 문제를 제기한 사회학의 창시자인 콩트(Auguste Comte, 1798~1857)로부터 출발한다. 콩트는 당시 새로운 과학으로 각광받고 있던 생물학으로부터 용어와 개념을 차용하는데, 생물학에서 개별 유기체에 적용하는 논리를 사회 유기체에 적용하였다. 콩트는 당시 프랑스 혁명 이후 사회적 혼란을 설명하면서 사회를 생물학적 유기체에 비유하고, 사회를 구성하는 각 요소가 제 기능을 발휘하지 못할 때 사회문제가 야기될 수 있다고 생각했다(최선화 외, 2010 : 42; Turner, 김진균 외 공역, 1996 : 38).

---

3) 사회학의 접근방법은 총체적(holistic) 접근과 원소적(elementalistic) 접근으로 대별되는데, 기능주의와 갈등주의가 총체적 접근, 즉 거시적 시각을 대표하고, 상호작용주의 또는 상징적 상호작용주의(symbolic interactionism)가 원소적 접근, 즉 미시적 시각을 대표하는 이론으로 구분한다. 원소적 접근은 방법론적 개인주의(methodological individualism)라고도 불린다(김성이·김상균, 1997 : 159).

기능주의자들의 주장을 종합해 보면 다음과 같이 정리할 수 있다.

① 사회와 여러 사회적 관계를 사회 각 부분들이 서로 연결되어 구성된 **하나의 체계**로 분석한다.[4] 즉, 각 하위체계는 상위체계의 안정과 균형 상태를 달성하기 위해 주어진 각각의 역할이 있고 이를 잘 수행할 때 전체 사회의 유지가 가능하다고 본다.

② 사회를 하나의 유기체(organism)로 보면서 **진화하는 것**으로 파악한다. 사회는 규범·문화·전통과 관습·제도와 같은 요소들로 구성된 하나의 체계인 동시에 사회를 구성하는 각 요소는 인간의 몸을 구성하는 장기(organ)와 같이 하나의 유기체이다. 유기체들이 환경의 변화에 적응하며 진화하고 변화하는 것처럼, 사회의 각 구성요소들도 환경의 변화에 적응하며 진화하고 변화한다는 것이다.

③ 사회를 유지하고 잘 지탱하기 위해서는 사회를 구성하는 각 체계들의 **내적 통합과 안정**이 매우 중요하다. 사회는 복합체계(complex system), 즉 하위체계와 상위체계의 복잡한 구조로 이루어져 있는데, 인간 장기와 같은 유기체처럼 각 구성요소들이 상호 관계를 맺고 각자의 기능을 잘 유지함으로써 전체 사회를 잘 기능하고 유지할 수 있게 된다. 상위체계의 안정은 하위체계들이 연대와 안정을 통해 각자의 기능을 잘 유지함으로써 자동적으로 달성된다(지은구 외, 2015 : 39).

④ 기능주의는 어떤 사물이나 현상에 대한 본질이나 실체에 대한 인식은 불가능하고 현상이나 속성에 대한 인식만이 가능하다는 인식론적 입장에서 출발한다. 우리가 설명할 수 있는 것은 인식 불가능한 어떤 사물의 현상이나 본질이 아니라 누구나 인식하고 이해할 수 있는 현상이나 겉으로 드러나는 속성일 뿐이라는 것이다. 따라서 모든 사회현상은 우리가 인식할 수 있는 어떤 사물이나 현상의 **결합, 관계, 연관**에 의해서만 설명할 수 있다고 본다(강영선 외, 1988 : 137).

4) 여기서 '기능(function)'은 어떤 체계의 특정 부분이 전체 체계나 다른 부분에 미친 결과나 기여를 의미한다(오명근 외, 1985 : 175).

기능주의 관점을 지역사회복지 실천에 적용하면 다음과 같은 함의를 도출할 수 있다. 먼저 지역사회는 정치·경제·문화·교육·가족 제도 등으로 구성되어 있고, 이 각 요소 또는 하위체계는 서로 상호 의존하면서 하나의 통합된 사회로 이루어져 있는 것으로 파악된다. 지역사회는 안정과 질서를 지향하는 하나의 통합된 체계로 이해되며, 지역사회를 구성하는 하위체계는 각자에게 주어진 기능이나 역할을 수행하는 구성요소가 된다. 또한 지역사회를 통합된 하나의 체계로 이해함으로써, 지역사회가 동일한 목표와 지향을 갖고 점진적으로 발전해 왔다고 파악하게 된다. 따라서 현재의 지역사회의 상태는 지역사회가 함께 만들어 온 것이고 일부 문제가 있더라도 그나마 가장 긍정적인 상태라고 보게 된다. 그뿐만 아니라 지역사회를 구성하는 각 구성요소들은 서로 상호작용하는 의존적 관계에 있으므로 지역사회와 관련된 이슈를 다룰 때 지역사회 구성원들도 각자 주어진 고유한 역할을 수행함으로써 협력하고 참여할 필요가 있다는 것을 보여준다.

그러나 기능주의 관점을 지역사회복지 실천에 적용할 때, 현존하는 사회구조에만 관심을 두고 사회 안정과 질서 유지만 강조함으로써 보수적 입장만 대변할 수 있다는 점에 유의해야 한다. 즉, 현 상태의 사회구조를 정당화하고, 지역사회와 관련된 이슈를 단순히 개인적 차원의 일탈이나 역기능의 문제로 파악하여 잘못된 사회구조에는 면죄부를 주고, 피해자를 오히려 비난하게 되는 '피해자 비난(blame of victims)'이라는 오류를 범할 수 있다. 또한 기능주의적 관점은 사회를 고정적인 것으로 간주하여 사회변동이나 변혁에 무관심하게 만들 수 있다. 기능주의자들이 장기적 측면에서는 사회를 진화하는 것으로 보면서 변화 가능성을 인정하고 있지만, 특정한 각 시점에서는 변화보다는 안정과 질서를 더 강조한다는 점에서 사회를 고정적인 것으로 파악하게 된다는 것이다. 즉, 안정과 균형 상태를 강조하는 기능주의는 잘못된 사회구조의 변화와 변혁 필요성을 설명할 수 없고, 급격한 변화가 일어나는 사회를 설명하는 데 적용하기 부적절하다(Turner, 김진균 외 공역, 1996 : 136). 더 나아가 사회변화를 오히려 사회 안정을 위협하는 부정적인 것으로 간주할 수도 있다.[5)]

2) 갈등주의 관점

갈등주의(conflictism)는 산업혁명 이후 자본주의 경제체제가 심화되던 19세기 말 칼 마르크스(Karl Marx, 1818~1883)에 의해 주창되었으며, 대표적인 이론가는 짐멜(Georg Gimmel, 1858~1918)과 다렌돌프(Ralf Dahrendorf, 1929~2009)이다. 갈등주의는 현대 산업사회에서 필연적인 갈등과 무질서 또는 부조화의 원인을 **지배집단과 피지배집단 사이의 관계**에서 파악한다. 마르크스는 소수의 자본가 집단이 모든 생산수단을 소유하고 대다수의 노동자 집단을 착취하고 있다고 보았고, 짐멜은 어떤 사회에서나 존재하는 위계질서에 의해 상급자와 하급자 간의 갈등이 나타나게 된다고 보았으며, 다렌돌프는 사회에서 권력을 가진 자와 가지지 못한 자 사이에 언제나 희소한 권력을 놓고 대립하고 갈등하는 관계에 있다고 보았다(최선화 외, 2010 : 44-45).

갈등주의자들의 주장을 종합해 보면 다음과 같이 정리할 수 있다(감정기 외, 2005 : 90-91; 지은구 외, 2015 : 42-44; 최선화 외, 2010 : 45).

① 사회는 사회를 구성하는 다양한 집단 간의 **갈등과 투쟁**의 현장이다.
② 갈등은 어떤 사회에나 존재하는 **본질적인 것**이며, 이러한 갈등은 사회적 희소자원인 권력(power)과 부(wealth)를 놓고 벌이는 대립과 투쟁 때문에 일어난다.
③ 안정과 질서를 강조하는 기능주의와 달리 **무질서와 부조화**도 인간생활의 피할 수 없는 부분이며 자연스러운 것이다.
④ 사회집단 사이의 **사회적 · 정치적 · 경제적 불평등**을 강조하는데, 특히 **힘의 차이**에 관심을 가지고 있다.
⑤ 갈등은 **변증법적**이다. 하나의 갈등이 해결되면 그것이 또 다른 갈등을 일으키고, 그것은 또 다른 갈등으로 발전하는 것이다.

---

5) 사회복지실천에서 가장 많이 사용하고 있는 체계이론(5장 참고)도 기능주의적 관점이 반영된 이론이라고 할 수 있다. 사회복지실천 과정에서 이슈나 니즈를 분석할 때 습관적으로 체계이론을 적용하는 경우가 많은데, 위에서 언급한 오용의 함정에 유의할 필요가 있으며, 급변하는 사회의 복잡한 이슈나 니즈를 다룰 때에는 상황이나 맥락에 적합한 다양한 관점을 적절하게 분별해서 사용할 필요가 있다는 점도 명심해야 한다.

⑥ 계속되는 **갈등의 결과로 사회변화**가 일어나며, 사회변화는 사회의 중요한 특징이다.

갈등주의 관점을 지역사회복지 실천에 적용하면 다음과 같은 함의를 도출할 수 있다. 먼저 지역사회는 권력이나 힘을 가진 계층(the haves)과 권력이나 힘을 가지지 못한 계층(the have-nots)으로 구분되어 있으며, 지역사회는 필연적으로 이들 사이의 갈등이 만연해 있는 곳이지만, 이러한 갈등을 해결하는 과정을 통해 끊임없이 변화하고 발전하고 있는 것이다. 지역사회복지 실천가가 다양한 불평등과 갈등 등의 지역사회 관련 이슈를 다루는 데 있어서도 새로운 시각을 제공해 줄 수 있다. 지역사회의 다양한 불평등과 갈등의 원인을 사회구조적 측면에서 바라보게 하고, 사회적 약자를 나태하거나 사회에 부적응한 사람이라고 바라보는 편견을 극복할 수 있는 것이다. 동시에 지역사회에 존재하는 갈등을 지역사회의 균형과 안정을 해치는 부정적인 것으로 바라보지 않고, 갈등 해소와 조정을 통해 긍정적인 지역사회로의 변화를 이끌어 낼 수 있는 기제로 파악할 수 있게 해준다. 또한 갈등주의의 관점은 지역사회복지 실천가의 역할에 대한 새로운 시각을 제공해 줄 수 있다. 마르크스주의자들은 사회복지가 자본주의 체제하에서 사회통제의 수단으로 작동함으로써 기존 체제의 정당성을 제공하는 도구로 전락했다고 비판한다. 하지만 갈등주의의 관점을 지역사회복지 실천에 적용하면, 지역사회복지 실천가에게 불이익 집단이나 지역사회의 불합리한 사회적 조건을 개선하고 사회적 약자에 대한 복지 지출을 증대하는 등의 지역사회복지운동이나 지역사회 조직화 등에 헌신할 수 있는 논리를 제공해 준다.

갈등주의 관점을 지역사회복지 실천에 적용할 때에도 다음과 같은 위험에 빠질 수 있으므로 유의할 필요가 있다. 먼저 지역사회를 불평등과 불합리한 차별이 만연한 부정적인 것으로 파악할 수 있고, 이에 따라 지역사회 주민들 사이의 관계를 불신과 갈등의 관계로만 파악할 수 있다. 이렇게 되면 지역사회를 공동의 이익을 위해 서로 협력하기보다는 자기의 이익만을 요구하는 혼란 상태에 놓여있는 것으로 이해할 수 있는 것이다. 또한 기존의 지역사회 이슈와 갈등을 해결하는 과정에서 대중의 조직화와 대항과 같은 힘에 의존하는 급진적 전략에만 지나치게 치중하게 함으로써, 지역사회에 불필요한 갈등과 긴장을 유발시킬 수 있다는 오해를 불러올 수 있다. 지역사회복지 실천이 지역사회의 부조리한 구조적 모순을 개선하기 위해 노력해야 하는 것은 당연하지만 극단적 대결로 지역사회의 통합을 저해할 수도 있기 때문에 실천가는 갈등주의의 관점을 활용할 때 적절한 실천 전략과 방법에 대해 숙고해야 한다.

3) 상호작용주의 관점

상호작용주의(interactionism)는 인간주의적 성향을 띤 이론으로 평가되고 있는데, 인간과 사회현상에 대한 결정론적(deterministic)인 사고[6]가 팽배해 있던 19세기 말엽의 당시 사회학이나 심리학적 관점에 대한 일종의 반발로 형성된 것이라고 할 수 있다. 미국의 실용주의(pragmatism)와 다윈주의(darwinism) 등에 기원을 두고 있으며 미드(George Herbert Mead, 1863~1931)에 의해 체계화되었다. 이후 상징적[7] 상호작용주의 등과 같은 많은 분파 이론으로 분화 발전하였다. 대표 학자로는 미드(G. H. Mead), 블루머(H. Blumer), 고프만(E. Goffman), 쿤(M. Kuhn) 등이 있다(김성이·김상균, 1997 : 160, 162).

상호작용주의는 사회현상을 거시적 차원에서 접근하고 분석하려는 기능주의와 갈등주의 입장과는 대조적으로 관심의 초점을 사회에서 **개인 간의 상호작용 과정과 상호작용이 개인과 사회에 미치는 결과**에 두고 있다(최일섭·최성재, 2001 : 65; Turner, 김진균 외 공역, 1996 : 341). 상호작용주의는 인간의 가장

---

6) 결정론(determinism)은 모든 것은 이미 결정되어 있고 자유로운 결정이나 선택이 불가능하다고 본다. 따라서 인간이 자유의지로 무엇을 행하는 것이 아니라 이미 결정되었거나 주어진 조건에서 어떤 일이 일어나는 것으로 간주한다. 원인 없이는 아무것도 일어나지 않는다는 가정을 전제하고 있어, 사물·현상이 보편적인 인과관계를 맺고 있다고 본다. 과학적 연구방법의 근본 원칙이라 할 수 있다. 예를 들어, 프로이트(Freud)와 같이 인간의 행위가 제어할 수 없는 본능에 의해 결정된다고 생각하거나, 인간행위가 지리적 환경과 외부적 변수에 의해 결정된다고 주장하는 것들이 여기에 포함된다.

7) 상징적이라는 말은 인간이 상호작용의 도구로 언어나 몸짓 등의 상징을 사용하고, 상징의 주관적 의미를 중요시한다는 것을 강조하기 위한 것이다(최일섭·최성재 공편, 2001 : 66).

핵심적인 특성이 사물이나 인간 행동의 의미를 해석할 수 있는 힘을 가지고 있다는 데서 출발한다. 즉, 인간은 다른 동물과 달리 정신(mind)을 지니고 있고, 언어라는 의사소통의 상징적 수단을 이용하며, 추상적 상징 또는 기호를 해석할 수 있는 능력을 발휘한다는 점을 강조한다(김성이·김상균, 1997 : 160). 이 입장에 따르면, 인간의 본성은 루소(Rousseau, 1712~1778)가 말한 '타불라 라사(tabula rasa, 백지상태)'같이 타인과의 상호작용을 통해 형성되므로 매우 가변적인 것이며, 사회세계와 개인세계는 끊임없이 재형성(재창조)된다(최일섭·최성재, 2001 : 67). 인간은 단순히 타고난 심리적 속성이나 타인으로부터 배운 사회적 의미를 기계적으로 적용하는 것이 아니라 **적극적으로 개입하는 존재**이다(김성이·김상균, 1997 : 160).

상호작용주의자에게 사회구조란 개인의 행위와 상호작용에 의해 생성되고 유지되는 것이다. 따라서 사회는 무수한 개인들이 상징을 주고받는 상호작용을 통해서 구축되는 지극히 주관적이고 과정적인 형상이며, 사회는 인간이 상호작용을 통해서 의미를 부여하는 대로 달라질 수 있는 가변적인 것이다(최선화 외, 2010 : 48). 즉, 기능주의나 갈등주의 관점과는 다르게, 사람들은 주어진 사회규범을 수동적으로 따르는 존재가 아니라 대상과 상황을 주관적으로 규정하고 의미를 부여함으로써 자기의 세계에 능동적으로 작용하는 존재이다. 따라서 사회질서도 상호작용을 지속하는 개인들 사이에서 주고받는 말과 행동의 의미를 개인들이 어떻게 해석하고, 이러한 해석에 따라 그 다음의 행동을 어떻게 하는가에 따라 좌우된다.

상호작용주의자들의 주장을 종합해 보면 다음과 같이 정리할 수 있다.

① 인간은 그가 생각하는 **상황의 의미**를 기초로 해서 행동하고, 상황의 의미는 사회적 상호작용의 산물이며 상황의 변화에 따라 의미가 달라지거나 재해석된다(김성이·김상균, 1997 : 161; 지은구 외, 2015 : 47). 따라서 **인간의 행위는 상호작용의 결과**로 나타나는 것이다.

② 인간은 타인과 사회환경과의 **상호작용을 통해 형성**되고 창조되며, 인간이 가진 **독창성과 잠재력**을 강조한다. 따라서 생물학적·환경적 결정

론 등에 반대하며, 인간은 사회환경과의 관계에서 능동적인 역할을 수행한다.

③ 사회와 사회구조는 고정적인 것이 아니며, 인간의 상호작용을 통해 달라지는 **가변적인 것**이다.

상호작용주의 관점을 지역사회복지 실천에 적용하면 다음과 같은 함의를 얻을 수 있다. 먼저 지역사회 차원에서 다루어야 할 이슈나 사회문제에 대한 새로운 시각을 제공하는데, 같은 현상이나 행동도 어떻게 해석하고 의미를 부여하느냐에 따라 다르게 해석할 수 있게 된다. 따라서 지역사회 구성원들이 특정 이슈에 대해 어떻게 받아들이고 있는지 면밀히 살펴볼 필요가 있다. 더 나아가 그 현상이나 행동에 의미를 부여하는 사람이 누구이고, 지역사회의 이슈나 사회문제를 결정하고 규정하는 사람이나 집단을 파악하는 것이 중요하다는 것을 알 수 있다. 지역사회에 영향을 미치는 관련법의 입법과정이나 사회복지 행정에서 전문가 또는 관료들이 얼마나 큰 영향력을 행사하는가를 파악할 수 있고, 각 지역의 재정 형편이나 각종 운영 방침 등에 따라 행정 편의적으로 왜곡될 수도 있다는 것을 알 수 있다.

지역주민과 함께 활동해야 하는 지역사회복지 실천가가 지역사회 이슈나 문제, 니즈를 규정하는 데 있어서도 엘리트주의 중심의 전통적 접근 방식에 대한 반성의 기회를 제공해 준다. 지역사회의 이슈나 지역주민의 니즈가 객관적 기준에 의해 규정되는 것이 아니라 각 기관이나 담당 사회복지사의 상황인식의 차이에 따라 얼마든지 다르게 규정될 수 있다. 이러한 반성을 계기로 지역사회의 이슈나 니즈를 규정하고 다룰 때 지역주민이나 이해 당사자 집단의 상황 인식이나 해석이 반드시 반영되어야 하며, 지역사회의 고유한 문화나 지식을 존중하고 이를 실천과정에 반영해야 할 필요가 있다.

마지막으로 상호작용주의 관점은 좋은 의도에서 출발한 제도나 서비스라도 그것을 어떤 의미로 받아들이느냐에 따라 실패할 수 있다는 것을 잘 설명해 준다. 예를 들어, 시설보호는 그 의도와는 관계없이 부정적 사고방식이나 행동양태를 습득하게 하는 시설병의 문제가 있고 시설보호 대상자를 부정적으로 낙인찍는 문제가 있기 때문에, 탈시설화 또는 정상화의 원칙에 따라 지역사회 보호나 재가복지 중심의 실천이 이루어져야 한다고 주장할 수 있다(김성이·김상균, 1997 : 176-178; 지은구 외, 2015 : 48-49).

상호작용주의 관점을 지역사회복지 실천에 적용할 때 빠질 수 있는 위험은 다음과 같다. 먼저 지역사회의 이슈나 문제를 주관적인 차원으로 간주하므로, 자칫 객관적 실체로 존재하는 지역사회의 이슈나 문제를 파악하기 어렵게 하거나 그 원인을 무엇으로도 규정할 수 없는 상황에 빠뜨릴 수 있다. 예를 들어, 지역사회 환경을 파괴한 개인이나 집단이 자신의 행위를 정당화하거나 환경 파괴를 규정한 기준의 타당성에 대해 의문을 제기하는 등 자신의 책임을 회피할 수 있다. 또한 미시적 차원의 상호작용에만 관심을 갖기 때문에 거시적 차원의 문제 원인에 무관심해질 수 있다. 사회구조적 원인에 의해 발생한 지역사회의 문제나 이슈를 사회구조적 변화 없이도 해결하거나 수정할 수 있다고 잘못 판단할 수도 있다. 더 나아가 사회구조나 사회의 정치적·역사적 형성 등의 문제가 분석대상에서 제외되어, 사회적 약자에 대한 낙인과정과 근본적 변화에 대해 무관심할 수 있게 된다. 그렇게 되면 현상유지에 초점을 두는 보수적·기능주의적 입장에 쉽게 동화될 수 있고, 현재의 문제 상황에 의문을 제기하거나 변화를 추구할 수 없게 된다.

4) 다원주의 관점

다원주의(pluralism)라는 용어는 해롤드 라스키(Harold Laski)[8]가 처음 사용하기 시작했으며, 1960년대 독일을 중심으로 유럽에서 활성화되었다(김종민, 2003 : 215). 다원주의는 근대적 가치와 이념이 '보편성'에 근거하여 사회를 구성하는 각 요소들(예 개인, 문화, 제도 등)의 실질적인 차이를 도외시함으로

---

8) 영국의 정치이론가이고 경제학자였던 라스키는 페이비언 사회주의자로서 영국 노동당 의장을 역임한 사람으로, 노동조합과 같은 지역의 자발적 공동체의 중요성을 강조하면서 다원주의 실현을 추진하였다. 그에 따르면 다원주의는 부분적으로 분명히 세계대전 중 국가의 기능이 팽창하면서 전체 사회를 통제 체제로 몰아가는 것에 대한 반작용으로 확립되었다. 국가가 모든 사회문제에 대하여 전능한 해결 주체가 될 수 없다는 인식을 바탕으로 하고 있는 것이다(김종민, 2003 : 219, 221).

써, 결과적으로 획일적 지배와 억압을 가져왔다는 점을 비판하면서, 그 해결책으로 문화적·시대적·지역적 차이들을 인정하는 '**다원성**'을 강조하고 있는 것이다(이상화, 2003 : 20). 따라서 다원주의는 전체주의 사회가 가지고 있는 단원주의[9]를 거부하는 개념으로서 사회적 결사의 자유와 사회적 결사체의 자치권을 보장하는 사회적 구조를 바탕으로 발전해 온 것이다(김종민, 2003 : 216).

사회과학 영역에서 다원주의는 개인 또는 집단들이 갖는 가치관, 이념, 추구하는 목표 등이 **서로 다를 수 있다는 것**을 전제로 사회현상을 설명하려는 입장으로 사용되고 있다. 사회는 여러 독립적인 이익집단이나 결사체로 이루어져 있으므로 권력 엘리트에 의하여 지배되기보다는 그 집단의 경쟁, 갈등, 협력 등에 의하여 민주적으로 운영되어야 한다고 본다. 그러므로 다원주의 관점에 따르면 사회는 여러 상충되는 목표를 가진 수많은 이익집단들이나 특별한 문제를 중심으로 연합한 일시적인 연합체로 구성되어 있는 것으로 이해한다. 다원주의는 공동체적 의사결정 과정과 권력구조를 지향하며, 다양한 이익집단이 정치적 영역에서 서로 경쟁하거나 협상하는 과정을 통해 권력이 민주적으로 운영되어야 한다고 본다. 그러므로 기본적으로 국가지상주의적 이론에 반대하고 국가권력의 절대성을 부정한다. 오히려 국가권력은 국가보다 작지만 더 전문화된 여러 결사체의 권리나 이익을 무시하는 부정적인 것이라고 보며, 개인주의에 근거해 개인의 안전, 이익, 행복에 최고의 가치를 두고 있다(행정학용어표준화연구회 편, 2010).

다원주의의 주장을 정리해 보면 다음과 같다.

① 사회를 다양한 이해관계를 갖고 있는 개인과 집단으로 구성되어 있다고 보면서 중앙집권적 통제와 획일화를 비판한다(선우현, 2003 : 39-40, 42).

---

9) 철학적으로 단원주의, 즉 일원론(monism)은 유일의 궁극적인 존재나 원리를 주장하는 입장으로 이 세계의 하나의 보편적 기준이 있다고 보는 입장을 말하며, 다원론(pluralism)은 이 세계에 2개 이상의 기준이 있다고 보는 입장으로 다양성의 인정뿐 아니라 그 사이에 우열이 있을 수 없다고 보는 입장이다. 그러므로 다원주의는 더 상위의 인식이나 존재나 가치가 있다는 것을 거부한다(김석수, 2003 : 165).

현대사회는 수직적 사회관계로부터 **다원화된 수평적이고 민주적 관계**로 재편되어야 하는데, 지나친 보편주의가 획일주의와 전체주의로 귀결될 수 있기 때문이다(김석수, 2003 : 166).

② **다양성과 차이를 인정하고 배려**해야 하며, 다양성을 강조함으로써 차이가 차별로 인식되지 않아야 한다. 근대의 보편성 논리는 여성, 성소수자, 외국인 이주 노동자, 장애인과 같은 사회적 약자들의 권리를 배제하고 삶의 구체적인 어려움을 무시하며 차이를 외면함으로써 획일적인 억압과 지배를 심화시켰다(김석수, 2003 : 158; 선우현, 2003 : 42; 이미원, 2003 : 124).

③ 하나의 독립된 국가와 개인과의 관계에만 적용되는 것이 아니라, **국가와 지역사회, 개별 지역사회 내부 자체에도 적용**할 수 있으며, 대외적으로는 **국가와 국가와의 관계에도 적용**할 수 있다. 국가의 중심부에 의해 지방의 다양성이 무시되어서도 안 되며, 개별 지역사회 내부 자체에 존재하는 봉건성과 비민주성도 극복되어야 하며, 선진국과 후진국, 패권문화와 소수문화 사이에서의 배제와 차별도 극복되어야 한다(김석수, 2003 : 170).

④ 서로 다른 문화의 공존과 공동 번영, 지역의 자율성 보장을 주장하므로, **'세계화' 시대의 문제를 분석하는 데 유용**하다. '세계화' 논리의 이면에 존재하는 신자유주의 시스템으로의 획일화, 자유와 차이 존중으로 위장한 지배와 차별의 심화를 잘 드러낼 수 있다(길희성, 2003 : 212; 김석수, 2003 : 157-158, 172; 장은주, 2003 : 74-75).

이상에서 살펴본 다원주의 관점을 지역사회와 지역사회복지 실천에 적용해 보면 다음과 같은 함의를 얻을 수 있다. 먼저 지역사회복지 실천에 있어 지역사회의 **사회적 약자에 대한 배려가 우선되어야 하는 근거**를 제공해 준다. '인간의 권리'라고 하는 보편적인 관념에서가 아니라 **'개인의 권리'라고 하는 구체적인 관점**에서 접근할 때, 지역사회에서 배제되어 왔던 사회적 약자나 집단의 구체적인 권리를 실질적으로 보장할 수 있게 되는 것이다(이상화,

2003 : 23, 27). 또한 지역사회를 구성하는 주민과 집단 사이의 이해관계가 다를 수 있다는 것을 이해할 수 있게 하며, 다양성이 혼란이나 갈등, 비능률이나 낭비로 오해되지 않도록 도와준다. 더 나아가 다원주의적 관점은 각 지역의 특수한 문화적 정체성과 고유성을 존중해야 하며 해당 지역 주민의 민주적 참여와 연대를 통해 지방분권이 강력하게 추진되어야 할 필요가 있음을 제시해 준다.

다원주의 관점을 지역사회복지 실천에 적용할 때 다음과 같은 위험에 빠지지 않도록 유의해야 할 필요가 있다. 먼저 하나의 사회나 국가를 하나로 일치시키는 어떠한 절대적 가치도 인정하지 않기 때문에, 다수의 가치관과 이해관계가 난립하면서 충돌과 마찰이 발생할 때 그것을 해소시킬 수 있는 조정기제 부재를 초래하여 극단적인 사회 갈등과 혼란을 야기할 수 있다는 것이다. 매킨타이어(A. Macintyre)는 이러한 다원화된 오늘날의 현실을 '윤리적 위기'로 진단하고 있다(선우현, 2003 : 42-43, 68). 즉, 다원주의가 사회적 통합을 저해하는 논리로 악용될 수 있으며, 극단적으로 무정부주의로 빠질 수도 있는 것이다. 또한 지역사회 구성원 모두를 아우르는 공동의 이익을 확보하고 보장하는 것도 중요하다는 점을 소홀하게 취급할 위험이 있다. 서로 다른 이해관계를 가진 개인이나 집단이 존재하지만, 동시에 모든 사회 구성원과 집단을 관통하는 공통적인 이해관계나 공동선도 존재하기 때문이다(김석수, 2003 : 167-168; 선우현, 2003 : 44-45, 58; 이상화, 2003 : 26). 마지막으로 마땅히 배제되어야 할 대상에 대한 사회적 제재나 처벌도 불가능하게 만드는 논리로 악용되어, 여성혐오·인종차별 등의 반민주적이고 반인권적인 상황이나 주장을 정당화하는 '상대주의'나 '근본주의'[10]로 전락할 위험이 있다는 것이다. 즉, '타자의 다름에 대한 존중과 배려'를 지나치게 강조하다 보면, 사회 공동

10) 상대주의(relativism)는 절대적으로 올바른 진리는 존재하지 않으며 올바른 것은 그것을 정하는 기준에 따라 달라진다고 주장하며 지식이나 가치의 보편타당성을 부정하고 상대성을 강조하는 주장이며, 근본주의(fundamentalism)는 합리적으로 수용할 수 없는 주장이나 신념을 고집스럽게 주장하는 사고방식이나 태도, 문화 등을 말한다.
다원주의는 하나의 문제에 대해 상반된 여러 대답이 공존할 수 있음을 인정한다는 점에서 상대주의와 유사하지만, 어떤 이론이나 대답이 무조건 통용됨을 인정하지 않는다는 점에서 상대주의와 다르다(이상화, 2003 : 114).

의 이익을 훼손하고 저해하는 상황을 야기하거나 도저히 수용할 수 없는 주장이나 입장까지도 수용해야 하는 문제가 발생하게 되고, 그 결과 오히려 사회적 약자의 권리를 보장할 수 없는 상황에 빠질 수 있다(김석수, 2003 : 164, 166; 선우현, 2003 : 52; 이상화, 2003 : 21).

5) 공동체주의 관점

공동체주의(communitarianism)가 본격적으로 논의되기 시작한 것은 1980년대 전후 영국과 미국을 중심으로 하는 서구 정치철학 영역에서이며, 근대 시민사회의 성립과 함께 확산되어 온 자유주의에 대한 문제제기 과정에서 출발하였다. 공동체주의는 모더니티(modernity, 근대성)에 대한 비판(김미영, 2006 : 339)이며, 그 한계를 극복할 대안을 구하는 과정에서 제시된 가장 최근의 대답으로, 현재의 상황에서 실현 가능한 공동체를 모색하려는 다양한 시도를 하고 있다(김미영, 2006 : 9; 김수중 외, 2002 : 227; 최 협 외, 2006 : 21; 최형찬, 2005 : 1). 대표적인 학자로는 마이클 샌델(M. Sandel), 알래스데어 맥킨타이어(A. Macintyre), 마이클 왈저(M. Walzer), 찰스 테일러(C. Taylor) 등이 있다.

공동체주의는 개인의 자유를 중시하는 전통적인 자유주의와 개인의 책임을 강조하는 보수주의의 입장을 절충하고 있는데, '미덕' 혹은 '덕성(virtue)'이라 불리는 가치를 중시하는 인간 중심적 이론으로, **공동체의 미덕과 공공선을 강조**한다. 즉, 개인주의적 자유주의의 보편화가 공동체의 가치를 파괴하고 공공생활을 악화시키며, 극단적인 이기주의와 개인주의를 확산시켜 사회의 역사와 전통이라는 맥락과 분리된 원자론적 개인화을 초래하고 있는 것에 대해 반대하는 이론이다(위키백과 '공동체주의' 항목; 최형찬, 2005 : 1). 개인주의적 자유주의에 입각한 근대사회가 개인의 자유를 구속하는 모든 제도를 제거한 진정한 자유를 주장했지만 모든 제약이 제거된 상태에서 오히려 '만인의 만인에 대한 투쟁'이 일상화되는 결과를 가져왔다는 것이다(김수중 외, 2002 : 225-226). 그 결과 인간과 결코 분리할 수 없는 공동체가 그 뿌리에서부터 파괴되고 실제 삶 속의 구체적인 개인은 쉽게 대상화되고 무한 경쟁을 요구

받는 비인간적인 상황에 내몰리게 되었다고 비판하고 있는 것이다.

공동체주의의 주장을 정리해 보면 다음과 같다(김수중 외, 2002 : 5, 12-13, 226-227, 240-242; 박호성, 2009 : 356-363; 백종국, 2006 : 143-144; 최형찬, 2005 : 2, 7-8; S. Mulhall & A. Swift, 1992, 김해성·조영달 공역, 2005 : 211-217).

① 항상 특정한 '**공동체에 속한 개인**'을 강조한다. 개인이란 특정한 공동체 안에서 성장했기 때문에 그 공동체의 가치를 인정하고 그 공동체가 목표로 하는 덕목을 준수하면서 이기적 가치가 아니라 타자의 선을 고려할 수 있다. 사회와 역사, 전통이나 문화, 실제의 삶이라는 맥락과 완전히 분리된 개인은 존재할 수 없다.

② 개인의 권리보다 **공동체의 선**(善)이 앞선다고 주장한다. 즉, 개인보다는 공동체적 가치들을 더 우선순위에 둔다. 현대사회의 극단적인 개인주의나 이기주의와 같은 병리현상에 대한 치료제로서 공동체 원리와 덕목을 강조하고, 특히 개인의 권리 주장에 대해 공동체적 책임의 윤리를 우선시한다. 개인의 자유와 권리는 특정한 공동체적 규범의 하위 덕목으로만 인정하며, 개인보다는 공동체적 가치들을 우선순위에 놓는다는 점에서 공동체주의는 개인주의에 대립하는 사상이다.

③ 공동체주의는 의무론적인 윤리체계를 거부하고 공동체의 통합을 가능하게 하는 덕 또는 개인적인 품성에 근거한 **목적론적 윤리체계**를 갖고 있다.[11)]

④ 국가로 대표되는 정치적 공동체의 목적은 **개인의 적극적 참여**를 통해 **시민적 덕목과 자아를 실현하는 것**으로 그 자체로 본질적 가치를 갖는

11) 규범윤리학에서는 어떤 사람이 특정한 상황에서 어떠한 행동을 하는 것이 가장 도덕적으로 올바른 것인가를 어떤 근거로 어떻게 판단할 수 있는가?라는 문제에 대해 전통적으로 의무론적 윤리론(deontological ethical theory)과 목적론적 윤리론(teleological ethical theory)이라는 두 가지 대비되는 대답을 제시해 왔다. 의무론적 윤리론은 스스로 자명한 도덕적 속성을 가진 규칙이나 원칙이 존재하고 우리는 오직 이것을 지켜야 할 의무가 있다는 것이다. 이에 반해, 목적론적 윤리론은 어떤 행위가 도덕적으로 올바른 것인가는 그 행위로 인해 초래된 결과로 판단할 수 있다고 본다(김기덕, 2002 : 75-86; Friedo Ricken, 2003, 김용해 역, 2006 : 374-375). 공동체주의는 어떤 절대적 규칙이나 원칙을 인정하지 않으며 지향하는 목적에 부합하거나 혹은 가장 좋은 결과를 가져오는 규칙이나 원칙을 따라야 한다고 본다.

> 다. **참여와 민주주의**는 공동체의 삶을 가능하게 하는 것이며, 정치적 공동체에 참가하는 것을 단지 사적인 목표를 획득하기 위한 수단으로 보는 자유주의적 입장은 정치적 공동체의 참여 그 자체가 갖고 있는 의미를 평가 절하하는 것이다.

이상에서 살펴본 공동체주의 관점을 지역사회복지 실천에 적용해 보면 다음과 같은 함의를 얻을 수 있다. 먼저 공동체주의 관점은 지역이라는 맥락을 강조한다는 점에서 지역사회의 가치에 대해 새로운 발상을 하게 해준다. 인간은 공동체의 피조물이고, 지역사회는 공동체의 현대적 형태로서 지역공동체의 삶의 질을 높이려는 여러 가지 자발적인 활동들을 통해 공동체에 대한 효능은 높아지게 된다(김미영, 2006 : 331-333). 또한 공동체주의는 커뮤니티(community)를 지역사회 문제 해결의 중심에 두어야 함을 잘 보여준다(김영종, 2014 : 29). 지역사회 주민을 각각의 이해관계에 따라 분리된 원자적 개인으로 바라보지 않고 지역사회라는 맥락을 공유하는 동일한 정체성을 가진 개인으로 파악할 수 있으며, 이런 측면에서 지역사회 주민은 커뮤니티의 공동선을 위해 함께 할 수 있게 된다. 더 나아가 공동체주의적 관점은 공동체적 삶을 살찌우는 공공선 지향의 '정치참여'를 촉구하고, 이를 통해서 공동체적 가치에 대한 시민적 합의와 책임의식을 함양할 수 있게 해준다(박호성, 2009 : 364-367). 시민의 참여를 통해 공동체가 형성되고, 공동체 안에서 비로소 시민의 참여가 가능하므로(김미영, 2006 : 322) 지역사회 차원에서의 연대와 상호협력관계는 공동체가 공공선을 추구할 수 있게 해준다.

공동체주의 관점을 지역사회복지 실천에 적용할 때 유의해야 할 점을 살펴보면 다음과 같다. 먼저 영미 중심의 서구 공동체주의가 자유주의에 대한 새로운 비판적 시각을 제공하고 있음에도 불구하고 하나의 새로운 관점으로 인정받지 못하거나 곡해되는 경우가 있으므로 주의해야 한다.[12] 특히 개인을

12) 자유주의자들은 새로운 대안이 아니라 단지 자유주의를 보완하는 것으로 이해하기도 하고, 아시아의 공동체주의는 '온정주의적이고 가부장적인 의식'으로 이해되며, 막시즘의 공동체주의는 '공산사회주의' 등으로 이해되기도 한다(김영종, 2014 : 43; 김수중 외, 2002 : 8, 227; 최형찬, 2005 : 11). 한국 사회에서도 공동체주의 개념은 전통적인 가족공동체 모델로 이해되거나 시장경제를 비

속박했던 과거의 부정적 의미의 공동체로 혼동되어 공동체주의가 인간의 자율성과 자유를 무시하고 전체에의 헌신이나 의무를 강요하는 것으로 여겨지거나 집단이기주의로 오해되지 않도록 주의해야 한다. 또한 공동체주의가 강조하는 공동체의 가치를 인정한다 하더라도, 개인의 권리를 모호한 공동체의 목표에 종속시키는 것은 오히려 개인의 권리와 가치를 억압하는 전체주의의 오류에 빠질 수 있다는 점을 유의해야 한다(박호성, 2009 : 368-369). 다른 한편 공동체주의적 관점에서 제시하고 있는 공동체의 모습이 아직 너무 추상적인 수준에 머물러 있다는 문제(김수중 외, 2002 : 9)에 대해 고려해야 한다. 개인적 자유가 진정으로 보장되기 위해서 실현되어야 할 공동체가 정확히 어떤 것이고, 그것이 현실적으로 실현 가능한 것인가에 대해서 명확히 제시하지 못한다면, '공동체 없는 공동체(박호성, 2009 : 369)'를 주장하는 대단히 모호한 것이 될 수 있다. 마지막으로 공동체주의가 지역사회 주민들의 참여와 민주주의를 강조하고 있음에도 불구하고 갈등, 적대감, 권력관계 등의 핵심적인 정치적 쟁점에 무관심하다(박호성, 2009 : 369-370)는 점에서 지역사회 차원에서의 진보적인 쟁점을 회피하게 할 위험도 있음을 유의해야 한다.

6) 생태주의 관점

생태주의(ecologism)는 생물의 생활상태, 즉 생물이 살아가는 방식에 대해 연구하는 생태학 이론을 사회에 적용하여 사회에서 일어난 현상을 분석하고 설명하는 이론이다. 생태학에 대한 정의를 가장 먼저 내린 것으로 알려진 헤켈(Ernst Haeckel, 1834~1919)에 따르면, 생태학(ecology)은 '생물과 무기적 환경 및 함께 생활하는 다른 생물과의 **관계**를 연구하는 학문'이다. 이와 관련하여 유진 오덤(Eugene Odum, 1953)은 생명체가 살 수 없었던 원시 지구에서 어떻게 생명체가 살게 되었는지를 이 '관계'를 통해 설명하고 있다(더 알아보기 4-1 참고).

판하는 입장으로 여겨지거나 정치권, 특히 우파 정치권에서 '공동체적 자유주의'로 남용되는 등 다양하게 이해되고 있다(백종국, 2006 : 155-158).

더 알아보기 4-1 생명체의 기원

유진 오덤
(Eugene Odum, 1913~2002)

유진 오덤(Eugene Odum, 1953)에 따르면, 약 46억 년 전의 원시 지구는 이산화탄소와 암모니아가 너무 많아 생명체가 살기에 부적합했다. 그러나 생물계의 상호작용뿐 아니라 태양과 공기, 물과 같은 무생물계와도 관계를 맺으면서 현재 지구상에서 생명체가 살 수 있게 되었다는 것이다. 이처럼 생태학은 생물이 다른 생물과 연결되어 있을 뿐 아니라 생물이 무생물적 환경과도 상호작용을 하고 있다는 것을 강조한다는 점에서 전체론의 입장에서 관계를 연구한다.

태양, 별, 달, 공기, 물, 기후 등 무생물적 환경과 생물적 환경이 결합하여 하나의 기능을 가진 체계를 생태계(ecosystem)라고 부른다. 탠슬리(Tansley)는 동물들이 식물에 의존할 뿐만 아니라 식물도 여러 가지 방법으로 동물에 의존하며, 둘 다 무생물계와도 밀접하게 연결되어 있음을 알게 된 후 생태계(ecosystem)라는 용어를 만들었다. 그에 따르면, 생태계는 생물적 구성요소와 무생물적 구성요소를 하나로 묶은 것이다. 생태계는 네 가지 종류로 구성된다. 첫째, 빛, 공기, 기후, 물, 토양 등 생물을 제외한 모든 비생물적 요소, 둘째, 녹색식물을 일컫는 생산자, 셋째, 생산자를 섭취하여 활동 에너지로 사용하는 소비자 그리고 마지막으론 박테리아, 곰팡이 등과 같이 생산자와 소비자를 분해하는 분해자가 그것이다. 생태계의 이 구성요소들은 서로 밀접한 상호 의존성과 상호 순환적 구조를 가지고 있다. 무기물인 물과 이산화탄소는 녹색식물의 엽록소에 의해 식물의 에너지인 유기물로 전환되며, 녹색식물은 초식동물의, 그리고 초식동물은 육식동물의 먹이가 된다. 육식동물은 사후 그 사체가 분해자에 의해 무기질로 바뀌어 생태계의 기본 요소로 돌아간다. 이러한 생태계의 상호 순환성과 의존성, 그리고 자기조절 능력은 세계 전체가 하나라는 전일론적 세계관의 정당성에 힘을 보태준다(김학택, 1999).

출처 : Odum(1953). *Fundamentals of Ecology*. 이도원 공역(2004). 생태학. 서울 : 사이언스북스.

더 알아보기 4-1의 설명처럼, 생태학은 지구라는 생명체가 오랫동안 지속해 온 이유가 순환성, 전일성, 다양성이라는 특징에 의해서라고 본다. 따라서 생태주의의 주장도 이를 바탕으로 다음과 같이 설명할 수 있다.

① **순환성**(circulation)은 생명이 지속되는 원천으로, 물의 순환, 대기의 순환, 그리고 생태계의 구성요소들 간의 순환이 원활할 때 생명이 지속될

수 있다는 것이다. 다시 말해, 순환되지 않는 물, 순환되지 않는 대기 등 순환되지 않았을 때 생명은 유지되기 어렵다.

② **전일성**(holism)은 각각의 부분들이 서로 관계를 맺으면서 하나의 전체가 되는 특성을 말한다. 지구 안에는 다양한 생물체와 무생물들이 존재하고 있고, 지구 밖에는 태양과 다른 행성들이 존재하고 있는데, 이들이 서로 관계를 맺으면서 지구와 우주라는 하나의 전체를 이루고 있다. 자연의 생태계를 보자. 생태계는 다양한 구성요소들이 있고 이들이 서로 먹이사슬로 연결되어 있다. 식물과 초식동물, 육식동물이 있고, 땅과 땅속의 분해자들이 각각 존재하면서도 서로 유기적으로 연결되어 하나의 생태계를 유지하고 있는 것이다. 이 중 하나의 구성요소라도 많아지거나 줄어들거나 없어지게 되면 그 생태계는 유지되기 어렵다. 이처럼 만물은 서로 연결되어 있고, 각각의 부분들은 서로 유기적인 관계로 하나의 전체로 통합되어 있다. 이런 전일주의적 시각에서 세계는 구성요소들 간의 기계적인 집합체가 아닌 수많은 상호작용과 관계가 복잡하게 얽혀 있는 그물망으로 이해된다.

③ **다양성**(diversity)은 구성요소가 다양할수록, 그리고 이들 사이의 관계망이 복잡하고 많을수록 생명력도 강해진다는 것이다. 생물의 종이 다양할수록 이들 사이의 관계도 더 복잡해지는데 이것이 생태계를 건강하게 만들어 오랫동안 지속하게 만든다.

이상과 같이 생태주의는 생태계를 구성하는 다양한 구성요소 간의 상호의존적 순환관계를 통해 생태계가 지속되어 왔음을, 그리고 그 순환관계를 통해 구성요소들과 다양한 유기물과 무기물 전체가 모두 연결되어 결국 지구라는 하나의 생명체로 통합되어 지속되어 왔음을 잘 설명해 준다. 생태주의 관점에서 보면, 지역사회는 다양한 구성요소들로 이루어져 있고, 이들 구성요소들 간의 순환적 관계와 각각의 요소들이 서로 복잡하게 연결되어 있는 통합된 하나의 생명체이다. 지역사회라는 생명체가 지속가능하기 위해서는 지역사회 구성요소들의 관계가 매우 중요한데, 구성요소들이 다양할수록, 구성요소들의 상호작용이 활발할수록, 구성요소들이 서로 협력하고 도울수록 지속가능성이 높아진다.

구체적으로 살펴보면, 자연계의 순환처럼 다양한 요소들로 구성되어 있는 지역사회가 오랫동안 지속되기 위해서는 구성요소, 특히 핵심 구성요소인 주민의 순환이 중요하다(순환성). 하나 마나 한 이야기가 될지 모르지만, 어떤 지역사회라도 후속 세대가 지속적으로 이어지지 않는다면 그 지역사회는 지속될 수 없다. 즉, 생태주의에 입각한 관점에서 본다면 주민 간의 세대 순환이 중요하다는 것이다. 그러므로 지역사회복지 실천가는 우선적으로 지역의 인구사회학적 분포와 흐름에 대해 파악할 필요가 있다. 또한 지역사회의 중요한 구성요소인 자원도 순환되어야 한다. 자연환경을 해치지 않고 자원을 만들어 내는 방식으로 지역사회를 유지하려면 주민 상호 간의 도움과 나눔이 순환되어야 한다. 한 주민이 다른 주민에게 도움을 주고, 그때 도움을 준 주민이 언젠가 자신에게 필요한 도움을 받을 때, 지역사회는 더 좋아진다. 따라서 순환성을 특징으로 하는 생태주의 관점은 사회복지 주체와 대상이 명확히 나누어져 있는 지금의 사회복지실천 현실을 지역사회복지 실천가로 하여금 비판적으로 검토하고 그 대안을 제시하도록 만든다.

전일성을 지역사회에 적용하게 되면, 지역사회가 구성요소들의 단순한 집합체가 아닌 요소들 간의 복잡한 상호관계를 통해 전체인 지역사회로서 생명력을 갖는다는 사실을 이해할 수 있다. 지역사회에는 주민과 학교, 종교단체, 시민사회단체 그리고 공공기관 등이 동등한 관계로 존재하고 있고 이들이 통합되어 지역사회를 이룬다. 주민들의 참여나 무관심, 주민 간의 신뢰나 불신 그리고 조직 간의 협력과 갈등이 지역사회의 분위기나 건강성을 보여준다. 지역사회복지 실천가는 지역사회의 오래된 규범이나 문화와 갈등관계에 있는 주민이나 지역 조직에 대해서는 이들의 주장에 귀 기울여 이들과 전체 지역사회가 서로 이해할 수 있도록 조정하는 역할도 수행해야 한다.

마지막으로 생태계를 구성하는 요소들이 다양할수록, 생물 종이 다양할수록 생태계가 더 풍성하고 건강하다는 생태학의 지식은 지역사회복지 실천에도 중요하다. 지역사회 구성요소의 다양성, 그리고 이들 사이의 복잡한 상호

관계가 지역사회를 더욱 튼튼하고 건강하게 한다. 다양한 지역사회 주민들이 나이나 성별, 건강, 경제적 수준, 장애 유무 등의 차이가 그대로 존중되고 지역사회 내에서 차별 없이 통합되어 살아갈 때 그 지역사회는 자원과 정서 면에서 풍부해진다. 따라서 다양성은 '좋은 지역사회'의 생태주의적 척도이다. 그러므로 지역사회복지 실천가는 지역의 이슈나 현안에 접근하고 해결방안을 모색할 때 다양한 지역사회 구성요소들이 서로의 존재와 역할에 대해 존중할 수 있도록 만드는 것이 중요하다.

7) 페미니즘(젠더) 관점

페미니즘은 "여성이 인간으로서 누려야 할 모든 권리를 요구하는 것(Watkins, 1992 : 7)"이며, 동시에 "성차별주의(sexism)와 성차별주의에 근거한 착취와 억압을 종식시키려는 운동(Hooks, 2000 : 19)"이다. 페미니즘은 성중립적 현실은 존재하지 않으며, 남녀의 삶의 형편과 이해관계는 다르다는 점에서 출발하였다(김인숙·정재훈, 2008 : 39). 이는 문화를 포함한 제반 사회적 조건들이 여성의 삶을 억압했다는 자각에서 비롯되었는데, 그 억압의 근거는 사회를 여성의 영역과 남성의 영역으로 나누고, 여성의 영역과 일은 덜 가치 있는 혹은 가치 없는 것으로, 남성의 영역과 일은 가치 있는 것으로 규정하여 여성을 남성에 의존하는 존재로 간주하는 가부장적 전통에 있다. 역사적으로 일부 여성들은 이런 전통에 맞서 투쟁했고,[13] 그 갈래도 다양했다.[14]

---

13) 영국의 메리 울스턴크래프트(Mary Wollstonecraft)가 1792년 300쪽짜리 호소문『여성의 권리 옹호(A Vindication of the Rights of Women)』를 써서, 군주제하의 왕이 백성들에게 전횡을 일삼는 것 못지않게 가정에서 남성이 여성에게 전횡을 일삼는 것을 경고하면서 근대 여성주의의 초석을 마련(Watkins, 1992 : 19)한 이후 꾸준히 사회 변혁의 한 축을 이어갔다. 페미니즘의 제1물결은 1890년부터 1920년대에 여성에게 투표권을 보장하라는 참정권운동으로, 제2물결은 1960년부터 1980년대에 나타난 낙태·피임에 대한 권리의 인정과 신체적·성적 폭력에 대한 대항으로, 그리고 제3의 물결은 1990년대에 일어난 성역할의 고정관념을 깨기 위한 투쟁으로 이어졌다. 최근 우리나라에서는 미투운동을 비롯해서 워마드 등 다양한 방식의 페미니스트운동이 전개되고 있다.

14) 급진적 여성주의는 가부장제를 문제의 핵심으로 보고, 여성들만의 시위와 투쟁을 통해 여성과 남성의 관계를 종식하고 여성만의 공간과 문화를 만들어야 한다고 주장한다. 사회주의 여성주의는 남성의 지배와 계급의 착취 둘 다에 문제가 있다고 보아 '가사노동과 취업노동을 이중으로 부담하는 노동자계급 여성'에 주목한다. 따라서 억압받는 다른 집단·계급과 연대하는 일에 보다 중점을

여기서 페미니즘에 중요한 전환점을 제공한 사람이 바로 시몬느 드 보부아르(Simmone de Beauvior 1908~1986)이다. 그녀는 "여성은 태어나는 것이 아니라 만들어지는 것이다"라는 명제와 함께 '제2의 성'을 주장하였다. 제2의 성, 즉 젠더(gender)는 사회문화적 성으로, 사회가 남자와 여자에 대한 기대를 달리하면서 각 성은 이러한 사회의 기대에 맞게 학습됨으로써 결과적으로 남자와 여자가 차이나고(최선화, 2009 : 54), 그 차이가 차별로 이어진다는 것이다. 따라서 '같음'보다는 '다름', 즉 단순히 남성과 평등해지기보다는 여성적인 것을 정당하게 평가받고 사회의 제반 영역에서 여성성의 중요성을 강조해야 한다는 **젠더 접근**이 생겨나고, 그로 인해 여성의 권리만 주장했던 여권주의 페미니즘에서 성평등주의로 넘어가는 계기가 마련되었다.

특히 1995년 북경에서 열린 제4차 세계여성대회에서는 여성정책의 방향을 "여성중심 접근(WID : Women In Development)"에서 "젠더중심 접근(GAD : Gender And Development)"으로 전환하였다. 전자가 국가발전과정에서 차별받고 소외되어 온 여성들의 지위향상과 권익보호에 초점을 둔다면, 후자는 모든 분야의 중요한 정책, 전략, 계획 및 사업에서 성인지적 관점을 통합함으로써 성평등 실현과 사회발전을 동일한 차원에 놓는다는 점이 다르다(여성부, 2008 : 15-6).

우리나라도 GAD에 입각한 성주류화 전략을 받아들여 1998년 공식적으로 여성정책의 젠더 주류화를 기본 전략으로 채택하고(김선욱, 2005 : 20), 정책이나 프로그램에서 여성과 남성이 어떻게 다르게 영향을 받는지를 검토하고 반영하도록 젠더분석(성별영향평가), 젠더예산(성인지예산), 젠더훈련 등을 실시하기 시작하였다(여성부, 2008 : 16).

불평등과 차별에 저항하는 사회복지의 특성상 젠더평등에 입각한 사회복지실천은 모든 복지영역에서 적용되어야 한다. 아이프(2002, 류혜정 역, 2005 :

두고 반제국주의 운동과 노동자 조직, 좌파 정당과 더불어 정치적 활동을 중시하게 된다. 마지막으로 자유주의 여성주의는 남성과 동등한 권리를 얻어야 한다는 데 집중하며, '자유인으로서 여성 혹은 자유인으로서 물적 토대를 가진 부르주아 여성'에게 유리한 개혁을 하도록 정부에 압력을 넣고 정책 결정자들에게 영향력을 행사하는 것을 전략으로 삼는다(Watkins, 1992 : 124-125, 김인숙·정재훈, 2008 : 181-182).

133)가 지적한 것처럼, 근대사회에서 성은 계급과 인종·민족을 포함해서 불이익집단에 대한 논의를 시작할 때 최우선적으로 언급해야 할 대상이다. 특히 지역사회복지의 경우 지역사회 안에는 남성과 여성, 그리고 성적 소수자가 함께 살고 있기 때문에 더욱 젠더 관점의 실천이 중요하다. 사회적 성(젠더) 때문에 배제당하지 않아야 하고, 포용된다 하더라도 차별당하지 않도록 실천가는 실천의 전 과정에서 성인지 감수성을 가지고 있어야 한다. 그뿐만 아니라 보다 전문적인 접근이 필요한 폭력피해 여성, 이주여성, (탈)성매매 여성, 장애여성 등이 지역사회의 주민으로서 동등하게 행복한 삶을 누릴 수 있도록 제반 여건을 조성하는 것도 필요하다. 나아가 운동적 차원에서 지역사회복지 실천가는 여성복지와 여성운동을 연계하여 지역사회에서 성차별적 이념, 가치, 정책, 제도 등을 근절하는 역할도 수행해야 한다.

최근 지역사회 차원에서 페미니즘(젠더) 관점이 두드러지게 반영된 지방정부 사업은 **여성친화도시 프로젝트**이다. 여성친화도시는 도시정책을 젠더관점의 성주류화 전략에 따라 수립·수행함을 기본으로 한다. 비록 도시정책이 여성만을 대상으로 하는 것은 아니지만 여성과 남성이 처한 서로 다른 삶의 현실을 고려하지 않음으로써 정책의 효과가 성차별적으로 나타날 수 있기 때문에 도시정책에서 젠더관점은 중요하다. 특히 삶의 터전인 지역사회는 여성이 갖는 '현실적인 여건'이 존재하는 공간이며, 평등과 불평등, 자유와 억압, 정의와 불의 같은 가치가 실현되는 공간이어서 지리적 커뮤니티인 지역사회에서 성주류화 전략은 성평등한 사회를 이루는 근원적이고 핵심적이며 강력한 장치가 된다.[15]

1960년대까지 공공정책은 남성을 '공적' 영역에서의 가족부양자(breadwinner)로, 여성은 '사적' 영역에서의 아내와 어머니로 (혹은 잠재적인 아내와 어머니) 상정하고 국가가 남성을 돕고 지원해서 잘 되게 하면 그 과실이 여성에게도

15) 공간을 대상으로 하는 학문들, 특히 지리학은 그 자체가 "남성미를 자랑하는 학문(Macdowell, 2010 : 63, 안숙영, 2011 : 13에서 재인용)"으로, 젠더를 고려하지 않았다. 서구에서도 지리학의 남성 중심성에 문제를 제기하고 젠더관계와 공간의 상호작용에 관심을 갖기 시작한 것은 1970년대부터였고, 본격적으로 논의가 이루어진 것은 1990년대 이후이며(Macdowell, 2010 : 381-415, Johnson, 2008; 김현미, 2008 재인용), 이런 과정을 통해 페미니스트 지리학이 출현하였다.

주어질 것이라는 일종의 낙수효과(trickle down)에 대한 믿음을 장착하고 있었다(England, 1994 : 632). 이러한 믿음은 필연적으로 여성을 자율적인 개인으로 간주하지 않은 채 남성에게 의존하게 하였고, 여성과 사적 영역을 가치절하하고 정치적으로 드러나지 못하도록 만들었다.

이런 현상은 공간에 관해서도 마찬가지였다. 공간은 '공적 공간(public space)'과 '사적 공간(private space)'으로 분리되고, 전자는 사무실이나 공장 같은 장소로 대변되는 일터나 직장이 위치한 공간으로, 후자는 집이라는 장소로 대변되는 가정이나 거주지가 위치한 공간으로 규정된다. 한편, 전자는 사회적으로 필요한 재화를 만들어 내는 생산 공간으로, 후자는 가족 구성원의 재생산을 담당하는 재생산 공간으로 간주된다(안숙영, 2011 : 23-30). 또한 전자는 거리, 공원, 광장, 공공건물처럼 공공에 개방되어 누구나 접근이 가능한 공간이라는, 그리고 후자는 접근이 제한되어 있는 공간이라는 의미를 갖는다. 젠더관계에서 볼 때, 공적 공간의 행위자 = 남성, 사적 공간의 행위자 = 여성이라는 이분법적 사고가 지배하여, 이로부터 공적 공간에서는 여성이 비가시화(공간의 1차적 젠더화), 사적 공간에서는 남성이 비가시화(공간의 2차적 젠더화)되는 문제가 발생하였다. 공적 공간에서 비가시화된 여성은 사적 공간에서 자신의 정체성을 가사노동과 모성의 영역을 포함한 가족관계를 형성·유지하는 것으로 자리매김했고, 따라서 자녀들의 교육을 전담하는 것과 가계의 안전을 위해 물적 자원을 관리하는 것을 주요 역할로 삼았다. 그러나 사적 공간의 두 축을 형성하는 교육과 재산 증식은 서로 복합적으로 작동해서 사회문제로 확대되어 버렸다(도승연, 2009 : 282-4).

그렇다면, 여성을 사적 공간에서 나오도록 하는 것이 해법인가? 이는 젠더 평등이 '여성의 남성화'를 의미하고, 그래서 여성이 남성처럼 되는 것이 정상이고 희망인 것으로 여기는 퇴보적 사고(페미니즘의 제1물결)이다. 또한 이런 젠더에 의한 공간의 이분법은 이미 어린 자녀가 있거나 자녀를 새로 출산할 것으로 기대되는 젊은 여성을 포함한다. 그래서 소위 사적 영역에서 자녀양육을 전담하는 중산층 가정주부를 '정상적' 여성(어머니로서의 여성)으로 상정하여 그 밖의 여성들 간의 다양한 차이를 고려하지 않고 배제하는 결과를 초래한다. 그러므로 젠더관점에 입각한 여성친화도시는 사적 영역에서 비가시화된 남성을 가시화하는 일(예를 들어, 남학생 대상 여성 인권교육, 남성화장실에 아동화장실 설치)과 사회적 공간의 불평등한 젠더적 권력관계를 변화시키는 일(예를 들어, 남성화장실 청소는 남성이 담당)을 추진함과 동시에 다양한 계층과 계급에 속한 여성 간의 차이를 창조적으로 재구성하며, 여성이 도시를 향유할 권리만큼 도시의 생산·유지를 위한 참여권도 보장하는 방향으로 진행되어야 한다.

참고문헌

감정기 · 백종만 · 김찬우(2005). **지역사회복지론**. 경기 : 나남출판.

강영선 외 공편(1988). **세계철학대사전**. 서울 : 교육출판공사.

김기덕(2002). **사회복지윤리학**. 서울 : 나눔의 집.

김미영(2006). **현대공동체주의**. 경기 : 한국학술정보.

김석수(2003). 다원주의와 지방자치. **사회와 철학**, 6, 157-187.

김선욱(2005). 지구화 시대의 공공정책의 변화와 여성정책. 한국여성연구원 편. **지구화 시대 여성과 공공정책의 변화**. 서울 : 푸른사상사, 17-43.

김성이 · 김상균(1997). **사회과학과 사회복지**. 서울 : 나남출판.

김수중 · 이동희 · 이봉재 · 한승완 · 권용혁(2002). **공동체란 무엇인가**. 서울 : 이학사.

김영종 편(2014). **복지사회의 개발–지역 및 공동체 접근**. 서울 : 학지사.

김인숙 · 정재훈(2008). **여성복지 실천과 정책**. 서울 : 나남.

김종민(1994). 영국과 독일을 중심으로 한 다원주의 이론의 발생 과정에 관한 비교 연구–한국 정치의 미래를 위한 대안 추구. **연구논문집**, 48(1), 213-230.

김학택(1999). 환경윤리와 윤리적 공동체. **대진논총**, 7.

도승연(2009). 여성이 행복한 도시가 가지는 반여성적 장치와 효과들 : 푸코의 공간화된 사유를 중심으로 바라본 분당의 경우에 대해서. **사회와 철학**, 18. 사회와 철학 연구회, 251-290.

박호성(2009). **공동체론**. 경기 : 효형출판.

백종국(2006). 공동체주의의 개념적 유용성에 대하여. **한국정치연구**, 15(1), 141-161.

선우현(2003). 다원주의는 사회적 진보의 징표인가?. **사회와 철학**, 6, 39-84.

안숙영(2011). 젠더와 공간의 만남을 위한 시론 -젠더평등의 관점에서. **여성학연구**, 21(2), 7-37.

여성부(2008). 지역여성정책의 성과와 전망. 여성부. 연구보고 2008-32.

오명근 · 백승대(1985). **현대사회학이론**. 서울 : 삼영사.

이미원(2003). 다원주의 시대 한국의 페미니즘. **사회와 철학**, 6, 113-136.

지은구 · 장현숙 · 김민주 · 이원주(2015). **최신사회문제론**. 서울 : 학지사.

최선화(2009). **여성복지론**. 경기 : 학현사.

최선화 · 박광준 · 황성철 · 안홍순 · 홍봉선(2010). **사회문제와 사회복지**. 경기 : 양서원.

최일섭 · 최성재(2001). **사회문제와 사회복지**. 서울 : 나남.

최협 · 윤수종 · 정근식 · 조경만 · 김명혜 · 김종숙 · 유종원 · 김준(2006). 공동체론의 전개와 지향. 서울 : 선인.

최형찬(2005). 자유주의와 공동체주의 – 정의론을 중심으로. 한국사회윤리연구회 세미나자료, 1-12.

한국철학회 편(2003). 다원주의, 축복인가 재앙인가. 서울 : 철학과 현실사.

행정학용어 표준화연구회 편(2010). 이해하기 쉽게 쓴 행정학 용어사전. 서울 : 새정보미디어.

England, Kim(1994). From "Social justice and the City" to women-friendly cities? Feminist theory and politics. *Urban Geography*, *15*(7), 628-643.

Freire, Paulo(1970). *Pedagogy of the Oppressed*. 남경태 역(2002). 페다고지. 서울 : 그린비.

Hardina, Donna(2002). *Analytical Skills : For Community Organization Practice*. West Sussex, NY : Columbia University Press.

Hooks, Bell(2000). *Feminism is for Everybody : Passionate Politics*. 박정애 역(2002). 행복한 페미니즘. 서울 : 백년글사랑.

Ife, Jim(2002). *Community Development*. 류혜정 역(2005). 지역사회개발. 서울 : 인간과 복지.

Mulhall, S., & Swift, A.(1992). *Liberals and Communitarians*(2nd ed.). 김혜성 · 조영달 공역(2005). 자유주의와 공동체주의. 경기 : 한울.

Odum, Eugene(1953). *Fundamentals of Ecology*. 이도원 외 공역(2004). 생태학. 서울 : 사이언트북스.

Ricken, Friedo(2003), Allgemeine Ethik(2nd ed.). 김용해 역(2006). 일반윤리학. 경기 : 서광사.

Sandel, Michael, J.(2009). *Justice*. 이창신 역(2010). 정의란 무엇인가. 경기 : 김영사

Sterling, Stephen(2001). *Sustainable Education : Re-visioning Learning and Change*. Devon, UK : Green Books Ltd.

Turner, Jonathan(1982). *The Structure of Socialogical Theory*(3rd ed.). 김진균 외 역(1996). 사회학 이론의 구조. 서울 : 한길사.

Watkins, Susan Alice(1992). *Introducing : Feminism*. 윤길순 역(2007). 페미니즘. 서울 : 김영사.

고대신문(2005. 5. 23). 자유주의 vs 공동체주의 정의론.
www.kunews.ac.kr/news/articleView.html?idxno=6018

공동체주의. ko.wikipedia.org/wiki/공동체주의

박정순(2004). 서구 철학계의 자유주의 vs 공동체주의 논쟁. 연세춘추(2004. 7. 25).
chunchu.yonsei.ac .kr/news/articleView.html?idxno=5450

05 CHAPTER 지역사회복지 실천 관련 이론

기본적으로 인간은 '어떤 일을 아무 생각 없이 무작정 행하는' 것만이 아니라 자신이 하는 일이 무엇인지에 대해서 생각하기도 한다. 이를테면 세상과 더불어 자신들이 직면한 사건이나 상황들을 논리적으로 설명하거나 자신들의 행동이 가져올 결과를 예측하기 위해서 어떤 유형이나 질서(규칙성 혹은 일관성)를 모색하기 위한 시도를 한다. 그런 시도로 수없이 조사하고 증명해서 도달한 결론들의 집합이 바로 이론이다. 그리고 이러한 이론은 100% 객관적이라기보다는 이론 정립과정에 관련된 사람들의 주관과 그 과정이 발생하는 시점의 역사(사회적 상황)의 영향을 받는다. 그러므로 지역이나 시대에 따라서 다른 현상이 출현하거나 같은 현상일지라도 다른 해석이 가해진다. 그래서 절대적인 하나의 이론은 존재하지 않는다. 이 장에서는 여러 사회이론들 중에서 지역사회복지실천을 잘 설명할 수 있는 이론으로 사회체계이론, 사회적 교환이론, 엘리트주의이론, 헤게모니이론, 사회교육이론을 소개하고 이 이론들이 지역사회복지 실천에 주는 함의를 살펴보고자 한다. 지역사회복지 실천의 목적이 '좋은 지역사회'를 만드는 것이라고 했을 때, 이 장은 그것을 위한 지역사회복지 실천의 이론적 토대가 될 것이다.

1. 사회체계이론

체계(system)란 '부분이자 전체' 혹은 '부분들로 이루어진 전체'를 의미한다. 즉, 부분도 체계이고, 전체도 체계인 것이다. 체계는 상호 의존적인 부분들로 구성된 전체, 혹은 서로 밀접한 관계를 이루고 있는 부분들을 나타내는 개념으로 이들 체계들은 서로 간의 복잡하고 다양한 상호작용 속에서 스스로를 유지하거나 변화, 발전시킨다. 하나의 조직이나 생명체 등은 그 자체로 체계이면서 동시에 그 체계를 구성하고 있는 하위 조직(하위체계, 즉 부분)들의 조합으로 이루어져 있다. 물론 환경 등의 상위체계와도 상호작용을 하고 있다.

버틀란피(Bertalanffy, 1954)는 체계이론을 통해 전체는 부분의 합 이상이며 부분과 전체를 연결망과 상호 의존적 관점에서 설명하였다. 이후 체계이론은 핀커스(Pincus)와 미나한(Minahan)의 4체계의 모델(1973),[1] 저메인(Germain)과 기터만(Gitterman)의 생활모델(1976), 브론펜브레너(Bronfenbrenner)의 인간생태학(1979), 콤튼(Compten)과 갈라웨이(Galaway)의 6체계 모델(1983),[2] 그리고 독일 사회학자 루만(Luhmann)에 의해 사회체계이론(1984)으로 발전해 왔다.

사회체계는 우리가 살고 있는 사회적 환경 안에 존재하는 다양한 형태의 사회조직을 나타내는데 가족, 집단, 조직, 지역사회, 문화 등이 포함된다. 사회체계이론은 이들 사회체계들이 서로 상호작용과 상호 의존적 관계를 통해 변화를 일으키고, 이 변화는 다른 체계는 물론 전체 체계에 영향을 미친다는 것을 골자로 한다. 사회체계이론은 사회복지실천에서 문제나 욕구 사정에 활용되는 생태도, 가계도, 사회적 관계망 지도 등의 도구를 활용하여 개인이나 조직이 하나의 체계로 작용하는 동시에 다양한 하위체계 및 상위체계와 상호작용함으로써 의사소통과 피드백을 주고받는 관계임을 분석하도록 한다.

이 이론에 따르면 지역사회도 하나의 체계이다. 지역사회는 상대적으로 더 큰 개념인 사회라는 체계를 구성하고 있는 하위체계이면서 동시에 지역사회의 구성요소인 교육기관이나 사회복지기관, 그리고 주민 등과 같은 하위체계들로 구성된 상위체계이다. 지역사회라는 체계는 더 큰 상위체계나 다른 지역사회라는 동일한 수준의 체계들과 상호작용하기도 하고, 지역사회 내부의 여러 하위체계와도 상호작용하면서 순기능과 역기능이 이루어지는 공간이다.

---

1) 핀커스와 미나한은 4체계에 클라이언트체계, 행동체계, 표적체계, 변화매개체계를 포함하였다.
2) 콤튼과 갈라웨이는 핀커스와 미나한이 주장한 4개의 체계에 전문가체계, 의뢰/응답체계를 추가하였다.

체계의 한 부분이 변하면 다른 체계들도 영향을 받게 되어 역동이 발생한다. 이것은 지역사회를 잘 이해하기 위해서는, 혹은 지역사회에서 발생한 현상들을 잘 이해하기 위해서는 지역사회의 구성요소뿐 아니라 지역사회를 둘러싸고 있는 환경과 그 사이의 역동성까지도 충분히 고려해야 함을 의미한다. 즉, 사회체계론에 입각하자면, 지역사회 문제는 지역사회 자체에서 스스로 발생한 것이기도 하지만 다른 체계와의 상호작용 속에서 발생하였기에 이에 대한 해결방법도 다른 체계와의 관계성을 고려해서 찾아야 한다. 이런 이유에서 지역사회복지를 실천하는 데에는 통합적 시각이 필요하다.

하디나(Hardina, 2002)는 효과적인 지역사회복지 실천을 위하여 사회체계이론이 다음과 같은 이론적 기초를 제시한다고 주장했다.

첫째, 상위체계의 변화는 지역사회 생활의 어떤 영역에서 반응을 일으킨다. 예를 들어, 정부의 사회복지개혁입법은 저소득 지역의 주민들이 소득을 얻고, 직업을 찾는 방법에 영향을 미치게 된다.

둘째, 지역사회를 구성하고 있는 다양한 하위체계들의 활동들은 그 체계 자체뿐 아니라 전체 지역사회에도 영향을 미친다.

셋째, 워렌(1978)이 제시한 대로 지역사회는 생산·분배·소비의 기능, 사회화의 기능, 사회통제의 기능, 사회통합의 기능, 상부상조의 기능을 수행하는데, 지역사회마다 그 기능의 수행 정도에 차이가 있다.

넷째, 조직화의 목표는 모든 주민들이 지역사회의 삶에 동참할 수 있는 안정적인 상태로 지역사회를 바꾸어 가는 것이다.

예를 들어, 어떤 지역사회에서 학교폭력 문제가 발생하였다고 가정하자. 이를 해결하기 위하여 학교폭력 가해 청소년의 교정이나 처벌, 그리고 피해 청소년에 대한 상담과 치료에만 그치지 않고 가족, 학교, 또래, 전문가 등 지역사회의 다양한 구성원을 포함하여 학교폭력 예방을 위한 위원회를 결성하고 캠페인을 전개하는 등 다양한 방식으로 개입한다면 사회체계이론을 적용하여 실천한 것이라고 할 수 있다.

2. 사회적 교환이론

사회적 교환이론은 사람들 사이에서 주고받는 상호작용에 초점을 맞추고 있는 이론이다. 호만스(Homans, 1974)는 인간은 이윤을 추구하는 존재로서, 사회관계는 적어도 두 사람 사이에서 일어나는 교환적인 활동을 통하여 자신에게 이익이나 보상이 주어질 때 유지된다고 보았다. 블라우(Blau, 1964)는 한 단계 더 나아가 불평등한 교환관계가 상호작용의 불평등을 야기하여 인간관계의 왜곡을 가져올 수 있다고 하였다. 간단히 말해 교환관계가 단절되거나 불균형을 초래하면 사회문제가 발생한다고 본 것이다. 블라우는 사회적 교환과 경제적 교환을 구분하여 설명하고 있는데, 교환 물품에 대한 구체적 정보와 시기, 효과 등을 예상할 수 있는 경제적 교환에 비해 사회적 교환은 자신이 준 것에 대한 보답이 어떤 형태로 돌아올지 잘 모르고, 보답의 시기도 즉각적이지 않고 장기간에 걸쳐 서서히 이루어지는 경우가 많아 기다릴 줄 아는 신뢰가 중요하다고 주장했다. 신뢰가 없으면 원만한 사회적 교환이 이루어지지 않아 결과적으로 사회적 관계가 약해질 수 있다.

지역사회복지 실천이론으로서의 사회교환이론은, 지역사회가 겪고 있는 문제를 지역사회 주체들 간의 교환을 통해 해결할 수 있다고 설명해 준다. 그래서 지역사회는 교환이 이루어지는 장이며, 무엇인가를 주고받는 과정에서 지역주민 개인이나 지역사회의 문제를 해결할 수 있고, 이 과정에서 교환 주체들의 상호작용이 늘어나게 된다. 이런 의미에서 사회적 교환은 사회통합에 기여할 수 있다.

교환을 하는 대상에는 물건이나 화폐뿐 아니라, 노동이나 협동, 정, 신뢰 같은 비물질적인 것도 포함된다. 교환이 잘 이루어지기 위해서는 교환 주체들의 상호 이익이나 가치에 부합되어야 한다. 그리고 주체들이 좀 더 다양해지게 되면 더 많은 내용들이 더 효과적으로, 더 필요한 사람에게 주어질 수 있다. 이러한 효과적인 교환과정을 통해 지역사회에 내재된 문제들을 물질적으로나 비물질적으로 해결할 수 있는 가능성이 생기며, 아울러 교환을 통해 이루어진 주체들 간의 상호작용이 공동체성의 회복과 강화로 이어져 앞으로 생길 수 있는 문제나 위험에 능동적으로, 그리고 협동적으로 대처할 수 있도록 해준다.

좋은 지역사회를 만들기 위해 지역에서 자원봉사를 실시하고 있는 주민의 경우에도 타인과 공공을 위한 활동은 자신이 가진 시간이나 노동력, 그리고 재능을 나누어야 하는 쉽지 않은 일이지만 이를 통해 보람과 성취감, 기쁨 그리고 사회적 인정 등의 보상을 받기에 지속적으로 이루어질 수 있는 것이다. 그러나 모든 교환과정에서 모두가 지속적으로 만족하기는 힘들다. 이것은 위에서 블라우가 말한 교환 내용물의 가치가 항상 같을 수가 없고, 언제 이루어질지도 모르는 교환의 불확실성 때문이다. 또한 자발적인 것이 아니라 환경에 의한, 혹은 관습에 의한 강제력이 형성될 경우 불평등한 교환이 이루어질 가능성도 있다. 요약하자면, 지역사회의 구성원에게 필요한 사회적, 물질적 자원의 교환은 상호작용의 기본이며, 구성원 간의 호혜적 교환은 교환 주체들 간의 신뢰와 관계망을 강화시키지만 불평등적 교환은 관계 형성에 부정적인 영향을 미친다. 그러므로 교환이 평등하게 이루어지는 것이 중요하다.

하드캐슬 등(Hardcastle, et al., 1997) 등은 교환을 평등하게 만드는 전략을 '경쟁', '재평가', '호혜성', '연합', '강제' 등 다섯 가지로 제시하고 있다. 교환을 하려는 A, B가 있고, A에게 필요한 것을 B가 가지고 있다고 하자. 첫째, 경쟁 전략은 A가 필요한 것을 B가 가지고 있어서 B의 권한이 커지기 때문에 B와의 교환을 중단하고 새로운 교환대상인 C나 D를 통해 자원을 얻으려 하면 B가 A와 다시 교환하려는 시도를 할 것이고, 그렇게 되면 B는 C, D와 경쟁하게 될 것이다. 한마디로 자원을 가지고 있는 B가 다른 상대들과 경쟁하도록 만드는 전략이다. 둘째, 재평가 전략은 A가 자신의 자원을 재평가함으로써 B만 자원을 가지고 있는 것은 아니라는 점을 발견하는 것이다. 그래서 A는 B로부터 자원을 받지 않아도 된다든지 B에게 유리할 만한 자원을 가지고 있다든지 하는 자기 평가를 통해 교환 관계를 평등하게 만들 수 있다. 만일 A가 B에게 줄 만한 자원이 있다면 B도 A에게 호의적이 될 것이다.

셋째, 호혜성 전략은 A와 B 모두 서로에게 필요한 자원을 주고받음으로써 상호 도움이 된다는 것을 알게 하는 전략이다. 이렇게 되면 교환관계가 일방적이지 않기 때문에 상호의존적인 관계가 되어 평등한 교환이 이루어질 수 있다. 넷째, 연합전략은 A가 자신과 비슷한 처지에 있는 C와 D 등과 연대하여서 자원을 가지고 있는 B와 교환하는 것이다. 다섯째, 강제 전략은 물리적인 힘을 동원하여 강제적으로 B의 자원을 A가 소유하는 것이다. 이 전략은 비민주적이며 비윤리적이기 때문에 상당히 무리한 전략이다.

3. 엘리트주의이론

엘리트주의이론에서는 정책은 집단 사이의 갈등이나 요구를 통해 만들어지는 것이 아니라 파워엘리트 또는 지배엘리트에 의해서 결정된다고 본다. 즉, 사회는 권력을 가진 소수의 특정 집단과 권력을 가지지 못한 다수의 구성원으로 구분되는데, 그 소수의 사람들만이 정책을 결정할 권한과 능력이 있으며, 다수의 구성원은 사회에 무관심하고 수동적이라고 인식한다. 그래서 다수는 소수 엘리트에 의하여 조종되기 쉽고, 의사소통이나 정책의 방향은 엘리트로부터 다수의 구성원으로 내려오는 하향식이라고 본다. 그 결과 사회의 지배권과 정책 결정권은 엘리트들이 가지며 이들에 의해 만들어진 정책은 엘리트의 이익과 가치관이 반영된 결과라고 설명한다.

헌터(Hunter, 1953)는 미국 조지아주 애틀란타 시의 권력구조를 분석하기 위해 다양한 사람들을 대상으로 그 지역에서 가장 명성과 영향력이 큰 사람에 관해 조사하였고, 그 결과 그 지역에 기업가, 은행가, 그리고 상공업자로 구성된 경제 엘리트가 존재한다는 것을 밝혔다. 이어 사회학자 밀즈(Mills, 1956)는 미국 사회 전체의 권력구조를 파악하였는데, 정치지도자 집단과 기업가 집단, 그리고 군부지도자 집단이 엘리트 집단이며, 이 세 집단이 상호 연결되어 있음을 확인하였다. 이들은 출신배경이나 교육환경이 매우 비슷하여 큰 응집력을 보이면서 미국 사회에 큰 영향을 끼쳤는데, 밀즈는 이들 세 집단을 '파워 엘리트'라고 불렀다.

엘리트주의이론에 따르면 지역사회에서 누가 의사결정을 주도하고, 집행 과정에서 누가 영향력이 있는지 파악하는 것이 지역사회복지 실천의 시작이라고 할 수 있다. 왜냐하면 지역사회는 권력을 가진 엘리트에 의해서 운영된다고 보기 때문이다. 이렇게 엘리트가 지역사회를 지배하고 정책 결정을 한다면 결정된 정책이 신속하고 빠르게 집행되어 지역의 문제를 단기간에 해결할 수 있다는 장점이 있는 반면, 대부분의 의사결정에 지역 주민들의 의사가 반영되기 힘들고 항상 엘리트들에 의해서만 정책결정이 이루어지기 때문에 엘리트에 의한, 엘리트를 위한 정책이 된다는 단점도 있다. 좋은 지역사회를 만드는 것이 목적인 지역사회복지는 따라서 지역사회의 수준과 상황을 분석하는데 그 지역사회에 영향을 끼치는 엘리트 집단은 누구이며, 이들 엘리트들 간의 관계가 어떠한지를 파악하는 것이 매우 중요하다. 이를 통해 엘리트들이 그 지역사회에 어떤 수준으로 영향을 주고 있는지, 더 좋은 지역사회를 만들기 위한 엘리트들의 역할과 개선점에 대해서도 제안할 수 있다.

4. 헤게모니이론

어느 사회 혹은 어느 조직이든 그 사회에 많은 영향을 주며 이끌어 가는 세력이 있고, 그 세력을 따르는 사람들이 있다. 이때 나오는 개념이 헤게모니(hegemony)로, 헤게모니는 지배세력에 의한 주도권을 나타낸다. 헤게모니는 정치 영역에서 한 집단이 다른 집단에 대해 혹은 국제관계에서의 한 국가가 다른 국가에 대해 행사하는 정치적·문화적·경제적 **영향력**을 의미한다. 어떤 사회든지 헤게모니(를 가진) 집단이 있고 이들에 의한 계급 독재는 늘 있어 왔다는 것이 헤게모니 이론가들의 견해이다.

이탈리안 사회주의 이론가인 안토니오 그람시(Antonio Gramsci, 1891~1937)는 이러한 영향력 중에서 특히 문화적 영향력을 중시하면서 헤게모니를 사회계급 간의 관계에서도 찾았는데, 한 사회의 계급이 하위 계급(subaltern)에 행사하는 그 무엇을 헤게모니라고 본다. 자본주의 사회에서는 자본계급이 노동계급에 대해 헤게모니가 있다고 보고, 사회주의 사회에서는 노동계급이 자본계급에 대해 헤게모니가 있다고 한다. 그람시가 중요시한 것은 이러한 주도권은 힘과 억압이 아니라 피지배 세력의 자발적 동의에 의해서 수행되어야 한다는 것이다. 즉, 경제적, 물리적 혹은 정치적인 힘을 사용하는 것이 아니라 도덕적이고 문화적인 영향이 헤게모니의 핵심 요소라고 보았다. 이러한 문화, 즉 자발적으로 동의하는 문화는 피지배 계급의 다양한 구성요소 간의 대화와 합의를 필요로 하고, 이들의 자발적 동의를 통해 주도권을 얻은 헤게모니 세력은 자신에게 주도권을 맡긴 계층에게 도덕적 책임을 다해야 하는 것이다. 그리고 이렇게 되었을 때에만 올바르게 주도권을 수행할 수 있다고 주장했다. 즉, 지배계층이 헤게모니를 올바르게 수행하게 하려면 건강한 시민사회가 필요하다는 것이다. 이런 측면에서 그람시의 헤게모니이론이 지역사회복지 실천이론으로서 의미를 갖게 된다. 시민사회와 마찬가지로 지역사회 안에도 다양한 집단, 인종, 젠더, 연령층이 있고 이들의 복잡한 관계 속에서 헤게모니 투쟁이 발생한다. 건강한 시민사회가 지배세력의 헤게모니를 올바르게 사용하게 하듯이 건강한 지역사회가 더 큰 권력을 바르게 할 수 있다.

이러한 헤게모니이론을 자신의 지역사회복지 실천모델의 한 축으로 놓은 포플(Popple)은 지역사회복지 실천가를 지역주민이 자신들의 위치에서 변화의 욕구를 충족할 수 있도록 돕는 전략적 활동가로 정의하고 있다. 이들은 대학과 같은 기관에서 전문화된 교육을 받은 중간계층(middle stratum)으로 비엘리트(non-elite) 집단의 반응을 촉진시키고, 사회환경을 변화시키는 역할을 수행하게 하는 주도권을 가지고 있는 집단이기도 하다. 사회를 더 잘 이해하기 위해서는 헤게모니가 지배층에 의해 결정되고 형성된다는 마르크스주의 관점보다는, 시민사회의 다양한 구성원이 일상에서 경험하는 것들에 의해 결정된다는 그람시의 관점이 더 적합할 수 있다. 이런 의미에서 지역사회복지 실천가는 시민사회에서 중요한 역할을 하는 활동가이다.

5. 사회교육이론

사회교육이론은 교육을 통해 사회문제를 해결할 수 있다고 설명하는 이론이다. 특히 빈곤층이나 사회적 취약계층, 혹은 지역사회의 문제들이 학습과 교육이 부족하기 때문에 지속된다고 보고, 학습과 교육을 통해 자신들의 문제를 인식하며 나아가 해결할 수도 있게 된다고 보는 이론이다.

교육을 통해 비판적 의식이 향상되고, 그렇게 향상된 비판적 의식이 개인 및 사회 발전의 핵심요소라고 주장한 대표적인 학자이자 실천가는 파울로 프레이리(Paulo Freire, 1921~1997)이다. 그는 기존의 '은행저금식' 교육방식이 수동적이고 현실 안주적인 사람들을 양성한다고 비판하면서 '문제제기식' 교육방식을 그 대안으로 제시하였다(8장 참고). 또한 대화식 교육을 통해 지속적으로 문제제기 하면 사회변화와 보다 나은 사회로의 전진이 가능하다고 주장하였다.

더 알아보기 5-1 **파울로 프레이리와 페다고지**

파울로 프레이리
(Paulo Freire, 1921~1997)

교육의 궁극적인 목표는 인간해방임을 알리고, 평생을 통해 이를 실천한 20세기의 대표적인 교육사상가. 1921년 브라질의 빈민지역 레시페에서 태어나 어린 시절부터 가난하고 억눌린 사람들을 보아온 프레이리에게 민중의 굶주림과 고통은 언제나 해방의 과제였다. 문맹퇴치 교육을 통해 전 세계의 피억압 민중 스스로가 사회적·정치적 자각을 얻을 수 있도록 힘썼던 그는, 1950년대에는 농민들에게 글을 가르치는 과정에서 일상적인 용어와 생각을 이용해 교육하는 것이 아주 효과적이라는 점을 깨닫고 나름의 방법을 개발하였는데, 당시 그가 가르친 학생들은 대부분 30시간의 교육만 받고서도 글을 읽고 쓸 수 있었다고 한다. 1964년 군사정권이 들어서자 체제전복 혐의로 투옥되었고, 석방된 뒤에는 1979년까지 망명생활을 하면서 전 세계 28개 대학에서 명예교수를 지냈다. 이때 교육학의 고전으로 평가받고 있는 『페다고지』(1968)를 출판했다. 프레이리는 경제적으로 무력하고 정치적으로 소외된 사람들의 상태를 '침묵의 문화' 라고 규정하고, 이를 영속화시키는 역할을 하는 교육제도 대신 인간화 교육의 필요성을 강조했다. 기존의 교육을 사회의 질서에 순응하게 만드는 '은행저금식 교육'이라고 비난하며 '문제제기식 교육'을 역설한 것도 같은 맥락에서 나온 주장이다.

프레이리 교육의 목적은 한마디로 인간화, 인간성의 회복이라고 할 수 있다. 교육자와 피교육자가 서로 끊임없는 대화적 질문을 주고받음으로써 과거의 자신의 인식 전체를 재창조할 수 있게 된다. 반면 기존의 교육은 사회의 유지를 추구하는 '길들임의 교육'이며 인간을 소외시키는 '억압자를 위한 교육'이라고 비판하였다. 반대로 사회의 변화를 추구하는 교육이야말로 인간을 자유롭게 하는 인간화를 위한 교육이라고 강조하였다. 프레이리에게서 비판적 인식은 상황을 부정적 시각으로 본다는 것이 아니라, 지배적 이념이나 행동양식 내지는 사회적 상황을 무반성적 또는 관습적으로 받아들이지 않으려는 노력이다.

프레이리 교육의 핵심 개념은 각성교육이다. 각성교육은 사람들이 수용자로서가 아니라 지식습득의 주체로서 그들의 삶을 형성하는 사회·문화적 현실과 그 현실을 변혁시키는 그들의 능력에 대해 깊이 자각하게 하는 과정이다. 피억압자들이 자신을 구속하고 있는 주위 현실을 인지하고 자기를 압박하는 억압자를 의식하게 될 때 자신의 해방을 위한 노력에 들어갈 수 있다고 하였다. 이와 달리 현재의 은행저금식 교육은 교사가 강의하면 학습자는 그것을 기계적으로 암기하기 때문에 학습자들은 창조력도 없고 변혁의지도 없게 된다. 이런 은행저금식 교육을 받은 피억압자들이 현실에 잘 적응하면 할수록 그들은 억압자의 문화에 길들어져 그만큼 더 쉽게 지배당할 수 있다. 프레이리는 전통적으로 해오던 기존 교육을 비판하고 비판적 의식 상태에서 끊임없이 인간화를 지향하며 진정한 인간해방을 가져올 수 있는 각성교육을 통해 학습자들을 자각시켜야 한다고 주장했다.

또한 프레이리의 교육에서 중요한 것은 대화이다. 여기서 대화는 교육내용이자 교육방법이다. 그는 진정한 대화를 위한 전제조건은 인간능력에 대한 믿음과 모든 인간들의 천부적인 권리에 대한 믿음이라고 하였다. 거기에 사랑과 겸손이 바탕이 된 상호 신뢰의 분위기가 형성되었을 때 진정한 대화가 가능하다고 보고 있다.

이상에서 설명한 그의 교육사상은 지역사회복지 실천가가 어떻게 지역주민을 만나고 대화하고 교육해야 하는지를 잘 알려준다. 지역사회복지 실천가는 주민을 별로 아는 것이 없는 사람이라고 전제하거나 교육과 서비스를 받는 대상으로만 간주하여 일방적으로 가르치려고만 들어서는 안 된다. 오히려 주민에게서 배우고 주민과 상호 신뢰를 바탕으로 대화하는 지역사회복지 실천가가 되어야 한다. 지시하거나 해법을 제시하는 실천가가 아니라 주민으로 하여금 자신들과 문제가 어떤 관련이 있고 자신들은 문제 상황에서 어떤 위치에 있는지 등을 자각하는 각성교육을 계획·진행하여서 주민이 원하는 역할을 스스로 선택하며, 그 선택에서 오는 책임도 자연스럽게 질 수 있도록 해야 한다. 이렇게 해야 주민은 비로소 지역의 진정한 주체가 될 수 있다.

참고문헌

김종일(2012). 지역사회복지론(개정신판). 서울 : 청목출판사.

Blau, P.(1964). *Exchange and Power in Social Life*. New York : Weley.

Freire, Paulo(1970). *Pedagogy of the Oppressed*. 남경태 역(2002). 페다고지. 서울 : 그린비.

Hardcastle, A., Wenocur, S., & Powers, P. R.(1997). *Community Practice : Theories and Skills for Social Workers*. New York : Oxford Press.

Hardina, D.(2002). *Analytical Skills for Community Organization Practice*. New York : Columbia University Press.

Homans, G. C.(1974). *Social Behavior : Its Elementary Forms*. New York : Harcourt Brace Javanovich, Inc.

Luhmann, N.(1995). *Social Systems*. Stanford University Press.

Mills, C. W.(1956). *The Power Elite*. New York : Oxford Press.

Popple, Keith(2000). *Analysing Community Work : Its Theory and Practice*. Burkingham : Open University Press.

03

PART

지역사회복지 실천과정과 기술

CHAPTER 06

지역사회복지 실천모델

사회복지 실천모델은 사회복지사로 하여금 이론적 이해를 바탕으로 어떤 관점에서, 누구를 대상으로, 어떻게 실천해야 하는지를 구체적으로 알려주는 지침의 역할을 한다. 지역사회복지 실천모델 또한 지역사회복지 실천가들에게 구체적인 활동 지침이 된다는 점에서 의미가 크다. 주요 지역사회복지 실천모델에는 미국에서 발전된 모델과 영국에서 발전된 모델이 있다. 각 모델은 그 나라의 역사, 문화, 가치 등을 기반으로 발전되었다는 점에서 우리나라 현실에 딱 들어맞을 수는 없다. 그렇지만 그런 모델들을 이해함으로써 다양한 모습으로 변화하고 있는 우리나라 지역사회복지 실천에 적용할 수 있고, 더 나아가 향후 발전방향을 모색하는 데에도 도움이 될 것이다.

1. 로스만의 모델

로스만(Jack Rothman)의 모델[1]은 지역사회복지 실천모델 중 가장 널리 알려져 있고 다른 모델의 기본 틀로 삼을 정도로 전형적인 형태를 갖추고 있다. 이 모델은 1968년에 발표되었는데, 당시는 미국의 진보의 시대(1960년대)로, 다양한 인권운동이 활발하게 일어났던 시기였고 사회복지 영역에서도 다양한 지역사회조직사업이 활발하게 전개되던 시기였다(김종일, 2006 : 104). 이러한 분위기에서 로스만은 처음으로 자신의 세 가지 모델(three model), 즉 지역사회개발 모델(community development model), 사회계획 모델(social planning

1) Rothman, Jack(1995). *Approaches to Community Intervention. Strategies of Community Intervention*(5th ed., pp. 25-63). Itasca, IL : F. E. Peacock Publishers, Inc.; Rothman, Jack(2007). Multi Modes of Intervention at the Macro Level. *Journal of Community Practice, 15*(4), 11-40 부분을 요약하였다.

model), 사회행동 모델(social action model)을 제시하였다.

로스만은 최초의 실천모델 발표 이후 30여 년이 지난 1995년, '모델(model)'이라는 정형화된 용어로는 다양한 지역사회의 문제와 욕구가 발생하고 있는 추세를 반영하기 어렵다고 보고, 보다 융통성 있는 '접근방법(approaches)'이라는 용어로 변경했다. 여기에서 '세 가지 모델'은 '세 가지 개입방법(three modes of intervention)'으로 변경되었고, 개입방법 A, B, C(modes A, B, C)를 각각 지역사회개발(locality development), 사회계획/정책(social planning/policy), 사회행동(social action)으로 명명하였다.

이후 로스만(2007)은 이전에 발표한 전통적인 세 가지 개입방법의 개념을 지역사회 및 보다 거시적 수준에서 활용할 수 있도록 지역사회 변화방법을 강조하는 새로운 개입방법을 제시하였다. 지역사회 능력개발(community capacity building), 사회계획/정책(social planning/policy), 사회적 옹호(social advocacy)라는 세 가지 기본 개입방법을 토대로 해서 각 방법들이 서로 혼합되어 나타나는 아홉 가지의 개입방법을 제시하였다. 여기서는 가장 널리 알려져 있는 로스만의 기본 모델(1968, 1995)과 최근에 새롭게 발표된 확장 모델(2007)을 중심으로 살펴보도록 하겠다.[2)]

1) 기본 모델(1968, 1995)

(1) 지역사회개발 모델(개입방법)

지역사회개발(locality development) 개입방법은 'locality'라는 영어 제목대로 지리적인 지역사회를 대상으로 하는 실천방법이다. 이 개입방법은 지역사회의 긍정적이고 바람직한 변화를 추구하거나 지역사회의 문제를 해결하기 위해서는 지역사회의 광범위한 사람이나 다양한 집단의 **참여**와 지역 주민들의 **주도적 역할**이 중요하다는 입장을 취한다. 즉, 지역사회의 변화나 문제해

---

2) 우리나라 학계에서는 1995년에 발표한 로스만의 개입방법을 '기본 모델', 2007년에 발표한 개입방법을 '확장 모델'이라고 명명하여 사용하고 있다. 이 책에서는 1968년 모델과 1995년 접근방법을 '기본 모델', 2007년 개입방법을 '확장 모델'로 사용하겠다.

결은 궁극적으로 지역주민들 스스로에 의해서 이루어져야 하고, 또 이루어질 수 있다고 보는 것이다. 그러므로 지역사회 내의 모든 주민이나 집단은 공통의 이해관계를 가지고 있고, 궁극적으로는 협상이나 토론을 통해 합의를 도출할 수 있는 협력자이고 잠재적 파트너이다. 이 개입방법에서 사회복지 실천가는 조력자나 조정자, 문제해결 기술을 가르쳐 주는 교사와 같은 보조적인 역할을 수행하게 된다. 지역사회의 이슈나 **문제를 주민 스스로 해결하는 과정** 속에서 주민들의 역량이 향상되고 지역사회 통합이 강화되기 때문에 목표 달성보다는 **과정 자체에 의미**를 둔다.

예를 들어, 지역사회복지관의 주민 조직화 사업이나 각종 봉사단체의 지역사회 활동, 성인교육이나 리더십 교육 등에서 이 접근방법을 활용할 수 있다. 최근에 농촌마을활성화사업에서는 마을 주민들이 모여 마을의 상황(장점과 단점)에 대해 논의하고 이를 활용해서 주민들의 힘으로 할 수 있는 사업을 결정하여 정부에 지원금 신청을 하는 경우가 있는데, 이를 통해 비록 농촌 주민의 대다수가 노인이지만 자신들의 역량을 강화하고 자체적인 리더십을 개발하며 지역주민이 주도적으로 조직을 만들어 가는 과정을 경험하고 있다.

이 개입방법의 한계는 첫째, 전체 주민이 합의에 도달하는 것은 매우 시간이 걸리는 일이고, 현실적으로 합의 자체가 어려울 수 있다는 점, 둘째, 지역사회 내의 다양한 집단들의 공통된 관심사를 찾기 어렵다는 점, 셋째, 권력이 강한 지도자나 집단이 합의도출에 반드시 참여한다는 보장이 없고 오히려 방해할 수도 있다는 점 등이다(Hardina, 2002 : 67). 이러한 한계에도 불구하고 지역의 일은 주민의 주체적 합의와 결정에 따라 진행해야 한다는 원칙은 중요하며, 경시되어서는 안 될 것이다.

(2) 사회계획/정책 모델(개입방법)

사회계획/정책(social planning/policy) 개입방법은 지역사회에서 발생하는 공통적이고 구체적인 집합적 **문제**들(예를 들어, 약물 거래, 주택 부족, 정신건강, 교통체증이나 불리, 범죄, 실업 등)을 **실질적으로 해결**하기 위한 기술적·합리적

·전문적 접근을 강조한다. 지역사회의 문제를 실질적으로 해결하기 위해서는 전문적으로 계획과 정책을 수립하고, 이를 근거로 해서 효율적이고 효과적으로 사업을 실행하는 것이 중요하다. 이때 지역주민보다 문제를 객관적으로 분석하고 합리적으로 계획을 수립할 수 있는 전문가가 필요하다. 이 개입방법에서 주민은 정책이나 서비스의 수혜자 또는 소비자일 뿐이며, 지역사회복지 실천가가 연구자, 분석가, 프로그램 실행자 등의 주도적인 역할을 하게 된다. 그러므로 이 개입방법은 문제해결 자체를 강조하는 **과업 중심 목표**에 초점을 둔다.

이 개입방법은 지역사회복지관에서 이용자 욕구 충족이나 관할 지역의 문제 해결을 위해 실제로 다양한 차원에서 널리 사용되고 있다. 대표적인 예로 사회복지사업법 제34조의5에 근거해 지역사회복지를 실시하고 있는 사회복지관의 경우, 동법 시행규칙 제23조의2 제3호와 제4호에 근거하여 지역사회의 특성과 지역주민의 복지욕구를 고려한 사업을 선택하여 복지사업을 수행하여야 하고, 이 경우에 지역주민의 복지욕구에 대한 조사, 관계 행정기관 및 단체의 의견을 수렴하여 매년 '사회복지관 복지사업계획'을 수립하여 시행하도록 하고 있는 것을 들 수 있다. 기초자치단체 차원에서 사회보장기본법 제19조의 사회보장에 관한 지역계획의 수립·시행 규정에 따라 기초자치단체 차원에서 매 4년마다 수립해야 하는 '지역사회보장계획(10장 참고)'도 여기에 속한다. 이 외에도 중앙 정부가 1990년대 후반부터 '농어촌 삶의 질 향상을 위한 기본계획', '농어촌 보건복지 증진을 위한 기본계획' 등 다양한 분야에서 객관적 사실과 조사에 입각해서 계획을 수립하고 그에 적절한 예산을 배정하여 실행될 수 있도록 하는 정부의 지역사회 지원사업에서도 이 개입방법이 사용되고 있다.

그러나 이 개입방법은 계획가나 전문가는 항상 시간과 자원의 제약을 받을 수밖에 없기 때문에 현실적으로 합리적이고 포괄적인 대안을 제시하기 어렵다는 점, 계획과정에서는 합리성이 실현된다 하더라도 실제 집행 상황에서는 정치적 영향력에 의해서 결정되기 때문에 계획한 대로 실행되지 못할 수도 있다는 점 등의 한계를 가지고 있다(Hardina, 2002 : 69). 또한 워낙 지역사회의 이슈나 문제가 복합적이고 중층적이어서 순수한 합리성만 가지고는 이러한 상황을 개선하기 어렵다는 점, 특히 통계수치를 활용해서 지역의 상황을 분석할 때 실제로 숫자 안에 들어오지 못한 집단이 배제될 수 있다는 점, 통계숫자로 나타난 결과만으로는 지역사회 주민이나 개인의 어려움을 충분히 설명하지 못하기 때문에 원인을 제거하는 해결방법을 계획하기 어렵다는 점, 정부나 공공기관의 의뢰를 받은 전문가들이 합리적인 분석을 통해 사업 계획을 제안해도 정부의 예산이 뒷받침되지 않는다면 실행이 제약적일 수밖에 없다는 점 등도 한계로 들 수 있다.

(3) 사회행동 모델(개입방법)

사회행동(social action) 개입방법은 지역사회 안에는 부당한 대우나 불이익을 받는 집단이 존재하기 때문에 집합적 행동을 통해 공정한 자원 배분과 동등한 대우를 요구할 필요가 있을 때 사용하기 적합한 접근방법이다. 이러한 특성은 사회행동 개입방법이 갈등이론이나 힘(권력) 관련 이론에 근거를 두고 있음을 보여준다. 이 개입방법은 지역사회의 **불평등한 기존 제도나 구조에 대한 근본적인 변화**에 초점을 두고 지역사회 안에서의 권력이나 자원의 재분배를 위해서, 사회적 약자나 소외집단이 의사결정 과정에 참여할 수 있도록 항의나 시위 등의 직접행동이나 협상 등의 수단을 사용한다. 이를 통해 이 개입방법은 제도 변화라는 과업 달성을 중시하지만, 사회적 약자의 능력 강화와 조직화, 의사결정에의 참여 등이 중요하다는 점에서 과정 중심적 특성도 가지고 있다. 지역사회복지 실천가는 지역주민들이 직접적 행동을 할 수 있도록 인적·물적 자원을 조직화하고 동원하는 조직가와 선동가, 사회적 약자를 옹호하는 옹호자와 중개자 등의 역할을 수행하게 된다.

사회행동 개입방법은 여성운동, 빈민운동, 환경운동 등에서 효과적으로 활용할 수 있는데, 우리나라의 경우 평택 미군기지 반대 운동, 천성산 개발 반대 운동, 부안 방폐장 반대 운동, 장애인 인권 운동 등 힘의 불균형 상태에서 주민의 집단적 행동을 통하지 않고서는 문제가 해결되기 어렵다고 판단되는 상황에서 적용할 수 있다.

그러나 이 개입방법은 첫째, 지역사회복지 실천가의 역할이 집단 간 충돌이나 대항으로 국한될 경우 관련 집단 사이의 분열을 초래하여 원래의 성과를 달성하기 어려워질 수 있다는 점, 둘째, 모든 조직가나 지역사회 구성원들이 대항(confrontation)이라는 방법을 수용하는 것은 아니기 때문에, 즉 전반적인 내용에는 동의하지만 사회행동이라는 방법을 수단으로 사용하는 것에는 반대하거나 주저할 수 있다는 점, 셋째, 극단적 저항 방법이나 기술은 불법적인 것으로 여겨질 수 있고, 실천가나 참여자들을 위험에 처하게 할 가능성이 높아 윤리적 문제가 제기될 수 있다는 점 등이 한계로 지적되고 있다(Hardina, 2002 : 69-70). 이러한 한계로 인해 사회복지 분야에서 흔하게 사용되는 개입방법이 아니다.

표 6.1은 12개의 실천 변수(practice variables)를 활용하여 세 가지 개입방법의 특성을 비교 설명한 것이다. 12개의 실천 변수에 따라 분류한 세 가지 개입방법은 단순히 이념형적 분류이기 때문에, 실제로 실천을 할 때는 하나의 개입방법만 고집할 필요가 없다. 더군다나 복잡한 지역사회의 상황을 고려하고 다양한 지역사회의 이슈를 해결하기 위해서는 하나의 개입방법만으로는 적절히 대처하기 어려울 것이다. 이런 측면에서 로스만도 기존의 세 가지 개입방법을 두 가지씩 합성한 혼합 개입방법으로 '개발/행동(development/action)', '행동/계획(action/planning)', '계획/개발(planning/development)' 등의 세 가지 개입방법을 추가로 제시하고 있다.[3] 따라서 지역사회복지 실천가는 이 개입방법들을 지역사회의 상황에 따라 상호 중복하거나 혼합(mixing)해서 사용할 수 있고, 실천과정이 진행됨에 따라, 예를 들어 초기에는 mode A에서 중기에는 mode B를 이어서 사용할 수도 있다.

3) '개발/행동' 개입방법은 페미니스트 조직화와 프레이리(Freire) 유형의 풀뿌리 사업에서, '행동/계획' 개입방법은 랠프 네이더 기구(Ralph Nader organization)의 다양한 소비자 보호 프로그램이나 아동보호기금(Children's Defense Fund)에서, '계획/개발' 개입방법은 공동모금회(United Way) 사업의 예에서 잘 드러나고 있다(Rothman, 1995 : 47-52).

표 6.1 12가지 실천변수에 따른 로스만의 기본 모델(개입방법) 비교

구 분	지역사회개발 (mode A)	사회계획/정책 (mode B)	사회행동 (mode C)
개 념	지역사회주민이 가능한 한 최대한의 주도권을 갖고 적극적으로 참여함으로써 전 지역사회의 경제/사회적 조건을 향상시키는 과정(개발=경제개발/사회개발)	비행/주택/정신건강 등과 같은 지역사회의 각종 문제를 해결하고자 하는 기술적인 과정(계획=물리적/경제적/사회적 계획)	지역사회의 억압받고 소외된 주민들이 사회정의와 민주주의에 입각해서 보다 많은 자원과 향상된 처우를 지역사회에 요구하고 받을 수 있도록 해주는 행동
1) 지역사회 활동 목표	지역사회 역량과 통합, 자조(과정 중심 목표)	실질적 지역사회의 문제 해결(과업 중심 목표)	권력관계와 자원의 변환, 기본적 제도 변화 (과업 또는 과정 중심 목표)
2) 지역사회 구조와 문제 상황에 대한 전제	지역사회의 쇠퇴, 아노미; 민주적 문제해결 역량과 관계의 결여, 정태적인 전통적 지역사회	실질적인 사회문제, 정신 및 신체적 건강문제, 주택, 여가 등	사회적 고통을 당하고 있는 사람, 사회의 부정의, 박탈, 불평등
3) 기본적인 변화 방법	자신의 문제 결정과 해결에 광범위한 사람의 관여 'Let's all get together and talk this over.'	문제에 관한 자료 수집과 가장 합리적인 행동방향 결정 'Let's get the fact and take the logical next steps.'	이슈를 명확히 하고 적대적 대상에 대한 저항 행동을 취할 주민 동원 'Let's organize to destroy our oppressors.'
4) 특징적인 변화 기술과 기법	합의 : 지역사회 집단과 이해관계 사이의 의사소통, 집단토의	합의 또는 갈등	갈등 대결, 직접행동, 협상
5) 실천가의 핵심 역할	조력자(enabler), 촉매자, 조정자, 문제해결 기술과 윤리적 가치를 알려주는 교사(문제 해결자가 아니라 문제를 해결할 수 있도록 도와주고 동기를 유발하는 역할)	사실 수집가, 분석가, 프로그램 실행가, 촉진가(조사자, 연구자, 전문가로서 보다 기술적이고 전문가적인 역할)	행동주의적 옹호자(advocate), 선동가, 중개자, 협상가, 파당
6) 변화의 매개체	과업 지향적 소집단	공식 조직과 자료의 활용	대중조직과 정치적 과정
7) 권력구조에 대한 지향	공통적인 위험을 가진 협력자로서 권력 구조의 구성원	고용주와 후원자인 권력구조	행동의 외부 표적인 권력 구조, 굴복시키거나 타도되어야 할 압제자
8) 대상 집단[4)] (beneficiary) 범위	지리적 측면의 전체 지역사회	지역사회 전체 또는 지역사회 일부	지역사회 일부 (고통당하는 집단)
9) 지역사회 하위 부분들 사이의 이해관계에 대한 전제	공통의 이해관계 또는 조정 가능한 차이	조정 가능한 이해관계 또는 갈등적 이해관계	쉽게 조정할 수 없는 갈등적 이해관계, 자원의 희소성

10) 대상 집단(beneficiary) 성격	시민(citizens)	소비자(consumers)	희생자(victims)
11) 대상 집단(beneficiary) 역할	상호작용적 문제해결 과정에의 참여자	소비자 혹은 수령자(recipients)	실천가의 고용주, 주민 또는 조직의 회원
12) 임파워먼트의 활용	협동적이고 정보에 근거한 의사결정을 할 수 있는 지역사회 역량 구축, 주민에 의한 개인적 주인의식 고취	소비자의 서비스 욕구 규명, 소비자의 서비스 선택에 필요한 정보 제공	수급자 체계를 위한 실질적인 권력(즉, 지역사회 의사결정에 영향을 미칠 수 있는 권리와 수단)의 획득; 참여자의 주민의식 고취

출처 : Rothman(1995), *Approaches to Community Intervention. Strategies of Community Intervention* (5th ed.), pp. 44-45.

더 알아보기 6-1 **로스만과 던햄의 지역사회복지실천 목표 비교**

로스만은 각 실천모델을 설명하면서 지역사회 활동 목표를 크게 과정 중심 목표와 과업 중심 목표로 구분하고 있다. 그에 따르면, 과업 중심 목표는 구체적인 사업을 완성하거나 지역사회 문제를 해결하는 데 관심을 두는 것이며, 과정 중심 목표는 지역사회 역량 강화, 협력, 통합, 참여, 자조 등 장기간에 걸친 지역사회의 일반적인 능력 향상에 관심을 두는 것이다.

이런 로스만의 실천 목표와 자주 비교하는 것이 던햄(Dunham, 1970 : 4)의 주장이다. 던햄은 오늘날 우리가 사용하고 있는 '지역사회복지실천'과 유사한 개념으로 '지역사회조직'을 사용하고 있다. 그는 지역사회조직사업을 지역사회 구성요소 간의 상호작용에 의식적인 변화를 추구하는 과정이며 전문사회복지실천의 한 방법이라고 하면서, 다음과 같은 세 가지 목적을 추구한다고 말하고 있다.

첫째, 과업 중심 목표(task goals)는 지역사회의 광범위한 욕구를 충족하고, 욕구와 자원 간의 조정과 균형을 도모하는 것이다. 즉, 지역사회의 특정 욕구를 충족시키거나 특정 문제를 해결하기 위해서 구체적인 과업을 완수하는 데 역점을 두는 것이다.

둘째, 과정 중심 목표(process goals)는 지역사회 주민들의 참여, 자조, 협동 능력의 개발·강화·유지를 도와 문제에 보다 효과적으로 대처할 수 있게 하는 것이다. 즉, 지역사회 주민들이 스스로 문제를 해결할 수 있는 능력을 갖도록 해주는 것이다.

셋째, 관계 중심 목표(relationship goals)는 지역사회와 집단들 사이의 관계와 의사결정권의 분배에 있어서의 변화를 가져오려는 것이다. 즉, 지역사회 구성요소들 사이의 사회관계에 있어서의 변화를 시도하는 데 역점을 두는 것이다.

---

4) 'beneficiary'는 수혜자 또는 수혜 집단이라는 의미이지만, 수혜라는 말이 부정적 의미로 이해되기도 한다. 수혜자는 결국 각 개입방법의 대상이라는 의미이므로 여기서는 대상 집단이라는 용어를 사용하였다.

2) 확장 모델(개입방법, 2007)

로스만은 과거에 비해 복잡해진 사회 현실을 반영하여 기본 모델(1995)에서 사용했던 용어의 오류를 바로잡고 보다 구체화하면서, 기존의 기본 개입방법을 혼합하여 새로운 개입방법으로 확장 모델(2007)을 제안하였다. 이때 기본이 되는 개입방법은 사회계획/정책(social planning/policy), 지역사회 능력개발(community capacity building), 사회적 옹호(social advocacy)이며, 기본 모델에서 제시한 세 가지 개입방법과 기본적인 특성은 유사하다.

사회계획/정책 개입방법은 기본 모델의 사회계획/정책 개입방법보다 참여계획 및 정책 개발까지 포함하여 합리적인 문제해결 방식과 자료 활용에서 생기는 한계를 극복하여 계획과 정책이 보다 현실을 반영할 수 있도록 모델을 보강하였다.

지역사회 능력개발 개입방법은 지리적 측면(locality)에 초점을 두고 있던 기본 모델의 범위를 확장해서 기능적인 비지리적 커뮤니티를 포괄하는 방향으로 보완하였고, 물리적 개발과 혼동될 수 있는 '개발'이라는 용어를 주민 역량 향상에 의한 지역사회 구축이라는 의미가 드러날 수 있도록 '능력개발'이라고 수정하였다.

사회적 옹호 개입방법은 기본 모델의 사회행동 개입방법과 마찬가지로 권력불균형을 해소하기 위해 대항기술이나 압력기술을 사용하는 등의 내용을 포함하고 있으면서도 이를 보다 조직적·공식적·전문적·계획적으로 수행해서 결국은 변화가 발생할 수 있도록 하는 데 초점을 맞추었다.

로스만은 이상의 세 가지 개입방법을 교차시켜 아홉 가지의 보다 폭넓게 확장된 개입방법을 제시하고 있다. 다음 표 6.2에서 볼 수 있는 것처럼, 세 가지의 '기존 개입방법(predominant modes : 1-1, 2-2, 3-3)'과 기존 개입방법에서로 다른 나머지 두 가지의 개입방법을 결합하여 새롭게 만든 여섯 가지 '합성 개입방법(composite modes)'을 추가해서, 총 아홉 개의 개입방법이 만들어진 것이다.

표 6.2 로스만의 지역사회복지실천 확장 모델(개입방법) 9가지

구 분	1 사회계획/정책	2 지역사회 능력개발	3 사회적 옹호
1 사회계획/정책	1-1 기존 사회계획/정책 (합리적 계획)	2-1 지역사회 능력개발 +사회계획/정책 (계획적 능력개발)	3-1 사회적 옹호+ 사회계획/정책 (사회적 개혁)
2 지역사회 능력개발	1-2 사회계획/정책+ 지역사회 능력개발 (참여적 계획)	2-2 기존 지역사회 능력개발 (역량 중심 개발)	3-2 사회적 옹호+ 지역사회 능력개발 (연대 조직화)
3 사회적 옹호	1-3 사회계획/정책 +사회적 옹호 (정책 옹호)	2-3 지역사회 능력개발 +사회적 옹호 (정체성 행동주의)	3-3 기존 사회적 옹호 (사회행동)

출처 : Rothman(2007). Multi Modes of Intervention at the Macro Level. *Journal of Community Practice, 15*(4), 13.

표 6.3은 로스만의 확장 모델(개입방법)을 요약한 것이다. 주요 실천방법과 사례를 통하여 각각의 개입방법에 대해 살펴보도록 하자.

표 6.3 로스만의 확장 모델(개입방법)별 실천방법과 사례

	번호	명칭	실천 접근방법	실천 사례
사회계획/정책(데이터 기반 문제해결)				
기존 사회계획/정책	1-1	합리적 계획	개입에 데이터 사용 우선시	종합도시계획 연방교도소계획
사회계획/정책+실질적 능력개발	1-2	참여적 계획	개입 설계와 실행에 시민과 클라이언트의 관여	공동모금회 시민계획위원회
사회계획/정책+실질적 사회적 옹호	1-3	정책 옹호	개입 설계와 요구를 일으키는 내적 변화	건강, 주택, 아동복지국에서의 정책 옹호
지역사회 능력개발(집단능력과 연대성 구축)				
기존 지역사회 능력개발	2-2	역량중심 개발	토착민 역량 구축 자조적 문제해결	골목클럽/근린지역 위원회, 평화 프로젝트
지역사회 능력개발+실질적 정책/계획	2-1	계획적 능력개발	선 계획을 통한 능력 구축	지역사회개발회사, UN 경제개발
지역사회 능력개발+사회적 옹호	2-3	정체성 행동주의	활동가의 압박을 통한 능력 구축	소수인종 조직화 자조집단

사회적 옹호(변화를 유발하는 압박 활용)				
기존 사회적 옹호	3-3	사회행동	호전적 압박 기술 활용	ACORN/IAF 환경운동-그린피스
사회적 옹호+계획/정책	3-1	사회개혁	변화 도구로 데이터 활용	네이더 공공시민 프로젝트, 아동보호기금
사회적 옹호+실질적 능력개발	3-2	연대 조직화	변화의 지렛대로 회원 연대감 활용	농민 노조, 흑표범단(미국 극좌 흑인 과격파), 학생운동

※ 혼합개입방법에서 첫 번째 숫자는 미미하지만 주도적인 요인이라는 것을 의미한다.[5]

출처 : Rothman(2007), Multi Modes of Intervention at the Macro Level, *Journal of Community Practice, 15*(4), 14.

(1) 계획/정책

(1-1) 합리적 계획(Rationalistic Planning)

이 개입방법은 '순수하게' 데이터에 기반한 계획과 정책 실천이라고 할 수 있는 전형적인 방법이다. '합리적 계획'이라는 용어는 이 방법의 특징을 잘 나타내고 있는데, 실천가는 흔히 정책 분석가나 시스템 전문가가 된다. 이 개입방법에서 계획가와 정책입안자는 문제해결에 효과적이면서 설득력 있는 최고의 지름길을 제공하는 정보와 논리를 완벽하게 활용하는 경험주의자로 여겨진다. 이들은 문제 규정과 목적 설정에서부터 프로그램 실행과 평가에 이르기까지 비슷한 순차적 단계를 이용한다.

정책은 국가 차원의 구조와 관련되어 있고, 법적이나 행정적인 기준으로 규정되어 있고, 목적의 규모도 크다. 계획은 현장에서의 구조화된 프로그램과 서비스 전달체계와 더 관련되어 있는 것이다. 이 개입방법의 좋은 예는 문헌 조사와 지역사회 조사, 도시계획 등이다.

---

5) 예를 들어, 1-2의 앞 숫자 1은 기존 계획/정책을, 2는 실질적 능력개발을 가리키는데, 이 혼합개입방법에서 기존 계획/정책이 약하지만 주도적인 역할을 하는 위치에 있다는 것이다. 하지만 이 두 가지 개입방법 사이의 우열이나 중요 정도가 다르다는 것은 아니다.

(1-2) 계획/정책 + 실질적 능력개발 : 참여적 계획(Participatory Planning)

계획/정책 개입방법이 참여라는 능력개발의 핵심 요소를 포함하고 있으므로 '참여적 계획'이라고 간단히 말할 수 있다. 이 개입방법은 일부분 합리적 계획의 자연스러운 결과물이기도 하지만, 논리적인 지적 구조와 잘 만들어진 진행 과정에도 불구하고 전형적인 합리적 계획이 갖고 있는 개념적 한계와 실천에서의 한계에 대한 비판에서 비롯되었다.

웨버와 리텔(Webber & Rittel, 1973)은 데이터 중심 접근방법은 문제를 쉽게 정의하고 규정할 수 있다고 전제하고 있고, 전문적 개입에 쉽게 동조하는 경향이 있기 때문에 결함을 가질 수밖에 없다고 주장했다. 오히려 현재 우리가 직면하고 있는 문제들은 본질적으로 독특하고 아주 다루기 힘들뿐 아니라 다른 문제들과 맞물려 있으며, 끊임없이 격변하는 사회적 환경에 처해있다는 점에서 고약하다고 주장한다. 공교육 개혁과 자연환경 파괴 중단 등이 이러한 계획가들의 곤혹스러운 입장을 보여주는 대표적인 사례라고 할 수 있다 (Rothman, 2007 : 18 재인용).

실천적 측면에서 참여는 자신이 참여해서 만든 계획이나 정책 실행을 지지해 주는 이해당사자를 만들어 내는 것과 같다. 시민과 지역사회 집단들의 의사결정 과정에의 참여가 증가하고 있는데, 참여를 장려하는 것은 민주주의를 강화하고, 지역사회개발에 시민의 목소리를 반영하고, 다른 집단들 사이를 연결하고, 사회적 자본을 증가시킨다.

참여적 계획은 공동모금회(United Way)와 같이 전국적 차원의 기관이나 커뮤니티들의 활동에서 사용될 수 있다. 예를 들어, 미국심장협회 등과 같은 여러 형태의 전국적 건강 관련 조직들은 다양한 능력을 갖고 있는 클라이언트, 기부자 그리고 지역사회 주민들을 끌어 모으고 있다. 근본적으로 참여 범위가 넓은 계획이든 참여 범위가 좁은 계획이든 이러한 개입방법은 정신건강, 건강, 고령화, 주택 그리고 아동복지서비스를 전달하기 위해 구성된 정부기관이나 자원봉사기관에서 광범위하게 적용되고 있다.

(1-3) 계획/정책 + 실질적 옹호 : 정책 옹호(Policy Advocacy)

전형적인 합리적 계획은 객관성과 전문가적 공평 부당함을 전제하고 있다는 점에서 비판받았다. 사회는 수월한 문제만 만들어 내는 것도 아니고 동등한 입장을 가진 집단으로만 구성되어 있지도 않다. 사회는 이익을 보는 사람과 손해를 보는 사람, 기득권자와 주변인, 건강한 사람과 아픈 사람 등으로 구성되어 있다. 따라서 필연적으로 인본주의적 가치와 전문가 윤리는 위기집단을 지지하고 함께하는 휴먼서비스에 헌신할 것을 요구하고 있다.

중립적 자세를 유지하는 것은 지금 현재 상태를 그대로 유지하도록 하는 구조적 조건을 허용하기도 하므로, 주도권을 쥔 엘리트의 통제 아래에 있는 현 상태를 벗어나야 하는 것이다. 정책 전문가들은 자기 업무의 가치적 측면과 "권력에 진실을 말하는" 위임된 권한에 더욱 민감해지고 있다(Wildavsky, 1987; Rothman, 2007 : 19 재인용). 이런 과정을 따르는 정책 옹호는 대안적인 개입방법으로 자리매김하고 있다.

얀손(Jansson, 2003 : 13)은 전통적인 정책 실천과 정책 옹호가 어떻게 다른지 다음과 같이 설명하고 있다(Rothman, 2007 : 20 재인용).

> 우리는 ***정책 실천***을 그것이 새로운 정책을 만들거나, 현재의 정책을 개선하거나, 다른 사람들의 정책 주도권을 꺾어버리거나에 관계없이, 법적인 정책, 기관 정책 그리고 지역사회 차원의 정책을 바꾸려고 노력하는 것으로 정의한다. … ***정책 옹호***에 따르면, 정책 실천은 자원과 기회를 개선할 필요가 있는 여성, 아동, 빈민, 소수민족, 성소수자, 장애인과 같이 상대적으로 권력이 없는 집단들을 돕는 것을 지향하는 것을 의미하게 된다.

정책 옹호는 제도 내부에서 작동하기도 하고, 제도권 밖에서 활동하는 방법(3-1의 사회개혁 참고)도 있다. 제도 내부에서 작동하는 정책 옹호는 정부 복지부서, 도시계획국 등 도처에서 이루어지고 있다. 정책옹호자들은 정책 옹호 임무를 부여한 부서의 명령을 실행하기만 하는 것이 아니라, 흔히 조직의 최전방에서 헌신적인 개인으로 활동하고 있다. 그들 중에 일부는 무대책, 무기력, 무관심, 부정부패, 사기 등으로 좌절하거나 불안해하다가 결국 내부

고발자들이 된다.

정책 옹호는 장애인들도 기차와 고속버스 등의 대중교통 수단을 사용할 수 있도록 정부에 요구한다든가, 지역사회에서 적절한 보호를 받지 못하거나 방임되고 있는 아동들을 위한 보호 시설을 지방자치단체에 요구한다든가, 장애아동을 위한 특수학급을 지역 소재 학교에 요구하는 것 등 자신의 권리를 스스로 주장하기 두려워하거나 어려워하는 사회적 약자의 목소리를 대변하고 옹호하는 활동들에 사용된다. 그러나 이것이 단순한 요구나 주장에만 그치는 것이 아니라 실현 가능한 계획이나 정책 등의 대안을 함께 제시한다는 점에서 단순한 옹호 활동과는 다른 것이다.

(2) 지역사회 능력개발

(2-2) 역량 중심적 개발(Capacity-Centered Development)

기존의 개입방법 중 하나인 '지역사회 개발'이라는 용어가 지역사회에 있어서의 능력개발 접근방법으로 간주되어 사용될 때에는 항상 그렇듯이 문제가 많은 해석이 발생하고는 한다. 지역사회 개발이라는 것은 가끔 국가적 맥락이나 국가개발의 한 요소로의 개발(Walker, 2002) 또는 보다 구체적으로는 대규모의 경제개발(Hunt, 1989)이라는 의미를 함축하는, 그 자체로 약간은 모호한 용어이다. 이것은 가끔 국제적 범위에서도 사용된다(Stoesz, Guzzetta, & Lusk, 1999; Rothman, 2007 : 22 재인용). 그래서 사회적 역량(social competency)을 구축하는 데 초점을 맞추는 접근방법으로 더 정확한 명명이 될 수 있는 '능력개발'[6])이라는 용어를 선택해 사용한다.

사회계획 개입방법이 데이터 기반이라면, 능력개발 방법의 핵심은 목적을 결정하고 시민행동을 하는 데 있어 충분히 자신의 이익을 추구하기 위한 동력을 제공하도록 주민과 지역사회를 역량강화하는 것이다. 이 접근방법은

---

6) 능력개발 실천에 지적 근거를 제공해 준 사상가로는 존 듀이(John Dewey), 메리 포레트(Mary P. Follett), 쿠르트 레빈(Kurt Lewin), 에드워드 린드만(Eduard Lindeman) 등이 있다. 최근에는 디온(Dionne, 1988), 라핀(Lappin, 1985), 라스커 외(Lasker, et al., 2001), 로스(Ross, 1955), 월시(Walsh, 1997), 워렌 외(Warren, et al., 2001) 등이 이 개입방법에 대해 설명하고 있다.

지방의 지역사회 수준이든지 가상 공동체같이 지리적으로 넓게 흩어져 있는 이익집단이든지 간에 다양한 스펙트럼의 사람들의 폭넓은 참여를 강조한다는 것을 핵심으로 한다.

가빈과 트롭맨(Garvin & Tropman, 1998)은 이 기본 전략의 세 가지 차원을 밝히고 있다(Rothman, 2007 : 23 재인용).

- '지역사회 응집력(community cohesion)'은 공유하는 규범의 부족이나 상호 이해(mutual identification)의 결여에 대응하는 방법으로 개인과 집단 사이의 공통성을 만들어 내는 것과 관련되어 있다.
- '지역사회 역량(community capability)'은 집합적 문제 해결이 자리 잡을 수 있을 때까지 시민 인프라를 구성하는 행동 조직의 구축을 말한다.
- '지역사회 능력(community competence)'은 시민들이 의도한 목적에 영향력을 행사할 수 있게 하는 행동 기술과 리더십 능력을 전해주는 것을 의미한다.

지역사회 능력개발 개입방법은 셀즈닉(Selznick, 1992)이 '도덕적 연합(moral commonwealth)'이라고 말한 것을 매우 강조한다. 셀즈닉은 이것을 상호성, 정체성, 다수성, 자율성과 같은 말로 설명하였다. 로스만은 여기에 합의, 나눔, 학습을 추가하고, 이 접근방법에서 적어도 네 가지 주제를 찾아낼 수 있다고 하였다.

- 역량강화 : 자조에 근거해서 문제를 해결할 수 있는 커뮤니티 구성원의 능력을 강화하는 것
- 사회적 통합 또는 연대 : 다른 인종, 민족, 종교 그리고 사회적 계급 집단을 포함한 그 구성원들 사이의 조화로운 연관성을 달성하는 것
- 참여 : 시민 행동과 민주적으로 선택된 행동 목적에 대한 경험을 획득하는 것
- 리더십 개발 : 구성원들을 대변하고 그들의 행동을 이끌기 위해 양성된 토착 지도자를 개발하는 것

로스만은 이전 저술(1995)에서 이 방법을 'locality development(지역사회 개발)'이라고 불렀는데, 이 용어의 한계를 깨닫고 'community development(커뮤니티 개발)'로 수정하였다. 그 이유는 지리적 의미를 함축한 'local(지역)'이라는 용어는 장애인, 일하는 엄마들, 노인 그리고 공통 관심사를 가진 사람들을 연결해 주는 가상의 인터넷 네트워크와 같이 광범위하게 흩어져 있는 다수의 이익집단과 기능적 커뮤니티를 제외하는 문제가 있기 때문이다. 이런 사람들은 지리적인 것과 관계없이 메일, 전화, 팩스, 휴대폰 문자 메시지, 이메일, 그룹 채팅, 디지털화된 문서나 음성의 교환 등을 사용하여 의사소통하면서 자신의 관심과 이익을 위해 효과적으로 일할 수 있도록 조직되어 있다.

능력개발 실천의 예로는 사회복지관이나 다른 형태의 지역사회에 기반한 기관들에 의해 운영되는 근린지역 사업 프로그램, 정부 차원에서 진행되는 농촌지도자 양성 프로그램, 국제 사회에서 진행되는 제3세계 개발 사업(Peace Corp, AID, KOIKA)[7] 등이 포함된다.

그러나 최근의 몇몇 연구에서는 능력개발 프로젝트가 제대로 성과를 내기 어렵게 하는 여러 비관적인 현상들을 보여주고 있다(Rothman, 2000). 능력개발 프로젝트를 활용한 사업을 하다 보면 종종 지역주민들의 참여가 저조한데, 그 이유는 지역주민들이 자신과 가족을 위해 이 사업에 참여할 가치가 없다고 보기 때문이다. 경제적으로 부유한 지역주민들은 이런 사업에 따른 혜택에 대해 거의 기대를 하지 않으며, 자신이 혜택을 받은 경우에도 혜택을 나누지 않으려는 경향이 있다. 게다가 후원 조직은 전문가들에게 업무 수행에 필요한 자유재량권이나 시간을 제대로 제공하지 못하기도 한다.

지역사회개발과 관련된 문헌에서 지방에 대해 중요하게 다루지 않고 점차 무시하는 경향도 확실하게 나타나고 있다. 강력한 전국적 단체와 특정 지역

7) 국제평화봉사단(Peace Corp)은 미국의 독립행정기관으로서 미국 안에서 모집한 청년 봉사자에게 필요한 기술과 지식을 전문적으로 교육하여 도움이 필요한 제3세계나 개발도상국에 파견하는 사업을 하고 있다.
국제개발처(AID)는 미 국무부 소속 기관으로 차관 제공 등의 대외원조 업무를 수행한다.
한국국제협력단 코이카(KOIKA)는 외무부에서 출연한 공공기관으로 개발도상국에 대한 대외무상원조와 협력사업을 전담하고 있다.

의 단체에 의해서, 특히 TV나 인터넷 등에 영향을 더 많이 받는 생활 패턴 때문에 작은 지방은 자신이 가진 많은 것들을 잃어가고 있다. 사람들은 점차 자신을 특정 지역의 구성원으로 생각하기보다는 이익집단과 기능적 지역사회와 동일시하거나 그런 집단으로 조직화되고 있다.

원격으로 연결된 네트워크가 사회적으로 지방이 갖는 우수성과 깊은 대인관계를 증진할 수 있는지 아직 확실하게 대답할 수는 없다. 그러나 전 세계의 많은 곳에서 여전히 전통적인 지역사회가 중요하다는 것은 명백하다.

(2-1) 능력개발 + 실질적 계획/정책 : 계획적 능력개발(Planned Capacity Development)

지역사회 능력개발 접근방법에 대한 비판과 실패 때문에, 그것을 수정하기 위한 노력이 있었는데, 계획/정책 실천 요소를 포함한 혁신 두 가지를 소개하면 다음과 같다. 하나는 지역사회 경제개발을 향한 움직임이고, 다른 하나는 전국적 수준의 계획과 사회개발을 위해서 지역사회에 근거한 시도들을 결합하는 것이다. 이것을 로스만은 '계획적 능력개발'이라고 부른다.

지역사회 경제개발은 확실한 아젠다와 조직화된 메커니즘을 가지고 시작하는데, 낙후된 지역사회들이 가장 원하는 것은 경제적 상황의 업그레이드이다. 소이퍼(Soifer, 2002)는 이것이 주택개발, 택지개발, 일자리 창출, 은행 같은 보다 적절한 금융기구 설치 등에 집중함을 의미한다고 말했다.

개발을 위한 국가적 계획을 하면서 개발도상국가에서 일하는 개혁가들은 지역 커뮤니티들이 노력을 기울이지 않거나 결국 뒤처진다면 전국 규모의 경제적·사회적 발전을 위한 그들의 행동이 실패할 수 있다는 것을 알고 있다. 그래서 다수의 UN 지역사회 개발 프로젝트는 국가적 개발을 위한 전국적 프로그램에 지방 프로그램을 연결하고 있다. 이러한 시도는 여러 수준의 활동들과 통합하는 정책결정과 계획을 요구한다. 이 접근방법을 사용하는 것은 가끔 일반적인 정책들에 사람들과 경제적 힘, 그리고 생태적 보호를 함께 뒤섞는 것을 요구하기도 한다.

(2-3) 능력개발 + 실질적 옹호 : 정체성 행동주의(Identity Activism)

킨두카(Khinduka)는 실천 속에 속속들이 내재되어 있는 합의라는 이데올로기와 방법이 많은 사람들이 즐겨 사용하는 지역사회 개발을 실질적으로 방해하고 있다는 그의 신념에 근거해서 능력개발에 대해 비판하고 있다. 빈민, 소수자 그리고 주변부 주민에게는 실제적인 착취자와 적들이 있다는 것은 역사적으로나 최근의 관찰 결과를 보나 충분히 진실에 가깝다. 압력 기술과 갈등 기술 사용을 배제하는 것은 지역주민들이 그들을 억압하는 문제와 세력들에 정면으로 대항하지 못하게 할 수 있다. 표적 취약집단에게 시민으로서의 책임과 이웃 사랑이라는 보다 나은 태도를 장려하는 것은 확실히 역효과를 낳게 된다. 변화될 필요가 있는 태도나 행위들이 빈곤한 지역사회 밖에서 편안하게 살고 있는 절대로 굴복하지 않는 권력자들이나 특권 엘리트들의 것이라면 더욱 그렇다.

또 다른 문제점은 합의에 대한 완고한 사고방식이다. 이런 태도가 정확하게 바로 그 합의가 필요할 때 투쟁 정신을 억누르고 수동적으로 만들게 된다. 합의는 목적에 대한 광범위한 동의가 있어 전 국민이 조화를 이루고 있고 사회적 지위의 차이가 크지 않을 때 잘 이루어진다.

이러한 활동 지향적인 개입방법은 여성의식을 고취하여 정체성을 확립하려는 여성권 쟁취 운동이나 성소수자의 자부심과 연대를 최고의 목적으로 하는 성소수자 운동에서 여러 가지 흐름으로 나타나고 있고, 성소수자의 권리를 획득하기 위한 수단이 되기도 한다. 로스만은 이러한 개발/옹호 개입방법을 *정체성 행동주의*라고 명명하였다.

유사한 흐름을 관심사를 공유하고 상호지지를 제공하려고 모인 자조집단에서도 찾을 수 있다. 이 집단 중 일부는 외부자원을 모금하는 운동에 참여하기도 하며, 보다 인기 있는 정책이나 실천을 추구하는 운동에 참가하기도 한다. 신체장애인, 배우자 학대 피해자들, 성소수자의 부모나 친구들, HIV/AIDS 환자, 암환자나 정신질환자들, 입양 아동들, 참전 용사들의 자조 집단 등이 여기에 속한다.

(3) 사회적 옹호

(3-3) 사회행동(Social Action)

기존 개입방법의 하나인 '사회행동' 방법은 빈곤한 사람, 불이익을 받는 사람, 권리를 박탈당한 사람, 억압받는 사람들에게 혜택을 주려는 목적을 가지고 변화를 위한 핵심 도구로 '압력'이라는 것을 사용한다. 사회정의는 이 개입방법의 최고 이념이다. 이 접근방법은 불평등과 곤란함을 조장하는 조건들을 수정할 수 있는 권력을 가진 핵심 의사결정자들이 변화를 주저하거나 반대하는 사람들이라고 가정하고 있다. 그러므로 변화를 위해 애원하는 것보다는 변화를 요구하고 강요하는 것이 원하는 결과를 얻어내는 필연적인 방법이 된다.

개입을 압박하는 전형적인 형태는 1960년대 미국의 사회변화운동과 같은 공격적인 사회행동에서 볼 수 있다. 행동을 요청하는 것은 행진, 피케팅, 대중 집회, 연좌, 토론회, 시민 불복종 같은 대결적인 기술들에 초점을 두는 것이다. 사회적 옹호는 주로 돈, 연줄, 전문 지식(보통 영향력의 형태로 나타남)이 없는 주변부 집단들을 위해 활용되고, 그 캠페인에는 대규모의 참가자가 필요하다. 영향력을 대신할 만한 특별한 것이 없을 때 '피플 파워(people power)'는 경우에 따라 광범위하게 확산된 불편함과 무질서를 만들어 낼 수 있다. 기본 모델의 사회행동 모델은 이제 사회적 옹호 개입방법으로 대체되었고, 사회적 옹호는 사회행동을 포괄하는 더 폭넓은 개념으로 사용된다.

사회행동가들은 보다 나은 삶을 요구할 수 있도록 고통받는 사람들을 조직화하거나(예 시민권 운동) 자신의 대표자를 갖지 못하거나 자기 목소리를 내지 못하는 사람들을 대신해서 행동을 취하기도 한다(예 Children Now[8], PETA[9]).

---

8) 'Children Now'는 아동의 삶을 개선하는 옹호 활동을 하는 단체로서 정책형성이나 재원 분배에서 모든 어린이들의 요구가 반영될 수 있도록 노력하고 있으며, 아동의 잠재력을 최대한 발휘하는 데 장애가 되는 구조적 부정의를 개선하기 위해 헌신하는 단체이다(https://www.childrennow.org 참고).

9) '동물에 대한 윤리적 대우를 요구하는 사람들(People for the Ethical Treatment of Animals)'이라는 단체로 동물의 권리를 보호하기 위해 1980년 설립된 세계적인 동물보호운동단체다(https://www.peta.org 참고).

또한 사회행동가들은 시의회와 같은 정치 조직의 법제화된 정책들이나 복지부와 주택 당국 같은 정부 기구들의 특정 정책들이나 업무들을 목표로 삼기도 한다. 이 접근방법은 작은 조직을 통해서도 이루어지고, 대규모 집단을 동원하는 방식으로 사용되는데, 일부에서는 권력이나 자원의 재분배, 주변부 집단의 의사결정에의 접근권 확보와 같은 보다 근본적인 변화를 추구하기도 한다.

압력이라는 접근방법은 풀뿌리 조직화보다는 전통적인 로비나 합법적인 개혁에 초점을 두고 있는 일부 옹호집단에서도 영향력의 수단으로 분명히 사용되고 있다. 공격적인 사회행동 접근방법은 미국에서 노동조합과 급진적 정치 행동 운동과 마찬가지로 알린스키(Alinsky)의 '산업지역재단(IAF)'[10]과 '즉각적인 개혁을 위한 지역사회단체 연합회(ACORN)'[11]에서도 많이 사용되어 왔다. 이러한 접근방법에 해당되는 우리나라에서의 예로는 아동학대예방운동, 반핵운동, 각종 촛불시위 등이 있다.

옹호 접근방법에 지적인 기반을 제공한 사상가에는 막스(Marx), 푸리에

---

10) '산업지역재단(Industrial Areas Foundation)'은 알린스키가 1940년에 시카고에서 가난하고 힘없는 사람들이 자신의 집 마당에서도 혁명을 할 수 있도록 하자는 취지에서 조직화를 수행하기 위해 만든 조직이다. 이 조직은 조직가를 훈련하고 미국 전역의 지역사회 조직들에게 기금을 제공했다(IAF. en.wikipedia.org/wiki 참고).

11) '즉각적인 개혁을 위한 지역사회단체 연합회(Association of Community Organizations for Reform Now)'는 저소득층과 중산층의 권익을 보호하기 위해 설립된 진보적인 지역사회조직으로서 미국 최대 지역공동체 조직이었다. 에이콘은 1970년 아칸소주 리틀 록 시에 살던 가난한 흑인 부인들이 어느 집 부엌 식탁에 둘러 앉아 어떻게 하면 자기 아이들의 학용품을 제대로 사줄 수 있을까를 고심하던 것이 시발점이 되었다고 한다. 웨이드 라스케라는 사람의 도움으로 리틀 록의 가난한 어머니들이 조직되어 가난한 사람들이 옷과 가구들을 얻을 수 있도록 지원하는 지역운동을 시작했고, 학교 무료급식, 월남 참전 제대군인들의 권리보장, 병원의 응급실 확장 등 가난한 사람들의 필요를 대변하는 주민복지 활동을 하는 단체가 되었다. 1980년대 이후에는 무주택자 주택보급운동, 빈곤층과 소수인종들의 정치적 권리 확보를 위한 유권자 등록운동, 최저임금 인상운동 등 진보적인 활동들을 하면서 미국 최대 지역공동체 조직으로 급성장했다. 그러나 2006년 불법적인 유권자 등록 스캔들, 창립자 동생의 에이콘 공금 유용사건, 2009년 볼티모어 지부 직원의 불법적인 탈세방법 안내 몰카 폭로 사건 등이 연이어 터져 나오며 회생불능의 타격을 입게 되었다. 에이콘은 2010년 3월 22일 해체를 선언하고 역사 속으로 사라졌다. 부패의 낙인이 찍히고 도덕성에 치명적인 상처를 입은 시민운동은 존재의의를 잃게 된다는 교훈을 주는 좋은 사례가 되었다(ACORN. en.wikipedia.org/wiki ; 한겨레신문, 2010. 미 최대 지역공동체조직 '에이콘' 해체. hani.co.kr/arti/international/america ; 한국일보, 2009. 에이콘의 타락. http://hawaii.koreatimes.com/article/20090930/550951 참고).

(Fourier), 바쿠닌(Bakunin), 하버마스(Habermas) 등이 있고, 부분적으로 제인 애덤스(Jane Addams)[12]와 그녀의 동료 활동가들도 발전에 기여했다.

(3-1) 사회적 옹호 + 계획/정책 : 사회개혁(Social Reform)

공격적인 사회행동은 잘 통용되거나 수용되지 않는다. 선동가들에 의해 사용되는 분열적 기술들에 대한 사회적 용인 정도는 미미하다. 시민들은 이러한 방법에 연민의 지지를 보내기보다는 불쾌해하고, 공직자들과 힘 있는 엘리트들은 대결에 대응하는 데 능숙해지고 있다.

또한 하나의 동일한 이슈를 다루는 '단일 이슈 옹호집단' 사이에서의 다툼과 분열이 빈번하게 일어나고 비생산적이게 되고 있다. 개별 선거구별로 이 집단들은 자신의 특정 이익에 도움이 되는 방향으로 활동하려는 '정체성의 정치'에 빠져 있다(Gitlin, 1996). 미국에서 유색 인종들은 독립적으로 종종 경쟁적으로 자신의 길을 좇아가는 경향을 보이고 있다. 그러나 많은 지역집단이 의미 있는 성과를 이룰 수 있는 만큼 강하지 못하기 때문에, 연합(coalition) 구축이 사회행동의 전형적인 형태가 되었다. 그러나 연합은 유동적이고, 변하기 쉽고, 변칙적인 것이다. 이런 모든 정황 때문에 공격적인 사회행동을 성공적으로 수행하기 어렵고, 따라서 그 대안적인 방법이 모색될 필요가 있는 것이다.

공격적인 사회행동 집단 일부에서는 사회정의에 대한 깊은 헌신을 지속하면서도 데이터 기반 계획 도구 활용을 결합할 수 있는 접근방법으로의 전략적 전환이 필요하다는 것을 깨닫기 시작했다.

사회개혁은 이러한 대안적 접근방법으로는 아마 최고의 전문 용어일 것이다. 사회개혁은 20세기 초 진보의 시대와 관련되어 있다. 이 시기에 미국은 거대 기업의 급격한 번영과 하층민의 뼈아픈 사회적 좌절을 동시에 가져온

12) 제인 애덤스(Jane Addams : 1860~1935)는 미국 사회운동가로서 1887년 미국 최초의 인보관인 헐하우스를 설립한 것으로 잘 알려져 있다. 그녀는 아동과 여성의 8시간 노동 준수, 이민여성 보호, 최초의 소년재판소 설립 등의 운동을 펼쳤으며, 그 공로를 인정받아 1931년 노벨 평화상을 수상하였다.

거대한 산업 성장을 경험하고 있었다. 재능 있고 헌신적인 지식인, 활동가 그리고 사회복지사 집단이 이런 상황을 고치기 위해 나섰는데, 이 급박한 개혁가의 시대에 대표적인 지도자들로는 제인 애덤스(Jane Addams), 존 듀이(John Dewey), 릴리안 월드(Lillian Wald), 마거릿 생어(Margaret Sanger), 업톤 싱클레어(Upton Sinclair) 등이 있다. 이들은 아동 노동, 주택법, 양질의 고용, 식품과 약물 안전, 여성 참정권, 소년법원, 이민자 권리, 산재보험 등등 다양한 이슈에 대한 법률과 조례를 정치제도 전반으로 이끌어 냈다. 이것들을 통해 그들은 형평을 추구하는 항구적인 세련된 행동주의 모델을 제시하였다.

로스만은 현대사회에서 사회행동의 가장 전형적인 모델로 랄프 네이더(Ralph Nader)를 꼽고 있다. 그는 다수의 시민행동단체를 위해서 전통적인 개혁을 이끌어 냈기 때문이다. 소비자의 이익을 대변하는 옹호 활동이 네이더의 최초 주장이었고, 그의 활동은 기업과 정부의 악습에 대한 언론 폭로, 소비자 불매운동, 입법 운동 등과 같은 기술들에 중요한 기여를 하고 있다. 사회개혁 옹호는 데이터 분석 전문가와 정책 전문가들에 의해 잘 조사된 높은 수준의 보고서를 활용한 사실에 입각한 문서에 크게 의존하고 있다.

(3-2) 사회적 옹호 + 실질적 능력개발 : 연대 조직화(Solidarity Organizing)

미국노동운동에 의미 있는 노래가 있다면, 그것은 바로 "연대여 영원하라. 노조를 위해 우리를 강하게 하라"라는 가사를 가진 "연대여 영원하라"일 것이다.[13] 모든 노동자들에게 형제의식은 가장 가치 있는 것이고, 노동자들이 자신의 곤경에서 벗어날 수 있기에 충분한 힘을 모으는 방법이었던 조직화의 도구였다. 연대 조직화의 대표적인 예가 바로 다양한 노동자들의 노조운동일 것이다. 노동자들은 노조운동을 통해 자신들의 비참한 노동환경과 턱없이 부족한 임금 등의 경제적 이슈와 관련한 권리를 주장했고, 더 나아가 존엄한 인간으로서의 권리를 요구했던 것이다.

초기 노조운동에서 노동자와 노조는 기업 본사의 경영자들을 몰아내려고

13) 우리나라의 경우, 민주화운동과 민권운동을 상징하는 대표적인 노래는 '사랑도 명예도 이름도 남김없이'로 시작하는 '임을 위한 행진곡'일 것이다.

하기보다는 비참했던 업무 환경과 생활이 어려울 정도로 낮은 기업의 임금 규정을 개선하려고 했다. 이런 상황에서 미국 노조 운동에 변화를 가져온 사람 중 한 사람이 세자르 차베스(Cesar Chavez)였다. 차베스(Chavez)는 노조 조직화에 대해 다른 생각을 가지고 있었는데, 그는 처음으로 삶의 질 전반의 다양한 이슈에 관심을 가졌던 사회행동집단을 후원했던 알린스키(Alinsky)의 지역사회 서비스 조직(Community Service Organization)을 만드는 일에 기여했다. 차베스는 이주농업노동자의 경제적 상황을 개선하는 것만이 아니라 동일 집단으로서의 노동자 자신에 대한 이해를 향상시키는 일에 헌신했다. 그는 피케팅, 행진, 파업, 포도 수확 거부 등을 활용해서 당장의 생계비 기준 향상을 목적으로 하는 라틴계 행동주의자 프로그램을 시도했다. 그와 동시에 그는 이주노동자들의 민족정신을 고취하기 위한 방법도 시도했다. 옹호의 기초를 이루는 것은 민족 내부의 장벽을 뛰어넘는 상호원조와 커뮤니티 구축이라는 요소를 포함하는 것이다. 플로레스(Flores)는 차베스(Chavez)에 대해 이렇게 평가하고 있다. "그의 비전은 단지 전통적인 노조주의자들의 빵과 버터라는 이슈에만 국한된 것이라 사회에 의해 소외되었던 사람들의 존엄성을 재천명한 것이다(Tedjada-Flores, 2004)."

파울로 프레이리(Pablo Freire)의 활동도 비슷한 혼합 형태를 보여주는데, 그는 빈곤에 빠진 소작농들을 억압하는 세력에 대항하도록 하기 위해 소작농들을 역량강화하는 교육적 접근방법을 처음부터 사용하였다. 그는 '자유의 실천으로서의 교육'을 마음속에 그렸고, '의식화'를 통해 사회적 약자들의 동질적인 사회적 지위뿐 아니라 그것을 변화시킬 수 있는 방법도 함께 인식할 수 있도록 했다(Freire, 1998). 프레이리의 활동은 일반적으로 적용할 수 있는 영감을 주는 모델이고, 블랙 파워(Black Power)와 다른 인종 운동에도 적용되고 있다.

페미니스트 집단의 '여성 9 to 5 운동'은 낮은 수준의 여성동지애를 가진 상태에서 근로계약의 변화에 초점을 두고 있다. 1970년대의 초기 여성의식화 연구 집단에서 연대가 주된 목적이었고 구체적인 변화 목적은 이차적인 것이었다. 권리와 연대 중 어디에 더 가중치를 두어야 하는지 정확하게 말하기는 어렵다. 동일한 조직에서도 이 둘 사이의 균형은 시간의 흐름에 따라 달라질 수 있다.

로스만은 지역사회와 거시 실천을 분석하고 설명하는 많은 방법 중 하나로 이 확장 모델을 제시하고 있다. 그러면서 주어진 아홉 가지의 기본적인 방법들을 부분적으로 조절해서 셀 수 없이 많은 변형된 방법들을 만들 수 있다고 밝히고 있다. 예를 들어, 높은 수준의 능력개발과 아주 작은 수준의 옹호를 조합하면 종교기관에 적합한 방법이 될 수 있는데, 지역 교회와 시너고그(synagogue)[14]가 이러한 혼합의 대표적인 예라 할 수 있다. 그들은 대부분의 활동을 멤버십을 만들고 교육하면서 동료의식을 만들어 내는 것을 목표로 하게 된다. 하지만 자신의 이익이 침해된다고 느끼면 옹호를 사용하게 되는데, 예를 들어 주차구역에 대한 엄격한 단속이 이루어지면 교회 참석을 방해할 수 있기 때문에 그 문제에 대해 대항하게 될 것이다.

2. 웨일과 갬블의 여덟 가지 모델[15]

웨일(Mary Overby Weil)과 갬블(Dorothy N. Gamble)은 로스만보다 관심범위를 넓혀 지역사회복지 실천모델을 제시하였다. 웨일과 갬블이 주장한 모델은 미국 초기부터 발달해 온 지역사회복지 실천의 모습을 반영하고 있다. 그들은 인보관운동, 자선조직협회, 풀뿌리 주민조직화, 농촌 지역사회조직화, 다양한 민족과 인종집단의 조직화와 개발과 같은 역사적 전통에 뿌리를 두고 설명하였다. 이를 보면 예전부터 존재해 왔던 조직화 활동, 즉 다양한 민족 및 인종의 조직화 활동들이 바로 지역사회복지실천의 성장요인이라는 것을 알 수 있다(Betten & Austin, 1990; Rivera & Erlich, 1992, Rubin & Rubin, 1992 재인용).

---

14) 시너고그는 '만남의 장소'라는 뜻으로, 유대교의 대표적인 집회장소로 유대인이 있는 곳이면 반드시 존재하는 회당이다. 여기서는 예배의식, 각종 집회, 교육훈련 등이 이루어진다. 즉, 유대교의 회당인 시너고그는 유대인의 종교뿐 아니라 행정교육, 사교의 중심지 역할을 하는 곳이다.

15) Weil & Gamble(1995). *Community Practice Models. Encyclopedia of Social Work*. New York : NASW Press, pp. 577-594를 요약하였다.

이 모델이 개발된 1990년대의 현실을 반영하듯, 웨일과 갬블의 모델은 전보다 더 복잡하며, 서로 연관되고, 조직화 과정도 중복되어 있다. 그들이 제시한 여덟 가지의 모델은 **조직화**(organizing, 근린·지역사회 조직화, 기능적 커뮤니티 조직화), **개발**(development, 지역사회 사회·경제 개발), **계획**(planning, 사회계획, 프로그램 개발과 지역사회 연결), **사회변화**(social change, 정치·사회행동, 연합, 사회운동)라는 기능을 중심으로 재분류할 수 있다(Weil, 1996). 그리고 각 모델들은 목표, 변화를 위한 표적체계, 일차적 구성원, 실천가의 주요 역할에 따라 다른 특성을 보인다. 각각의 내용들을 간단히 설명한 후 이를 요약하면 표 6.4와 같다.

1) 근린·지역사회 조직화(Neighborhood and Community Organizing)

이 모델은 지리적 지역사회를 대상으로 한다. 하나의 이슈나 사건을 해결하기 위해 지리적으로 조직화한다고 하더라도, 대부분은 지역사회의 사회적·정치적·환경적 이슈를 다루게 된다. 여기서 조직화는 지역사회 역량강화와 지역사회 문제해결이라는 두 가지에 초점을 둔다. 지역주민은 조직화 활동에 관여하여 조직화, 문제 분석, 계획과 리더십에 관련된 기술을 계발함으로써 역량이 강화될 수 있다. 또한 주민들은 자기 지역사회의 사회적·경제적 상태를 향상시키는 계획을 세우고, 지역사회를 향상시키며, 지역사회가 처한 문제를 구체적으로 해결하기 위해 외부의 개발자를 찾는 구체적인 활동을 하게 된다. 즉, 이 모델은 주로 지역주민들이 함께 자신의 지역사회를 강화하고 삶의 질과 기회를 향상시키고자 할 때 적용된다.

변화를 위한 표적체계는 외부적으로는 중앙정부나 지방정부, 개발계획을 추진하는 기업이 되기도 하며, 내부적으로는 그들이 추구하는 정치적·사회적·물리적 환경의 변화를 이루기 위한 역량강화와 리더십 개발 그 자체가 되기도 한다.

지역사회복지 실천가는 조직가, 교육자, 코치, 촉진자의 역할을 수행한다. 지역사회복지 실천가가 조직가의 역할을 수행하는 경우, 근린지역 주민들에게 조직과정과 기술개발을 도와주며 조직을 만들기 위해 함께하고 이후에는 그 조직에서 참모(staff) 역할을 할 수도 있다. 지역 안에서 선출된 공식적인 리더십이 형성되면, 지역사회복지 실천가는 회의 계획, 목적 설정, 자원 할당, 방법 수립 및 실행, 평가 등을 위해 직원, 지역사회 구성원들과 함께하는 전형적인 참모로서의 역할을 수행한다. 이때 중요한 점은 조직의 리더십과 참모역할을 명확하게 구분하는 것이다. 지역사회복지 실천가는 리더의 역할을 직접 수행하는 것보다 주민들의 자체적인 리더십 개발에 더 많이 관여해야 하며, 조직화 과정에서 조직 구성원을 돕는 역할에 더 충실해야 한다. 또한 지역사회복지 실천가는 리더십 촉진, 집단 촉진, 조사, 행동 관련 기술을 사용할 때 공식 또는 비공식적인 교육자로서 역할을 해야 한다.

2) 기능적 커뮤니티 조직화(Functional Community Organizing)

이 모델의 특징은 지리적 의미가 아닌 기능적 커뮤니티에 초점을 두고 있다는 점이다. 기능적 커뮤니티는 이해관계를 기초로 한 커뮤니티를 말한다. 사람들은 가까이 살기도 하고 멀리 떨어져 살기도 하지만 그들은 공통의 이슈와 관심사를 공유할 수 있다. 그리고 그 관심사는 매우 다양한데, 예를 들어 장애아동의 욕구를 위한 옹호에서부터 환경보호까지 그 관심 범위가 아주 넓다.

기능적 커뮤니티 조직화 모델의 핵심적인 초점과 목표는 자신들이 선택한 이슈를 옹호하고 관련 정책, 행동, 태도의 변화를 목적으로 사회정의를 위해 행동하는 것이다. 이 모델에서 변화를 위한 표적체계는 일반대중과 정책 형성기관인 정부가 되며, 일차적 구성원은 이슈에 동의하는 동호인이다.

기능적 커뮤니티 조직화 과정에서는 자신들이 선택한 이슈와 관련된 교육을 하고, 내부 역량을 강화하고, 관련 이슈에 관한 지식을 증진하며, 리더십을 개발하기도 한다. 기능적 커뮤니티 조직에 새로운 구성원이 참여하게 되면 조직에서는 그에게 관련 지식과 기술을 알리고, 이를 바탕으로 그가 조직화, 사례옹호, 정책옹호 등을 할 수 있도록 지원해야 한다. 기능적 커뮤니티의 대표적인 예로는 발달장애부모(시민)연합, 여성운동, 환경운동, 인권운동

단체 등이 있다.

지역사회복지 실천가는 조직원의 충원, 문제정의, 옹호방법, 기술을 결정할 때 도와주는 촉진자로서 역할을 하며, 조사와 분석 기술을 가르쳐 주는 교사의 역할을 수행하기도 한다. 또한 정부나 대중매체에 해당 이슈를 알리고, 향후 활동의 명분을 위한 자료로 활용될 수 있는 보고서나 서류작성을 도와주기도 한다. 이러한 자료들은 기능적 커뮤니티의 구성원과 다양한 청중들이 사회정의나 관련 정책변화를 위한 활동을 할 때 중요한 수단이 된다.

3) 지역사회 사회·경제 개발(Community Social and Economic Development)

이 모델은 로스만(1979)의 지역사회개발 모델과 가장 유사하다. 그러나 이 모델에서는 저소득층과 불이익계층에게 직접적인 효과가 있는 사회적·경제적 개발이 중요함을 강조하고 있으며, 사회개발에는 반드시 경제개발이 동반되어야 함을 전제하고 있다.

이 모델의 주요 목표는 저소득층이나 불이익 집단들의 삶의 질과 기회를 증진하는 것이다. 이 모델은 지역주민들의 입장에서 사회·경제적 개발과 자원개발의 계획을 준비하고, 이를 이용할 수 있도록 지역주민과 지역사회의 역량을 강화하는 데 초점을 둔다. 이 모델의 일차적인 구성원은 저소득 주민이나 불이익 집단이며, 변화를 위한 외부 표적체계는 중앙정부나 지방정부, 은행, 재단, 외부개발자 등으로, 가지고 있는 자원을 지역사회 발전에 투자하도록 설득하려는 대상들이다.

지역사회 사회·경제 개발 모델의 주요 관심 영역은 시민들의 교육 수준과 리더십 기술을 향상시키는 것과 더불어 사회적·경제적 영역에서 투자의 균형을 이루는 것이다. 따라서 초기에는 서비스와 경제개발 프로젝트를 발전시키기 위해 지역사회 역량강화에 지대한 관심을 두는데, 특히 기본적인 교육과 전문적인 리더십 기술 향상에 힘쓴다. 이 모델은 개인, 집단들의 소득을 창출해 줄 경제발전 프로젝트에 초점을 두고, 보다 기능적이고 자급자족이

가능한 지역사회를 구축하기 위한 기반시설을 갖추기 위해 사회적 지원과 서비스 프로그램을 활성화하는 데 초점을 둔다.

지역사회복지 실천가는 종종 이러한 조직에서 또는 조직을 조직화하는 초기 단계에서 직원의 역할을 수행하므로, 현실적인 개발목표를 결정하거나 필요한 지역사회 기술과 자원을 확인하기 위한 니즈 사정과 조사기술을 알고 있어야 한다. 또한 지역사회 리더십과 기술을 개발하기 위해 지역사회를 조직화하고 훈련, 계획, 관리, 협상 능력을 갖추는 것이 필수적이다. 최근 국내에서 관심을 받고 있는 마을기업이나 마을 중심의 사회적 협동조합 그리고 마을협동금고가 이 모델에 해당된다.

4) 사회계획(Social Planning)

사회계획 모델은 지역사회 문제나 전체 사회에서 발생하는 사회문제를 합리적으로 해결하는 과정이자 실천방법으로, 사회서비스와 사회정책을 개발하고 확장하며 조정하는 것이다. 휴먼서비스기관의 협력체나 지역 휴먼서비스계획협의회의 개별 기관 수준에서 이 모델을 수행할 수 있으며, 지역의 선출직 공무원이나 지방정부도 수행할 수 있다. 계획과정에서는 사적 그리고 공적인 이해관계와 자원이 결합된 전문위원회가 역할을 하기도 한다. 이 모델에서는 휴먼서비스, 사회계획 그리고 서비스를 통합하는 과정에 합리성을 부여하는 것이 중요하며, 서비스에 필요한 자원을 결정하고 그 자원을 이용하기 쉽도록 해야 한다.

변화를 위한 표적체계는 지역사회 지도자의 관점이나 휴먼서비스기관 지도자의 관점이며, 이 모델의 기본 구성원은 선출직 공무원, 사회기관의 책임자들, 조직 간 협의체이다. 이들의 주요 관심 영역은 휴먼서비스 네트워크를 계획·조정하거나 공공영역에서 사회적 니즈들을 통합하여 계획하는 것이다.

이 모델에서 지역사회복지 실천가들은 계획가의 역할을 담당한다. 지역사회복지 실천가들에게는 조사, 니즈 사정, 평가, 계획서 작성 그리고 분석하는 전문기술이 필수적이며, 다양한 개인과 집단을 만나게 되므로 의사소통 기술과 관리기술 또한 요구된다. 대표적인 예로는 지역사회보장협의체에서 4년마다 수립하고 있는 지역사회보장계획이 있다.

5) 프로그램 개발과 지역사회 연결 (Program Development and Community Liaison)

이 모델은 프로그램 개발 과정에 지역사회 연결 활동이 필수적이라는 인식에서 출발하며, 이 모델의 궁극적인 목표는 지역주민 니즈를 사정하여 그 결과에 따라 서비스를 새롭게 개발하거나 증진하는 것이다. 또한 지역사회 서비스의 효과성을 증진하기 위해 기관 프로그램을 확장하거나 방향을 전환하는 것도 이 모델의 목표가 된다.

이 목표를 달성하기 위해서 시민들, 잠재적인 클라이언트, 지역사회복지 실천가 간의 상호작용이 대단히 중요하다. 지역사회와 서비스 프로그램 간의 상호작용은 다양한 방법으로 강화될 수 있다. 잠재적인 소비자와 시민이 니즈 사정 과정에 참여할 수 있고, 포커스 그룹 인터뷰에 참여할 수도 있으며, 자문기관과 정책결정 위원회의 지역사회 리더로 참여할 수도 있다.

변화를 위한 표적체계는 새롭게 개발되거나 재설계된 서비스의 잠재적 수혜자이며, 프로그램에 참여하기 위해 비용을 지불하는 사람들이다. 프로그램의 변화 계획과 프로그램 개발 과정에 관여한 기관 위원회와 지역사회 대표들이 이 모델의 기본 구성원이며, 주요한 관심 영역은 특정 대상이나 특정 지역사회를 위한 서비스를 개발하는 것이다.

이 모델에서 지역사회복지 실천가의 역할은 계획자, 계획서 작성자, 대변인, 중개자 그리고 집단 구성원들과 외부 프로그램 지원자들과의 상호작용 과정을 촉진하는 촉진자이다. 프로그램이 실행되면 지역사회복지 실천가는 프로그램 진행 정도, 의도한 변화와 서비스의 목적이 잘 수행되고 있는지, 변화하는 환경과 지역사회에 맞게 프로그램이 진행되고 있는지 등을 관리, 감독, 평가하는 역할도 해야 한다.

6) 정치 · 사회행동(Political and Social Action)

이 모델은 명백하게 실천현장의 현실과 초기 로스만(1979)의 모델에서 도출되었다. 정치·사회행동 모델은 기회를 제한하는 불평등에 도전하며, 지역사회 니즈를 무시하는 의사결정자들에게 대항하고, 부당한 결정에 항의하며, 주민들이 갖고 있는 자신의 효능감에 대한 믿음을 강화하고 부당한 상황에 도전하는 기술을 개발함으로써 주민들을 임파워링하려고 노력한다.

이 모델의 주요 초점과 목표는 정책이나 정책결정자를 변화시키는 것이며, 사회적·정치적·경제적 정의(justice)를 위한 행동으로 저소득 집단들에게 불이익을 야기하는 당국을 변화시키는 것이다. 권력을 이동하여 초기 의사결정과정에서 배제되어 왔던 사람들이 미래를 위한 의사결정을 할 수 있도록 하는 것으로, 참여 민주주의를 강화하고 사회정의를 실현하는 데에 근간을 두고 있다.

변화를 위한 첫 번째 표적체계는 사회적·정치적 변화 노력에 참여할 잠재적인 참여자로, 이들을 조직화하고 리더십 기술을 증진하여 역량강화할 것을 목표로 한다. 또한 선출직 관료와 행정가들도 이 모델의 표적체계가 되는데, 저소득층에게 부당한 정책결정을 변화시키고 보다 책임 있는 정책을 결정할 것을 요구해야 하기 때문이다. 그리고 지역사회의 환경오염이나 지역주민의 건강과 생존에 해를 입히는 기업과 정부당국이 표적체계가 되기도 한다.

이 모델의 주요 구성원은 특정 정치적 권한이 있는 시민이나 특정 사안에 책임 있는 시민이다. 관심 영역은 정치권력을 형성하는 것 그리고 사회정의 실현을 위해 제도를 변화시키는 것에 있다.

이 모델에서 지역사회복지 실천가는 옹호자, 교육자, 조직가, 연구자 역할을 수행한다. 내부적으로는 집단 과정에서 의사결정, 외부적으로는 직접행동, 대중매체와 접촉, 조사연구와 관련된 역량강화 역할을 수행한다. 직접 옹호자로서 역할을 하는 경우도 있지만, 지역사회복지 실천가는 집단 구성원들이 스스로 옹호할 수 있도록 도와주는 것이 훨씬 더 중요하다.

7) 연합(Coalition)

연합은 집합적인 사회변화를 위해 분리되어 있는 집단이나 조직들을 함께 동참하도록 하는 것이다. 자세히 설명하자면, 정치적 결정이나 환경변화, 필요한 자원 확보 등에 영향을 미칠 수 있는 힘을 형성하기 위해 장기적으로나 일시적으로 공통의 사회적·시민적·경제적·환경적·정치적 이해관계가 있는 조직들이 함께 일하는 것을 말한다.

이 모델의 목표는 연합체의 공통 관심에 필요한 자원을 끌어낼 수 있는 잠재력을 포함하여, 사회적 프로그램의 방향에 영향을 미칠 수 있는 다조직적 권력 기반을 형성하는 것이다. 연합의 일차적 구성원은 특정 이슈에 이해관계가 있는 조직들이며, 주요 관심 영역은 연합을 구성하는 집단이나 조직들이 동의할 수 있는 특정 이슈들이다. 예를 들어, 노숙자를 위한 연합은 많은 도시지역에 쉼터와 서비스를 제공하는 데 관심을 갖기도 하며, 저소득주민을 위한 연합은 저소득주민을 위한 임대주택 개발에 관심을 갖기도 한다.

따라서 이 모델의 표적체계는 새로운 정책을 승인할 수 있는 선출직 공무원이며, 서비스나 프로그램의 신설과 확장이 가능하도록 자금을 제공할 수 있는 재단 그리고 특정한 사회적 관심사에 대응할 수 있는 권한이 있지만 아직 준비되어 있지 않은 정부제도이다.

지역사회복지 실천가는 전문기관 연합 또는 휴먼서비스기관 연합에서 지도자와 대변인 역할을 하며, 연합을 형성하고 유지하기 위해 연합의 초점을 유지하면서 긴장의 균형을 맞추기 위한 중재와 협상의 기술을 활용한다.

8) 사회운동(Social Movement)

이 모델의 목표는 특정 인구집단이나 사회적 이슈에 새로운 패러다임을 제공하는, 사회변화를 강조하는 것이다. 모델의 일차적 구성원은 새로운 비전과 이미지를 창출할 수 있는 조직과 지도자이며, 변화를 위한 표적체계는 일반대중 그리고 정치제도이다.

전문직의 가치를 지키는 지역사회복지 실천가는 사회운동과 밀접하게 연결되어 있는데, 사회운동은 민주주의, 개인의 존엄성, 유색 인종의 권리, 빈곤층의 니즈, 지속가능한 발전, 인간의 발전과 자립이라는 폭넓은 목적을 지지하는 활동이다. 예를 들어, 시민권운동은 미국에서 가장 널리 알려진 사회운동으로, 시민의 권리와 사회적 권리운동, 여성운동, 장애인 권리운동 등에 직접적인 영향을 미쳤다. 우리나라에서 알려진 사회운동으로는 민주화운동, 복지국가운동, 장애인 차별반대운동 등이 있다.

여기서 지역사회복지 실천가는 사회운동조직을 직접 운영하는 지도자가 아니라 옹호자, 촉진자의 역할을 하게 된다. 인권이나 여성의 권리, 아동보호 등과 관련된 운동에 참여한다면 다학제적인 조사와 연구 작업 등에 관여할 수도 있다.

표 6.4 웨일과 갬블의 지역사회복지 실천모델

구분 / 모델	목 표	변화를 위한 표적체계	일차적 지지집단	관심영역	지역사회복지 실천가 역할
근린·지역사회 조직화	구성원의 조직화를 위한 능력개발, 도시, 지역계획과 외부 개발에 의한 직접 영향과 변화	지방자치단체, 외부 개발자 지역사회 주민	근린 지역사회 주민	지리적 지역주민의 삶의 질	조직가 교사 코치 촉진자
기능적 커뮤니티 조직화	행동과 태도의 변화에 초점을 둔 사회정의를 위한 옹호행동, 서비스 제공	일반대중 정부제도	지역사회, 지역, 국가 또는 전 세계에서 뜻을 같이하는 사람들	특정 이슈나 인구집단을 위한 옹호	조직가 옹호자 정보전달자 촉진자
지역사회 사회·경제 개발	주민의 관점에서 개발계획을 수립, 주민들이 사회·경제적 투자를 이용하도록 준비시킴	은행, 재단, 외부 개발자들, 지역사회 주민들	지역사회의 저소득주민, 소외된 주민, 억압받는 주민들	소득, 자원, 사회적 지지 개발, 기본 교육과 리더십 기술의 향상	협상가 추진자 교사 계획가 관리자
사회계획	선출직 또는 휴먼서비스계획 협의체의 시 단위, 지역 단위의 행동계획	지역사회 리더의 관점, 휴먼서비스 기관장의 관점	선출직 공무원, 사회적 기관과 기관 간 조직	지역 사회계획 중 공공영역의 사회적 니즈를 통합, 휴먼서비스 연계망 조정	연구자 계획서 작성자 정보전달자 관리자

프로그램 개발과 지역사회 연결	지역사회 서비스 효과성 향상을 위한 기관 프로그램의 확대와 수정, 새로운 서비스 개발	기관 프로그램 자금지원자, 기관 서비스의 수혜자	기관 위원회나 행정가, 지역주민 대표	특정 인구집단을 위한 서비스 개발	대변자 계획가 관리자 계획서 작성자
정치·사회행동	정책이나 정책 입안자들의 변화에 초점을 둔 사회정의에 기반을 둔 행동	선거권자 선출직 공무원들 잠재적 참여자	특정 정치적 권한이 있는 시민	정치적 권력 만들기, 제도적 변화	옹호자 조직가 연구자 후보자
연 합	프로그램 방향에 영향을 주거나 자원을 확보할 정도의 다조직적 권력 기반 구축	선출직 공무원 재단 정부 제도	특정 이슈에 이해관계가 있는 조직	사회적 관심이나 사회적 니즈에 관련된 특별한 이슈	중재자 협상가 대변인
사회운동	특정 대상집단이나 현안 문제에 대해 새로운 패러다임을 제공하는 사회정의를 위한 행동	일반대중 정치체계	새로운 비전과 이미지를 창출할 수 있는 리더와 조직들	사회 내에서 사회정의	옹호자 촉진자

출처 : Weil & Gamble(1995). Community Practice Models. *Encyclopedia of Social Work*. New York : NASW Press, p. 581.

3. 포플의 여덟 가지 실천모델[16)]

앞서 설명한 로스만이나 웨일과 갬블의 실천모델이 모두 미국의 지역사회를 배경으로 출현한 반면, 포플(Keith Popple)의 모델은 영국의 지역사회를 배경으로 한다. 지역사회 실천모델은 지역사회에 대한 이해를 바탕으로 지역사회 관련한 이론에 맞추어서 만들어지고, 더욱이 해당 지역사회의 상위 조직인 국가의 역사와 문화 등에 영향을 받기 때문에 앞선 모델들과 포플의 모델은 차이가 날 수밖에 없다. 특히 포플은 진보적 성향의 연구자로서, 그녀는 사회주의 이론가인 안토니오 그람시(Antonio Gramschi, 1891~1937)라든가 앞 장에서 설명한 민중교육학의 선구자인 파울로 프레이리(Paulo Freire, 1921~1997)로부터 지역사회복지 이론을 가져왔다. 그녀는 연구자에 따라서 지역사회에 대한 이해, 관점, 이론이 다양하므로 모델도 다양할 수밖에 없지만 자신

16) Popple, Keith(2000). *Analysing Community Work : Its Theory and Practice*. Burkingham : Open University Press. Chapter 5. Models of Community Work 부분을 요약하였다.

은 지역사회실천에 있어서 대부분의 사람들이 공통적으로 포함하고 있는 실천방법인 지역사회보호, 지역사회조직, 지역사회개발, 사회/지역사회계획, 지역사회교육, 그리고 지역사회행동 모델을 포함하였고, 페미니스트 지역사회 실천모델과 흑인·반인종주의 실천모델을 더했다고 밝혔다(표 6.5에 요약). 포플은 이 모델들이 각각 개별적으로 뚜렷하게 구분되기보다는 대상자를 명확히 알고 실천하는 '보호'에서부터 지역사회 전역에 해당되는 '행동'에 이르는 연속선상에 놓여있다고 하였다. 각 모델들에 대한 포플의 설명을 요약하면 다음과 같다.

1) 지역사회보호(Community Care)

지역사회복지 실천에 있어서 지역사회보호는 지역사회에 거주하고 있는 주민 – 특히 노인, 장애인, 5세 미만의 아동 – 의 케어(돌봄)를 위한 자원봉사서비스와 지역사회 네트워크를 조성하는 데 초점을 둔다. 이 모델은 특정 지역사회가 당면한 사회적·복지적 욕구가 무엇인지를 밝혀내고 자조(self-help)가 실현되도록 실천가를 활용하는 활동에 집중하는데, 이때 실천가는 자원봉사자를 포함하여 케어 담당자를 격려해서 케어활동이 잘 이루어지도록 만들어야 한다.

보통 지역사회보호는 세 가지 수준의 전문적인 개입으로 이루어진다. 첫 번째 수준의 케어활동은 전문가는 지속적인 지원과 모니터링 역할만 담당하고, 실제적인 활동은 자원봉사자와 저임금 도우미에 의해 이루어진다. 두 번째 수준의 케어활동은 단지 단기간 동안만 전문가가 개입하고 이후부터는 전문가의 개입 없이 이루어진다. 세 번째 수준의 케어활동은 전혀 전문가의 개입이 없이 비전문가에 의해서 이루어진다. 지역사회보호 모델의 핵심은 케어를 담당하는 자원봉사자들을 교육해서 신뢰할 만한 서비스가 제공되도록 하는 것이고, 동시에 무급이거나 저임금으로 활동하는 케어 제공자들에 대한 착취가 일어나지 않도록 주의하는 것이다.

이 밖에도 지역사회보호는 '비공식적 케어'라는 명목하에 수혜자의 가정에서 가족, 이웃, 친구 등에 의해 비공식적으로, 그리고 무보수로 제공되기도 한다. 영국의 경우, 사실상 이런 방식의 케어로 인해서 국가 예산 절감 효과가 매우 커서 1980년대와 1990년대 신우파 정부(신자유주의 정부)하에서 이 모델이 활성화되기도 했다. 그뿐만 아니라 1960년대 사회주의자들은 시설보호가 인간적인 처우를 제공하는 데 실패했다는 점을 지적하면서 이 모델을 선호하기도 했다. 그러나 일부 페미니스트들은 가정이 케어의 중심지가 되어 여성의 케어 부담이 커지는 점을 지적하였다. 그럼에도 불구하고 여전히 일부의 사람들은 지역사회보호로 인해 장애인에게는 독립생활이 가능하도록 하고, 지역사회 구성원들에게는 '공동체주의적'으로 지역사회 참여의 능력을 고취할 수 있다는 점에서 이 모델의 효용성을 주장하기도 한다.

2) 지역사회조직(Community Organization)

이 모델은 서로 다른 복지기관들 간의 상호 협력을 증진하는 수단으로서 영국 전역에서 활용되어 왔다. 예를 들어, 자원봉사협회, 노인복지위원회, 그리고 지방과 중앙 수준에서 유사한 조직들이 상호 협력해서 서비스 제공 사업을 하거나 여러 조직들이 모여 협력 사업으로 국가 지원금을 요청하는 사업을 하는 것이다. 이렇게 기관들이 서로 협력하면 서비스의 중복과 자원의 결핍을 피할 수 있고 보다 효율적이고 효과적인 복지서비스를 전달할 수 있다는 생각이 이 모델의 핵심이다.

그러나 이 모델에 대해서 일부 급진적 사회주의자들은 비판적인 시선을 보내기도 한다. '전문가'를 고용해서 운영하고 있는 지역사회 기관들이 국가 지원금을 받다 보면 소위 사회복지 전문가들은 해당 지역에 거주하는 노동자계급을 비롯한 취약한 사람들에게 정부에 대한 분노와 절망의 감정을 억누르라고 조언하는 경향이 있기 때문이다. 예를 들어, '지역사회개발 프로젝트(community development project)'에 참여했던 일부 실천가들 역시 지역사회조직 모델이 지역사회 거주자들의 필요와 관심을 고려하기보다는 관리자 방식으로만 운영되고 있음을 비판하였다.[17)]

17) 이에 관해서는 3장 지역사회복지의 발달과정 중 영국 부분을 참고할 수 있다.

3) 지역사회개발(Community Development)

이 모델은 지역사회 주민의 삶의 질 향상을 위해서 주민 자신이 기술(skills)과 자신감을 획득하도록 돕는 데 초점을 맞춘다. 교육을 통한 자조감의 향상을 강조하는 이 모델은 식민지 정책의 수단으로 활용되면서 발전했기 때문에 영국의 독특한 지역사회 실천방법이라고 볼 수 있다. 이후 이 모델은 UN이 주도하는 저개발국가의 지역개발에 사용되었다. 그러나 주류 식민지 시스템을 그대로 둔 채로 식민지 사람들을 그저 복종하는 사람의 처지로 남겨 두는 데 기여했다는 보고서가 나왔는가 하면, 저개발국가에서 사용되고 있는 지역개발 모델에 대해서도 영국의 식민지에서와 유사한 비판이 나왔다.

그러나 영국 내 근린지역에서 활용되는 지역사회개발 모델은 지역사회 집단들이 자신의 문제와 니즈를 구체화해서 드러낼 수 있도록 격려하는 과정에 초점을 둔다. 그리고 이런 과정이 자신들의 니즈들을 결정하고 충족시키기 위한 집단행동으로 이어지기를 기대한다. 이 모델에서 전형적인 실천가는 주민들이 자신이 규정한 문제를 스스로 다루어 봄으로써 삶의 기술을 배울 수 있도록 돕는 사람이다.

실천가와 연구자들은 지역사회개발 모델이 주요 정책을 제시할 수 있는 역할을 하며, 특히 전문적 이익, 정치적 이익, 지역사회 이익이 동맹의 형태로 묶이게 되면 재분배, 반박탈 정책과 실천을 실현할 수 있는 급진적 방법이 될 수 있다고 평했다. 이 모델에 입각한 기술과 지식을 활용하면 주민들이 자기 삶에 대한 파워와 통제가 가능해지는 기회를 얻을 수 있다. 그렇기 때문에 지역사회개발 모델은 사회계획 모델과 연동해서 지역주민이 규정한 문제가 지역사회계획으로 이어질 수 있도록 해야 한다. 이때 지역사회 실천가는 정책 입안자와 서비스 제공자를 직접 연결하고 활동해서 서비스 혹은 대안적 정책이 만들어질 수 있도록 해야 한다. 이런 의미에서 이어서 사회/지역사회계획을 세심히 살펴보자.

4) 사회/지역사회계획(Social/Community Planning)

앞서 언급한 것처럼 사회/지역사회계획 모델은 지역사회개발과 유사한 점이 있다. 이 모델은 가장 일반적인 지역사회복지 실천모델로 알려졌지만 모델명에 사회계획이 있는 것처럼 경제계획과 국가계획을 포함할 수 있다. 또한 비록 지역사회계획이라고만 부르더라도 사회정의를 위한 정치적 투쟁 하에서는 개방적이고 민주적인 계획이 요구된다는 점에서 경제 혹은 국가 계획의 성격이 지역사회계획 안에 내포되어 있다고 할 수 있다. 그러므로 사회계획이 되었든 지역사회계획이 되었든, 계획은 주변적인 사소한 변화에서 그치는 것이 아니라 국가 전체의 제도, 문화, 사상 등에 영향을 미칠 수 있다는 점을 명심해야 한다. 이를테면 포플은 노동자계급이 거주하고 있는 지역에서 재개발사업이 추진될 때 어떻게 계획을 세우느냐에 따라 노동자계급이 가지고 있는 불확실성과 통제의 부족으로부터 노동자계급을 보호하는 하나의 방법이 될 수 있다는 예시를 들었다. 한편 급진적 지역사회 활동가를 포함해서 지역사회복지 실천가는 자신이 일하는 지역사회에서 계획모델을 활용할 때 정부와 파트너십을 발전시킬 수도 있다. 이처럼 계획은 어떤 일이 성사되도록 미리 구상하는 행위 이상의 의미를 가진 중요한 사회적 행위이다. 그럼에도 불구하고 이 모델이 가진 주요 한계는 사실상 정책결정자들이 이렇게 만든 계획을 채택하지 않을 수도 있다는 점이다.

5) 지역사회교육(Community Education)

지역사회교육 모델은 교육과 지역사회를 보다 가깝게 하고 보다 평등한 관계를 맺도록 하는 교육 정책이자 실천이라고 할 수 있다. 영국에서 이 모델은 오랜 전통을 가지고 세 가지 갈래로 발전해 왔다. 첫 번째 갈래는 1920년대 케임브리지셔(Cambridgeshire) 주에서 일어난 학교를 기반으로 한 마을과 지역사회 대학운동이다. 두 번째 갈래는 1969년부터 1972년까지 시행되었던 교육우선지역(educational priority area) 프로젝트로, 교육부가 지정한 불리한

(disadvantaged) 도시에 '보상교육(compensatory education)'을 제공한 것이다. 세 번째 갈래는 1960년 말과 1970년대 초 사이에 있었던 지역개발프로젝트의 일부로 노동계급 성인 교육을 실시한 것이다.

후에 지역사회교육은 합의(consensus), 다원주의(pluralism), 그리고 갈등(conflict)이라는 세 가지의 다른 이데올로기에 따라 분석되었다. 합의 혹은 보편적 모델은 고등학교와 지역사회 대학에 초점을 맞추고, 다원주의 혹은 개혁주의자 모델은 초·중학교와 그 주변 근린지역에 초점을 맞추며, 갈등 혹은 급진적 모델은 노동계급 행동에 초점을 맞추어서 진행된다. 특히 갈등 혹은 급진적 모델은 학교 교육에 중대한 도전을 했던 프레이리로부터 심대한 영향을 받아서 혁신적이고 비공식적(비제도적)이며 정치적인 교육을 강조한다. 프레이리가 발전시킨 '해방을 위한 교육'은 배우는 사람과 가르치는 사람이 경험과 더불어 지식의 습득 과정에 함께 관여하면서 프락시스(praxis)[18]로 통합되어 가는 것을 의미하는데, 이 프락시스의 기본 특성은 일상생활을 틀에 박힌 방식으로 설명하는 것에 도전하는 비판적인 사고(critical thinking)와 대화(dialogue)에 있다. 동시에 억압당하는 상황(조건들)에 변화를 가져오는 데 필요한 행동을 모색하는 것이다.

포플은 그러므로 사회적 불평등으로 인해 약자의 위치에 처한 사람들이 본래 태생부터 가지고 있었던 자신들의 힘을 다시 찾도록 하고 사회정의에 입각한 사회가 구현되도록 하는 것이 지역사회복지실천이라 한다면, 단연코 프레이리의 민중교육론을 근간으로 한 지역사회교육 모델을 활용해야 한다고 주장한다. 프레이리의 민중교육론은 5장과 8장에서 더 상세히 설명되어 있다.

---

18) 프락시스는 흔히 '실천'으로 해석되는데, 이때 실천이란 쉽게 '행함'이라고 볼 수 있다. 그러나 프락시스는 그냥 행하는 것이 아니라 의식적으로 행하는 것을 의미한다. 이를테면 'doing by learning'으로 표현할 수 있겠다. 예를 들어, 수영을 배우는데 책을 통해 수영법을 익혔다면, 그 다음은 수영을 하면서 그 방법을 배운다. 즉, 강사나 다른 사람이 수영하는 것을 보면서 직접 해보는 것이다. 이때 수영을 배우는 사람은 몸으로 수영을 익히게 된다. 바로 이런 식으로 행하는 것, 즉 이론적 지식을 몸으로 실행하는 실천을 프락시스라고 한다. 그러므로 인간은 의식활동과 실천활동의 끊임없는 상호작용을 통해 성장한다. 프레이리는 이런 과정이 바로 인간을 해방시키는 과정이라고 보았다(허준, 2015).

6) 지역사회행동(Community Action)

지역사회행동 모델은 지역사회복지 실천의 가부장적 형태에 대항하고 상대적으로 힘이 없는 집단의 효능감을 높이기 위해 활용한다. '지역사회개발 프로젝트'[19]의 초기에는 지역사회개발 모델과 지역사회조직 모델을 바탕으로 해서 프로젝트가 진행되었지만 후에는 지역사회행동모델을 활용하기 시작했다. 이 모델은 전통적으로 계급을 중심으로 갈등과 직접행동의 형태로, 흔히 지역 수준의 단일 이슈에 대해서 권력 소유자와 협상하기 위해 활용되었다. 이러한 발달과정과 특징을 가진 지역사회행동의 중요한 줄기는 바로 노동조합 활동에 연결되어 있다. 이어서 이 모델은 1980년대와 1990년대 동안 '신도시좌파'라고 불리는 폭넓은 정치집단들로 구성된 도시사회주의자에 의해 발전되었다. 이런 정치적 성향은 좌파에 속한 정책 결정자들로 하여금 대규모 일자리 창출과 지역경제 재생을 약속하는 정책들에서 나타난 결함들을 인식하도록 만들었다. 1980년대 초 실업이 증가하면서 미취업자가 직면한 문제들과 지역사회행동 이슈들에 대한 대중의 관심이 더욱더 늘어났고, 이런 추세는 지금까지 지속되고 있다. 그래서 한쪽에서는 고용 문제 해결을 위해 지역사회행동과 협동조합이 중요한 주제로 떠오르고 있다.

이 모델에서 지역사회 실천가의 역할은 지역사회와 정부 사이에서 발생하는 긴장에 관심을 가지고 그것을 부각하는 일이다. 일반적으로 대부분의 지역사회실천은 정부의 지원에 의해 기관을 통해서 이루어지기 때문에 정부는 실천가들의 업무를 규정하고, 감독하며, 규제한다. 그러나 지역사회행동은 그 자체의 특성이 그런 것처럼 지역사회 실천가의 고용주(즉, 정부나 지방정부 당국)와 갈등을 초래한다. 그렇기 때문에 지역사회행동은 직접적이든 간접적이든 정부에 고용되지 않은 운동가들에 의해서 실천된다고 알려져 있다. 그러나 지역사회 실천가와 정치적 운동가를 혼동해서는 안 된다. 지역사회 실천가는 일정한 정도의 경험과 훈련을 통해서 지역사회 혹은 기관에 대한 특수한 기술과 지식을 갖추고 있는 전문가이므로 지역사회 집단 내에

19) 이 프로젝트에 대해서는 3장 지역사회복지의 발달과정 중 영국 부분을 참고하면 된다.

서 적극적인 역할을 담당하는 지역주민(혹은 운동가)이 수행하는 활동과는 차이가 있다.

7) 페미니스트 지역사회복지 실천(Feminist Community Work)

페미니스트 지역사회실천가들은 페미니스트 캠페인과 기존의 지역사회실천과 원칙에 1960년대 페미니즘 이론이 스며들도록 실천에 옮긴 사람들이다. 페미니스트들 사이에서 페미니즘에 동의하는 입장에는 서로 차이가 있지만 페미니스트 지역사회실천의 주요 목적이 여성의 불평등한 사회적 결정요소에 집합적으로 도전해서 여성복지를 증진하는 것이라는 데는 합의를 보았다. 비록 이 실천모델이 주로 개인적이거나 지역, 그리고 이웃 수준에 초점을 맞추고 있지만 실천적으로나 이론적으로나 보다 확대된 페미니스트 관심사와 연결되어 있다. 예를 들어서, 많은 지역에서 페미니스트들은 매 맞는 여성을 위한 대피처나 쉼터 등을 제공하기 위해서 노력해 왔다. 이처럼 안전한 숙소를 제공하는 것은 지역사회복지실천의 한 방법이지만, 폭력적인 남성의 손에서 고통 받는 개인 여성에게 즉각적으로 반응한 것, 그리고 이런 여성에 대한 정부의 부적합한 서비스 제공에 대응한 것이 남성폭력에 대항하는 입장을 취하는 실천이라는 점에서 그냥 지역사회복지실천이 아니라 페미니스트 지역사회복지실천이라고 하는 것이다.

페미니스트 지역사회실천은 여성이 당하는 불평등에 도전하고 그것을 뿌리 뽑는 데 집합적으로 활동하는 것 외에도 집단 안에 있는 여성 자신의 개인적 경험을 가지고 실천하는 것을 목적으로 삼는다. 이런 활동은 주로 의식고양(consciousness-raising)의 형태로 실천되는데, 여성들은 의식고양집단에서 소외감을 없애고 협동적인 투쟁을 하기 위한 연대감에 충만하도록 고취된다. 이렇게 집단을 활용하는 것이 이 모델의 특징이며, 또한 이 모델을 실행하는 첫 단계이다. 단일한 성으로 구성된 집단일수록 집단과정의 질이 높아지는데, 그것은 그렇게 구성되었을 때 구성원 사이가 내밀하고, 서로의 문제들에 보다 신속하게 직면하는 경향이 있기 때문이다.

페미니스트 지역사회실천가는 반위계적 구조와 참여적 방식으로 일하기 위해 창조적으로 다양한 활동을 하게 된다. 또한 집단과정을 거칠 때 실천가는 집단이 발전·성장하는 상이한 단계를 확인하고 개별 집단 구성원이 달성하는 성장에도 관심을 가져야 한다.

8) 흑인 · 반인종주의 지역사회복지 실천(Black And Anti-racist Community Work)

흑인들은 지속적으로 교육, 주택, 이민, 건강, 고용, 정치 영역에서 차별받아 왔고, 이에 대해서 캠페인, 자조집단, 직접행동, 대안적이고도 보완적인 서비스와 같이 상이하고도 중복된 방식으로 차별에 대응하는 방법을 발전시켜 왔다. 특히 이름도 알려지지 않은 흑인커뮤니티 조직들이 흑인커뮤니티와 흑인 아동의 교육을 주류 제도에 안착시키기 위해 꽤 성공적으로 영향력을 행사하기도 했다. 그러나 모든 흑인집단이 효과적인 성과를 내고 만족할 만한 자원을 가지고 있는 것은 아니다. 또한 흑인들도 다양한 국적으로 나뉘기 때문에 어떤 국적의 흑인은 보다 더 성공적으로 자신들의 커뮤니티를 유지하면서 주류 사회에 편입되는가 하면, 어떤 국적의 흑인들은 더 많은 소외와 차별 상태에 놓이는 경우도 있다. 따라서 흑인과 백인 사이, 그리고 흑인커뮤니티 내의 다른 국적을 가진 흑인들 사이에서 발생하는 차이를 조정하는 것도 이 모델의 내용 중 하나가 된다. 예를 들자면, 프로젝트에 지원되는 공공 자금이 특정 집단이 아니라 커뮤니티 전체에 배분될 수 있도록 해야 한다.

한편 이 모델에서 주의할 점은 흑인커뮤니티에 대한 지원이 오히려 흑인커뮤니티를 사회의 주류 조직에서 배제시키고 그들이 정말로 필요로 하는 니즈와 상관없는 것들을 제공하는 것은 아닌지를 판단하는 것이다. 그렇지 않으면 흑인에 대한 각종 지원이 오히려 구조적인 인종주의에 빠져서 반인종주의적 실천에 대한 인식을 흐리게 하는 결과를 초래할 수 있다. 따라서 지역사회실천가는 이 모델에서 무엇보다 우선시해야 하는 하는 이슈, 즉 흑인의 니즈 충족보다 중요한 이슈는 바로 인종주의에 대한 저항이라는 점을 명심해서 실천해야 한다.

표 6.5 포플의 지역사회복지 실천모델

방 법		사회복지사의 주요 역할/명칭	실천 사례/기관
지역사회보호	•사회적 네트워크와 자원봉사자를 양성 •자조 개념을 발전시키는 것	•조직가 •자원봉사자	•노인, 장애인, 5세 미만 아동과 하는 실천
지역사회조직	•서로 다른 복지 기관들 사이의 조정을 향상시키는 것	•조직가 •촉진자 •관리자	•자원봉사협의회 •인종평등협의회
지역사회개발	•한 집단이 삶의 질을 향상하기 위해서 기술과 자신감을 획득하도록 지원하는 것 •능동적인 참여	•조력자 •마을 실천가 •촉진자	•커뮤니티 집단 •세입자 집단 •세틀먼트
사회/지역사회 계획	•사회 상황의 분석, 목적과 우선순위 설정, 서비스와 프로그램의 실행과 평가를 하는 것	•조력자 •촉진자	•재개발이 진행되는 지역들
지역사회교육	•교육과 지역사회에서 보다 가깝고 더 평등한 관계가 이루어질 수 있도록 하는 시도	•교육자 •촉진자	•지역사회의 학교와 대학 •'보상 교육' •노동계급/여성주의 성인교육
지역사회행동	•지역사회 수준에서 대체로 계급에 근거하고 갈등에 초점을 맞춘 직접 행동	•운동가	•빈민가운동 •복지권운동 •재개발과 계획 반대 저항 •세입자 행동
페미니스트 지역사회복지 실천	•여성의 복지 증진 •여성에게 고통을 주는 불평등에 도전하고 뿌리 뽑기 위해 집합적으로 실천하는 것	•운동가 •조력자 •촉진자	•여성 쉼터 •여성 보건집단 •여성 치료센터
흑인·반인종주의 지역사회복지 실천	•흑인의 니즈를 지원하기 위한 집단을 만들고 운영하는 것 •인종차별에 도전하는 것	•운동가 •자원봉사자	•인종평등협의회 •인종평등 펀드 프로젝트를 위한 위원회

출처 : Popple, Keith(2000). *Analysing Community Work : Its Theory and Practice*. Burkingham : Open University Press, pp. 56-57.

참고문헌

김종일(2006). 지역사회복지론. 서울 : 청목.

이야기두레(2017). 우리 아파트에는 이야기가 산다. 경기 : 행복한 책방.

Dunham, A.(1970). *The new community organization*. NY : Thomas Y. Crowell Company.

Garvin, C., & Tropman, J. E.(1998). *Social Work in Contemporary Society*(2nd ed.). Boston : Allyn & Bacon.

Gitlin T.(1996). *The Twilight of Common Dreams : Why America is Wracked by Culture Wars*. NY : Henry Holt & Company.

Hardina, Donna(2002). *Analytical Skills : For Community Organization Practice*. West Sussex, NY : Columbia University Press.

Marie Weil, & Dorothy N. Gamble(1995). Community Practice Models. *Encyclopedia of Social Work*. New York : NASW Press, 577-594.

Popple, Keith(2000). *Analysing Community Work : Its Theory and Practice*. Burkingha m : Open University Press.

Rothman, J.(2000). Collaborative self-help community development : When is the strategy warranted?. *Journal of Community Practice, 7*, 89-105.

Rothman, Jack(1995). Approaches to Community Intervention. *Strategies of Community Intervention*(5th ed., pp. 26-63). Itasca, IL : F. E. Peacock Publishers, Inc.

Rothman, Jack(2007). Multi Modes of Intervention at the Macro Level. *Journal of Community Practice*, *15*(4), 11-40.

Soifer, S.(2002). Principles and practice of community economic development. In Roberts, A. R., & Greene, G. J.(Eds.), *Social Workers' Desk Reference*, 557-562. NY : Oxford University Press.

Tedjada-Flores, R.(2004). Cesar Chavez & the UFW. *Oxford Encyclopedia of Latinos and Latinas in the United States*. NY : Oxford University Press.

Weil, Marie(1996). Model Development in Community Practice : An Historical Perspective. *Journal of Community Practice*, *3*(3), 5-67.

한겨레신문(2010). 미 최대 지역공동체조직 '에이콘' 해체. hani.co.kr/arti/international/america

한국일보(2009). 에이콘의 타락. hawaii.koreatimes.com/article/20090930/550951
허 준(2015). 파울로 프레이리 ③ : 프락시스와 의식화. www.wasuwon.net

ACORN. en.wikipedia.org/wiki
Alinsky. Saul. en.wikipedia.org/wiki
Children Now. childrennow.org
IAF. en.wikipedia.org/wiki
PETA. peta.org

CHAPTER 07

지역사회복지 실천과정

사회복지 실천과정은 현장의 사회복지사들에게 어떤 과정을 통해 과업을 진행해야 하는지 향후 어떤 역할을 해야 하는지 알려준다. 지역사회복지 실천과정은 지역사회가 안고 있는 사회문제와 충족되지 않은 니즈를 발견하여 효과적인 대응방안을 마련하고 이를 실천에 옮기는 일련의 과정으로 구성되어 있다. 지역사회복지 실천과정은 일반적으로 사회복지 실천에서 널리 적용되는 과정과 크게 다르지 않지만, 특히 지역사회에서 적용되는 내용에 주목하여 살펴보는 것이 필요하다.

1. 지역사회복지 실천과정의 개요

사회복지실천의 과정은 일반적으로 문제 파악 및 욕구 사정 → 개입 계획 → 개입과 변화 → 평가 및 종결의 단계를 거치는데, 지역사회복지 실천과정도 이와 크게 다르지 않다. 지역사회복지 실천과정에 대해서는 표 7.1에서 보는 바와 같이 학자마다 조금씩 다르게 설명하고 있고 어느 과정을 중시하느냐에 따라 차이가 있으나 전반적인 과정은 비슷하다. 이 장에서는 하디나(2002) 등을 참고하여 지역사회 이슈 확인 → 니즈 사정 → 계획 및 실행 → 평가의 과정으로 구분하고 단계별로 살펴보도록 한다. 이때 단계와 단계 사이를 나누어 구분하기보다는 실천 활동의 지속적인 흐름으로 이해하는 것이 바람직하다.

표 7.1 지역사회복지의 여러 실천과정들

학자 \ 단계	1단계	2단계	3단계	4단계	5단계	6단계	7단계	8단계
김종일 (2004)	지역사회 사정	개입가설 수립	관계 당사자 파악	변화 가능성 분석	변화방법 선택	목적·목표 수립	전술 선택	시행 평가
최일섭 외 (2006)	문제발견·분석	정책 프로그램 개발	실행	평가				
홍현미라 외 (2010)	문제확인	문제원인 분석	목적·목표설정	실행계획	자원계획	실행	실행 과정 점검	평가 하기
백종만 외 (2015)	문제확인	욕구사정	계획수립 및 실행	평가				
던햄 (Dunham, 1970)	문제인식	문제분석	계획	조치	평가	다음 단계		
하디나 (Hardina, 2002)	지역사회 문제발견 및 규정	사정	계획 및 실행	평가				

⇩

지역사회 이슈 확인 ➡ 지역사회 이슈와 관련된 니즈 사정 ➡ 계획 및 실행 ➡ 평가

2. 지역사회 이슈[1] 확인

지역사회 이슈 확인과정은 지역사회에 내재되어 있거나 표출된 문제들을 확실하게 규명하는 단계로, 이 단계에서는 지역사회에 있는 충족되지 않은 니즈나 해결을 필요로 하는 문제들을 확인해야 한다. 지역의 이슈는 다양한 주민들과 꾸준한 대화로 파악할 수 있지만, 지역신문이나 지역에 걸려 있는 플래카드 등을 통해 가장 쉽게 확인할 수 있다. 이 단계에서 기억할 점은

1) 이 책에서는 가능한 문제나 욕구라는 용어 대신에 이슈나 니즈라는 표현을 사용하고자 한다. 지역사회를 문제가 있는 공간이라는 부정적인 느낌이 아닌, 다양한 이슈가 만들어지고 이슈를 통해 니즈를 확인하고 이를 해결하기 위해 노력하는 역동적인 공간으로 이해하자는 취지에서이다.

지역사회 내에 니즈나 문제가 있다는 것만으로는 이것을 해결할 수 있는 조건이 충분하다고 할 수 없다는 것이다. 따라서 이슈화된 니즈나 문제는 집약되고 분명하게 규정되어야 한다. 발견한 니즈나 문제를 이슈화하고 이 이슈들을 해결하기 위한 방안을 수립하여 실천에 옮길 수 있도록 의도적인 노력을 해야 한다.

지역사회 내의 특정한 집단의 상황이나 맥락이 어떻게 그들의 사회적 삶의 맥락을 방해하는지 아는 것은 이슈를 명확히 하는 데 도움이 된다. 같은 문제라도 각 지역사회의 문화적 차이에 따라 다르게 나타나고, 같은 지역사회 안에서도 상황이나 맥락에 따라 다른 형태로 나타날 수 있다. 주민들은 분명히 다른 차원의 경험을 하면서도 여전히 문제(problem)라는 같은 단어를 사용하기도 하므로 문제를 하나의 이슈로 집약해서 규정하는 일은 쉽지 않다.

그 이슈는 누구의 관점에서 제기된 것이고, 누구의 세계관에서 채택된 것인가? 서비스가 불충분하게 제공되거나 부적절하게 개입된 결과로 다른 집단의 문화나 현실이 잊혀진 것은 아닌가? 새로운 방식으로 해결될 가능성은 있는가? 문제해결이 지역사회를 단결시키기 위한 방법이 될 수 있는가? 이처럼 지역사회의 이슈에 대해 다양한 질문을 제기할 수 있으며, 이슈를 명확하게 규정하기 위해서는 다음의 사안이 확인되어야 한다.

첫째, 지역사회에서의 이슈의 의미를 파악해야 한다.

지역사회 이슈를 파악할 때에는 우선순위와 지역사회의 상황을 고려해야 한다. 이를 위해서는 실증적 자료수집이 필요한데, 예를 들어 그 이슈 해결이 얼마나 긴급한지, 그 이슈는 왜 여지껏 해결되지 못했는지, 그 이슈를 해결하기 위해 과거에 어떤 노력을 했으며 그 노력들이 현재 지역사회에 의미하는 바는 무엇인지, 그리고 이슈 해결의 장애요인은 무엇이었는지에 대해 파악하는 것이 필요하다. 이를 통해 지역사회 이슈가 지역사회에 어떤 의미가 있는지 파악할 수 있다.

둘째, 이슈의 개념화에 유의해야 한다.

이슈를 규정할 때 개념화에 신중해야 한다. 왜냐하면 이슈를 '어떻게' 규정하느냐는 다음의 과정에서 그 이슈가 어떻게 취급되느냐에 큰 영향을 미치기 때문이다. 다시 말해, 이슈를 어떻게 개념화하느냐에 따라 해결방안 모색 또는 정책수립을 위한 구상이 달라지고 그에 따른 구체적인 해결방안과 실천전략이 달라진다. 예를 들어, 지역사회 주민들의 건강악화의 문제 원인을 '지역사회 내 의료서비스의 부족'으로 규정하면 의료서비스를 확충하는 방향으로, '보건지식과 보건예방의식의 부족'으로 규정하면 주민들에게 보건교육을 실시하고 강화하는 방향으로 문제를 해결하고자 할 것이다. 이처럼 이슈를 확인하는 단계에서 이슈를 어떻게 규정하느냐는 향후 이슈 해결과정의 방향과 내용에 영향을 미친다는 점을 명심해야 한다.

셋째, 이슈와 관련된 다양한 입장들의 가치관을 고려해야 한다.

사회문제라는 것은 본래 '가치판단'에 영향을 받으며, 가치관이 서로 다른 집단은 그 문제를 다르게 규정한다는 사실에 주목할 필요가 있다. 그러므로 지역사회 이슈를 규정하고 분석할 때, 해결하고자 하는 이슈와 관련된 지역사회 구성원들의 견해에 대하여 면밀하게 고려해야 한다. 즉, 구성원, 지역주민, 전문가들은 그 이슈에 대하여 어떻게 생각하고 있는지, 누가 심각하게 해결해야 할 이슈로 생각하는지 또 누가 그렇지 않은지를 분석해야 한다. 또한 사회의 어떤 가치관과 제도 때문에 그 이슈가 만들어지고 유지되는지도 분석해야 한다. 그리고 실천가가 속한 기관이나 단체의 견해도 파악하고, 해당 이슈와 관련 있는 전문분야에서는 그 이슈를 어떻게 바라보고 있는지 등을 다각적으로 고려해야 한다.

넷째, 이슈와 관련된 이론과 자료에 근거해서 분석해야 한다.

이슈를 분석할 때 주관적 가치관에 따라 분석해서는 안 되며, 이슈와 관련된 객관적 자료를 수집하고 이론에 근거하여 분석해야 한다. 가치관만으로는 추상적이고 당위적인 수준에 머무르기 쉽다. 그러므로 다양한 지역사회 이해관계자들이 문제 해결을 위한 방향과 내용을 위해 논의하고 합의하기 위해서는 여러 형식의 근거 자료들이 필요하다. 이때 기술통계 자료나 지역주민 인터뷰 자료, 실태조사 보고서 그리고 사회과학 이론 등을 활용할 수 있다.

다섯째, 이슈를 '조작화(operationalization)'해야 한다.

실질적인 해결방안을 찾아내기 위해서는 이슈를 좀 더 구체적으로 조작화해야 한다. 조작화한다는 것은 그 개념을 측정할 수 있고, 실천할 수 있으며, 평가할 수 있도록 구체화하는 것을 의미한다. 따라서 이슈를 조작화할 때에는 그 이슈를 어느 정도 해결하도록 할 것인지, 그 해결하고자 하는 목표 수준을 어떻게 평가할 것인지 등을 고려하여 구체화해야 한다. 예를 들어, 주민들의 건강악화가 의료서비스 부족 때문이라는 이슈는, 건강악화의 개념을 '최근 3개월 지역주민의 질환 발생 비율'로, 그리고 의료서비스 부족은 '우리 지역의 인구 1천 명당 의사 수가 전국 평균보다 적다'로 조작화할 수 있다.

3. 지역사회 이슈와 관련된 니즈 사정

지역사회 이슈를 확인한 후에는 이슈와 관련된 니즈를 사정해야 한다. 지역사회 니즈 사정이란 한마디로 말해 지역주민에게 어떤 서비스가 필요한지 살펴보는 과정이라고 할 수 있다.

지역사회복지 실천에서 니즈를 사정을 할 때에는 상호작용하는 개인적·환경적·문화적 요소들을 고려해야 하며, 지속적으로 변화하는 사람, 상황, 환경들을 주목하고 동시에 곧바로 분석을 진행해야 한다. 지역사회복지 실천가는 개인·가족·이웃·환경체계를 사정을 할 수 있는데, 환경체계를 사정할 때는 네트워크, 중재기능을 하는 조직들, 공식적 조직들도 포함한다.

실제 의도했던 대로 지역사회 니즈 사정을 시작하기 전에 사정의 목적과 목표, 정보를 얻고 싶은 대상, 니즈 사정의 내용, 니즈 사정에 할당된 기간, 니즈 사정에 필요한 자원과 활용할 수 있는 자원, 사용할 수 있는 기술 등을 고려해야 한다. 이런 것들을 모두 고려해야만 현실에서 허락된 기간 내에 활용 가능한 자원들을 동원하여 원하는 내용을 알아낼 수 있기 때문이다.

1) 지역사회 니즈 사정 방법

다음은 일반적으로 사용되는 지역사회 니즈 사정 방법들인데, 지역사회복지 실천가들은 이 중에서 하나의 방법을 선택하거나 두 개 이상의 방법을 혼합하여 사용하기도 한다. 공식적으로 니즈를 사정할 때에는 대개 인터뷰와 같은 질적인 방법과 설문조사나 기존 통계자료 분석과 같은 양적인 방법을 혼합하여 활용한다.

(1) 설문조사

설문조사(survey)는 양적 조사방법을 활용하는 니즈 사정 방법으로, 많은 사람들로부터 정보를 수집할 때 사용하는 가장 흔한 방법 중 하나이다. 설문지를 통해 유용한 정보를 얻으려면 파악하고자 하는 니즈를 중심으로 한 설문지 문항구성에 유의해야 한다.

(2) 포커스그룹 인터뷰

포커스그룹 인터뷰(FGI : Focus Group Interview)는 질적 조사방법을 활용하는 것으로, 지역의 상황이나 개입하려는 이슈에 대해 잘 알고 있는 사람 6~10명 정도를 모아 주어진 주제에 대해 그룹토의 방법으로 니즈를 사정하는 방법이다. 포커스그룹 인터뷰는 지역사회 니즈 중 특정 주제를 사정하기 위해 독립적으로 실시되기도 하며, 다른 양적 연구를 통해 확인된 니즈 사정 내용을 보조하고 검토하거나 더 깊이 파악하기 위해 활용되기도 한다.

(3) 2차 자료 활용

2차 자료(secondary data)를 활용하여 니즈를 사정할 수 있는데, 이 2차

자료는 양적 자료일 수도 있고 질적 자료일 수도 있다. 조사하려는 것에 해당되는 데이터가 이미 존재할 때 또는 한 기관에서 니즈 사정을 위한 모든 종류의 자료를 수집할 수 없을 때 사용된다. 2차 자료 활용의 장점은 니즈 사정을 위한 자료수집 시간과 비용을 아낄 수 있다는 점이며, 모아둔 정보와 비교하거나 정보의 맥락을 아는 데 도움이 된다는 것이다. 또한 수집한 정보를 다른 지역이나 전국적인 상황과 비교하여 니즈를 파악할 수 있으며, 시간의 흐름에 따라 니즈의 변화를 추적할 수 있다는 장점이 있다 (Hawtin & Percy-Smith, 2007 : 143-145).

(4) 관찰

관찰(observation)은 실천가가 지역사회를 실천가의 시각으로 직접 관찰함으로써 니즈를 사정하는 방법이다. 관찰하는 방법에는 측정도구를 사용하여 관찰하는 방법과 직접 관찰하는 방법이 있는데, 사용하는 관찰 방법이 무엇이든지 간에 관찰을 할 때에는 객관성을 유지해야 하며 관찰한 바를 구체적으로 기록하는 것이 중요하다.

(5) 지역사회 지도 그리기

지역사회 지도 그리기(community mapping)는 지역사회를 직접 탐방하면서 관찰하거나 탐색한 것을 지도로 나타냄으로써 지역사회의 니즈를 시각적으로 확인할 수 있는 방법이다. 이는 지역사회 접근성을 사정하거나 주민과 함께 지역 공간의 특징을 파악하는 데 유용하여, 최근 다양한 연령의 주민들과 함께 지역사회 니즈를 사정할 때 자주 활용되고 있다.

지역사회 지도는 지역주민과 함께 직접 손으로 그리기도 하지만, 지역주민 지도 공유 플랫폼[2)]을 활용하여 지도를 그리는 등 다양한 시도가 이루어지고 있다.

---

2) http://madmap.creatorlink.net/index#MAPS 등

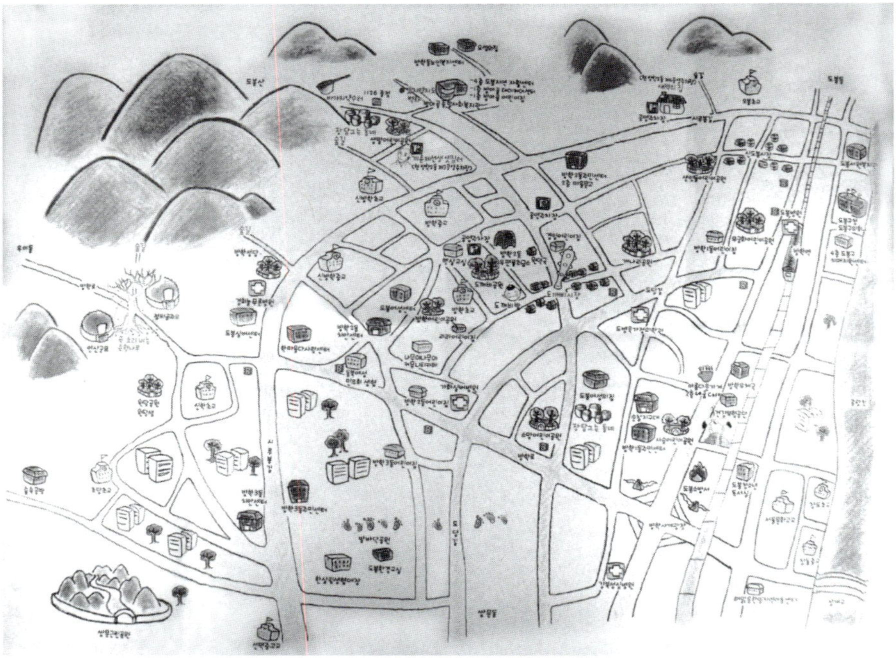

출처 : 방아골복지관 홍보자료.

그림 7.1 지역사회 지도

지금까지 일반적으로 사용되는 니즈 사정 방법에 대해 설명하였다. 여기에서 유의해야 할 점은 지역사회 니즈를 사정할 때 이와 같은 구체적인 조사방법만을 사용하는 것은 아니라는 것이다. 실천가는 일상의 실천과정에서 대화 등 다양한 방법으로 지역주민이나 지역주민 대표들을 만나 니즈를 사정할 수 있다.

더 알아보기 7-1 **커뮤니티 프로파일링(community profiling)**

커뮤니티 프로파일링은 해당 지역사회의 삶의 질을 향상시키는 실행계획이나 기타 수단을 개발할 목적으로, 지역사회 주민들의 적극적인 관여하에 주민들의 니즈와 그 지역사회 안에 존재하는 자원에 대해서 종합적으로 알아보는 지역사회조사 방법이다. 커뮤니티 프로파일링이 다른 지역사회조사와 가장 차이 나는 점은 조사과정에 반드시 지역사회 주민이 참여해야 한다는 것이다. 지역사회의 전적인 협력과 관여 속에서 진행된 지역사회조사는 지역사회에 대해 보다 충만하고 종합적이며 정확한 설명을 가능하게 하기 때문이다. 그래서 이 조사방법에서는 제일 먼저 지역사회 내에서 주민들로 구성된 커뮤니티 프로파일링 프로젝트 기획단을 조직한다.

기획단은 프로젝트의 규모에 따라 헌신적이고 활력이 넘치는 두서너 명의 주민들로 구성될 수도 있고 12~13명 정도로 구성할 수도 있다. 또한 기획단의 구성원은 수립하고자 하는 계획, 즉 조사의 용도에 따라서 일반주민일 수도 있고, 지역사회조직 대표나 담당자, 해당 부서의 담당 공무원, 상점 주인일 수도 있다. 이렇게 조직된 기획단이 프로젝트를 기획하고 정보를 수집하거나 기존의 정보를 활용하고 수집된 정보를 분석한다. 구성원들이 이러한 조사과정에 익숙하지 않은 경우에는 지역 내 대학과 연계하여 조사방법을 배워서 프로젝트를 수행한다. 그리고 조사된 결과들은 가장 효과적인 방법을 선택해서 지역사회에 알려서 지역사회 주민이 지역의 일에 관심을 가지고 참여할 수 있는 기회를 제공하는 것으로 조사를 마친다.

출처 : Murray Hawtin & Janie Percy-Smith(2007). Community Profiling-A Practical Guide. 김영란 외 공역(2016). 커뮤니티 프로파일링.

2) 지역사회 니즈 사정 시 포함할 내용

지역사회 니즈 사정은 지역주민, 서비스 전문가, 지역 지도자 그리고 정보제공자의 인식에 초점을 둔다. 지역사회 니즈 사정을 통해 지역사회에 영향을 미치는 문제를 확인할 수 있으며, 확인된 니즈를 해결할 수 있는 서비스를 확인할 수 있고, 서비스 접근성 이슈를 확인할 수도 있다.

다음 표 7.2는 지역주민의 니즈와 제공되는 서비스에 초점을 둔 니즈 사정에 포함될 수 있는 질문들이다(Hardina, 2002 : 116-117). 지역주민의 지역사회에 대한 견해, 지역주민의 서비스 니즈에 관한 견해, 서비스 제공자나 핵심 정보제공자의 지역사회 니즈에 대한 견해, 지역자산 등에 대해 질문함으로써 구체적으로 지역사회 니즈를 사정할 수 있다.

표 7.2 니즈 사정에 포함될 수 있는 질문들

지역주민의 지역사회에 대한 견해	• 지역주민들은 어떤 사회문제를 겪고 있는가? • 이 문제들을 어떠한 방식으로 해결해야 하는가? • 이 문제들을 해결하기 위해 지역주민들은 어떠한 행동을 취할 수 있는가? • 공공기관이나 정부는 어떤 행동을 해야 하는가? • 지역사회기관이나 시설 등은 어떤 행동을 해야 하는가?
지역주민의 서비스 니즈에 대한 견해	• 이 문제들을 해결하기 위해 지역사회에서 제공되는 서비스는 있는가? • 주민들은 확인된 문제들을 해결하기 위한 서비스가 제공되어야 한다고 느끼는가? • 이 문제들을 해결하기 위해 지역주민은 현재 가능한 서비스들을 이용하고 있는가? • 이러한 서비스들을 제공받지 못하는 주민들이 있는가? • 추가적으로 어떠한 서비스가 제공되어야 하는가?
서비스 제공자나 핵심 정보 제공자의 지역사회 니즈에 대한 견해	• 지역주민들은 어떤 유형의 서비스들을 필요로 하는가? • 지역단체나 기관에서는 현재 어떤 서비스들을 제공하고 있는가? • 하나 이상의 기관이나 단체에서 비슷한 서비스가 제공되고 있는가? • 여러 기관에서 제공되는 서비스들은 전문화되어 있거나 차이가 있는가? • 현재 제공되는 서비스들이 주민들의 니즈를 충족하기에 적합한가? • 지역주민들은 이런 서비스들에 접근 가능한가? • 이러한 서비스들을 받지 못하는 주민들이 있는가? • 추가적으로 어떤 서비스가 제공되어야 하는가? • 지역사회 기관들 간에 서비스는 어떻게 조정되고 있는가? (예 자원공유, 의뢰, 사례관리, 시설공유 등) • 전체 서비스체계로 볼 때 어떠한 서비스가 제공되지 못하고 있는가?
지역자산	• 지역주민들이 갖고 있는 기술이나 자원은 무엇인가? • 지역사회 내의 중요 조직이나 시설은 어떤 것이 있는가? 이런 기관들과 연결되어 있는 자산은 무엇인가? • 지역 기관 내의 중요 연결장치는 무엇이며, 지역조직화를 최대화하기 위해 그 연결장치들을 잘 활용할 수 있는 방법들은 무엇인가? • 지역의 외형적 특성은 무엇인가? 건축물이나 개방된 공간은 지역 조직과정을 증진하기 위해 활용될 수 있는가? • 지역 조직과정에 활용될 수 있는 지역 외부의 자원들은 어떤 것들이 있는가?

출처 : Hardina, Donna(2002). *Analytic Skills for Community Organization Practice*. New York : Columbia University Press, pp. 116-117.

이와 같이 파악된 니즈 사정 내용을 바탕으로 향후 문제해결을 위한 방향성이나 구체적인 방법을 선택할 때 SWOT 분석방법이 유용하게 활용될 수 있다. SWOT 분석을 통해 지역사회 자체의 강점, 약점 그리고 지역사회 환경의 기회와 위협요인을 조합하여 향후 대안을 모색할 수 있기 때문이다.

더 알아보기 7-2 SWOT 분석

SWOT 분석에서 SWOT은 강점(Strength), 약점(Weakness), 기회(Opportunity), 위협(Threat)의 앞 글자를 딴 것으로 원래 기업의 강점과 약점, 환경적 기회와 위협을 열거하여 효과적인 기업 경영 전략을 수립하기 위한 분석방법이지만, 지역사회를 분석할 때에도 유용하다. 지역사회가 가지고 있는 강점과 약점, 그리고 지역사회 외부에 의해서 갖게 되는 기회와 위협을 분석하여서 더 나은 지역사회를 위한 개입방법을 찾을 수 있다. 이 분석을 할 때는 다음과 같은 도표를 활용한다.

<table>
<tr><td colspan="2" rowspan="2">내부환경
외부환경</td><td>S 강점</td><td>W 약점</td></tr>
<tr><td>• ______
• ______
• ______</td><td>• ______
• ______
• ______</td></tr>
<tr><td rowspan="2">O 기회</td><td rowspan="2">• ______
• ______
• ______</td><td>SO 전략</td><td>WO 전략</td></tr>
<tr><td>• ______
• ______
• ______</td><td>• ______
• ______
• ______</td></tr>
<tr><td rowspan="2">T 위협</td><td rowspan="2">• ______
• ______
• ______</td><td>ST 전략</td><td>WT 전략</td></tr>
<tr><td>• ______
• ______
• ______</td><td>• ______
• ______
• ______</td></tr>
</table>

<○○시 지역복지를 위한 SWOT 분석의 예>

강점(S)	약점(W)
• 연령별 인구구조가 정상분포곡선을 보여 아직까지 사회의 동력을 제공할 청중장년층 인구가 많음 • 사회복지 국내 역사의 초창기부터 활동해 온 기관들의 오래된 경험이 축적되어 있음 • 관내 대학(원)에 사회복지학과가 있어서 사회복지의 이론과 현장 접목이 가능하고 중간관리자급에서 전문 사회복지인력이 진출하고 있음 • 시간이 많고 경험이 풍부한 노인들이 많아서 선배시민으로서 사회의 귀중한 자원이 될 수 있음	• 사회복지 예산배정과 시설 면에서 한쪽(노인분야)으로 치우쳐짐. 따라서 자원이 풍부한 분야와 그렇지 못한 분야 사이에 차이가 발생함 • 의료시설의 경우는 원도심 공백현상이 생기고, 기타 다른 사회복지 분야에서도 분야별·지역별 편차가 존재함 • 중앙정부의 시책사업에 치중해야 하는 구조로 인해 혁신적이거나 파격적인 사업에 관심이 부족함

기회요소(O)	위협요소(T)
• 친복지적이며 지역균형을 중시하는 정부의 탄생으로 인해 복지와 지역에 유리한 정책 구상이 가능해질 것임 • 시민의 힘에 의한 정권교체 후 시민역량 상승과 감시와 제안 능력이 확대되면서 인권을 근간으로 한 취약계층에 대한 관심이 증가하고 시민들의 사회참여가 활성화됨 • 진보적 성향의 교육감이 당선된다면 교육에 대한 방향이 바뀔 가능성이 있음 • 타 시군에서 획기적이며 독특한 사례가 늘어나고 있어 벤치마킹의 기회가 있음	• 지방자치단체장과 교육감 선거에 따라서 복지, 보건, 교육 등에 불리한 상황에 처할 수 있음 • 국가의 전반적인 경제침체가 이어진다면 중앙정부 시책사업에서 도와 시의 예산투입부분이 상승하여 현재보다도 더 지방자치단체 고유사업을 못할 수 있음 • 핵발전소나 기후변화로 인한 위협이 증가하고 있어 시민들의 심리상태가 불안정해질 수 있음

이런 식으로 지역사회를 분석하고 난 후에는 다음과 같이 네 가지의 전략을 구상할 수 있다.
① 강점-기회(SO) 전략 : 외부의 기회를 활용하기 위해 강점을 사용하는 전략
② 강점-위협(ST) 전략 : 외부의 위협을 회피하기 위해 강점을 사용하는 전략
③ 약점-기회(WO) 전략 : 약점을 극복함으로써 외부의 기회를 활용하는 전략
④ 약점-위협(WT) 전략 : 외부의 위협을 회피하고 약점을 최소화하는 전략

4. 계획(정책 및 프로그램) 및 실행

계획을 수립한다는 것은 다양한 해결대안 중에서 가장 효과적이고도 효율적인 방안을 찾아내는 '선택'의 과정이라고 할 수 있다. 그런데 그 선택은 쉽지 않다. 왜냐하면 정책이나 프로그램을 선택할 때 지역사회복지 실천가는 소속기관, 정부, 문제로 인해 직접 영향을 받는 대상 집단, 문제해결과 이해관계가 있는 정치인, 기업인, 전문분야 등 관련 집단으로부터 상당한 영향을 받게 되기 때문이다. 계획과 실행의 단계는 활용하고자 하는 지역사회복지 실천모델 유형에 따라서 내용이 달라진다. 이 장에서는 6장에서 다룬 다양한 실천모델과 상관없이 공통적으로 고려해야 하는 내용을 중심으로 설명하겠다.

1) 지역사회복지 실천계획의 유형

지역사회복지 실천계획은 이슈의 종류와 활동 범위에 따라 정책, 프로젝

트, 프로그램의 세 가지 유형으로 구분되며, 지역사회복지 실천가들은 지역사회 문제를 해결하고자 하는 상황에 따라 이 세 가지 중 하나를 선택하게 된다.

(1) 정책

정책은 지역사회의 이슈를 해결하기 위해 지역사회의 거시적인 측면에 접근하는 방법이다. 정책형성을 위해서는 지역사회보장협의체, 사회복지협의회 또는 사회복지관협회와 같은 기관들의 연합단체 또는 시민단체들과 연대하여 진행하는 경우가 대부분이다. 지역사회의 민간과 공공기관들의 법적 협력기구인 지역사회보장협의체에서는 지역사회보장계획을 통해 지역에 필요한 정책을 형성한다. 또한 민간기관에서는 사회복지예산감시팀을 운영하여 지역의 사회복지예산 편성 및 집행에 관여하거나 정책 건의를 하는데, 광주광역시 '광주사회복지참여예산운동네트워크', 인천광역시 '인천참여예산네트워크', 천안시 '참여예산복지네트워크' 등이 대표적이다. 또한 청소년 흡연을 예방하기 위한 담배자판기 설치에 관한 조례를 제정한 부천시의 사례, 유기농 무상급식을 위한 조례를 제정한 대전시의 사례 등이 있다. 이처럼 정책이 형성된 후 지방자치단체의 조례로 제정되어 그 정책이 공고하게 되는 경우를 발견할 수 있다.

(2) 프로젝트

프로젝트는 정책과 프로그램의 중간 정도의 수준에서 실천계획을 수립하는 것이라고 생각할 수 있다. 한 기관 단독으로 진행하기보다 다양한 기관이나 단체가 하나의 목표를 정하고 네트워크를 이루어 여러 해 동안 진행하는 경우가 프로젝트에 해당된다. 서울시에서 마을만들기 사업을 추진하기 전에 이미 시민단체나 사회복지기관들을 중심으로 마을만들기운동이 진행되었는데, 이는 프로젝트의 대표적인 예라고 할 수 있다. 이 외에 부산의 반송마을의 마을만들기나 남양주시의 사례관리 등이 있다.

(3) 프로그램

개별 사회복지기관이 다룰 수 있는 영역과 범위 안에 있는 이슈를 해결하기 위해서는 프로그램을 중심으로 정책이 수립되고 실행되는 경우가 대부분이다. 개별 사회복지기관이 관할하는 지역 안에 살고 있는 주민들은 어떤 어려움을 겪고 있는지, 그 어려움을 해결하기 위해서 어떤 서비스가 제공되어야 한다고 생각하는지, 지금보다 어떤 서비스를 더 원하는지, 활용할 수 있는 자원들은 무엇이 있는지 등을 사정하게 된다. 그 후 사회복지기관은 이를 해결하기 위한 새로운 프로그램을 개발하여 실행하거나 기존의 프로그램을 확장 또는 수정하여 초점을 바꾸기도 한다.

2) 실천계획 단계

지역사회에서 제기된 이슈에 개입할 때에 일련의 과정이 필요한 것처럼, 어떻게 개입할 것인지 계획할 때에도 과정별로 주요 사항들을 고려해야 한다.

(1) 목적 및 목표 설정

계획을 수립하기 전에 계획의 목표를 과업 중심 목표와 과정 중심 목표 중 어디에 초점을 둘 것인지 결정해야 한다. 지역사회의 이슈 해결 그 자체가 중요한 목적인지 아니면 이슈 해결 과정에서 달성할 수 있는 지역사회의 역량강화나 주민의 의식고양에 더 초점을 둘 것인지 결정하는 과정이 선행되어야 한다.

(2) 행동체계와 표적체계 확인

모든 지역사회복지 실천계획을 세울 때에는 누가 주로 참여하게 될 것인지(행동체계), 목표를 달성하기 위해서는 누구를 대상으로 계획을 실행해야 할 것인지(표적체계) 등도 구체화할 필요가 있다. 행동체계는 사회변화를 추구하는 집단 구성원으로, 실천모델에 따라 다르지만 대체적으로 조직가, 선거권자, 지역주민 전체, 특정 이슈에 관심이 높은 시민 및 예상되는 미래 수혜자가 포함된다. 한편 표적체계는 일반적으로 정책에 영향을 미치는 집단이나 개인을 의미하며, 선거에 의해 선출된 관리, 정부관료 또는 지역기관 대표 등이 포함된다.

(3) 방법과 기술의 선택[3)]

일반적으로 지역사회복지실천 계획을 구체적으로 실행하기 전에 주로 어떤 방법을 사용하고 어떤 기술을 활용할지에 대해서 미리 계획해야 한다. 그리고 이 방법과 기술은 당초 정한 목적과 목표를 달성하는 데 용이할 수 있게끔 서로 연관성을 가지고 있어야 한다. 지역사회복지 실천에서 사용하는 일반적인 방법은 크게 협력, 캠페인, 대결이 있다. 이 방법들은 행동체계와 표적체계가 어떤 관계에 있느냐에 따라 다르게 선택된다. 예를 들어, 표적체계가 표적체계이면서 동시에 행동체계일 경우 협력방법을 사용할 수 있으며, 주요 의사결정자와 대중 전체가 표적체계가 될 때에는 캠페인 방법을 사용할 수 있다. 한편 상대 진영이 표적체계일 때는 대결방법을 사용할 수 있다.

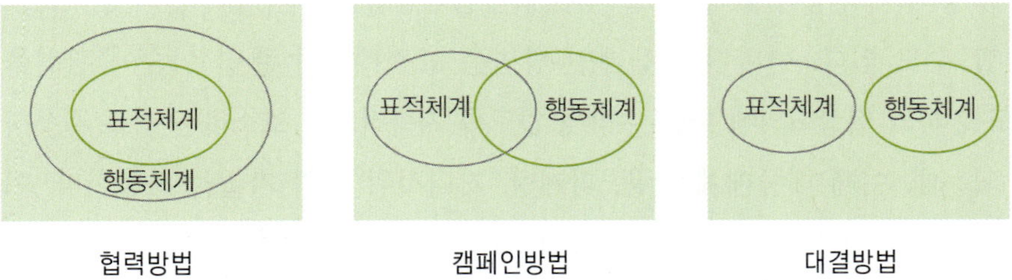

출처 : Hardina, Donna(2002). *Analytic Skills for Community Organization Practice.* New York : Columbia University Press, p. 230.

그림 7.2 행동체계와 표적체계의 관계에 따른 실천방법

---

3) 일반적으로 방법은 '전략(strategy)'으로, 기술은 '전술(tactic)'로 표현된다. 전략은 특정 사회문제 해결을 위한 장기적인 행동계획을 의미하며, 전술은 변화를 추구하는 전략의 일부로 단기적 행위를 의미한다. 그러나 전략과 전술이 군사용어라는 점에서 이 책에서는 전략은 '방법'으로, 전술을 '기술'로 바꾸어 표현하고자 한다.

① 협력방법

변화라는 궁극적 목표 달성을 위해 참여한 집단들 사이에서 서로 합의할 수 있으면 협력방법을 사용할 수 있다. 이를테면 기존 권력구조 안에서 공통 관심사를 찾을 때, 자원을 공유할 때, 공동계획을 제안할 때, 공동행동이 필요할 때 행동체계와 표적체계는 서로 협력이 가능하다. 이때 합의 도출, 협조, 대중 교육, 설득과 같은 기술을 사용하게 된다. 이 방법은 주로 지역사회개발 모델에서 사용된다.

② 캠페인 방법

캠페인 방법은 기존 구조 안에서 집단 간 차이를 최소화하거나 상대의 동의를 구하고자 할 때, 계약규정이나 협상방법을 결정할 때 사용된다. 캠페인 방법의 주요 목적은 문제와 이슈와 관련 있는 상대방 혹은 해당 이슈와 직접 관계가 없는 대중이 참여할 수밖에 없도록 만들기 위함이다. 다시 말해, 참여하지 않으면 문제를 회피하고 있다는 인식을 주어 참여를 압박하는 방법이며, 상대방이 캠페인 내용에 동의하도록 압박하는 방법이기도 하다. 캠페인 방법의 궁극적 목적은 대결이나 갈등이 아니라 타협점을 찾는 것이다. 즉, 어느 한쪽을 배제하기 위한 것이 아니라 양자 간의 의견 차이를 줄여 동의하도록 하는 데 목적이 있다. 동의 가능성이 보이면, 그 이후에는 협력방법을 구사하여 합의에 이르도록 할 수도 있다. 한마디로 캠페인 방법은 표적체계가 관련 이슈에 관심을 갖도록 하고 협상회의에 나올 수밖에 없도록 지속적으로 호소하는 경우 사용하게 되는데, 이때 대중매체 활용, 피케팅, 거리시위 등의 기술을 사용한다. 이 방법은 주로 지역사회계획 모델이나 사회행동 모델에서 사용된다.

③ 대결방법

대결방법은 기존의 구조 안에서 양측의 동의 가능성이 매우 낮아 구체적 갈등행동을 취해야만 할 때 사용된다. 원하는 특정 정책을 결정하고 채택하도록 표적체계인 의사결정자들에게 압력을 가할 때, 특히 표적체계가 전혀 변화할 것 같지 않은 강력한 상황에도 사용한다. 이때 보이콧, 점거, 집단소송 등의 기술을 사용하며, 이 방법은 사회행동 모델에서 주로 사용된다.

3) 실천가의 역할

실천가는 주로 어떤 역할을 해야 하는가? 지역사회복지 실천과정에서 실천가들은 중개자, 교육자, 옹호자, 연결자, 촉진자 등 다양한 역할을 수행해야 하지만 어떤 모델에서 어떤 방법과 기술을 사용하느냐에 따라서 그 역할이 달라질 수 있다. 또한 실천가가 바람직하다고 생각하는 행동방향과 가능한 대안들을 어떻게 혼합하여 선택할 것인지도 사전에 탐색해야 한다.

실천가는 지역사회개발모델에서는 주로 협력의 방법을 사용한다. 실천가는 주민들이 함께 협력하여 문제를 해결할 수 있도록 그들의 참여와 역할을 안내하고 도와주며, 참여활동을 촉진하는 안내자, 조력자, 촉진자 역할을 수행하게 된다. 또한 주민의 회의 방법 등 문제해결기술과 윤리적 가치를 알려주는 교육자 역할을 수행하기도 한다.

지역사회계획모델에서는 합리적 문제해결 방법을 기본 실천방법으로, 자료 수집 및 분석, 캠페인 등의 기술을 선택한다. 캠페인은 집단 간 차이를 최소화하거나 상대방의 동의를 구하는 방법으로 표적체계가 협상 테이블로 나오도록 그리고 정책(계획)을 선택하도록 대중매체를 활용하거나, 피케팅 기술 등을 활용한다. 이 과정에서 실천가는 자료수집이나 자료 분석, 적절한 활용방안 선택 등의 전문가, 촉진가의 역할을 수행하게 된다.

마지막으로 사회행동모델에서는 대결과 캠페인 방법을 주로 사용한다. 갈등행동을 취해야만 할 때 그리고 표적체계가 전혀 변화할 것 같지 않은 강력한 상황 등에서 보이콧, 집단 소송, 거리시위, 피켓팅 등의 기술을 동원한다. 따라서 실천가는 협상의 과정에서 협상가, 계획(정책)의 희생자들을 위한 옹호자, 행동체계에 함께 할 주민들을 조직하는 조직가, 활동가의 역할에 집중한다.

이상과 같이 지역복지실천을 위한 계획에서 고려되는 사항을 6장에서 배운 지역사회복지 실천모델에서 모두 활용할 수 있다. 가장 널리 알려진 로스만의 기본 모델과 연결하여, 각 모델별로 행동체계와 표적체계의 규정, 실천의 방법과 기술의 선택, 그리고 실천가의 역할로 구분하여 정리하면 표 7.3과 같다.

표 7.3 지역사회복지실천 계획 시 모델별 고려요소들

	지역사회개발	사회계획	사회행동
행동체계	지역주민 핵심 지역 기관, 조직	급여 대상자 기획 기관	사회의 피억압계층
표적체계	공동 참여자 지역사회, 주민	사회변화 관련 정책결정자들	억압기관의 대표 정부 정책결정자, 기업대표, 엘리트계층
주요 실천방법	협력	문제 해결	대결/캠페인
실천기술	합의, 교육, 공동 계획/행동 참여, 역량구축, 설득, 청원, 문제해결, 임파워먼트	자료분석, 정보수집, 로비, 설득적 협상, 주민참여 증진, 계획(정책) 채택을 지지하기에 적절한 협력이나 캠페인 또는 대결	중재적 협상, 보이콧, 대치, 시위, 행동실행, 대중매체 이용, 항의, 로비서한 발송, 로비, 응집, 동원, 조직화, 설득적 협상, 정치적 캠페인, 대중교육, 파업, 노조 결성
실천가 역할	안내자, 조력자, 촉진자, 교육자	자료분석가, 전문가, 촉진가	옹호자, 협상가, 활동가, 조직가, 교육자

출처 : Hardina, Donna(2002), pp. 228-229 수정함.

5. 평 가

여타 사회복지실천 전반의 과정에서와 마찬가지로 지역사회복지 실천에서도 평가를 하게 되는데, 특히 지역사회 변화라는 목표 달성 여부뿐 아니라 활용된 방법, 기술의 실행이 개입과정이나 결과에 나타나는 정도에 초점을 맞춰 평가할 수 있다. 평가는 평가의 시기와 목적에 따라 형성평가와 총괄평가로 구분되는데, 형성평가(formative evaluation)는 과정평가라고도 한다. 지역사회의 변화 과정에 대해 지역주민과 함께 그 내용을 평가할 수 있으며, 이는 지속적인 변화과정에 피드백한다. 지역사회복지 실천과정을 모니터링하고 정보를 입수해서, 실천에 반영하고, 실천의 궤도를 수정하려는 경우에는 평가위원회를 조직하여 정기/비정기적인 평가회의를 개최하고 프로그램 추진 상황을 검토하는 것이 중요하다. 총괄평가(summative evaluation)는 결과평가라고도 하며, 표적인구 집단에 일어난 변화에 초점을 두고 평가하는 것이며, 문제 해결의 전 과정에서 변화한 결과와 최종 산물을 평가하기 위한 것이다. 다음은 특히 지역복지실천 과정에서 사용할 수 있는 평가방법들에 관한 설명이다.

1) 목표 달성 평가

지역사회복지실천 계획 수립 과정에서 세웠던 상위·하위 목표들의 달성 정도를 평가하는 방법으로, 총괄평가에 해당된다. 실천계획 단계에서 세웠던 목표가 과업 중심 목표이든 과정 중심 목표이든 그 목표가 최종적으로 얼마나 달성되었는지를 평가하는 방법이다.

2) 사회지표 분석 평가

지역사회복지를 실천하는 동안 관련 인구집단 내에 일어난 변화를 2차 자료 등의 사회지표의 변화들로 평가하는 방법이다. 특히 개입 전과 후, 일정 기간 동안 동일 지표가 어떻게 변화하였는지를 관찰하는 것이 중요하다.

실천현장에서 사회관계망 척도(Social Network Index), 사회자본 척도, 지역사회 결속력 척도 등이 주로 활용되고 있다.

더 알아보기 7-3 **지역사회 결속력 척도(Community Solidarity Index)**

지역사회 결속력 척도는 지역주민들의 지역사회 결속력 정도를 확인하기 위해 자주 사용되고 있는 척도이다. 사회복지관에서 주민을 대상으로 지역결속력 척도를 활용하여 지속적으로 조사한다면, 그 지역의 지역사회 결속력이 일정 기간 동안 어떻게 변화하고 있는지 확인, 평가할 수 있을 것이다. 본 척도는 페슬러(Fessler, 1952)가 개발한 Community Solidarity Index를 강철희 등(2000)이 번역한 것이다.

항 목	매우 그렇지 않다	그렇지 않다	그저 그렇다	그렇다	매우 그렇다
1. 이 지역에서 진정한 친구를 찾기 어렵다.					
2. 지역사회는 모든 사람에게 공평하게 관심을 기울인다.					

3. 지역사회는 매우 평화롭고 질서정연하다.					
4. 이 지역 사람들은 그들의 자녀를 잘 교육하고 보살핀다.					
5. 대부분 사람들이 예의 바르고 친절하다.					
6. 이 지역의 학교는 학생들을 대학에 진학할 수 있도록 잘 가르친다.					
7. 이 지역 사람들은 당신을 속이고 이용하려 든다.					
8. 이 지역 사람들은 매사에 옳은 판단을 한다.					
9. 사람들은 지역사회를 위한 일에 협동하지 않는다.					
10. 이 지역에는 진정한 지도자가 없다.					
11. 사람들은 자기와 다르게 보이거나 행동하는 사람을 비난한다.					
12. 이 지역사회는 젊은이들이 잘 지낼 수 있도록 열심히 그들을 돕는다.					
13. 사람들은 자녀가 문제를 일으키지 않는 한 그들의 자녀가 무엇을 하든 상관하지 않는다.					
14. 구청장, 동장이나 지방의회의 의원들은 이 마을을 지역주민이 살기 좋은 곳으로 만들려고 노력한다.					
15. 나는 이 지역에 대해 소속감을 매우 많이 느끼고 있다.					
16. 이 지역의 많은 젊은이들이 고등학교를 제대로 마치지 못한다.					
17. 이 지역 사람들은 매우 인색하다.					
18. 사람들은 다른 사람의 일에 관심을 갖지 않는다.					
19. 이 지역에는 잘 체결된 지역 정책들이 있다.					
20. 이 지역 학생들의 대부분은 잘 읽고 쓸 수 있도록 배운다.					
21. 사람들은 일반적으로 다른 사람에 대하여 비판적이다.					
22. 당신이 특정 지역 출신이라면 이 지역에서 불이익을 당할 것이다.					
23. 어느 누구도 이 지역사회가 어떻게 보일지 신경 쓰지 않는다.					
24. 그들의 자녀가 방해되지 않는다면 부모들은 그들이 원하는 것을 하도록 내버려 둔다.					
25. 이 지역의 지방의회는 별로 하는 일이 없다.					

※ 역점수 문항 : 1, 7, 9, 10, 11, 16, 17, 18, 21, 22, 23, 25

3) 현장 인터뷰

지역주민이 실천과정에 참여하면서 어떠한 생각, 느낌이었는지 등에 대한 정보를 수집하는 방법이다. 즉, 참여자가 그들의 경험, 활동, 결과에 대해서 스스로 어떤 의미를 부여하고 있으며 어떻게 느꼈는지에 대해 구체적이고 심도 있는 인터뷰를 통해 평가를 내리는 방법이다. 현장 인터뷰는 참여를 통해 이루어진 주민의 경험과 지식을 실천과정에 반영하고 활용하기 위한 것이다. 주로 관련 지역 주민, 지역의 지도자, 주요 정보제공자(언론인, 경험 많은 활동가, 종교인, 정치가 등)를 대상으로 인터뷰를 진행한다.

4) 주요 사건 분석

실천과정에서 발생했던 주요 사건(갈등, 대치, 특별 사건) 등을 분석하여 평가하는 방법이다. 이때 의견충돌이나 협상과정에 대한 집단의 반응, 참가자가 표출한 감정이나 가치, 집단행동이나 주민이 개별적으로 표현한 행동, 협력적 관계의 강점, 주민의 의사표현 정도 등을 파악하는 것이 중요하다. 이 외에도 실천가의 현장노트에 기록했던 참가자의 비언어적 행동에 대한 관찰내용, 보고 들은 것에 대한 메모내용 등을 평가에 사용할 수 있다.

참고문헌

강철희 외(2000). 성북구 지역사회 복지지원 현황과 복지욕구에 관한 조사. 성북구청. 정릉종합사회복지관.

김종일(2006). 지역사회복지론. 서울 : 청목출판사.

백종만 · 감정기 · 김찬우(2015). 지역사회복지론. 경기 : 나남출판.

최일섭 · 이현주(2006). 지역사회복지론. 서울 : 서울대학교출판부.

홍현미라 · 김가율 · 민소영 · 이은정 · 심선경 · 이민영 · 윤민화(2010). 지역사회복지론. 서울 : 학지사.

Dunham, A.(1970). *The New Community Organization*. New York : Thomas Y. Crowell Co.

Durst, D., MacDonald, J., & Parsons, D.(1999). Finding Our Way : A Community Needs Assessment on Violence in Native Families in Canada. *Journal of Community Practice*, *6*(1), 45-59.

Fessler, D. R.(1952). The Development of A Scale for Measuring Community Solidarity. *Rural Sociology, 17*(2), 144-152.

Hardcastle, D. A., Wenocur, S., & Powers., P. R.(1997). *Community Practice : Theories and Skills for Social Workers*. New York : Oxford University Press.

Hardina, Donna(2002). *Analytic Skills for Community Organization Practice*. New York : Columbia University Press.

Murray Hawtin & Janie Percy-Smith(2007). *Community Profiling-A Practical Guide*. Buckingham : Open International Limited. 김영란 외 공역(2016). 커뮤니티 프로파일링 : 지역주민과 함께 하는 지역조사 가이드. 경기 : 공동체.

CHAPTER 08

지역사회복지 실천기술

지역사회에는 지역사회복지 실천을 통해 다루어야 할 이슈, 즉 지역사회 차원에서 지역사회 주민들의 삶의 질을 향상시키기 위해 해결하거나 예방하여야 할 니즈(needs), 사회문제(social problem), 사회적 위험(social risk) 등이 있다. 그것을 해결하거나 예방하고자 할 때 실천가들은 가장 적절한 실천모델과 실천기술을 선택해서 활용해야 할 것이다. 다양한 지역사회복지실천 모델 중 어느 것을 선택하느냐에 따라 특정 모델에 적합한 실천기술이 있는 반면, 지역사회와 자원을 결합하는 모든 모델에 공통으로 적용할 수 있는 기술도 있을 것이다. 이 장에서는 대표적인 지역사회복지 실천기술로 임파워링 기술, 네트워킹 기술, 자원개발·동원 기술, 조직화 기술, 옹호·대변 기술, 협상 기술, 지역사회교육 기술 등 일곱 가지를 소개하겠다.

1. 임파워링(Empowering) 기술

임파워먼트는 자신이 선택한 목적을 달성할 수 있다고 믿을 때 생기는 심리적인 느낌이면서 동시에 자신의 의지를 다른 사람과 함께 수행할 수 있도록 하는 정치적 또는 조직적 힘을 의미한다(Rubin & Rubin, 2001). 이는 지역사회복지실천의 주요한 목표로, 무력감을 느끼는 주민들이 자신의 잠재력을 개발하고 그 힘을 바탕으로 필요한 자원을 획득하도록 돕는 과정이다. 따라서 임파워먼트는 어려움을 해결하는 방법은 치료가 아니라 권력(power)의 획득에 있다는 것을 강조하는 개념이다.

임파워먼트 개념을 과정적 측면에서 설명하자면 주민들이 자신의 삶에 통제력을 가지고 삶의 질을 향상시키는 데 필요한 자원에 접근하려는 시도라고 할 수 있고, 결과적 측면에서 설명하자면 주민들의 노력과 실천가의 개입 효과로 주민들이 더 많은 통제력을 가지게 되고, 그 통제력을 통해서 자원에 접근하게 됨을 의미한다(Zimmerman, 2000). 임파워먼트는 개인에게 현 상황을 해결할 능력이 있다는 믿음을 증진시키는 것과 동시에 지역주민에게 그들의 목적을 달성하는 능력을 증진시키는 것, 두 가지 모두와 관련된다. 따라서 실천가는 개인 수준의 임파워먼트와 집합 수준의 임파워먼트가 서로 관련되어 있음을 반드시 기억하고, 개인이 고립감과 무력감을 극복하도록 도우면서 동시에 지역사회조직의 역량을 키워나가야 한다.

1) 개인 수준의 임파워링 : 개인의 능력구축

루빈과 루빈(2001 : 89-96)은 지역사회 임파워먼트는 여러 단계를 거치며 형성될 수 있다고 설명하면서 이 단계들을 잘 수행한다면 임파워링 기술을 활용해서 실천한 것이라고 하였다. 개인 수준의 임파워먼트는 다음의 다섯 단계들을 거치면서 형성되는데, 각 단계들은 개인의 의식구조 차원에서 이루어지기도 하고 다른 사람과의 대인관계 차원에서 이루어지기도 하며 또한 지역사회 차원에서 이루어지기도 한다.

(1) 1단계 : 의식 고양하기(Consciousness Raising)

임파워링의 첫 단계는 개인 차원의 임파워먼트와 관련되는데, 사람들이 자신의 어려움에 대해 스스로를 부끄러워하지 않고 죄의식에서 해방되는 것에서 시작된다. 문제의 원인이 자신의 탓이 아니며 자신은 억압과 배제의 희생자임을 깨닫고 각자의 경험을 나누면서 '개인적이라고 생각했던 것이 정치적인 것'이었음을 배우게 되는데, 이를 의식고양이라고 한다. 이를 통해 자신을 억압하는 사회구조에 대해 비판의식을 갖게 된다.

(2) 2단계 : 자기 목소리 내기(Self-assertion)

사람들이 문제를 공유하고 문제가 사회구조적인 원인에서 시작된 것을 인식하고 나면, 그 다음 과정은 '자기 목소리 내기'이다. 문제의 원인이 어디에 있는지를 파악한 후 공개적으로 자기 목소리를 내도록 하는 것인데, 이러한 자기 목소리를 내는 행동들은 자신이 원하는 것이 자기보다 힘 있는 사람들에게 달려있다는 문화적 통념과 싸우는 것이다. 실천가는 주민들이 공개적으로 목소리를 내는 것을 두려워하지 않고, 자신의 목소리를 찾고 반응에 응답할 수 있도록 격려해야 한다. 이 단계는 나와 타인과의 관계에서의 임파워먼트라고 할 수 있으며, 이후 단계는 나와 지역사회와의 관계에서의 임파워먼트에 해당된다.

(3) 3단계 : 공공의제 만들기(Framing the Agenda)

이 단계는 이슈들을 모아 공공의제로 만드는 것이다. 공공의제로 다룸으로써 대중이 쟁점을 긍정적으로 볼 수 있게 하며, 대중의 이러한 관심사에 대해 권력자가 더이상 무관심하거나 외면할 수 없다는 것을 깨닫게 하는 것이 이 단계의 목적이다. 여지껏 대부분의 권력가나 관료는 저소득주민의 주택이나 실업, AIDS 환자, 노숙자, 노인, 청년 교육 등에서 소외된 사람에 대해 관심이 거의 없었으며 나아가 환경까지도 오염시켜 왔다. 종종 문제해결에 비용이 많이 든다는 이유로 무시하고 해결하려는 노력조차 하지 않았던 특정 이슈에 대해, 일단 주민들이 해결해야 한다고 동의하고 문제를 제기하면 권력가들은 문제해결을 위해 노력할 수밖에 없다. 실천가는 대중이 이러한 이슈에 관심을 갖도록 해서 공공의제로 상정되도록 해야 한다. 이때 가장 효과적인 방법이 대중시위나 공공캠페인이다.

이슈를 공공의제로 만드는 일을 통해서 주민들은 임파워링될 수 있다. 왜냐하면 더 큰 지역사회에 긍정적인 방법으로 의제가 상정된다는 것은 자신들이 매우 획기적인 일을 해냈음을 의미하며, 주민들은 현 체제의 편견과 싸우면서 공공의제로 상정한 경험을 통해 앞으로 다가올 새로운 가능성을 확신할 수 있기 때문이다.

(4) 4단계 : 권력/힘 키우기(Building Power)

공공의제가 만들어지고 나면 이제 그 공공의제를 해결하는 단계로 넘어가게 되는데, 지역사회와 실천가는 해결을 위한 정치적 공간을 확보하고 조정할 수 있어야 한다. 이때 참여하는 구성원들의 수가 많으면 더 강한 힘을 얻게 된다. 예를 들어, 정부에 영향을 미쳐서 공공의제를 해결하는 것이 목적이라면, 돈보다는 시간을 내어 투표하는 사람의 수가 가장 결정적이다. 사람의 수와 열정, 법적 행동, 전문가, 힘의 위협 등이 권력(힘)의 가장 중요한 원천이 된다.

(5) 5단계 : 능력 구축하기(Capacity Building)

실천가는 주민들이 문제 해결에 반대하는 집단이나 권력에 맞설 수 있는 능력을 키우는 것을 도와야 한다. 능력에는 두 가지가 있는데, 하나는 조직을 만들어서 캠페인을 진행할 때 필요한 유용한 지식과 기술들이다. 이러한 기술들을 습득하면 개인적이고 심리적으로 임파워링된다. 다른 하나는 흔히 경험을 통해 생겨나는 신념으로, 조직이 권력(힘)을 가지고 있고, 주민들이 문제를 함께 해결하고자 한다면 그들은 목표를 달성할 수 있다는 믿음이다. 노력하게 되면 보상이 따를 것이라는 믿음, 즉 대중행동을 하게 되면 처벌이나 모욕을 받는 것이 아니라 승리하게 될 것이라는 믿음은 주로 경험에서 생겨난다. 과거의 지역사회 조직화를 통해 무언가를 성취한 경험은 무력감을 극복하고 미래의 성공 가능성을 믿게 해준다. 작은 성공의 경험으로부터 더 큰 성공에 대한 자신감을 느낄 수 있으며, 이러한 성공적인 행동들은 믿기 어려울 정도로 크게 임파워링되게 한다.

그림 8.1은 이상에서 설명한 임파워먼트 형성 단계를 단순화한 그림이다. 실제 지역사회복지 실천과정의 각 단계는 단일선상에서 이루어지는 것은 아니며, 서로 영향을 미치며 완성되어 간다.

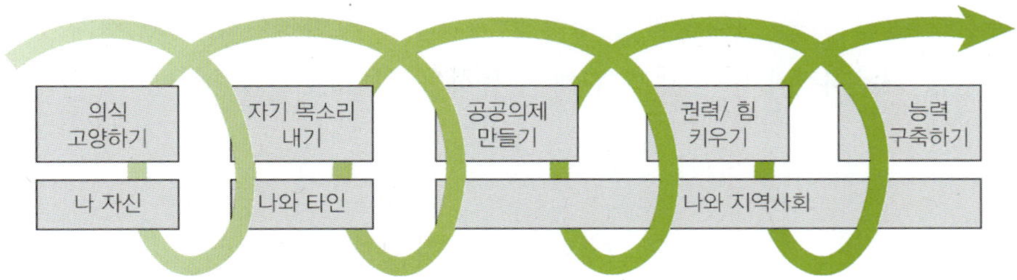

그림 8.1 개인 수준의 임파워먼트 형성 단계

2) 집합 수준의 임파워링 : 지역사회 사회자본의 확장

집합 수준의 임파워먼트가 형성되는 과정은 개인 수준의 임파워먼트와 다소 다르다. 성공할 수 있을 것이라고 믿는 개인은 임파워먼트되었다고 볼 수 있다. 반면 집합 수준의 임파워먼트는 그들이 서로에 대한 책임감을 공유하고 있음을 배우고 행동함으로써 미래의 지역사회행동을 위한 자원인 지역사회의 사회자본(social capital)을 만들어감으로써 생겨난다.

초기에 주민들은 지역의 문제를 해결하기 위해 함께하게 되는데, 그 과정을 거치면서 지역사회 연대감, 소속감과 동시에 의무감이 생겨나고 강화된다. 이렇게 강화된 연대감, 소속감, 의무감은 지역사회 사회자본의 일부이다. 지역사회 사회자본은 지역사회 내 사람들과 조직들의 사회관계에 스며들어 있는 자원으로, 협동과 협력을 촉진한다. 사람들의 네트워크 그리고 서로가 지역사회 구성원으로서 함께한다는 신뢰와 믿음인 사회자본은 개인들을 효과적으로 함께하게 해주고, 지역사회는 이러한 과정을 통해 강화되어 간다.

이때 지역사회복지 실천가의 핵심적인 역할은 지역주민들이 함께 행동하면서 서로에 대한 책임감과 지역사회에 대한 책임감을 갖게 되었다는 것을 인식하도록 도와주는 것이다. 집합 수준의 임파워먼트는 주민들이 자신감을 얻고, 다른 사람을 도와주며 또한 자신들도 다른 사람으로부터 도움을 받는 경험을 함으로써 생겨나게 되기 때문이다. 함께 행동하는 과정을 통해, 주민들은 스스로가 사회적이고 체계적인 문제의 희생양으로서 '혼자'가 아니라는 것을 알게 된다. 궁극적으로 그들은 자신만을 위해서나 가족만을 위해서가 아니라,

자기가 살고 있는 지역사회에 대한 책임감으로 지역사회가 혹은 지역사회 주민들이 무기력해지지 않기 위해 행동하고 있다는 것을 배우게 된다.

2. 네트워킹 기술[1)]

네트워킹(network) 기술은[2)] 사회복지 영역, 특히 지역사회복지 영역에서 지역 문제에 공동으로 대응하거나 협력하여 궁극적으로 문제를 해결하는 데 적합한 실천기술로 알려져 있으며, 최근 대부분의 사회복지기관에서 관심을 갖고 활용하고 있다. 네트워킹은 참여자들의 니즈와 자원의 교환을 통해 니즈나 문제를 해결하려 한다는 특징이 있다. 네트워킹에 참여하는 개별 조직들은 서로 수평적 관계이며, 상호 신뢰와 호혜성에 기반하여 관계를 유지하고, 각 조직들의 당면 욕구를 해결하는 데 도움이 될 것이라는 생각으로 참여한다. 여기에서는 네트워킹의 종류와 네트워킹을 형성할 때 실천가가 고려해야 할 사항을 살펴보겠다.

1) 네트워킹의 종류

지역사회복지 실천현장에서 주로 활용되고 있는 네트워킹 기술은 실천가 중심의 네트워킹, 서비스 대상 중심의 네트워킹, 이슈 중심의 네트워킹, 기관 중심의 네트워킹으로 분류해 볼 수 있다. 이 중 실천가 중심의 네트워킹은 비공식 네트워킹에 해당되며, 나머지는 공식적 네트워킹에 해당된다.

---

1) 사회복지현장에서 네트워크(network) '개념'과 네트워크를 형성하는 '기술(networking)'을 '네트워크(network)'라는 하나의 단어로 혼용하여 사용하는 경향이 있으나, 본 장에서는 네트워크를 형성하는 기술을 개념과 구분하여 설명하고자 '네트워킹(networking)'이라고 표현하였다.

2) 네트워킹 기술은 문제에 공감하는 주민들의 모임을 조직하여 활용한다는 점에서 조직화 기술과 비슷한 면이 있으면서도 다음과 같은 면에서 차이가 있다(최옥채, 2012 : 351-352). 첫째, 네트워킹은 뚜렷한 목표가 없더라도 평소 사회복지사나 기관의 세력을 확보하는 수준에서 이루어질 수 있는 반면, 조직화는 목표를 분명히 설정한 후 목표 달성에 적합한 수준의 조직화를 이루려고 노력한다. 둘째, 네트워킹은 조직화의 수단이 될 수 있다. 따라서 네트워크 만들기와 활용을 통해 조직화가 가능하다. 셋째, 네트워킹은 조직화의 규모보다 훨씬 크게 적용될 수 있는 반면, 조직화는 지역사회나 지역의 문제나 쟁점에 한정한다.

(1) 실천가 중심의 네트워킹

실천가 중심의 네트워킹은 실천가의 주요 관심사를 기반으로 스스로 역량강화됨을 목적으로 하는 비공식 네트워킹을 의미한다. 이러한 비공식적인 네트워킹은 공식적 네트워킹의 기초가 되기도 한다. 예를 들어, 농촌복지실천가협회, 부천시의 복지국가연대, 제주도의 사사모(제주지역에서 사비 털어 사회사업의 가치를 실천하는 사람들의 모임), 세밧사(세상을 바꾸는 사회복지사 모임) 등이 여기에 해당된다. 이는 실천가 본인의 관심에 따라 참여 여부를 결정하는 비강제적인 성격의 네트워크이므로 참여하는 실천가 사이의 상호 신뢰와 자발적인 참여가 중요하다. 실천가 중심의 네트워킹을 지속하게 하는 주요한 요인으로 참여하는 개인의 역량강화, 사회복지실천 관련 정보 및 지식의 증대, 관계망 확장 등이 있다.

(2) 서비스 대상 중심의 네트워킹

서비스 대상자 중심의 네트워킹은 클라이언트의 욕구를 해결하기 위해 서비스 효과를 향상시키고 포괄적인 서비스를 제공하기 위해 업무나 기관 중심으로 이루어지는 네트워킹을 말한다. 이러한 서비스 대상 중심의 네트워킹을 할 때는 공동의 목표 달성에 대한 믿음과 공동 노력이 중요하다. 최근에는 점차 지역사회를 중심으로 지역사회 문제 해결 등 지역사회 역량을 강화하기 위해 지역 내 다양한 성격의 기관과 사회복지기관이 함께하는 네트워킹 사례가 증가하고 있다. 서비스 대상 중심의 네트워크의 예로는 ○○지역 재가복지연합회, 아동안전을 위한 지역네트워크, 청소년 통합지원체계인 CYS-Net[3] 등이 있다.

---

3) CYS-Net(Community Youth Safety Network)은 지역사회 청소년 통합지원체계로 지역사회 내 청소년 관련 자원을 연계하여 위기청소년에 대한 상담, 보호, 교육, 자립 등 맞춤형 서비스를 제공하여 가정 사회로의 복귀를 지원하는 지역사회 연계망이다. 지방자치단체와 청소년복지시설 및 지원시설, 지역 교육청, 학교, 경찰서, 지방고용노동청, 보건소, 청소년비행예방센터, 학교밖청소년지원센터 등이 필수연계기관으로 지정되어 있다.

(3) 이슈 중심의 네트워킹

이슈를 중심으로 하는 네트워킹은 한 지역 내에서 대상자뿐 아니라 지역사회 전반에 걸쳐서 나타나는 이슈를 해결하기 위한 네트워킹이다. 이런 이슈 중심의 네트워킹을 할 때에는 각 기관 참여자들이 서로가 가지고 있는 노하우를 얼마나 공유하는지, 공동 목적을 달성하기 위해 무임승차하기보다는 얼마나 참여하려고 노력하는지가 중요한 관건이 된다. 지역에서 주민들에게 사회복지에 대한 정보를 쉽게 접근할 수 있도록 하는 홍보담당자 네트워크, ○○지역 마을만들기 네트워크, ○○지역 공동체 회복을 위한 복지관 네트워크 등이 있다.

(4) 기관 중심의 네트워킹

기관 중심의 네트워킹은 지역을 기반으로 서비스 계획이나 조정을 하기 위한 네트워킹이다. 여기에는 법적 토대에 의해 의무적으로 형성, 참여해야 하는 지역사회보장협의체와 같은 네트워크도 포함된다. 전남사회복지협의회, 경기도사회복지관협회, 대학부설복지관협회, 희망복지지원단의 민관이 함께하는 통합사례관리 등을 들 수 있다.

2) 네트워킹 과정에서 고려할 점

실천가들은 한 기관이나 개인이 혼자보다 네트워킹을 통해 함께했을 때 더 나은 결과를 도출할 수 있을 것으로 기대하기 때문에 네트워킹에 참여하게 된다. 달성하고자 하는 공동의 목적을 위해서는 참여자 각자가 자기의 역할과 자세에 대해 점검하는 것이 필요하며, 특히 네트워킹의 초기과정에서 형성되는 관계는 네트워킹 목적 달성 여부에 영향을 미치기 때문에 더욱 유의할 필요가 있다.

(1) 사회적 교환에 대한 합의

사회적 교환은 네트워크를 형성하고 유지하는 데 기본이 되는 작동 원리이며 필수요소이다. 네트워크에 참여하는 기관이나 개인은 각자가 가지고 있는 정보와 자원 등을 교환하게 되는데, 참여하고 있는 구성원의 상황이 각기 다르기 때문에 매 순간 항상 같은 양과 질을 교환하지 않는다는 것을 기억해야 한다. 이처럼 네트워킹에서는 등가적인 경제적 교환이 아닌 비등가적인 사회적 교환을 하게 되므로, 네트워크에 참여하는 기관이나 개인은 필요한 상황이 발생할 경우 언제든지 정보와 자원을 제공받을 수 있을 것이라는 믿음(상호 신뢰와 호혜성)을 가지고 기꺼이 교환에 참여해야 한다.

(2) 평등한 관계 구축

네트워크에 참여하는 기관이나 개인은 공통의 주제에 관심을 가진 평등한 주체로서 그 관계가 보장되어야 한다. 네트워크에 참여하는 기관은 기관 종류, 운영 규모, 운영 방식 등이 매우 다양할 수 있다. 따라서 네트워킹을 하는 구성원들은 이 특성을 충분히 인정하며 공통의 주제에 참여할 수 있도록 합의해야 한다. 특히 재정과 실무적인 인적·물적 자원을 비대칭적으로 교환하게 되면 평등한 관계의 균형이 깨질 수 있는데, 이를 방지하기 위해 각 기관의 재정이나 자원보다는 각 기관들의 장점을 기반으로 역할을 분담하는 것이 필요하다. 또한 네트워킹 참여자는 각 기관의 대표성을 갖고 충분한 실무 역할을 수행해야 하며, 적극적으로 역할을 수행하려는 자세가 반드시 필요하다.

(3) 네트워크 결속 수준 결정

네트워킹을 할 때 결속력의 수준을 결정해야 한다. 느슨한 네트워킹 또는 강한 네트워킹 등과 같은 네트워킹 결속 수준을 결정할 때에는 네트워킹에서 달성하고자 하는 목적을 고려해야 한다. 정보의 교환이나 서비스 조정 등을 목적으로 형성된 기관 간 네트워크는 다소 느슨한 네트워킹의 성격을 띠는 한편, 실천가 개인의 관심사에 따른 실천가 중심의 비공식적 네트워크는 상대적으로 강한 네트워킹의 성격을 띠는 경향이 있다.

(4) 네트워킹 초기 긴밀한 관계 형성

네트워크는 구성원 사이에 신뢰와 호혜성이 형성되었을 때 지속될 수 있고 그 목적에 충분히 도달할 수 있다는 점에서 네트워킹 초기 과정은 매우 중요하다. 초기 구성원 사이에 신뢰를 형성하는 과정에서는 비공식적 접촉, 학력, 인맥 등이 유용하게 사용되기도 한다. 초기 단계에는 서로에 대한 이해가 부족하기 때문에 시간과 에너지가 많이 소요되는 일회성의 공동 행사를 기획하는 것은 피하는 것이 좋다. 대신 정보교류 모임 등 직접 얼굴을 마주할 수 있는 상황을 자주 만들어서 네트워크에 참여하는 구성원 사이에 친밀감이 형성될 수 있도록 하는 것이 바람직하다.

(5) 네트워킹 참여자 결정

네트워킹에 참여하는 조직의 구성원을 누구로 할 것인가는 주로 네트워킹의 목적이 무엇인지에 따라 결정되는데, 그 목적에 따라 기관 실무자 또는 관리자(조직의 대표 등 조직에서 의사결정을 할 수 있는 간부급)가 참여할 수 있다. 네트워크는 일반적으로 실무자 중심의 네트워크와 관리자 중심의 네트워크로 구성되는데, 이에 따라 네트워크의 관심 영역과 교환 영역이 달라진다. 실무자 중심의 네트워킹에서는 주로 클라이언트 의뢰, 서비스 조정이나 연계, 실천과 관련된 정보 등의 교환이 이루어지는 반면, 관리자 중심의 네트워킹에서는 정책에 관한 정보의 교환, 현물, 인적자원 등의 교환이 이루어지는 경향이 있다. 지역사회보장협의체의 예를 들어보면, 실무협의체나 실무분과는 서비스 조정 등을 목적으로 하는 실무자 중심의 네트워크이며 대표협의체는 지역복지 문제 전반을 논의하는 관리자 중심의 네트워크이다.

3. 자원개발 및 동원 기술

사회복지기관에서 지역사회를 위한 프로그램을 개발하고 서비스를 제공할 때 또는 주민들이 공감하는 문제를 해결하는 과정에서 필요한 자원이 부족할 수 있는데, 이때 사회복지기관에서는 필요한 자원을 개발하여 필요 상황을 충족시킬 수 있어야 한다. 자원개발 및 동원은 지역사회복지 실천과정에 투입할 자원을 파악한 후 부족한 자원을 지역사회로부터 끌어와 활용하는 것을 의미한다. 자원에는 인적자원과 물적자원이 모두 포함되는데, 지역사회 니즈나 문제 해결과정에 필요한 자원봉사자, 캠페인 인원 확보, 예산, 도구, 장비 등이 해당된다. 지역사회복지 실천과정에서는 인적자원의 개발 및 동원 기술이 더 강조되고 있다. 대부분의 실천모델에서 확인하듯이, 관련된 사람들을 참여하게 하는 것이 가장 먼저 이루어져야 하기 때문이다.

루빈과 루빈(2001 : 152-163)은 인적자원을 개발하고 동원하는 방법으로 이미 존재하는 조직 활용, 개별적 접촉, 참여 촉진과 유지를 제시하였다.

1) 기존 조직 활용

이는 지역사회에 이미 존재해 있는 조직을 활용하는 것으로, 자원을 동원하는 가장 빠른 방법이 지역사회 내에 존재하는 조직에 속해 있는 사람들을 모으는 것이기 때문에 이 방법이 중요하다. 여지껏 참여하지 않았던 사람이나 조직을 모으는 것보다 이미 활동했던 조직이나 집단을 활용하는 것이 훨씬 참여 가능성이 높다. 왜냐하면 이전에 조직에 참여해 봤던 사람들은 자발성이 높을 가능성이 많고, '참여'의 가치를 고민해 봤던 경험이 있어, 여지껏 참여한 경험이 없는 사람보다 훨씬 빨리 참여하겠다는 긍정적인 결정을 내릴 수 있기 때문이다. 이때 실천가는 지역사회 내 조직을 확인한 후 참여 가능성이 높은 조직이나 집단의 지도자들과 접촉하여 지역사회복지 실천을 위한 행동에 참여하도록 권유한다.

가끔은 지역사회 문제의 범위가 커서 기존 지역사회 조직을 기반으로 더 큰 새로운 조직을 만들어야 할 때가 있는데, 다양한 기존 조직들의 특성과 구성원의 비율이 새로운 조직에 영향을 미친다는 어려움이 발생하기도 한다. 따라서 이때 각 조직의 독립성과 활동성은 유지한 채 해당 문제의 해결이라는 목표만을 달성하기 위한 임시조직을 구성하는 것이 적절하다.

2) 직접적이고 개별적으로 접촉

개별 지역주민을 지역사회 변화를 위한 활동에 참여하도록 하는 데 다양한 방법이 활용되고 있다. 실천가는 우편물을 활용하기도 하며, 미용실이나 이발소, 세탁소, 커피숍에 찾아가거나, 가정 방문을 하는 등 매우 다양한 방법으로 주민을 만난다. 이때 의견에 반대하는 사람의 마음을 바꾸도록 설득하는 것보다는 지역사회의 필요한 변화에 동의하는 집단에 초점을 두는 게 낫다. 실천가는 동의하는 집단을 만나 변화의 필요성을 강조하고, 그 변화 활동이 가능하다는 것을 설득해야 하며, 변화 활동에 참여할 것을 격려해야 한다.

개별 접촉을 할 때에는 네트워크를 활용하는 것도 유용하다. 네트워크는 사회적으로 서로 알고 있는 사람들 사이의 결속관계로, 네트워크 안에 있는 사람들이 동원될 가능성이 매우 높기 때문이다. 실천가는 네트워크 안에 있는 사람을 직접 접촉하는 것보다 네트워크 내부의 동료를 통해 접촉하는 것이 훨씬 효과적이다. 또한 실천가는 네트워크의 중심에 있으며 네트워크 내의 다른 사람에게 영향을 줄 수 있는 여론 주도자(opinion leader)를 찾아내어 그들과 이야기하는 것이 필요하다. 그들은 실천가가 만나야 함에도 이런저런 이유로 만나지 못한 사람들의 감정이나 의견을 알려줄 수 있다.

3) 개별 참여를 촉진하는 인센티브

주민들이 지역사회 활동에 참여하는 동기 중에 하나는 경제적 이득을 얻을 수 있다는 것이다. 예를 들어, 집값이 오른다거나 본인의 자녀에게 도움이 된다거나 하는 등의 개인적 이익이나 관심에서 시작할 수 있다. 그러나 이러한 즉각적으로 얻어지는 물질적이고 개인적인 인센티브가 지역 활동에 참여하는 유일한 이유라면 지역사회 활동은 유지되지 못한다. 물질적 인센티브를 즉각 얻게 되면 더 이상 활동에 참여할 이유가 없어지기 때문이다. 따라서 가능하다면, 폭넓은 지역사회 활동에 참여를 권유하면서 개인적인 서비스나 물질적 도움을 제공하는 것이 바람직하며, 개인적 이익을 공동체의 이익으로 전환하여 생각할 수 있도록 유도하는 것이 중요하다.

개별 주민을 지역사회 활동에 참여하도록 하는 또 다른 중요한 인센티브는 연대감을 느끼게 해주는 것이다. 연대감은 사람을 움직이게 하는데, 사람은 심리적으로 동질감을 느끼는 집단이나 자신이 속한 집단을 지키기 위해 적극적이 되기 때문이다. 처음에는 소속감을 느끼기 위해 지역 활동에 참여하고, 활동을 지속하다 보면 더 큰 연대감을 지키기 위한 활동에 의무감과 책임감을 느끼게 된다. 지역주민은 초기에 지역사회 집단 리더의 권유로 활동을 시작하고 참여하게 되는데, 일단 참여한 사람은 시간이 지나면서 성공의 경험을 원하게 된다. 주민이 조직에 참여하여 작은 성공이라도 경험하게 되면 조직에 더 헌신하게 되고, 조직 구성원과 결속력이 증가되며, 그렇게 됨으로써 조직에 지속적으로 참여하겠다고 결정하기 쉬워진다.

4) 주민의 조직 참여활동 유지시키기

지역에는 다양한 조직이 존재하며, 각각 특징적인 지역 활동을 하고 있으며, 그 안에는 지속적으로 활동하는 구성원이 있다. 조직은 이 구성원이 활동을 계속 유지하도록 다양한 노력을 해야 한다. 승리를 자축하거나, 압력전술을 유머 있게 사용하는 등 다양한 기술을 개발해야 하며, 주민이 관심 있게 참여할 이슈를 지속적으로 개발하고 유지하는 것이 필요하다. 마을 운동회, 지역도서관 짓기, 마을 도시락 사업, 마을 카페 등 주민이 참여할 수 있는 이슈를 주민과 함께 계속 개발하고 성공적으로 성취하며 그들만의 방식으로 성공을 자축할 필요가 있다.

그러나 항상 적극적인 주민만 참여하는 것은 아니기 때문에 바람직하지 않은 결과가 나타날 때도 있다. 이럴 때에는 팀으로 일을 하게 하여 어떤 성향의 주민이 참여하더라도 해야 할 일이 잘 완수되도록 해야 한다. 주민을 지속적으로 참여하게 하는 것이 쉬운 일은 아니지만, 성공은 기쁨을 주는 일이며 캠페인은 즐거울 수 있고 정기적인 노력들 또한 배우는 경험이라고 여기는 보상을 제공할 필요가 있다.

이러한 자원개발 및 동원기술은 전 과정에서 실천가 스스로가 편안함을 느낄 때 가장 효과적일 수 있다(Si Kahn, 1991). 자신이 이야기할 내용에 대해 자신감이 없고 확신하지 못한 상태로 누군가에게 이야기한다면, 그 대화는 잘 이루어지지 않으며, 상대방에게 중요한 의미를 전달하지 못할 가능성이 크다. 따라서 실천가는 편안함과 자신감을 가지고 이야기하는데 익숙해지도록 연습하고 계획해야 한다.

4. 조직화 기술

'조직화'란 개념을 좁은 의미로 정의한다면 "조직을 세우거나(이 성·정지웅, 2002 : 32)" "만드는 것(Kahn, 1991, 이문국·이인재 공역, 2002 : 71)"으로 어떤 일을 해내기 위해 함께 일할 사람을 모으는 것으로 한정할 수 있다. 하지만 이 개념을 보다 넓게 정의한다면, "함께 일하는 사람들을 모으고, 지역사회 주민들이 자신들의 문제를 함께 풀어나가는 전체 과정을 포함하는 방법"이라고 정의할 수 있다(Kahn, 1991, 이문국·이인재 공역, 2002 : 71). 이런 관점에서 조직화는 지역사회의 당면 문제를 해결하기 위해 전체 주민을 대표하는 일정 주민을 선정하여 모임을 구성하고, 장기적으로는 조직된 주민모임을 사후 관리를 통해 유지해 나가는 것(최옥채, 2012 : 339)을 포함하는 것으로 이해할 수 있다. 즉, 조직화는 지역사회복지 실천의 가장 기본적인 기술로서 **"주민이 지역사회가 안고 있는 문제나 이슈를 해결하는 과정에 주체적으**

로 참여하게 하고, 지역주민들의 역량을 결집시켜 문제해결능력을 향상시킴으로써 스스로 자신의 문제를 해결하거나 사회 변화를 추구하게 하는 것"이라고 할 수 있다.

조직화는 단기적으로는 어떤 것을 해내는 데 효과적인 도구와 수단으로 조직을 만드는 것이지만, 장기적으로는 조직 활동에 참여하는 사람들이 자신들에 대해 재발견하게 함으로써 자신의 문제를 해결할 수 있는 힘을 갖게 한다는 점에서 그 자체가 하나의 목적으로 여겨지기도 한다(Kahn, 1991, 이문국 · 이인재 공역, 2002 : 21-22). 즉, 조직화는 그 자체로 지역사회복지 실천의 목적이자 수단으로 여겨지며, 오늘날까지 지역사회복지 실천에서 사용하는 가장 기본적인 기술로 발전해 왔다. 특히 실천과정상의 목표를 강조하며 문제해결을 위한 주민들의 적극적 참여를 강조하는 지역사회개발 모델에서 더욱 중요하게 여겨지는 기술이기도 하다. 하지만 조직화는 모든 실천모델에서 활용할 수 있는 기술이다. 구체적인 문제해결에 초점을 두는 사회계획 모델에서도 문제해결을 위해 기존 조직을 활용하기도 하고 조직화를 통해 만든 새로운 조직을 활용할 수 있으며, 사회행동 모델에서도 직간접적인 행동을 위해 주민들을 동원하고 조직화할 수 있기 때문이다.

조직화는 지역사회복지 실천에서 문제나 이슈를 다루기 위해 사용할 수 있는 매우 유용한 방법이다. 그것은 문제해결을 위해 자주 사용하는 다른 방법과 비교해 보면 잘 알 수 있다. 흔히 문제해결을 위해 사용하는 방법으로는 서비스를 제공하는 방법, 옹호(advocacy) 방법, 동원(mobilizing) 방법 등이 있다. 서비스와 옹호는 사람들을 참여시키거나 그들이 스스로 자신의 삶을 통제하기 위해 함께 활동하지는 않으며, 실천과정에 대한 방법도 배우지 못하기 때문에 지속적인 변화를 이끌어 내지 못하는 경우가 많다. 반면에 조직화는 사람들이 이슈를 다루는 과정에 적극적으로 참여하기 때문에 오랫동안 작동해 왔던 권력과 통제 구조를 변화시키는 것이 가능한 방법으로 지속적인 변화를 이끌어 낼 수 있다(Kahn, 1991, 이문국 · 이인재 공역, 2002 : 71-73).

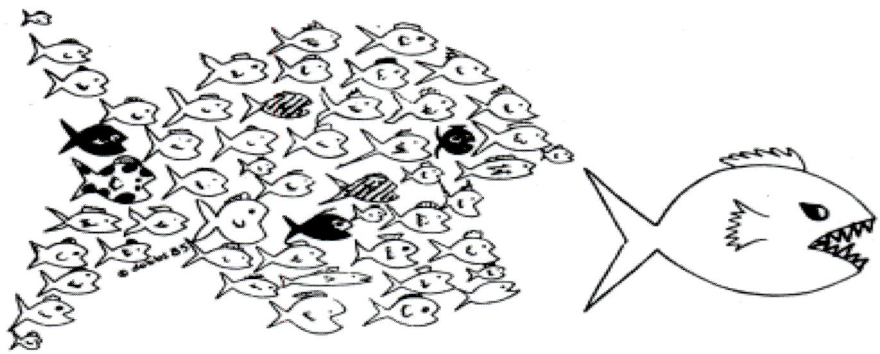

출처 : Rubin & Rubin(1992), p. 188 참조.

그림 8.2 **약자의 조직화**

알린스키(Saul David Alinsky)는 지역사회의 이슈를 다루기 위해 조직화 기술을 본격적으로 개발하고 사용하였을 뿐 아니라 조직화 방법과 기술 전반에 대한 지적 기반을 제시해 준 사람으로 현대적인 지역사회 조직화(community organizing)의 창시자로 알려져 있다. 그는 힘없고 가난한 사람들과 함께 살면서 지역 주민들과 더불어 지역사회를 조직하고 조직된 힘을 행사함으로써 문제 해결이 가능하다고 생각하였다(Alinsky 외, 조승혁 편역, 1983 : 11-12). 근린지역의 폭넓고 다양한 이슈들에 대항하는 조직 활동에 함께할 주민을 동원하기 위해서 주민 개개인을 한 명씩 설득해 새로운 조직을 만드는 것보다는 지역사회의 기존 조직과 지도자들을 존중하고 그들과 함께하는 방법을 사용한다. 조직은 지역사회가 직면한 문제를 해결하는 역할을 수행하지만, 궁극적인 목적은 폭넓고 다양한 이슈를 가졌음에도 하나인 근린지역사회의 권리를 함께 주장할 수 있는 항구적이고 민주적인 조직을 설립해 나가는 것이다(Rubin & Rubin, 2001 : 149). 이때 전문적인 조직가는 지역사회의 요청에 응답해 지역사회조직화에 참여하지만 자신이 모든 것을 주도하는 것이 아니다. 지역사회 주민의 참여를 촉진하기 위해 현존하는 지역사회조직과 지도자를 존중하고 협력을 추구하며, 지역사회의 잠재된 지도력을 개발하도록 교육하고, 스스로 지역사회의 권리를 주장할 수 있는 조직을 주민의 참여와 민주적 원칙에 따라 설립하도록 돕는 것이다. 궁극적으로 이러한 조직화가 성공하게 되면 더 이상 전문적 조직가의 도움이 필요 없는 지역주민이 주체가 되는 조직이 자리 잡게 되는 것이다.

더 알아보기 8-1 **조직화의 창시자 알린스키와 조직화 기술의 발달 과정**

알린스키
(Saul David Alinsky, 1909~1972)

알린스키는 현대적 지역사회 조직화의 창시자로서, 이론적 기반을 제공한 사상가일 뿐 아니라 진정한 행동가이고 실천가였으며 참여 민주주의의 사상적 뿌리로 평가받고 있다. 약자의 편에서 그들의 권리 주장에 헌신한 그의 삶은 매우 극적이고 일면 드라마틱하기도 하다. 미국 시카고의 남쪽 빈민가에서 태어난 알린스키는 이혼한 어머니와 함께 유년 시절을 보냈다. 시카고의 이름난 문제아가 됐고, 12개의 고등학교를 전전하다 졸업한 후 1926년 시카고 대학에 입학하여 고고 인류학을 전공하였다. 그가 대학을 졸업하고 사회에 첫 발을 내딛게 된 것은 1929년 대공황의 여파로 극심한 혼란을 겪고 있던 1930년이었다. 불황으로 고고학을 전공한 그는 직장을 얻을 수 없었고, 자신의 무능과 무기력을 한탄하다가 시카고 대학 총장 로버트 허친스(Robert Maynard Hutchins)의 제안으로 대학원에서 범죄학을 전공하게 되었다. 30대 중반에 노동 운동가 존 루이스(John L. Lewis)와 함께 CIO(Congress of Industrial Organization-산업별 노동조합)을 조직하는 일에 참여하면서 조직이론과 전략을 배우게 되었으며, 1939년부터 독자적인 지역사회 조직 운동가로 나서게 되었다. 시카고 빈민을 위해 설립한 IAF(6장 참고), 파시스트와 범죄 조직의 횡포로 피폐해진 시카고 남부 공단 주거 지역인 백오브더야드 주민을 위해 설립한 OBY(Organization in Back of the Yards), 철거가 임박한 시카고의 흑인 빈민 지역 우드로운에서 흑인들을 위해 조직한 첫 번째 지역사회 조직인 우드로운 지역사회조직(The Woodlawn Organization), 코닥 필름에서 일하며 불평등한 대우를 받고 있던 흑인 노동자들을 조직화한 FIGHT(Freedom, Integration, God, Honour, Today) 등이 알린스키가 조직한 대표적인 사례들이다. 1950년대 후반기에 알린스키는 유명한 민권 운동가로 알려졌고 시카고는 그를 가장 존경하는 인물로 손꼽게 되었다. 1960년대에 들어서면서 그는 전문적인 조직 운동가(professional organizer)를 훈련시키는 데 몰두하게 되고, '전문적인 급진주의자 학교(School for Professional Radical)'를 만들어 조직 운동가들을 훈련시켰다. 알린스키는 1960년대 중반부터 미국 민주주의의 운명은 중산층에 달려있다고 생각하여 중산층을 조직하기 시작했다. 그는 1971년 6월 아시아를 방문했는데, 한국의 기독교 단체의 초청으로 6월 11~15일까지 한국을 방문하기도 했다. 당시 알렌스키는 청계천 7가(신설동 4번지)로 지나가던 중 그곳의 철거민들의 이야기를 듣고 눈물을 흘리며 함께 동행했던 사람들에게 "너는 뭐 하는 놈이냐? 청계천의 가난한 이들이 있는데, 너는 목사로서 점잔만 빼고 있는가? 나는 다시 올 것이다"라고 일갈했다고 한다. 그러나 한국 방문 1년 만인 1972년 6월 12일 63세로 세상을 떠남으로써 그의 마지막 약속은 지켜지지 못했다. 오늘날 미국 진보 정치를 이끌고 있는 버니 샌더스, 버락 오바마, 힐러리 클린턴도 젊은 시절 알린스키의 활동에 참여하였으며 현재의 정치적 신념과 행보에도 그의 사상이 영향을 주고 있다고 알려져 있다.

지역사회 조직화의 철학과 전술들에 대한 그의 생각은 대표적인 저서 '래디컬－급진주의자여 일어나라(Reveille for Radicals, 1946)'와 '급진주의자를 위한 규칙(Rules for Radicals, 1972)'에 잘 드러나 있다. '래디컬－급진주의자여 일어나라'는 그의 첫 저서로서 그의 조직 이론과 전략을 수록하고 있다. 자신과 같은 급진주의자란 무엇인가를 설명하면서, 주민조직을 만드는 이유는 주민 스스로 그들의 문제를 보고, 그들의 힘으로 주어진 문제들을 해결해 나가도록 하기 위해서라고 주장했다. 사람은 누구나 자기 환경을 변화시키려는 욕구(self-interest)가 있고, 이 욕구를 한데 묶어 조직화하여 그 조직된 힘을 발전시켜 나가다 보면 개인적인 이익에서 공동의 이익(공동선)을 추구하는 새로운 경험을 갖게 된다는 것이다. 주민 스스로 힘을 조직화하여 민주적으로 운영하는 것이 불평등과 부정의와 싸워 이길 수 있는 길이라고 설파했다. "조직은 힘(power-권력)이며, 힘만이 주어진 환경을 보다 나은 환경으로 개혁할 수 있는 기본적인 수단이다. 따라서 힘을 구축하는 것이 지역사회조직의 사명이다"라고 말하고 있다. '급진주의자를 위한 규칙'은 그의 말년에 자신의 조직 이론과 사상 그리고 전략을 총정리해서 쓴 그의 마지막 저서이다. 알린스키는 인간이 근본적으로 모순된 존재라는 관점에서 출발하지만, 주민조직운동을 통해서 모든 가치의 권리(평등, 정의, 자유, 평화, 인간의 존엄성 등)를 추구하다 보면 여러 가지 위기를 해결할 수 있는 기회와 힘을 얻을 수 있다는 확신을 가지고 있었다. 민주주의란 목적이 아니라 이러한 가치를 실현할 수 있는 최상의 방법이라고 주장했다(Alinsky, S. D. 외, 조승혁 편역, 1983 : 11-24).

조직화(organizing)는 19세기 말 미국의 새로운 이민자들이 과밀하게 모여 살고 있던 근린지역에서 지역사회 조직화가 시도되면서부터 중요한 지역사회복지 실천기술로 여겨져 왔다. 이러한 시도의 대표적인 예가 헐하우스와 같은 인보관운동이라 할 수 있다. 미국의 진보의 시대라 불리는 1960년대 시민권운동 등을 통해 지역사회 조직화는 진보적 문제해결을 위한 전략적 접근방법으로 성공을 거두게 되면서, 미국 진보의 시대에 사회복지실천을 통해 성장해 왔다. 그럼에도 불구하고 정신분석모델에 기초한 임상사회복지실천의 지나친 강조, 공공부문에서의 사회복지실천의 확대 등의 영향으로 사회복지실천가의 조직화에 대한 관심이나 실천이 위축되기도 했다(Rubin & Rubin, 2001 : 53-60).

1) 조직화 실행에 필요한 기술

최옥채(2012 : 241-392)는 조직화 실행에 필요한 기술들을 기초 기술, 중간 기술, 응용 기술로 구분하여 설명하고 있다(표 8.1 참고).

기초 기술은 조직화 과정에서 가장 기본적으로 적용해야 할 기술로서 중간 기술과 응용 기술의 기반이 되는 것이다. 주로 조직화 과정에서 지역 주민들과 소통하고 지역사회의 쟁점과 이슈에 관한 정보를 수집 및 분석하고 그 내용을 알아보기 쉽게 시각화하는 작업 등에 필요한 기술들이 여기에 속한다. 대표적으로 주민회의, 토론 등을 포함한 의사소통, 지역사회변화 모습 찾기, 지역사회 사례나 쟁점을 분석, 조직 진단, 지역사회지도와 자원지도 그리기, 인터넷 홈페이지 운영 기술 등이 있다.

중간 기술은 기초 기술에 비해 좀 더 복잡하고, 과업 수행의 기간이 긴 경우에 적용하기 때문에 기초 기술보다 성공적인 적용 효과가 뚜렷하게 드러나지 않을 수도 있다. 조직의 관리 운영 과정에 필요한 기술과 지역사회 안에서 조직의 목적과 활동을 알리는 기술이 여기에 속하는데, 협상, 지도감독, 지도력 향상, 역량강화, 대중 설득하기, 지역사회 문화 익히기, 지역사회 인맥 만들기, 부가가치 만들기, 홍보, 대중매체 활용 기술 등이 있다.

응용 기술은 중간 기술에 비해 한층 더 규모가 크고 복잡하며, 한 가지 기술만으로도 상당한 기간이 필요할 뿐 아니라 전체 조직화 과정에서 활용할 수 있는 모형이나 전체 과정이 될 수도 있다. 특히 응용 기술은 기초 기술을 바탕으로 응용하는 것이므로 기본기가 제대로 갖추어졌을 때 활용성이 더욱 높아진다. 조직화 전 과정에서 활용되어야 할 기술로서 지역사회 사정, 주민 접촉, 조직화, 연계망 만들기와 활용, 집합행동화, 자원 만들기, 제휴 기술 등이 여기에 속한다.

표 8.1 조직화 실행에 필요한 기술

기초 기술 (10가지)	의사소통, 주민회의, 토론, 지역사회 변화 모습 찾기, 사례 분석, 쟁점 분석, 조직 진단, 지역사회지도 그리기, 자원지도 그리기, 동네 홈페이지 운영
중간 기술 (10가지)	협상, 지도감독, 지도력 향상, 역량강화, 대중 설득하기, 지역사회 문화 익히기, 지역사회 인맥 만들기, 부가가치 만들기, 홍보, 대중매체 활용
응용 기술 (7가지)	지역사회 사정, 주민 접촉, 조직화, 연계망 만들기와 활용, 집합행동화, 자원 만들기, 제휴

출처 : 최옥채(2012). 사회복지사를 위한 조직화 기술. 경기 : 양서원, pp. 241-392 참고.

2) 조직가의 역할

일반적으로 조직가는 촉매자·교사·촉진가·연계자라는 상호보완적인 네 가지 역할을 수행한다(Rubin & Rubin, 2001 : 127-129).

촉매자(catalyst)로서의 조직가의 역할은 문제에 대한 행동을 취하도록 사람들을 자극함으로써 변화를 만들어 내는 것을 말한다. 조직가는 사람들이 문제와 관심을 나눌 수 있도록 가정 방문과 회의를 마련함으로써 행동에 동참하도록 촉매작용을 하는 것이다. 회의를 통해 무력감과 싸우는 방법을 알려주고, 다른 조직의 성공 사례를 알려줌으로써 변화 가능성을 보여주어야 한다. 촉매자로서의 조직가의 역할은 함께 일하는 지역의 토착 지도자들과는 다른 것이다. 토착 지도자는 그 지역사회의 오랜 구성원이었고, 많은 이웃을 알고, 지역사회의 문제에 익숙하지만 시간과 전문적 기술이 부족하기 때문이다. 따라서 조직가는 조직가가 가장 따르기 힘든 규칙 중 하나라는 조직화의 철칙[4)]을 마음에 새기고, 이런 기술들을 점차적으로 전달할 뿐 아니라, 촉매자로서 토착 지도자들 사이에 이미 존재하고 있는 권력과 힘을 드러나게 해주어야 한다.

교사(teacher)로서의 조직가의 역할은 사람들이 자신의 문제를 해결하는 데 필요한 능력을 개발할 수 있도록 사람들과 함께 일하는 것이며, 조직을 유지

4) 조직화에는 황금률과는 조금 다른 하나의 철칙이 있다. “사람들이 스스로 할 수 있는 것을 사람들을 위해 절대, 영원히 하지 마라.” 이것은 가장 따르기 힘든 규칙이다(Rogers, 1990 : 15; Rubin & Rubin, 2001 : 127).

하고 후속 단계를 보장하는 것과 관련된 것이다. 정치인을 만나고 로비하는 방법, 언론을 다루는 방법, 예산을 준비하고 집행하는 방법[5] 등을 배울 수 있도록 돕는 것이다. 조직가는 학생들이 무지하다고 전제하고 일방적으로 사실이나 이론들을 마구 쏟아내는 교사가 아니라, 구성원들이 이야기할 수 있도록 질문함으로써 자신의 경험을 편안하게 나눌 수 있도록 해주는 교사여야 한다. 교사로서의 조직가의 목적은 조직 구성원들이 자신에게 필요한 질문을 스스로 할 수 있는 능력을 개발하도록 돕는 것이다. 조직가는 잘 듣고, 사람들이 알아들을 수 있도록 대답을 요약해 주어야 하며, 다양한 사람들이 의견을 제시할 수 있는 토론을 구성해야 하고, 다른 사람의 시간을 낭비하지 않도록 회의가 끝없이 진행되지 않도록 해야 한다. 성공 가능성을 보여주고 다른 조직에서 시도했던 다양한 옵션을 알려주기 위해서 자신의 경험을 예를 들어 설명해주고 이야기를 나눔으로써 가르치게 되는 것이다. 조직가 자신이 선택한 것이 아니라 구성원들 스스로 선택한 아이디어를 밀고 나갈 수 있도록 격려하는 것이 최고의 교사가 되는 것이다. 한마디로 교사로서의 역할은 결국 능력 구축(capacity building)에 대한 것이라 할 수 있다. 성공하면 지역 주민은 임파워먼트 될 것이고, 실패하게 된다면 실수로부터 배울 수 있도록 돕고, 다시 돌아와 다시 시도할 수 있도록 격려하는 교사가 되어야 한다.

촉진가(facilitator)로서의 조직가의 역할은 정보 제공, 즉 일상적으로 이루어지는 많은 중요한 조직 업무를 다루는 것과 관련된 것으로, 자금을 모금하고 일상적인 업무를 실행하는 것을 돕는 것이다. 조직 구성원들이 좋은 아이디어를 가지고 있음에도 불구하고 시간과 돈 또는 지식의 부족으로 아무것도 할 수 없는 경우가 있기 때문이다. 촉진가로서 조직가는 조직의 스태프로서 조직 운영, 행동 실행 또는 프로젝트 계획 등과 같이 재미없는 일을 자주 하게 된다. 예를 들어, 대형 회의를 위한 회의장을 빌리거나, 회의 참석자의 스케줄을 재확인하거나, 집 수리를 위한 대부 신청서와 주택 담보 대출 작성

5) 우리나라의 일부 사회복지기관이나 시민단체가 의도와 관계없이 법과 규정에 따라 국가보조금이나 후원금을 처리하지 않아서 종종 큰 문제가 되곤 한다. 2020년 5월에 불거진 정의기억연대 논란을 보라.

방법을 알아내고, 그것을 다른 사람에게 알려주는 데 시간을 소비해야 한다. 촉진가로서의 업무 중 일부는 회의장에 먼저 와서 의자를 적절하게 배치하는 것과 같이 누구나 할 수 있지만 시간이 없어 할 수 없는 일들인 경우도 있고, 회계 감사 결과를 확인하고 자금을 제공한 재단이나 정부 조직에 그 결과를 보고하는 것처럼 약간의 기술적인 지식과 디테일이 요구되는 것도 있다. 하지만 촉진가가 제공하는 이런 디테일한 행정적 고려가 없다면, 많은 집합적 노력을 수포로 돌아가게 할 것이다.

연계자(linking people)로서의 조직가의 역할은 커뮤니티 안에서 연계를 만들어 내기 위해 일하면서, 자신이 일하는 지역사회조직과 다른 지역사회조직, 자금지원기관, 언론기관 사이를 연계한다. 또한 외부 지지자들로부터 정보와 협력자들 그리고 전문적 지식을 찾아내어 연계하는 역할을 한다. 여러 집단에서 온 조직가들이 함께 모여 아이디어를 공유하거나 연합 전술 계획 등을 공유하기도 하면서 조직과 외부 세계를 연결해주는 것이다.

3) 조직가의 조직화 기술

조직화 실행에 필요한 기술을 조직가의 역할과 연결해서 살펴볼 수도 있다. 조직가의 역할이 무엇이냐에 따라 그 **역할 수행에 필요한 기술**이 요구될 것이기 때문이다.

루빈과 루빈(Rubin & Rubin, 2001 : 126-127)은 조직가는 선동가, 행정가, 선전가, 회계 담당자, 기금 모금가, 손상된 감정을 진정시키는 자, 공공 연설가, 밀실 협상가, 그리고 일반적인 재능이 뛰어난 사람이라고 설명하고 있다. 그러므로 조직가는 기금 조성, 회의와 회담 진행, 소송 제기, 행동 연구(action research) 수행, 언론 응대 등을 위한 **전문적 기술**을 가져야 한다.

더 나아가 조직가는 **조직 통합과 갈등 해소 기술**을 가지고 있어야 한다. 즉, 커뮤니티들의 통합을 이루는 방법, 갈등이 고조되었을 때 자부심에 상처를 받은 구성원들을 진정시키는 방법, 헌신적인 자원봉사자들 사이의 차이를 조정하는 것, 실패를 경험한 구성원들을 안심시키는 방법 등을 알아야만 한다. 몬드로스와 윌슨(Mondros & Wilson, 1994)은 "아마 조직가에게 어려운 업무는 조직 내부의 갈등이 있을 때, 지도자들과 구성원들 사이의 관계를 조화롭게 조절하는 것이다"라고 말한다(Mondros & Wilson, 1994 : 92; 루빈과 루빈, 2001 : 126 재인용). 왜냐하면 조직은 끝없는 구성원들 사이의 갈등으로 분열하면서 자멸할 수 있기 때문이다.

대인관계 기술은 자부심에 상처를 입은 구성원들을 달래는 기술을 포함한 그 이상의 것이다. 조직가는 다른 사람들이 생각해 내고 말하려고 하는 것들, 즉 그 이슈가 정말 중요한 것인지, 참여할 의지가 있는 사람들이 함께 일하게 할 수 있는 방법 등을 잘 듣고 이해할 수 있어야 한다. 사람들이 생각하고 있는 것을 듣기 위해서 조직가는 이웃을 집집마다 찾아가서 불만과 의견을 들으며 여론에 귀 기울여야 하고, 커뮤니티 구성원들이 자신의 생각과 관심, 분노까지도 나누는 회의를 마련해야 한다.

조직가는 사람들이 열린 자세로 정직하게 대화할 수 있도록 감정이입할 수 있어야 하며, 그냥 말만 듣는 것이 아니라 무슨 의미인지를 파악하며 새겨들을 수 있어야 한다. 특히 이런 **감정이입적 경청 기술**은 젠더 관련 이슈가 중심이 되는 조직 같은 다문화 환경에서 일할 때 필수적이다. 조직가는 사람들이 서로 다른 문화적 배경을 가지고 있고, 남성과 여성이 각각 다른 방식으로 자신의 생각을 전달한다는 것을 배워야만 한다. 어떤 집단의 사람들은 본론을 이야기하기 전에 간접적으로 얘기하는 경향이 있는 반면에 바로 본론에 들어가서 단도직입적으로 이야기하는 사람들도 있다.

더불어 조직가는 항상 **인권과 젠더에 대한 감수성** 또는 민감성을 갖추기 위해 노력해야 한다.

5. 옹호/대변 기술

옹호는 클라이언트나 시민들의 이익을 위해 싸우거나 대변하는 것을 의미하는 것이며(NASW, 1969, Hardcastle, et al., 1997 : 348 재인용), 옹호 대상자를 두둔하고 편들어서 그들의 이익을 지키는 모든 활동을 의미한다(이원주, 2016 : 263). 특히 옹호기술은 옹호 대상자들이 법적으로 보장된 당연한 권리를 가지고 있음에도 불구하고 그것이 침해되거나 외면되는 상황이 벌어질 때 사용되는데, 이는 지역사회복지 실천에서 오랫동안 사용되어 온 기술 중 하나이다.[6] 그중에서도 사회행동 모델은 지역사회복지 실천가에게 옹호자의 역할을 강조하고 매우 중요하게 다룬다.

거시적 실천 수준에서 옹호는 개별적으로는 달성할 수 없었던 목표를 함께 달성할 수 있도록 관심사나 문제가 비슷한 사람들을 조직화하는 일, 새로운 서비스 계획이나 특정 프로그램에 기관이 자원을 할당하는 방법을 수정하는 일, 제도·지역사회·기타 수준에서 정책과 법령을 바꾸도록 노력하는 일 등 다양한 수준에서 다양한 방식으로 이루어지고 있다(Kirst-Ashman & Grafton, 2001 : 360-365, 감정기 외, 2005 : 239-240). 이때 옹호활동이 갖는 최대의 장점은 단순히 위기 상황에 대처하는 것을 넘어서서 문제의 핵심을 공격한다는 점이고, 이런 활동을 통해 지역사회복지 실천가들은 문제해결에 적극적으로 참여했다는 의식을 가지게 되고, 옹호 대상자들은 자신의 문제를 해결할 수 있도록 권력을 키우고 문제해결 기술을 익히게 되므로 실천가와 대상자 모두 자기효능감을 키울 수 있다(감정기 외, 2005 : 235).

이처럼 옹호기술이 필요하고 중요한데 왜 일부 실천가들은 이 기술의 사용을 꺼리거나 활용하는 데 어려움을 느끼는 것일까? 우리나라의 전형적인 사회복지기관이나 조직은 옹호활동보다는 직접서비스 제공에 초점을 두고 있는 경우가 많고, 간혹 옹호활동을 하더라도 미시적 수준을 크게 벗어나지 못하는 경우가 많다. 연일 우리 사회를 뜨겁게 달구고 있는 가족 내 폭력,

---

6) 옹호기술이 지역사회복지 실천에서만 사용되는 것은 아니다. 옹호기술은 모든 사회복지사가 갖추어야 할 기본적인 기술로서 미시적 수준과 거시적 수준 모두에서 다양한 클라이언트들의 이익을 대변하는 기술로 사용된다(김범수·신원우, 2019 : 170). 직접서비스 실천가는 클라이언트를 대신해서 클라이언트의 권리와 이익을 지지하거나 대변하는 활동을 하거나, 클라이언트가 스스로 자신을 대변할 수 있도록 하는 방법으로 옹호기술을 활용하는데, 이를 개별/사례 옹호(case advocacy)라고 한다(Hardcastle, et al., 1997 : Ch.12, 감정기 외, 2005 : 233-234 재인용).

아동 학대, 장애인이나 성소수자와 같은 사회적 약자에 대한 차별, 빈곤계층의 생존권 보장, 불리한 지역에 대한 부당한 처우나 지역민의 의견과 대치되는 사업 추진 등과 같은 이슈에서 대상자 혹은 대상 지역의 권리와 이익을 대변하고 옹호하는 활동은 대부분 사회복지기관보다는 시민사회단체나 풀뿌리 조직에서 활발하게 이루어진다.

커스트-애쉬만과 그래프톤(Kirst-Ashman & Grafton, 2001)은 옹호활동을 꺼리는 이유로, 첫째, 억압을 받고 있는 사람들이나 위기에 처한 사람들을 옹호하는 것은 종종 보다 격렬한 저항의 형태로 나타나기도 하여 실천가와 옹호 대상자에게 상당한 위험을 가져올 가능성이 있고, 둘째, 일부 기관장은 실천가들의 이런 옹호활동이 기관 후원자들에 대한 도전으로 여겨질까 염려하여 말리는 경향이 있으며, 셋째, 옹호활동의 성과를 예측하기 어렵고, 넷째, 사회복지사 스스로 자신의 추진력에 대해 확신을 가지지 못하는 경우가 많으며, 마지막으로 실제 옹호를 통한 변화가 일어났을 때, 그것이 미칠 영향에 대한 우려도 걸림돌로 작용하기 때문이라고 했다. 그러나 이상의 이유들을 모두 극복할 만한 용기가 부족하거나 무관심하고 냉담한 태도, 대응방법에 대한 지식 부족과 같은 실천가 자신의 한계 때문에 옹호활동을 꺼리는 것은 아닌지 반성해 볼 필요도 있다. 사실상 옹호기술은 옹호 대상자에 대한 연민과 불의에 대한 분노에서 출발한다는 점을 명심하자.[7)]

이상과 같이 옹호가 무엇이고 사회변화의 매개자로 활동하는 실천가에게 왜 옹호기술이 중요하며, 그러면서도 왜 실천가들은 옹호기술 사용을 꺼리는지에 대해 설명하였다. 이처럼 옹호가 사회복지실천 영역에서 흔히 사용되는 기술은 아니지만 불리하고 부당하며 불편한 위치에 처한 사람들이나 지역사회를 대변하는 기술이라면 실천가는 그 기술을 사용할 능력을 갖추어야 할 것이다. 그런 의미에서 이 장에서는 옹호의 유형, 원칙, 기술에 대해서 설명하겠다.

7) 살리비(Saleebey, 1990 : 30, Hardcastle, et al., 1997 : 347 재인용)는 사회복지실천의 네 가지 토대는 불의에 대한 분노(indignation), 탐구(inquiry), 연민/측은지심(compassion)과 배려(caring), 그리고 사회정의(social justice)라고 하였다. 따라서 연민을 느끼는 만큼 불의에 대해 분노하는 사회복지사는 이미 전문적인 옹호를 할 준비가 되어 있는 것이다.

1) 옹호기술의 유형

옹호는 크게 '개별/사례 옹호(case advocacy)'와 '계급 옹호(class advocacy)'[8)] 로 나눌 수 있다. 개별 옹호는 개별 사례나 클라이언트 개인 또는 가족을 위한 옹호 활동으로, 특정 클라이언트에게 필요한 자원이나 서비스를 확보하고 서비스 전달을 보증하는 일에 초점을 두는 것으로 주로 미시적 실천에서 적용된다. 유사한 문제를 겪는 사람이 많아져 다수가 되면 계급 옹호로 전환될 수 있다. 계급 옹호는 집단이나 제도의 문제점과 관련된 옹호활동으로서 사회적 여건을 변화시키는 것을 강조하는데, 대표적인 예로는 민권운동, 주거권 실현 운동, 사회복지권 운동 등에 참여하여 대변하는 것이 있다. 계급(class) 옹호는 '대의 또는 명분 옹호(cause advocacy)'라고도 하는데, 이것은 스스로 자신을 옹호할 능력(자원, 재능, 기술)이 부족한 집단을 위한 것으로 거시적 실천에서 주로 적용된다(Kirst-Ashman & Grafton, 2001 : 353).[9)]

2) 효과적인 옹호활동을 위한 주요 원칙

옹호는 다양한 집단을 상대로 하는 활동일 뿐 아니라, 그들이 지닌 가치, 신념, 규칙 등과도 싸워야 하는 어려운 일이다. 지역사회복지 실천가가 효과적인 옹호활동을 하기 위해서는 다음과 같은 원칙에 유의할 필요가 있다.[10)]

- 옹호활동은 합리적인 수준을 유지하는 것이 좋다. 즉, 클라이언트를 위하는 일이라도 무리한 요구를 고집해서는 안 되며, 클라이언트의 수준에

---

8) 김종일(2006)은 'class advocacy'를 '집단 옹호'로 번역하고 있고, 감정기 등(2005)과 김광희(2015)는 'class advocacy'를 'cause advocacy'로 부르기도 한다면서 'class advocacy'를 '집단 옹호'로 'cause advocacy'를 '대의 옹호' 또는 '명분 옹호'로 번역하고 있다. 그러나 'class advocacy'를 '집단 옹호'로 번역하면, 하드캐슬 등(Hardcastle, et al., 1997)이 제시한 옹호 유형 중 'group advocacy'와 혼동될 수 있다. 따라서 이 책에서는 '계급 옹호'라고 명명할 것이다.

9) 필드와 베이커(Field & Baker, 2004)는 옹호의 유형을 자기 옹호, 정치적 옹호, 시스템 옹호, 미디어 옹호 등 네 가지로 구분하고(이원주, 2016 : 264-265 재인용), 하드캐슬 등(Hardcastle, et al., 1997 : 354-368)은 자기 옹호, 개인 옹호, 집단 옹호, 지역사회 옹호, 정치 또는 정치적 옹호, 체제변환적 옹호 등 여섯 가지로 구분하고 있다(김범수·신원우, 2019 : 171 재인용).

10) 김종일(2006 : 197)과 감정기 외(2005 : 242)의 내용을 종합하여 정리하였다.

맞아야 한다.

- 가능하면 팀워크에 의존해야 한다. 개별적인 옹호활동이 더 좋은 결과를 가져올 때도 있지만, 집단적인 옹호활동은 동원 가능한 자원의 양이 많고 다양한 전술을 사용할 수 있다는 점에서 훨씬 유리하다.
- 옹호활동은 종종 적극적이고 단호한 태도를 요구한다. 옹호활동의 상대가 되는 기득권을 가진 조직이나 개인을 대상으로 타협적이거나 양보하는 태도를 취하면 상대방에게 약점으로 보일 가능성이 있다. 클라이언트의 이익을 지속적으로 알리고 상대방의 변화를 유도하기 위해서는 적극적인 태도를 견지해야 한다.
- 유연성을 강점으로 인식할 필요가 있다. 단호한 태도가 요구된다고 해서 모든 일에 경직된 태도를 유지해야 하는 것은 아니다.
- 때로는 성공할 수도 있고 실패할 수도 있음을 수용해야 한다. 절반의 성공과 절반의 실패도 유의미한 것이다.
- 다양한 전략을 사용하도록 준비해야 한다. 옹호가 항상 대결 전략을 채택하는 것은 아니며, 승리나 패배라는 이분법적 접근이 아닌 타협·설득·중재 등의 다양한 전략을 활용할 필요가 있다.

3) 옹호 활동을 위한 방법들

사회복지실천에서 일반적으로 사용하는 다양한 기술과 전술이 옹호기술을 사용하는 지역사회복지 실천에도 유용하게 사용될 수 있다. 옹호에서 사용되는 중요한 기술을 커스트-애쉬만과 그래프톤(Kirst-Ashman & Grafton, 2001 : 365-369), 커스트-애쉬만과 헐(Kirst-Ashman & Hull : 2014), 하드캐슬 등(Hardcastle, et al., 1997 : 376-381)의 내용을 참고하여 정리해 보면 다음과 같다.

(1) 설득

설득(persuasion)은 사회복지실천에서 자주 쓰이는 대인관계 기술의 하나로 대상자 또는 어떤 명분이나 대의(cause)에 대해 호의적인 해석을 얻어내고,

마케팅하고, 노력하는 제반 활동이라고 할 수 있다. 따라서 설득은 표적체계가 기존의 결정과는 다르게 우리가 원하는 대로 결정을 내릴 수 있도록 추가적인 정보를 제공하는 등의 형태로 이루어질 수 있다.

(2) 대변

대변(representation)은 한 사람이 다른 사람에게 요청하여, 요청받은 사람이 대변자가 되는 데에 동의하고, 두 사람이 관계의 성격에 대해 결정하고 나면 시작된다. 누군가를 대변한다는 것은 그 사람의 관점을 취하게 되는 것을 의미한다. 의사소통, 클라이언트의 실질적 바람과 욕구의 발견, 클라이언트가 진행과정을 지원하도록 가르치고 동기화하는 일 등은 숙련을 필요로 한다.

(3) 청문, 고충처리, 이의신청

수급자격이 있으면서도 권리를 누리지 못해온 클라이언트나 클라이언트 집단이 공평하게 대우받을 수 있도록 하기 위한 행정절차를 가리키는 것으로, 일반적으로 청문(hearing), 고충처리(grievances), 이의신청(complaints) 등이 있다. 청문은 행정기관이 어떤 절차에 대해 처분하기에 앞서 당사자 등의 의견을 직접 듣고 증거를 조사하는 절차를 말하며, 고충처리도 역시 정책을 어긴 의사결정자에게 대처하는 방식인데, 보통 기관 내부에서 직원이나 클라이언트의 불만이나 고충을 수리하여 처리하는 공식적인 절차를 말한다. 이의신청은 기관의 행위에 대하여 불만이나 이의가 있을 때 흔히 관계 법령에 의해서 이의를 주장하는 행정상의 절차이다.

(4) 변화의 표적을 궁지에 몰기

표적을 궁지에 몰아세우고(embarrassing the target) 상대방을 당혹스럽게 만드는 것으로, 직접적인 도전이나 공격이 어려울 때 사용할 수 있는 효과적인 방법(전술)이다. 대중매체를 이용하여 표적의 약점을 지적함으로써 상대방을 당혹스럽게 만들어서 옹호자가 원하는 방향으로 행동하도록 변화시킬 수 있다. 때로는 피케팅, 전단배포, 연좌, 시위, 공간의 물리적 점거 등 좀 더 강력한 수단을 사용하기도 하는데, 표적의 더 심한 저항을 초래할 수도 있다는 점을 유의해야 한다.

(5) 정치적 압력

정치적 압력(political pressure)은 주로 공공조직을 대상으로 펼치는 효과적 옹호활동이라고 할 수 있다. 주로 선출직 공무원이나 정부 지원을 받는 기관을 상대로 이루어진다. 정치적 압력은 정부의 모든 정책 형성과정 단계에서 이루어질 수 있으며, 새로운 법을 통과시키고 새로운 프로그램을 시행하게 한다거나 지역사회주민이나 조직에 이로운 정책을 강구하고 시행하도록 하는 것이 목적이다. 정치적 압력은 정부가 이러한 변화 요구에 대해 비교적 개방적이고 주민참여에 대해 비교적 공평한 기회를 보장한다는 전제에서 출발하며, 이런 경우에 더욱 효과적일 것이다.

(6) 청원

청원(petitioning)은 특정 조직이나 기관이 일정한 방향으로 조치해 줄 것을 요청하는 다수인의 서명지를 전달하는 활동이다. 가가호호 방문이나 많은 사람들이 모이는 거리나 장소에서 이루어지며, 최근에는 온라인 서명이 많이 이루어진다. 다른 방법에 비해 청원 서명서는 비교적 쉽게 받을 수 있기 때문에, 청원에 대한 표적체계의 압박은 그리 심하지 않은 것으로 알려져 있다. 따라서 단순히 청원 서명서를 제출하는 데 그치지 말고 공적으로 성명을 발표하여 공적 기록이 남게 하는 것이 효과적이다.

6. 협상 기술

루빈과 루빈(Rubin & Rubin, 2001 : 238, 316)은 사회행동 모델을 근거로 사회행동 캠페인을 진행할 때 사용하는 대표적인 전술에는 정치적 압력 행사 전술, 법적 행동 전술, 직접 행동과 같은 대결 전술이 있고, 사회행동 캠페인을 통한 변화가 일어날 수 있도록 주민조직의 힘을 확장하는 데 도움이 되는 기술로 연합, 홍보, 협상이 있다고 하였다.

흔히 지역사회복지 실천가들이 사회행동 모델을 선택하는 데 부담을 느끼는 이유 중 하나가 이 모델의 선택이 바로 직접적이고 격렬한 대립과 충돌을 의미하는 것이라고 오해하기 때문이다. 위에서 살펴본 것처럼 사회행동 모델에서도 이런 격렬한 직접 충돌 이외에도 선택할 수 있는 전략과 기술이 있는데, 그것이 바로 협상(negotiation) 기술이다.[11] 협상은 직접적이고 격렬한 물리적인 충돌을 전제하지 않는다는 측면에서 사회행동 캠페인 과정에서 효과성을 높이기 위해 선택할 수 있는 좋은 기술 중 하나이다. 또한 협상기술은 조직에 필요한 재원을 확보하거나 다른 조직이나 기관들과 협력관계를 형성하는 데에도 사용할 수 있는 유용한 기술이다.

협상에는 이슈와 관련된 소수의 사람들만 관여하는데(Rubin & Rubin, 2001 : 329), 주민조직의 대표들이 상대방 대표와 토의를 통해 적절한 합의점을 도출해 내는 것이다. 협상이 시작되면, 양쪽 대표들은 이슈와 쟁점에 대해 서로 토의하게 되며, 그 과정에서 서로의 요구사항이 제시되고, 서로가 만족할 수 있는 수준에서 결국 합의가 이루어지게 된다(이원주, 2016 : 212). '손자병법'은 상대방의 계략과 책략을 미리 알아내고 이를 이용하여 싸우지 않고 승리하는 것이 최고의 전략이라고 한다. 지금 우리가 살펴볼 협상기술이 바로 손자병법에서 말하는 "직접 싸우지 않고 이기는 방법"일 것이다.

---

11) 많은 지역사회 조직가들은 직면한 문제를 직접적인 대결을 통해서 해결하는 것이 나은지 또는 합의를 추구하는 것이 더 나은지에 대한 전술적인 결정을 할 때, 둘의 관계를 상충적인 것으로 여기기도 하고, 연결된 단계로 이해하기도 한다. 즉, 먼저 협상을 시도하다가 실패했을 때 대결로 가는 경우도 있고, 조직의 힘을 보여줄 수 있는 대결을 먼저 하고 협상 테이블로 갈 수도 있는 것이다(Rubin & Rubin, 2001 : 18).

1) 협상의 목적과 구조

직접적인 사회행동 캠페인의 목적은 주민조직의 적법한 요구를 받아들이고 그것의 실행을 약속하도록 압력을 행사하는 것이다(Rubin & Rubin, 2001 : 328). 따라서 협상의 목적은 상대방을 주민조직의 요구를 받아들일 수밖에 없는 상황으로 몰아넣고, 쌍방이 모두 받아들일 수 있는 합의에 이르는 것이다. 이때 유의해야 할 것은 상대방에게 선택의 여지가 없을 정도로 위협해서는 안 된다는 것이다. 이런 상황이 된다면 상대방도 극단적인 대응을 하게 되고, 주민조직도 결국 제로섬 상황에 놓이게 될 것이기 때문이다. 능력 있는 협상가는 서로 합의할 수 있는 탁월한 대안을 추구하는 사람이다(최일섭·이현주, 2008 : 292-294, Rubin & Rubin, 2001 : 333).

실제적인 협상에 임하기 전에 협상의 구조를 이해하는 것도 중요하다. 협상의 구조를 파악한다는 것은 협상 당사자들이 협상할 수 있는 여지 또는 범위가 어느 정도인지를 미리 가늠해 보는 것이다. 주민조직의 목표는 요구를 관철하는 것이고, 상대방은 이런 요구를 거부하려고 할 것이다. 쌍방이 양보할 수 있는 범위가 어느 정도인지 면밀하게 분석한 이후에 요구를 제시하고 협상해야 타협의 가능성이 높아지게 된다(최일섭·이현주, 2008 : 295).

협상을 시작하기 전에, 특별히 협상 쌍방이 불신의 역사를 가지고 있을 때, 먼저 협상 회의 방법에 대한 동의가 필요하다. 특정 세력의 지역에서 회의를 할 것인가? 중립 지역에서 할 것인가? 각각 몇 명씩 회의에 참석할 것인가? 중립적인 제3자를 참석시킬 것인가? 그렇다면 어떻게 선택할 것인가? 기록을 허락할 것인가? 언론에 정보를 제공할 것인가? 그렇다면 누가 얼마나 자주 할 것인가? 협상가가 협상내용에 대한 비밀을 엄수하게 할 것인가? 이 회의를 얼마나 오래 지속할 것인가? 등에 합의해야 한다(Rubin & Rubin, 2001 : 331). 즉, 협상 장소, 참여 인원, 홍보 방법이나 회의 내용의 비밀 엄수 여부, 협상 시한 등의 회의 진행 절차에 대한 사전 합의가 필요하다.

2) 협상 회의 진행 방법

희망하는 협상 목적을 달성하기 위해 도움이 되는 구체적인 회의 진행 방법(tactic)을 살펴보면 다음과 같다. 특히 이 방법들은 협상이 진행되는 회의석상에서 더욱 유용하게 활용될 수 있는 기술이 된다(Pruitt, 1981; Rubin & Rubin, 2001 : 332-333; 최일섭·이현주, 2008 : 296-297 참고).[12)]

(1) 협상은 사람이 아니라 이슈에 초점을 맞춰야 한다

알린스키 모델을 따르는 활동가들은 흔히 문제의 상징으로 한 사람을 지목하여 표적으로 삼는다. 그러나 이런 방법은 협상이 시작된 후에는 위험하다. 협상하는 자리에서는 사람이 아니라 이슈에 초점을 두어야 한다. 개인적 적대감에 한쪽에서 반응하게 된다면 이룰 수 있는 것이 거의 없을 것이다. 개인적 적대감을 회피하기 위해서 쌍방은 협상 회의가 이루어질 수 있도록 캠페인을 이끌어 온 핵심 인물보다는 다른 사람을 협상 대표로 지정할 수 있다.

(2) 상대방의 기만적인 태도에 단호하게 대응하라

가끔 협상이 실제로 이루어지는 것이 아니라 주민조직의 압력전략을 중단시키기 위해서 상대방이 협상을 하는 척 속이고 있는 것일 수 있다. 상대방은 주민조직의 제안을 경청하지도 않고 기만적인 태도를 보이며 빈말이나 거짓말을 하고 있을 수 있는 것이다. 이런 일이 일어난다면, 자리를 박차고 일어나 떠나야 할 시간이다. 이런 경우에 결론을 내려야 할 데드라인을 확실하게 설정할 필요가 있다. 데드라인이 설정되어 있다면, 쌍방 모두 양보를 통한 합의를 이끌어 내려는 의지를 더 강하게 가질 것이다.

---

12) 이 외에도 로웬버그(Loewenberg, 1983 : 309)는 지역사회 조직가의 입장에서 협상에 활용할 수 있는 기술로 당사자를 협상과정에 함께 참여시키는 기술, 협상이 이루어질 수 있는 상황을 규정하는 기술, 당사자들을 훈련시키고 옆에서 자문역할을 수행하는 기술 등을 제시하고 있다(Fook, 1993 ; 김성천 외 공역, 2007 : 168).

(3) 협상에 시한을 두어야 한다

협상 시한 안에 타협이 이루어지지 않으면 모두에게 피해가 될 수 있으며, 시한 종료 이후 주민조직이 더 강한 저항을 할 것이라는 것을 알려주면, 상대방은 어느 정도 선에서 양보할 태세를 취하게 될 것이다. 또한 쌍방 모두가 마땅한 해결책을 제시할 수 없어서 협상이 지지부진해질 수도 있다. 이럴 때도 마감 시한을 정하라. 보통 이럴 때 사람들은 어떤 합의를 이끌어 내려는 더 강한 의지를 보이는 경향이 있다.

(4) 요구하는 입장을 확고히 해야 한다

주민조직의 요구 관철 의지가 별로 없다는 인상을 주어서는 안 되며, 적절한 요구를 제시하고, 요구 관철을 위한 행동은 분명하게 실행해야 한다.

(5) 언제 어떻게 양보해야 할지 배워야 한다

상대방의 요구를 일부 수용하면서도 핵심적인 이슈를 포기하지는 않는 확고한 목적과 예상치 못한 상대의 제안에 유연하게 대처하는 것 사이에서 세심한 균형을 유지할 수 있어야 한다. 그러나 지역사회 조직은 단지 상대와의 만남을 유지하기 위해서라도 어떤 것을 조금 내어줄 수도 있다는 것을 인정해야 한다. 양보는 협상에서 가장 핵심적인 것인데, 너무 빨리 양보하면 지역사회 조직이 허약해 보일 수 있고, 너무 늦어지면 타협을 거부하는 것으로 보여 상대방도 더 완강한 입장을 취할 수 있다.

(6) 상대방의 제안에 신중하게 대응해야 한다

상대방이 예상치 못한 제안을 해온다면, 잠시 휴정하고 그 제안에 대한 생각을 재정비해야 한다. 상대방의 제안을 즉각 거부하면 협상이 끝장날 수 있고, 너무 쉽게 받아들이면 필요 이상의 양보를 하게 될 수 있다. 제안에 대해 어느 정도 시간을 갖고 심사숙고해야 한다.

(7) 협상이 계속 진행되도록 해야 한다

이룬 것도 없이 지루하고 피곤한 협상이 계속되면 협상 자체가 깨질 수도 있다. 협상이 계속 유지되기 위해서는 쌍방 모두 그것이 비록 실제가 아니라 상징적인 것에 지나지 않더라도 약간의 진척을 보여주어야만 한다. 주된 협상 안건이 타결되지 않더라도 사소한 안건을 양보해 주면서 협상이 계속 진행되도록 해야 한다. 이러한 사소한 양보가 핵심적인 안건에 대한 협상력을 높여줄 수도 있다. 전문 협상가는 대화가 지속될 수 있도록 몇몇 사소한 양해라도 만들어 낼 수 있도록 조언해 주어야 한다.

(8) 중재자의 개입 여부를 고려해야 한다

쌍방이 신뢰할 수 있고 협상에 참여하기를 원하는 중재자가 개입함으로써 협상 결렬 가능성을 낮추고, 합의 가능성을 높일 수도 있다.

(9) 우리가 원하는 제안을 상대방이 하도록 유도하라

이런 방법 중 하나는 지역사회조직의 최초 입장과 반대되는 표적 집단의 입장 중간 어디쯤에 해당하는 입장을 만들어 쌍방 간의 '차이' 정도를 줄이는 것이다. "살라미(salami)"13) 전술을 사용하면, 하나의 이슈는 조각조각 나누어져 상대방이 부담 없이 작은 양보를 할 수 있는 부분으로 나누어지게 된다. 다른 접근방법으로는 모두에게 해당되는 어떤 것을 하나의 패키지로 묶어 이슈와 연결하는 것이다.

---

13) 단계를 잘게 나누어 압박하는 협상 전술을 말한다. 상대방과의 풀기 어려운 협상에서 한 번에 모든 목표를 달성하려 하기보다는 사안을 부분별로 세분화하여 시간을 두고 조금씩 단계적으로 해결함으로써 이익을 극대화하는 방법이다. 상대방에게 실제 달성하려는 목표보다 큰 요구를 한 후 이를 거절한 상대에게 원래 목표를 제시해 원하는 것을 얻는 것도 살라미 전술의 한 형태이다. 한 예로 북미 간의 핵협상을 들 수 있다. 북한은 핵문제를 한 번에 해결하는 포괄적인 핵협상이 아니라 단계적 해결을 주장하는 살라미 전술을 사용하고 있다.

(10) 토론을 끝장낼 수 있는 방법 사용에 주의하라

어떤 방법들은 토론을 끝장내버릴 수 있으므로 주의해서 사용해야 한다. 양보가 바로 이루어지지 않을 때 사용할 수 있는 접근방법 중 하나는 타협을 하기보다는 요구를 단계적으로 높여나가는 것이다. 다른 접근방법은 회담장을 떠나겠다고 으름장을 놓는 것이다.

(11) 상대에게 신뢰를 잃지 않을 정도로만 정직하라

협상가들은 상대방에게 얼마나 정직해야 할지 걱정한다. 단기적으로 거짓말이 도움이 될지 모르겠지만, 거짓말이 탄로 나면, 조직은 향후 협상에서 요구되는 신뢰를 잃게 된다. 완벽하게 기만하는 것은 아니지만, 협상에서는 일반적인 다양한 작은 속임수들이 있는 것이 사실이다. 그 집단에서 진짜 필요로 하는 것 이상을 요구하거나 협상가가 실제 갖고 있는 재량권 정도를 줄여 말하는 것 등이 그것이다. 주의를 다른 데로 돌리기, 질문에 충분히 대답하지 않기, 다른 질문을 해서 질문을 회피하는 것 등의 방법도 있다. 협상가는 협상의 한 부분으로 진짜 하려는 의도가 없는 것을 할 것처럼 위협하는 허세를 부리기도 한다.

7. 지역사회교육 기술

현재 우리나라 지역사회복지관에서는 교육사업이라는 명목하에 이용자들에게 다양한 교육 프로그램을 제공하고 있다. 그러나 주로 여가나 취미 증진에 중점을 두고 있는 기존의 교육 프로그램이 이 책에서 설명하고자 하는 지역사회교육 기술을 활용한 것이라고 보기는 어려운 듯하다. 지역사회교육은 ‘지역사회’와 ‘교육’의 합성어로, 간단히 말해서 학교교육, 성인교육, 노동자교육, 여성교육, 부모교육, 평생교육 등 다양한 형태의 교육을 제공함으로써 지역주민의 성장과 발전에 기여해서 궁극적으로는 좋은 지역사회를 만들 수 있다는 전제하에 사용하는 기술이다. 이렇게 교육이 지역주민의 성장과 발전에 기여하는 것이기 때문에 아이프(Ife, 2002, 류혜정 역, 2005 : 486)가 교육은 지역사회 실천가의 역할 중에서 가장 중요한 측면을 이루고, 교육에 관한 기술도 매우 중요한 의미를 지닌다고 했을 것이다. 또한 같은 맥락에서 그는 교육이 회의록 작성법이나 컴퓨터 사용법과 같이 단순한 것이 아니며, 훈련의 차원을 넘어서, "지역사회 주민들이 스스로 자신들을 위한 교육 아젠다를 세울 수 있도록 도와주는 방법을 찾아내는 것"이라고 하였다(p. 497).

지역사회교육은 사회교육과 유사하지만 지역사회에 초점을 맞춘다는 점에서 다르다. 이 교육은 지역사회 내에서 주민들의 복지에 영향을 미치는 모든 것을 관심 주제로 삼아 해당 주제에 대한 교육을 통해 지역사회 개선을 이루려는 의도를 가지고 이루어진다(Miney & Yarde, 1979). 특히 지역사회 주민들의 참여를 통해서 공동의 이상을 실현하기 위한 지역사회 본연의 목적은 민주적인 절차와 의사소통을 통한 문제해결에 의해 달성되기 때문에 주민들이 이러한 성품을 갖도록 하는 교육은 어떤 실천모델을 사용하든지 간에 반드시 필요한 기술이라고 할 수 있다.

이런 식의 교육은 다음과 같은 형태로 활용될 수 있다(유문무, 2008).

첫째, 지역주민들이 학교를 보다 나은 교육의 장으로 가꾸고, 학교는 지역사회를 보다 살기 좋은 생활 터전으로 만드는 데 적극적으로 참여하는 학교와 지역사회의 상호 협력

둘째, 학교가 가지고 있는 교육 자원과 역량을 연령, 성별, 계층, 종교 등에 관계없이 모든 지역주민을 위해서 최대한 활용하도록 학교 개방

셋째, 지역주민의 니즈를 충족시키고 그들의 생활을 향상시키기 위해서 그들의 잠재력을 최대한 개발하는 사회교육을 통해 주민들 스스로 지역사회를 발전시키고 지역사회가 당면한 여러 문제를 해결할 수 있도록 주민들의 자주능력 배양(예를 들어, 복지관, 보건소, 농촌지도소, 생활개선클럽, 부녀회, 여성농민회, 종교단체 등에서 제공하는 교육 프로그램)

넷째, 지역사회복지 실천모델에서 다루었던 포플(Popple, 2000)의 지역사회 교육 모델과 관련하여 사회적 불평등으로 인해 약자의 위치에 처한 사람들이 자신의 힘을 다시 찾도록 하고 사회정의에 입각한 사회가 구현되도록 억압받는 자를 해방하기 위한 민중교육

특히 사회복지는 약자의 편에서 차별과 억압에 대항하고 오롯이 고귀한 인간답게 살도록 하는 교육을 실천해야 한다는 점에서 여기에서는 프레이리(Freire, 1970, 남경태 역, 2002)의 교육학을 상당 부분 할애해서 소개하려고 한다. 프레이리는, 인간적으로 사는 것은 인간에게 너무나 중요한 존재론적 가치이며 "인류의 핵심적인 문제"라고 하였다. 그러나 많은 사람들이 너무 자주 인간적이지 못한 대우를 받아왔고, 또 그것을 운명이라고 여기게 하는 교육을 받아왔다. 그러므로 교육은 우리가 바꾸어야 할 핵심이며, 그 출발은 비판의식을 갖는 것이고, 그 방법은 대화라고 강조하였다. 비판의식에 대해서는 이 책의 4장 지역사회복지 실천을 위한 가치를 설명할 때 자세히 다루었다. 거듭 말하지만, 중요한 것은 비판의식이 상대의 잘못에 몰두하는 것이 아니라 '균열' 속에서 자기 자신에게 향하는 의식을 갖는 것에서 출발해야 한다는 점이다. 이렇게 의식하다 보면, 자신이 미완성이며 불완전하다는 것을 인식하고, 변화(성장)하려는 특성을 가지고 있음을 깨닫게 된다. 그러므로 인간에게 있어 교육은 항상 진행 중인 역동적 행위이며, 나아가 혁명적 미래를 개척하는 희망적 활동이 된다. 교사도 마찬가지이다. 교사 역시 미완성인 불완전한 존재이며, 여전히 교육을 받는 중에 있는 사람이다. 그러므로 교육은 이 두 미완성된 불완전한 존재인 교사와 학생이 서로 배우는 과정이어야 한다. 이때 중요한 것이 **대화**이다.

대화의 본질은 '말'인데, 말에는 성찰과 행동이라는 두 가지 요소가 포함되고, 이 둘은 상호작용한다. 즉, 성찰이 부족하면 행동이 손상되고, 손상된 행동에서는 성찰이 나오지 않는다. 따라서 참된 말이란 결국 성찰을 통한 행동이라고 할 수 있고, 이렇게 참된 말을 하면 세계가 변화된다. 나아가 세계를 변하게 만드는 참된 말을 하는 것은 일부 사람들의 특권이 아니라 모두의

권리이다. 다시 말하면, **모두가**(누구든지) **참된 말을 함으로써 세계를 변화시킬 수 있다**는 것이다.[14] 그러니 누가 누구의 말할 권리를 빼앗는다는 것은 바로 그가 세계를 변화시킬 기회를 차단하는 것이기 때문에 상대에게 큰 잘못을 저지르는 것이라고 할 수 있고, 또 세계의 변화를 막는, 즉 세계의 진보를 막는 어리석은 행위라고 할 수 있다. 그렇다면 어떻게 참된 말이 오가는 대화가 가능할까? 이에 대한 답이야말로 교육기술의 기본이자 원칙이 된다. 다음은 프레이리가 설명한 대화방법을 요약한 것이다.

(1) 대화는 세계와 인간에 대한 원대한 사랑으로 이루어져야 한다

사랑은 대화의 토대인 동시에 대화 그 자체이다. 사랑은 책임 있는 주체의 임무이며, 사랑에는 지배관계가 존재하지 않는다. 사랑은 두려움이 아니라 용기를 필요로 하는 행위이기 때문에 감상적이 될 수 없고, 자유로운 행위이기 때문에 조작할 수 없다. 사랑으로 인해 또 다른 자유가 만들어진다. 결국 세계를 사랑하지 않는다면, 삶을 사랑하지 않는다면, 민중을 사랑하지 않는다면, 그는 대화 속으로 들어갈 수 없다.

(2) 대화는 겸손한 태도가 필요하다

배우고 행하는 일상적인 과제를 둘러싼 만남의 장(場)인 대화는 양측이 겸손하지 않으면 깨진다. 자신의 무지를 인식하지 못하고, 자신을 다른 사람들과 동떨어진 존재로 간주한다면 대화가 이루어지기 어렵다. 상대가 내 자리를 차지할까 봐 전전긍긍할 때 진정한 대화가 이루어지기 어렵다. 대화를 통한 만남에서 완전한 바보도 없고 완벽한 현인도 없다. 다만, 함께 노력함으로써 지금보다 더 많은 것을 알고자 하는 미완성된 불완전한 인간만이 존재할 뿐이다.

---

14) 프레이리는 대화를 "사람들이 세계를 매개로 하여 세계를 이름 짓기 위해 만나는 행위"(p. 113)라고 하였다. 그렇기 때문에 세계를 이름 짓는 일에 있어서 단지 한 사람의 생각을 다른 사람에게 맡기는 식이 되어서는 안 된다. 어떤 사람이 다른 사람을 대신해서 세계의 이름을 짓는 상황이어서는 안 된다는 것이다.

(3) 대화는 인류에 대한 깊은 신념을 필요로 한다

인간이 세계를 만들고 재창조할 수 있다는 신념, 더 완전한 인간성을 찾으려는 소명에 대한 신념이 필요하다는 것이다.

이렇게 사랑, 겸손, 신념에서 나온 대화는 상호 신뢰의 분위기, 한층 가까운 협력관계 안에서 세계를 이름 짓는 분위기를 만들어 낸다.

사랑, 겸손, 신념을 기초로 한 대화는 신뢰를 가져온다!

결국 대화가 무너지면 신뢰가 생길 수 없다. 다시 말해, 거짓된 사랑, 거짓된 겸손, 거짓된 신념으로는 신뢰를 조성할 수 없다. 신뢰는 한 측이 다른 한 측에게 진실하고 구체적인 의도를 전달해야만 생겨날 수 있다. 어느 한 측의 말과 행동이 일치하지 않으면 신뢰가 싹틀 수 없다.

(4) 희망이 없으면 대화도 있을 수 없다

희망은 인간의 불완전함에 뿌리를 두고 있으며, 인간은 희망을 바탕으로 끊임없는 모색에 뛰어든다. 이러한 모색은 바로 다른 사람들과의 친교 속에서 가능하다. 결국 침묵에는 희망이 없다. 완전해지고자 희망하는 사람은 그래서 끊임없이 대화하여야 한다.

(5) 대화자가 비판적 사고를 하지 않으면 진정한 대화는 성립되지 않는다

비판적 사고란 현실을 정태적인 실체가 아니라 과정으로서, 변화로서 파악하는 사고이며, 행동과 분리되지 않고 두려움 없이 과감하게 현실 속에 빠져드는 사고를 가리킨다. 그 반대가 '단순한 사고'인데, 단순한 사고에서 중요한 것은 정상적인 '오늘'이고, 그것은 보장된 시간과 공간하에서만 생각하는 것이다. 다시 말해서, 시간과 공간에 자기가 갇혀 있는 셈이므로 자기 자신도 부인하는 것이다. 하물며 이는 타인과 열려 있는 대화를 하는 것이 불가능하도록 만드는 사고이다.

실제로 진정한 휴머니스트 교육자, 참된 운동가와 실천가에게 있어 행동의 대상은 사람들이 아니라 그 사람들과 함께 변화시켜야 할 현실이다. 즉, 피교육자가 자신의 객관적 상황에 대해 인식하게 하는 교육이어야 한다. 그러므로 민중교육의 관점에서 중요한 것은 민중이 자신을 사고의 주인으로 느끼도록 하는 데 있다. 피교육자가 명시적으로든 암묵적으로든 자신의 생각과 세계관을 토론하고, 그것을 자신이나 동료의 제안에 담아내도록 하는 것이다. 이렇게 되려면 실천가(교육자)가 자체적으로 프로그램을 제시하는 대신에 먼저 피교육자와 함께 대화를 통해 프로그램을 찾아야 한다는 신념을 가지고 출발해야 한다. 이때 비로소 교육받은 민중은 **생성적 주제**(generative themes)[15)]의 생산자가 될 수 있고, 나아가 한계 상황을 제대로 인식하며, 그에 맞는 적절한 행동을 하게 된다.

---

15) 생성적 주제는 누군가에 의해서 임의로 발명된 주제가 아니라 인간과 세계 사이의 관계와 사람들 사이의 관계에 관한 비판적 성찰을 통해 확인될 수 있는 주제이다. 즉, 사람들이 그 주제에 대해 어떤 행동을 할 의지를 강하게 느끼는 이슈를 말한다.

참고문헌

감정기 · 백종만 · 김찬우(2005). **지역사회복지론-이론 · 기술 · 현장**. 경기 : 나남출판.

김광희(2015). **지역사회복지론**(제3판). 경기 : 공동체.

김범수(2012). **지역사회복지론**. 경기 : 학현사.

김범수 · 신원우(2019). **지역사회복지론**(제5판). 경기 : 공동체.

김종일(2005). **지역사회복지론**. 서울 : 청목출판사.

______(2006). **지역사회복지론**. 서울 : 청목출판사.

백종만 · 감정기 · 김찬우(2009). **지역사회복지론**. 경기 : 나남출판.

서울복지재단(2005). **지역사회조직화 실천방법**. 사회복지 프로그램 매뉴얼 개발 연구 보고서.

오정수 · 류진석(2016). **지역사회복지론**(제5판). 서울 : 학지사.

유문무(2008). 지역복지를 위한 지역사회교육과 복지교육의 방향정립에 관한 연구. **홀리스틱교육연구**, 12(1), 69-82.

이성 · 정지웅(2002). **지역사회조직론-지역사회리더십과 시민운동을 중심으로**. 서울 : 학지사.

이원주(2016). **최신 지역사회복지론**. 경기 : 공동체.

최옥채(2005). 지역사회복지실천 이론의 적용과 모형화 실태. **2005년 춘계학술대회자료집**, 297-311. 한국사회복지학회.

______(2012). **사회복지사를 위한 조직화 기술**. 경기 : 양서원.

최일섭 · 이현주(2008). **지역사회복지론**. 서울 : 서울대학교출판부.

한국도시연구소(2001). **현장에서 배우는 주민조직방법론**. 서울 : 한국도시연구소.

홍현미라 외(2010). **지역사회복지론**. 서울 : 학지사.

Alinsky, S. D. 외, 조승혁 편역(1983). **S. D. 알린스키의 생애와 사상**. 서울 : 현대사상사.

Dunham, Arthur(1970). *The New Community Organization*. New York : Thomas Y. Crowell Co.

Fook, Janis(1993). *Radical Casework : A Theory of Practice*, 김성천 · 박순우 · 장혜림 · 이현주 · 이혜령 공역(2007). **급진사회복지실천**. 서울 : 학지사.

Freire, Paulo(1970). *Pedagogy of the Oppressed*. 남경태 역(2002). **페다고지**. 서울 : 그린비.

Hardcastle, David, Wenocur, Stanley, & Powers, Patrica(1997). *Community Practice : Theories and Skills for Social Workers*. New York : Oxford University Press.

Hepworth, D. H., & J. A. Larsen(1983). *Direct Social Work Practice*. Pacific Grove : Brooks/Cole.

Kahn, Alfred J.(1961). *Theory and Practice of Social Planning*. New York : Russell Sage Foundation.

Kahn, Si(1991). *Organizing : A Guide for Grassroots Leaders*. NASW Press. 이문국・이인재 공역(2002). **지역복지 실천전략**. 서울 : 나눔의집.

Kirst-Ashman, Karen K., & Hull Jr. Grafton H.(2001). *Generalist Practice with Organizations and Communities*(2nd ed.). Brooks : Cole.

Loewenberg, F. M.(1983). *Fundamentals of Social Intervention*. New York : Columbia University Press.

Minzey, J. D., & Yarde, L.(1979). *Community Education : From Program to Process to Practice*. Michigan : Pendell Publishing Co.

Popple, Keith(2000). *Analysing Community Work : Its Theory and Practice*. Burkingham : Open University Press.

Pruitt, Dean, G.(1981). *Negotiation Behavior*. New York : Academic Press.

Rubin, Herbert J., & Rubin, Irene S.(1992). *Community Organizing and Development* (2nd ed.). New York : Macmilan Publishing Company.

________________(2001). *Community Organizing and Development* (3rd ed.). Boston : Allyn and Bacon.

Saleebey, D.(1990). Philosophical Dispute in Social Work : Social Justice Denied. *Journal of Sociology and Social Welfare, 17*(2), 12-40.

Zimmerman, M. A.(2000). Empowerment Theory : Psychological, Organizational and Community Levels of Analysis. In J. Rappaport & E. Seidman(Eds.), *Handbook of Community Psychology*. New York : Kluwer Academic.

04

PART

지역사회복지의 실천현장

CHAPTER 09 사회복지협의회

사회복지협의회는 민간사회복지 증진을 위해 설립된 비영리 공익법인으로서 민간 사회복지 관련 기관의 연합체라고 할 수 있다. 사회복지협의회는 1983년 사회복지사업법 개정으로 법령에 그 설립 근거를 갖는 공신력 있는 법정 단체로 자리매김했다. 사회복지협의회는 1869년 영국 런던에서 최초로 설립된 자선조직협회(COS)에 그 기원을 두고 있는데, 미국에서는 1877년 버팔로 시에 최초의 자선조직협회가 설립되었다. 일본에서는 1918년에 시작된 '방면위원제도'를 그 기원으로 보며, 우리나라는 1952년에 설립된 '한국사회사업연합회'를 그 기원으로 본다. 이 장에서는 우리나라의 사회복지협의회를 중심으로 개념정의와 목적, 변천과정, 조직 구성 및 회원 자격, 기능 및 사업, 평가 및 발전방향 등을 살펴보도록 하겠다.

1. 사회복지협의회의 개념정의와 목적

한국사회복지협의회는 사회복지사업법 제33조와 동법 시행령 제12조에 의거해 설립된 비영리 공익법인으로서 민간사회복지 증진을 위한 협의 조정, 정책 개발, 조사연구, 교육훈련, 자원봉사활동의 진흥, 정보화 사업, 사회적 취약계층을 위한 사업을 수행하는 기관이다. 동 조항에 근거하여 사회복지협의회는 독립된 사회복지법인으로 전국 단위의 한국사회복지협의회와 지역단위의 시·도 사회복지협의회 및 시·군·구 사회복지협의회를 두고 있다.

던햄(Dunham, 1970 : 438)은 협의회를 "복지와 보건에 관한 지역사회 문제의 해결에 필요한 계획을 세우고, 사업을 추진함에 있어 주민의 관심과 전문가의 기술을 결합시키는 지역주민과 사회기관 간의 연합체(association)"라고 정의하고, 협의회의 목적을 "현재 당면하고 있고 또 앞으로 대두할 수 있는 보건과 복지수요를 파악하고, 이를 충족하기 위한 계획을 마련하고, 이 계획을 실천하는 것"이라고 밝히고 있다(최일섭 외, 2008 : 341-342 재인용).

일본의 경우 협의회란 첫째, 각종 사회복지 시설·기관·단체의 협의회 활동, 둘째, 사회복지 욕구조사 및 연락조정 활동, 셋째, 지역주민을 중심으로 지역주민조직화·재가복지의 조직적인 추진을 지원하는 민간단체라고 규정하고 있다(김범수·신원우, 2019 : 307).

사회복지사업법 제33조에 따르면, 협의회는 사회복지에 대한 조사연구와 각종 복지사업의 조성을 목적으로 하고 있다. 한국사회복지협의회의 정관에서는 협의회의 목적을 좀 더 구체적으로 밝히고 있는데, 사회복지에 관한 조사연구와 각종 복지사업을 조성하고, 사회복지사업과 활동을 조직적으로 협의·조정하며, 사회복지에 대한 국민의 참여를 촉진시킴으로써 우리나라의 사회복지 증진과 발전에 기여하는 것을 목적으로 한다.

2. 사회복지협의회의 변천과정

국내에서 사회복지협의회가 최초로 설립된 것은 한국전쟁 중인 1952년 2월 15일 당시 부산에 소재한 아동복지시설 '새들원'에서 사회부(현 보건복지부) 주체로 개최된 제1회 사회사업가대회에서였다. 이 대회에 참가한 약 200여 명의 사회복지시설 대표들은 당면 과제인 사회사업의 기틀을 다지기 위한 단체 결성의 필요성을 인식하고 '한국사회사업연합회'를 창설하였다. 1954년 2월에 '한국사회사업연합회'는 사단법인 허가를 받았으며, 1961년 6월 법률 제621호에 의거하여 기존 16개 사회복지단체를 병합하여 '사단법인 한국사회복지사업연합회'로 그 명칭을 변경하였다.

1965년 8월에는 '재단법인 조선사회사업협회'의 잔여 재산인 서대문구 대현동 소재 부동산을 보건사회부 장관의 허가로 기증받게 되었고, 1968년 2월 마포구 공덕동에 사회복지회관 신축 기공식을 갖고 1975년 2월에 준공하였다. 이 회관은 1994년 주변 마포지역 개발로 인해 2001년 12월 현재의 공덕동 위치에 새롭게 신축되었다.[1)]

1970년 1월 1일 제정·공포, 4월 2일부터 시행된 사회복지사업법에 사회복지법인과 시설 기준이 마련됨으로써, 1970년 5월 협의회는 사단법인에서 사회복지법인으로 변경되어 현재의 '사회복지법인 한국사회복지협의회'라는 명칭을 갖게 되었고, 이후 사회복지사업법의 개정에 따라 협의회의 성격과 구조가 조금씩 전환되는 과정을 거쳤다.

사회복지협의회는 각종 사회복지서비스 제공을 목적으로 설립된 법인의 대표, 사회복지사업과 관련된 비영리법인의 대표, 경제계, 언론계, 종교계, 법조계, 문화계, 교육계, 보건의료계 등의 각계 대표, 협의회나 연합회와 같은 권역별 협의 조직의 대표, 사회복지 전문가, 기타 사회복지사업에 필요하다고 인정되는 자 등이 참여하여 전국 혹은 지역 단위로 조직된 민간 차원의 사회복지를 협의·조정하는 조직으로 복지서비스를 직접 제공하는 조직이 아니다. 그럼에도 불구하고 한국사회복지협의회는 일부 직접서비스를 제공하고 있기도 하다.[2)]

더 알아보기 9-1 **미국의 사회복지협의회**

던햄(Dunham, 1970 : 438)은 현대적인 사회복지협의회의 시작은 1908년 미국 피츠버그에서 설립된 '자선연합회(Associated Charities)'와 '중앙협의회(Central Council)'라고 밝히고 있다. 1960년대 미국에서는 사회계획에 대한 정부기관의 역할이 증대됨과 동시에 전 세계를 휩쓸었던 민권운동과 복지권운동으로 민간협의회의 역할이 상대적으로 위축되는 경향을 보였다. 특히 민권운동과 복지권운동은 저소득층 지역에서의 갈등과 직접적 행동전략을 강조하였고, 권력구조(체제)를 비난하고 공격의 대상으로 삼거나, 공공복지제도를 비판하면서 전면 폐지할 것을 주장하는가 하면, 연간소득 보장을 요구하는 등 급격한 사회·경제적 변화를 맞고 있었는데, 이런 격변 상황에 협의회가 적절하게 대응하지 못하면서 협의회에 대한 비판도 높아졌다. 1970년대 이후 미국의 지역사회복지협의회는 새로운 역할 정립과 활로를 개척하려는 움직임을 보이고 있다.

출처 : 던햄(Dunham, 1970), 최일섭·이현주(2008 : 337-340), 김광희(2015 : 386-387), 한국사회복지협의회 홈페이지 복지넷(kncsw.bokji.net)의 내용 참고.

---

1) 한국사회복지협의회는 이 회관을 이용한 수익사업을 하고 있는데, 협의회 운영에 필요한 최소한의 기초 재원을 마련하는 역할을 하고 있다는 점에서 의미가 있다.
2) 감정기 외(2005 : 315-316), 김광희(2015 : 377), 한국사회복지협의회 홈페이지 복지넷(kncsw.bokji.net)의 내용을 참고하여 정리하였다.

3. 사회복지협의회의 조직 구성 및 회원 자격

우리나라의 협의회는 설립 단위에 따라 세 가지 형태로 조직되어 있다. 중앙회의 성격을 갖는 한국사회복지협의회가 있고, 광역자치단체 단위에서 설립되는 시·도 사회복지협의회, 기초자치단체 단위에서 설립되는 시·군·구 사회복지협의회가 각각 독립된 사회복지법인으로 조직되어 있다.

1970년에 현재의 사회복지법인 한국사회복지협의회로 명칭을 변경한 후 1983년 5월 21일 전문 개정된 사회복지사업법에서는 사회복지사 자격제도를 신설했을 뿐 아니라 협의회를 법정단체로 규정함으로써 그 존재 가치를 인정받는 계기가 되었고, 협의회의 위치와 성격에 있어서 획기적인 전환을 가져오게 되었다. 중앙협의회의 역할을 하는 한국사회복지협의회뿐 아니라 중앙회의 정관에 의거하여 시·도 협의회를 설립할 수 있는 근거도 마련되었다. 이에 따라 1984년부터 1차로 경기도, 충청북도, 충청남도, 경상북도, 전라북도, 전라남도에 처음으로 지방협의회가 설립되었고, 2차로 서울특별시, 부산광역시, 대전광역시, 인천광역시, 경상남도, 제주도에 협의회가 설립되었다. 2000년 4월 울산광역시, 2012년 9월 4일 세종특별자치시에서 사회복지협의회가 마지막으로 설립되면서 전국 17개 광역자치단체 모두에 조직되었다.

1998년 사회복지사업법 개정으로 시·도 사회복지협의회도 독립된 사회복지법인으로 인정됨에 따라 지방사회복지협의회로 독립되어 운영되는 체제로 변화되었다. 그뿐만 아니라 사회복지기관 간의 교류협력, 푸드뱅크 등 주민밀착형 사업을 수행하고 있다. 기초자치단체의 시·군·구 협의회(이하 지역사회복지협의회)는 1995년 원주시 사회복지협의회를 시작으로, 1998년 제천시 사회복지협의회, 1999년 부천시 사회복지협의회가 설립되었다. 2003년 사회복지사업법 개정에 의해 지역사회복지협의체의 설치와 지역사회복지계획 수립 등이 의무화되면서 지역사회복지협의회 조직도 급속히 증가하여, 2009년 기준 전국 115개 지방자치단체에 협의체가 설치되면서 주요 시·군·구 지역에 지방협의회가 설치 운영되고 있다.[3)]

더 알아보기 9-2 **한국사회복지협의회의 연혁**

1952. 2. 15.	사단법인 한국사회사업연합회 설립
1959. 7. 31.	국제사회복지협의회(ICSW) 회원가입
1961. 6. 25.	사단법인 한국사회복지사업연합회로 개칭
1970. 5. 22.	사회복지법인 한국사회복지협의회로 개칭
1973. 9. 3.	국제사회복지협의회(ICSW) 아·태지역대회 개최
1981. 11.	제1회 전국사회복지대회 개최
1983. 5. 21.	사회복지사업법 개정으로 법정단체화
1984. 11.	시·도 사회복지협의회 조직
1998. 12.	시·도 사회복지협의회 독립법인 설립
2000. 9.	제1회 사회복지의 날 기념식 개최
2001. 9. 4.	국제사회복지협의회(ICSW) 아·태지역대회 개최
2002. 2. 27.	부설 사회복지연구소 설치
2002. 3. 30.	한국사회복지회관 준공
2003. 7.	사회복지사업법 개정(법률 제6960호)으로 시·군·구 사회복지협의회 법인화
2005. 9.	인터넷 사회복지신문(복지타임즈) 창간
2007. 6.	사회공헌정보센터 개소
2009. 1.	기타 공공기관 지정[4)]
2012. 2. 15.	한국사회복지협의회 창립 60주년 기념행사 및 CI 'SSN' 선포
2016. 6. 27.~30.	세계사회복지대회 개최(우리나라 최초 / 83개국 2,700여 명 참가)
2017. 12.	푸드뱅크 식품·생활용품 등 기부총량 연 2,000억 원 돌파
2022. 2.	한국사회복지협의회 창립 70주년 기념식 개최
2024. 1.	시·군·구사회복지협의회 의무설립, 사회복지사업법 개정·공포

출처 : 한국사회복지협의회 홈페이지 연혁 참조(http://.bokji.net, 접속일 2024년 7월 1일).

현재 한국사회복지협의회는 서울시 마포구 공덕동 한국사회복지회관 르네상스타워에 소재하고 있으며, 2024년 7월 기준 단체회원 107개소(시도협의회 17개소, 한국아동복지협회 등 직능단체 19개소, 국민연금공단 등 전국규모 단체 회원

3) 김광희(2015 : 387-388), 김범수·신원우(2019 : 310-313), 오정수·류진석(2016 : 283-284), 한국사회복지협의회 홈페이지 복지넷(https://www.bokji.net)의 내용을 참고하여 정리하였다.

4) 공공기관은 성격에 따라 공기업, 준정부기관, 기타 공공기관으로 나뉜다. 자체 수입 비율이 50% 이상이면 공기업, 50% 미만이면 준정부기관으로 분류한다. 기타 공공기관은 이런 수입기준을 적용하기 어렵거나 자율성을 보장해 주어야 할 공공의 목적이 있다고 판단될 때 정부가 지정한다(한경 경제용어사전, dic.hankyng.com 참고).

40개소, 대한의사협회 등 보건의료계 15개소, 삼성복지재단 등 경제계 10개소, 한국방송협회 등 방송계 2개소, 구세군 등 종교계 4개소 등 총 107개소)와 개인회원 50명을 둔 명실상부한 사회복지 총괄 민간협의체로 성장했다.

각 단위 협의회는 사회복지사업법 시행령 제13조에 의거하여 다음과 같은 자격을 갖춘 사람에게 회원 자격을 두고 조직을 구성해야 한다.[5)]

(1) 한국사회복지협의회의 단체 회원

① 시·도 사회복지협의회장
② 사회복지법인 및 사회복지사업과 관련 있는 비영리법인 대표자
③ 경제·언론·종교·법조·문화·보건의료계 등을 대표하는 자
④ 기타 사회복지사업수행에 필요하다고 인정되어 회장이 추천하는 자

(2) 한국사회복지협의회의 개인 회원

① 전직 또는 현직 정무직 공무원인 자
② 전직 또는 현직 국회의원인 자
③ 경제단체 및 100인 이상 상시고용 기업체 대표자
④ 공인된 대학의 부교수 이상의 직에 있는 자로서 사회복지 발전에 공헌을 할 수 있는 자
⑤ 행정기관의 4급 이상 공무원으로서 사회복지 관련 업무에 5년 이상 재직한 자
⑥ 사회복지사업에 20년 이상 실무경험자
⑦ 경제인·언론인·종교인·예술인·체육인·문인·보건의료인
⑧ 그 밖에 이 회의 발전에 기여할 수 있다고 인정하여 회장이 추천하는 자 등

---

5) 감정기 외(2005 : 317-318), 법제처 홈페이지 현행법령 검색, 한국사회복지협의회 홈페이지 복지넷(kncsw.bokji.net)의 내용을 참고하여 정리하였다.

(3) 시 · 도 협의회의 회원

① 시·군·구 협의회의 장
② 해당 지역에 주된 사무소가 있는 사회복지법인 및 사회복지사업과 관련 있는 비영리법인의 대표자
③ 해당 지역의 경제계, 언론계, 종교계, 법조계, 문화계, 교육계 및 보건의료계 등을 대표하는 자
④ 그 밖에 지역사회의 복지발전을 위하여 시·도 협의회의 장이 추천하는 자 등

(4) 시 · 군 · 구 협의회의 회원

① 해당 지역에 주된 사무소가 있는 사회복지법인 및 사회복지사업과 관련 있는 비영리법인의 임직원
② 해당 지역에 주된 사무소가 있는 사회복지시설의 종사자
③ 해당 지역의 경제계, 언론계, 종교계, 법조계, 문화계, 교육계 및 보건의료계 등에 종사하는 자
④ 그 밖에 지역사회의 복지발전을 위하여 시·군·구 협의회의 장이 추천하는 자 등

사회복지사업법 시행령 제14조에 의거하여, 각 단위 협의회의 임원은 대표이사 1인을 포함한 15인 이상 30인 이하(시·군·구 협의회의 경우에는 10인 이상 30인 이하)의 이사와 감사 2인을 두며, 이사와 감사의 임기는 3년으로 하되 각각 연임할 수 있다. 또한 사회복지사업법 시행령 제15조에 의거하여 각 협의회의 정관이 정하는 바에 따라 각 협의회의 업무에 관한 중요사항을 심의·의결하는 이사회를 두고, 이사회 운영에 관하여 필요한 사항은 각 협의회의 정관으로 정하게 하고 있다.

4. 사회복지협의회의 기능 및 사업

이상과 같이 조직된 협의회는 다음과 같은 기능을 수행해야 한다.[6]

첫째, 민간부문 사회복지를 총괄하는 조직으로서 대외적으로 민간부문 사회복지계를 대표하고 대변하는 기능을 한다.

둘째, 대내적으로 민간부문 사회복지서비스 활동을 협의·조정하는 기능을 한다. 필요한 자료를 수집하고, 재정, 정보, 지식 노하우 등의 측면에서 서비스 활동을 지원함으로써 지역사회의 욕구와 자원을 매개하는 기능을 한다.

셋째, 지역사회 주민복지운동의 구심체로서의 기능을 한다. 지역사회 구성원들을 상대로 교육, 홍보, 조직화, 정보제공, 여론 수렴 등을 행함으로써 이들의 복지욕구 실현을 위한 자주적 운동을 지원하거나 선도해야 한다.

보다 구체적으로 사회복지사업법 시행령 제12조가 정한 협의회의 사업은 공통 업무와 조직 단위별 업무로 구분된다.

모든 단위의 협의회가 수행해야 하는 공통 업무는 ① 사회복지에 관한 교육 훈련, ② 사회복지에 관한 자료수집 및 간행물 발간, ③ 사회복지에 관한 계몽 및 홍보, ④ 자원봉사활동의 진흥, ⑤ 사회복지사업에 관한 기부문화의 조성, ⑥ 사회복지사업에 종사하는 자의 교육훈련과 복지증진, ⑦ 사회복지에 관한 학술 도입과 국제사회복지단체와의 교류 등이 있다.

조직 단위별로 구분되는 고유 업무는 다음과 같다. 먼저 중앙협의회의 경우, 보건복지부장관이 위탁하는 사회복지에 관한 업무 및 중앙협의회의 목적 달성에 필요하여 정관으로 정하는 사항을 시행할 수 있다. 시·도 협의회의 경우, 시·도지사 또는 중앙협의회가 위탁하는 업무 및 그 밖에 시·도 협의회의 목적 달성에 필요하여 정관으로 정하는 사항을 시행할 수 있다. 마지막으로 시·군·구 협의회의 경우, 시·도지사, 시·군·구청장, 중앙협의회 또는 시·도 협의회가 위탁하는 업무 및 그 밖에 시·군·구 협의회의 목적 달성에 필요하여 정관으로 정하는 사항을 시행할 수 있다.

---

6) 감정기 외(2005 : 317-318), 한국사회복지협의회 홈페이지 복지넷(kncsw.bokji.net)의 내용을 참고하여 정리하였다.

5. 향후 발전방향

협의회는 오랜 기간 동안 민간사회복지기관·시설의 대표 단체로서 주어진 역할 수행을 위해 노력해 왔지만, 관변 단체화, 소극적 사업 활동, 재정구조의 취약 등 다양한 비판을 받아온 것도 사실이다. 여러 연구자들의 제언을 종합하여 협의회의 발전방향을 제언하면 다음과 같다.

첫째, 민간 연계·조정 기관으로서의 정체성을 확립하고 신뢰를 얻어야 한다.

외국의 사례에서와 같이 협의회는 공동모금회와의 건강한 상호 협력관계를 확립해야 하며, 지역사회보장협의체와의 역할 분담을 명확히 할 필요가 있다. 동시에 각 단위별 협의체 사이의 역할 분담과 협력 강화도 필수적이다. 그러기 위해서 협의회는 지역사회의 문제 파악, 욕구 분석, 복지 자원 현황 파악 및 관련 조직 간의 연계를 강화하는 등 본연의 업무에 충실함으로써 민간복지기관의 구심적 역할을 수행할 수 있도록 하여야 한다.

둘째, 협의회의 재정 자립 방안을 마련해야 한다.

중앙협의회의 경우 연구, 교육·훈련, 홍보·출판, 정보센터 운영, 푸드뱅크, 새생명지원센터 운영 등 목적 사업이 무려 16가지나 되며, 간접서비스뿐 아니라 일부 직접서비스도 시행하고 있다. 중앙정부와 지방자치단체로부터의 지원금이 늘어날 필요가 있으며, 후원회원 모집, 회원 및 수익사업 확대 등 자체 노력을 통한 민간재원 확보방안도 모색해야 한다.

셋째, 주민참여와 기관참여를 활성화해야 한다.

협의회의 기능을 강화하기 위해서 지역주민이 참여할 수 있는 민주적 참여 절차가 필수적이며, 홍보도 강화해야 한다. 사회복지 관련 시설·기관의 협의회 참여도를 높여야 할 것이고, 전체 기초자치단체의 절반 정도에 그치고 있는 시·군·구 협의회 설립을 위해서도 노력해야 할 것이다.

참고문헌

감정기 · 백종만 · 김찬우(2005). 지역사회복지론. 경기 : 나남출판.

김광희(2015). 지역사회복지론. 경기 : 공동체.

김범수 · 신원우(2019). 지역사회복지론(제4판). 경기 : 공동체.

오정수 · 류진석(2016). 지역사회복지론(제5판). 서울 : 학지사.

최일섭 · 이현주(2008). 지역사회복지론(제2개정판). 서울 : 서울대학교출판부.

Dunham, Arthur(1970). *The New Community Organization*. NY : Thomas Y. Crowell Co.,

한국사회복지협의회. kncsw.bokji.net.

CHAPTER 10 지역사회보장협의체와 지역사회보장계획

1990년대 이후 정치적 민주화의 진척과 경제 성장 등으로 우리 국민들의 삶의 질에 대한 관심이 높아지면서 복지욕구도 폭발적으로 분출하였다. 특히 1990년대 말 IMF 구제 금융 사태 이후, 사회안전망 구축 필요성에 대한 국민적 관심과 공감이 높아지면서, 이에 부응하는 국가적 차원의 제도 도입과 개선 요구도 높아졌다. 이러한 우리 사회의 급격한 환경 변화 속에 집권한 '국민의 정부'는 대대적인 복지 개혁을 추진하였고, '참여정부'도 분권화 정책을 추진하면서 지역사회복지 실천에 엄청난 영향을 미쳤다. 특히 국민들이 더 쉽고 가깝게 다가갈 수 있는 지역사회 수준에서 지역주민들의 필요와 요구에 부응할 수 있는 지역사회 주도의 서비스 계획과 전달 및 서비스 조정체계가 적합한 대안이라는 사회적 공감대가 형성되었다. 이런 과정에서 지방자치단체 중심의 지역사회복지를 효율적으로 실시하기 위한 방안으로 지역사회 차원의 사회복지 민관협의체를 구상하게 되었고, 그 결과로 오늘날의 지역사회보장협의체가 탄생하였다. 이 장에서는 지역사회보장협의체의 도입배경과 과정, 조직, 기능 등에 대해 살펴보고, 지역사회보장협의체에 의해 수립되는 지역사회복지의 청사진이라고 할 수 있는 지역사회보장계획에 대해서도 살펴보도록 하겠다.

1. 지역사회보장협의체의 발달과정과 도입배경

1) 지역사회보장협의체로의 발달과정

지방자치단체 중심의 지역사회복지를 효율적으로 실시하기 위한 시대적 흐름을 반영하여 지역사회복지협의체의 필요성을 처음 제기한 곳은 1998년 한국보건사회연구원이었다. 당시 보건과 복지를 지역사회에서 아우를 수 있는 단체로 한국사회복지협의회가 제시되기도 했지만, 역부족이라는 의견이 우세하였고, 이에 따라 지역사회복지협의체라는 기구를 새롭게 신설하는 안이 제시된 것이다. 이후 지역사회복지협의체 설치 근거를 명시한 사회복지사업법 개정안이 2000년 12월에 국회에 상정되었고, 2001년부터 2년간 15개 시·군을 대상으로 시범사업이 실시되었다. 결국 2003년 7월 사회복지사업법 개정안이 시행됨으로써 지역사회복지협의체 설치·운영 근거가 동법 제7조의2에 규정되게 되었고, 동법 제15조의3에서는 지역사회복지계획 수립을 의무화함으로써 지역복지 활성화의 기틀을 마련했다. 이에 따라 2014년 말 기준으로 229개의 시·군·구 기초자치단체에 지역사회복지협의체가 설치되었다.

한편 2005년부터는 지방분권 강화 차원에서 국고보조금 방식으로 운영되던 사회복지 관련 사업 중 일부를 지방으로 이양하고 2014년까지 분권교부세를 통해 재정지원하게 되었으며, 2015년부터는 분권교부세 지원사업 중 정신요양, 장애인생활시설, 양로시설 사업 등 3개 사업은 국고 지원으로 환원되고, 그 외의 지방이양사업은 보통교부세로 통합 지원하게 되었다. 이에 따라 각 지방자치단체는 과거 중앙부처의 기획을 집행하던 차원에서 벗어나, 지역사회 중심의 사회복지 계획 수립·운영과 이에 필요한 지역 내 네트워크 구축과 자원 발굴·연계기능이 지방자치단체의 중요한 과제로 떠오르게 되었다.

2012년 1월 개정된 사회보장기본법은 기존 사회복지서비스 외에 보건의료, 교육, 고용, 주거 등 다양한 복지서비스를 포괄하는 사회서비스 개념을 도입하여 국민의 보편적·생애주기적 특성에 맞게 소득과 사회서비스를 함께 보장하는 맞춤형 사회보장제도의 운영을 지향하도록 하였다.

하지만 이러한 사회보장기본법의 기본 이념인 맞춤형 복지를 기존의 사회복지사업법으로는 실현할 수 없었다. 기존 사회복지사업법은 사회복지사업 중심의 서비스 이용에 한정되어 있어 중앙행정기관과 지방자치단체의 유기적 연계를 통한 지역 단위 사회보장을 제대로 실행할 수 없는 한계가 있었다. 이러한 한계를 극복하기 위해 「사회보장급여의 이용·제공 및 수급권자 발굴에 관한 법률(이하 사회보장급여법)」이 2014년 12월 30일 제정되어, 2015년 7월 1일부터 시행되었다. 사회보장급여법은 중앙부처와의 유기적 연계를 통한 지역 단위의 종합적 사회보장, 지역 간 사회보장의 균형 발전을 위한 지원체계를 정비하기 위한 것으로 지역사회보장협의체의 기능 확대 및 활성화의 전기를 마련한 것이었다.

박근혜 정부에서는 사회보장전달체계의 문제를 해결하기 위해서 '국민 중심의 맞춤형 복지전달체계' 개편의 일환으로 읍·면·동을 복지허브로 개편하는 내용을 국정과제로 선정하여 추진하였다. 문재인 정부에서는 사회보장전달체계를 강화하기 위해 전국의 모든 읍·면·동에 찾아가는 복지 전담팀(방문간호사 포함)을 설치하여 민관협력을 통한 보건·복지서비스를 제공하는 '찾아가는 보건·복지서비스 강화'를 국정과제로 추진하고 있다.

2) 지역사회보장협의체로의 도입배경

지역사회 차원에서 민관의 거버넌스를 통해 지역사회의 복지 이슈와 니즈를 통합하고 조정하는 기능은 원래 한국사회복지협의회에서 수행해 왔다. 하지만 민주정부 출범 이후 진행된 복지 개혁 흐름에서 협의회에 대한 비판적 평가가 있었고, 이에 대한 대안으로 2003년 지역사회복지협의체가 만들어졌고, 이후 약 10년이 지난 후에 지역사회보장협의체로 새롭게 전환하는 과정을 거쳤다. 지역사회복지협의체가 지역사회보장협의체로 전환된 배경은 다음과 같다(보건복지부, 2017 : 2-7).[1)]

첫째, 지역사회복지협의체가 지역사회보장협의체로 전환되기까지 국내에서는 지방분권과 사회보장전달체계에 근원적인 변화가 있었다. 지방분권은 단순히 정부기능을 중앙에서 지방정부로 이관하는 것에 그친 것이 아니라, 지역사회 중심의 사회복지전달체계의 구축이라는 패러다임 전환에 따른 것

1) 보건복지부 홈페이지에서 제공한 『2017 지역사회보장협의체 운영안내』 내용을 중심으로 정리·서술하였다. 자세한 내용은 인터넷의 보건복지부 홈페이지>정보>복지행정지원>지역사회보장계획 & 지역사회보장협의체 순으로 찾아 검색해서 확인할 수 있다.

으로, 이는 공공기관과 민간사회복지기관은 물론 광범위한 시민사회의 참여를 통한 새로운 지역사회복지의 통합적 체계 구축을 의미하는 것이었다.

둘째, 지역사회복지협의체가 지역사회보장협의체로 전환된 것은 지역사회보장 환경을 반영한 사회보장급여 제공 기관·법인·시설·단체 간 연계 및 협력 필요성이 제기되었기 때문이다. 복지 대상자가 지역사회에서 일상생활을 영위하면서 필요한 사회보장급여를 제공받을 수 있는 지역사회보호체계 구축을 위해서는 공공과 민간 영역의 협력적 파트너십을 토대로 한 민관협력 활성화가 매우 중요하다. 그러나 현재까지 지역 차원의 사회보장급여나 서비스 제공 인프라는 민간 영역 중심으로 발달해 왔고, 공공과 민간 조직체계를 물리적으로 통합하는 것도 어려우며, 사회보장급여의 주요 공급주체인 국가·시장·비영리민간 부문·비공식 부문은 각자의 장점과 한계를 동시에 가지고 있어 '공공의 실패'와 '민간의 실패'를 동시에 벗어날 수 있는 방안으로 민관협력체계 수립의 필요성이 제기된 것이다.

셋째, 지역사회 공동체 기능 회복과 사회적 자본 증대의 필요성이 증가하면서 보다 촘촘한 지역사회 중심의 체계가 필요하게 되어 지역사회보장협의체 같은 조직이 필요했다. 지역 공동체란 지역 복지문제를 지역주민 스스로 해결해 가면서 선순환의 발전이 계속되는 생활 공동체를 의미한다. 지역 공동체 회복을 통한 복지문제 해결은 지역사회에서 발굴한 복지 자원을 활용하여 복지문제를 현장에서 신속하게 해결함으로써 복지행정의 효율성과 주민의 복지 체감도와 만족도를 동시에 제고할 수 있는 접근방법이다. 지역의제 발굴부터 자원의 배분에 이르기까지 지역사회 주민이 주도적으로 참여하고, 지역사회의 복지 자원의 총량을 극대화하여 수요자에게 최대한 제공할 수 있다면 지역주민의 복지 체감도와 만족도는 더욱 높아질 것이다. 지역사회보장협의체는 지역사회의 민관협력의 구심점으로서 읍·면·동 단위까지 지역사회보호체계를 구축·운영함으로써 지역 공동체 기능회복과 사회적 자본 증대에 기여하게 될 것이라는 기대를 가지고 시작되었다.

넷째, 정보통신 기술이 발전함에 따라서 지역사회보장협의체 같은 새로운 사회조직화의 가능성이 높아졌다. 정보통신 기술의 발전으로 다자간 직접 의사소통이 이루어질 수 있는 물리적 조직 구조 구축이 가능해졌고, 효율적인 정보교환과 의사소통을 통해 기존의 관료제적 조직 구조에 대한 대안으로 네트워크 조직 구조를 현실화할 수 있게 된 것이다. 그 결과 사회보장 분야에서도 저비용·고효율의 네트워크형 조직 운영 가능성이 대두되었다. 지역복지보장협의체는 네트워크형 조직 구조를 통해 당면한 지역사회보장 문제를 해결하고자 하는 것으로 통합적인 사례관리와 욕구 충족을 보다 수월하게 수행할 수 있게 할 것이다.

3) 지역사회보장협의체 성격 및 기능 변화 비교

2014년 제정된 사회보장급여법의 시행(2015. 7. 1)으로 기존의 지역사회복지협의체는 지역사회보장협의체로, 지역사회복지계획은 지역사회보장계획으로 대체되거나 변경되었다. 지역사회보장협의체는 지역사회복지를 강화하기 위해 민관 네트워크를 상설화한 체계인 데 반해, 지역사회복지협의회는 민간사회복지기관의 협의·조정기관이었다는 차이가 있다(오정수·류진석, 2016 : 256). 보다 구체적인 차이는 표 10.1, 표 10.2, 표 10.3과 같다.

표 10.1 지역사회보장협의체 성격 및 기능 변화 비교

구 분	2005. 7. 31. 이전	2005. 7. 31.~2015. 6. 30.	2015. 7. 1. 이후
근 거	사회복지사업법 제7조	사회복지사업법 제7조의2	사회보장급여법 제41조
명 칭	사회복지위원회	지역사회복지협의체	지역사회보장협의체
목 적	사회복지사업에 관한 중요사항을 심의 또는 건의	• 관할 지역의 사회복지사업에 관한 중요사항과 지역사회복지 계획을 심의 또는 건의 • 사회복지서비스 및 보건의료서비스 연계·협력 강화	• 지역의 사회보장 증진 • 사회보장과 관련된 서비스를 제공하는 관계 기관, 법인, 단체, 시설과 연계·협력 강화
성 격	심의/자문 기구	심의/자문 기구	기능 강화
비 고	시·도 및 시·군·구에 설치·운영	공공과 민간의 네트워크 강화를 통한 지역복지 거버넌스의 구조와 기능 확대	기존 사회복지에서 탈피하여 사회보장으로 범주 확대

출처 : 보건복지부(2019). 2019 지역사회보장협의체 운영안내, p. 6.

표 10.2 법령 개정 전·후 지역사회복지협의체와 지역사회보장협의체의 비교(시·군·구 단위)

구 분	기 존	현 행
명 칭	시·군·구 지역사회복지협의체	시·군·구 지역사회보장협의체
근 거	사회복지사업법 제7조의2	사회보장급여법
목적 및 기능	• 지역사회복지사업에 관한 중요사항/지역사회복지계획을 심의/건의 • 사회복지/보건의료서비스 연계·협력 강화	• 지역의 사회보장 증진 및 사회보장과 관련된 서비스를 제공하는 관련 기관·법인·단체·시설과 연계 협력 강화 • 지역사회보장계획의 수립·시행·평가, 지역사회보장조사 및 지역사회보장지표, 시·군·구 사회보장 급여 제공 및 사회보장 추진 등에 관한 사항 심의·자문
위원 자격요건	시장·군수·구청장이 임명 또는 위촉 • 사회복지/보건의료 전문가 • 사회복지사업 기관/단체 대표자 • 보건의료사업 기관/단체 대표자 • 공익단체 추천자 • 사회복지/보건의료업무 담당공무원 • 공익단체(비영리 포함) 추천자 • 사회복지공동모금지회 추천자	시장·군수·구청장이 임명 또는 위촉 • 사회보장분야 전문가 • 지역의 사회보장 활동을 수행하거나 서비스를 제공하는 기관·법인·단체·시설의 대표자 • 비영리민간단체의 추천자 • 읍·면·동 단위 지역사회 보장협의체의 위원장 • 사회보장에 관한 업무를 담당하는 공무원
위원회 구성	위원장을 포함한 10명 이상 30명 이하의 위원	위원장을 포함한 10명 이상 40명 이하의 위원
위원장 선출방법	위원 중에서 호선 (임명직/위촉직 공동위원장 선출)	위원 중에서 호선 (공무원인 위원/위촉직 공동위원장 선출)
위원 임기	2년	2년, 위원장은 1회 연임 제한
협의체 운영	• 협의체 업무를 효율적으로 수행하기 위한 실무협의체 구성/운영 - 위원장 1명 포함 10명 이상 30명 이하의 위원으로 구성 - 위원장은 위원 중에서 호선, 위원은 협의체 위원장이 임명/위촉 - 임기는 2년(공무원은 재직기간)	• 협의체 업무를 효율적으로 수행하기 위한 실무협의체 구성/운영 - 위원장 1명 포함 10명 이상 40명 이하의 위원으로 구성 - 위원장은 위원 중에서 호선, 위원은 협의체 위원장이 임명/위촉 • 보장기관 장의 인력 및 운영비 등 재정 지원 가능 • 읍·면·동 단위 지역사회보장협의체 구성/운영 - (기능) 관할 지역의 사회보장대상자 발굴, 지역사회보장 자원 발굴 및 연계, 지역사회보장체계 구축·운영 등 - (위원회 구성) 읍·면·동장과 읍·면·동장의 추천을 받아 시·군·구청장이 임명 또는 위촉(읍·면·동별 10명 이상), 읍·면·동장과 민간위원(호선)으로 공동위원장 체제 운영 - (위원임기) 2년, 연임 가능

협의체/ 실무협의체 조직운영	시·군·구의 조례로 위임 규정	시·군·구의 조례로 위임 규정
비 고	협의체 운영활성화를 위한 유급 상근직원 배치(2014년, 200명)	전문위원회 및 실무분과 구성 운영의 법적 근거 마련

표 10.3 법령 개정 전·후 지역사회복지협의체와 지역사회보장협의체의 비교(읍·면·동 단위)

구 분	기 존	현 행
명 칭		읍·면·동 지역사회보장협의체
근 거	–	사회보장급여법 시행규칙 제7조
기 능	–	• 위기 가정 상시 발굴 • 사각지대의 발굴 및 맞춤형 지원을 위한 지역사회 인적 안전망 구축 • 민·관 협력을 바탕으로 한 지역사회 자원 발굴 및 연계(후원, 자원봉사, 사회공헌 등)
위촉요건	–	시장·군수·구청장이 위촉 • 사회보장 제공하는 기관·법인·단체·시설 또는 공익단체의 실무자 • 사회보장에 관한 업무를 담당하는 공무원 • 비영리민간단체에서 추천한 사람 • 지방자치법 제4조의2 제4항에 따른 행정리의 이장 및 같은 조 제5항에 따른 행정동의 하부조직으로 두는 통의 통장 • 주민자치위원, 자원봉사단체 구성원 • 지역의 사회보장 증진에 열의가 있는 사람
처우수준	–	• 위촉, 명예직(민간 위원)
위원회 구성	–	• 동협의체 위원의 수는 공동위원장 2명을 포함하여 10명 이상이 되도록 구성 • 동협의체 위원장은 동장(공공위원장)과 민간위원 중에서 호선한 민간 위원장이 공동으로 구성하고, 부위원장은 민간위원 중에서 호선함
위원 임기	–	• 민간위원의 임기는 2년으로 연임 가능하며, 공무원 위원은 해당 직에 재직하는 기간으로 함
비 고	–	• 복지사각지대 발굴, 자원 연계가 이루어질 수 있도록 소단위 분과 및 운영위원 등으로 구성 가능

출처 : 보건복지부(2017). 2017 지역사회보장협의체 운영안내, pp. 11-12;
________(2019). 2019 지역사회보장협의체 운영안내, pp. 11-12.

2. 지역사회보장협의체의 구성·운영 목적과 일반 원칙

1) 지역사회보장협의체의 구성·운영 목적

지역사회보장 증진을 위한 민관협력 거버넌스 원리를 실현하기 위한 지역사회보장협의체의 구성·운영 목적은 다음과 같다(보건복지부, 2019 : 10-11, 2024 : 3-4).

(1) 민관협력의 구심점으로서 지역사회보호체계를 구축

지역사회보장계획 수립, 집행, 평가 등의 지역사회보장 증진 과정 전반에 민간이 참여하고 협력할 수 있는 기반을 마련하여 '맞춤형 복지서비스' 제공에 기여하게 하려는 것이다. 특히 사회보장급여 지원 대상자에게 급여(서비스)를 제공하는 기관·법인·단체·시설의 대표 또는 실무자 등 다양한 지역주민의 참여를 통해 맞춤형 복지서비스를 통합적으로 제공하는 지역사회보호체계를 구축하고 운영하려는 것이다.

(2) 수요자 중심의 통합적 사회보장급여 제공 기반을 마련

종전의 보건의료와 협의의 사회복지서비스 제공 위주에서 벗어나 고용·주거·교육·문화·환경 관련 서비스 제공자 간의 연계망(network)을 구성하여 수요자의 다양하고 복합적 욕구에 적합한 서비스를 제공하고, 지역 내 서비스 제공 기관, 시설, 단체, 법인 사이의 연계와 협력 강화를 통해 지역사회보장협의체가 시·군·구의 희망복지지원단 또는 읍·면·동 주민센터의 통합 사례관리 기능을 효율적으로 지원하고자 하는 것이다.

(3) 지역사회의 복지자원을 효율적으로 활용할 수 있는 체계를 확립

지역사회 내 사회보장급여 제공 기관, 시설, 단체, 법인 사이의 연계와 협력으로 지역사회에 잠재해 있는 다양한 복지자원을 발굴·확충하고, 서비스 제공 기관 간 연계와 협력을 통해 지역사회 복지자원과 지원 대상자에 대한 정보 등을 공유함으로써 급여 제공의 중복과 누락을 방지하고자 하는 것이다. 더 나아가 현행 사회보장정보시스템을 통해 추진되는 타 부처·공공기관 복지대상자 지원의뢰체계를 민간복지기관까지 단계적으로 확대하여, 복지대상자의 중복·누락을 방지하고 한정된 복지자원을 효과적으로 활용할 수 있도록 민관 정보공유시스템 구축을 추진한다는 것이다.

(4) 사각지대 발굴 및 지원 강화를 위한 읍·면·동 단위 주민 네트워크 조직을 마련

사회보장급여법 시행으로 읍·면·동 단위의 지역사회보장협의체가 조직·운영되면서 민관협력을 통해 관할 지역의 사회보장 대상자 발굴 업무, 사회보장 자원 발굴 및 연계업무 등의 기능을 수행하면서 다양한 지역주민이 참여하는 주민 네트워크를 조직화하려는 것이다.

2) 지역사회보장협의체의 운영 일반 원칙

지역사회보장협의체의 운영 일반 원칙은 지역성, 참여성, 협력성, 통합성, 연대성, 예방성 등 여섯 가지이다(보건복지부, 2019 : 13-14, 2024 : 7-8).

(1) 지역성

지역주민 생활권역을 배경으로 조직·운영되는 지역사회보장협의체는 지역주민의 복지욕구, 복지자원의 총량 등을 고려하여 사회보장급여가 필요한 지원 대상자에게 현장 밀착형 서비스 제공체계를 구축하는 것을 목적으로 하므로 지역성을 중요하게 고려해야 하는 것이다.

(2) 참여성

네트워크 조직을 표방하는 지역사회보장협의체는 법적 제도나 규제보다는 복지문제 해결을 위한 지역주민의 자발적 참여를 가장 중요한 일차적 동력으로 삼는다. 따라서 지역사회보장협의체의 원활한 기능 수행을 위해서는 공공과 민간의 적극적이고 자발적인 참여가 선행되어야 한다.

(3) 협력성

지역사회보장협의체는 네트워크형 조직 구조를 통해 당면한 지역사회 복지문제 등의 현안을 해결하는 민관협력기구이다. 따라서 지역사회보장계획의 수립·시행·평가를 위한 협의적 의사결정, 상생적 조직 관계, 지역사회 공동체, 사회적 자본 등을 주요 개념으로 두고, 네트워크를 바탕으로 민주적이고 합리적인 방법으로 운영되는 전 과정에서 자발적 협력은 필수적이다.

(4) 통합성

지역사회 내 복지 자원 발굴 및 유기적인 연계와 협력을 통하여 수요자의 다양하고 복잡한 욕구에 부응하는 서비스를 통합적으로 제공해야 한다.

(5) 연대성

자체적으로 해결이 곤란한 복지문제는 지역주민 간 연대를 형성하거나 인근 지역과 연계·협력하여 복지 자원을 공유함으로써 해결할 수 있어야 한다. 즉, 사회보장급여를 제공하는 다양한 사회보장 주체들 사이의 연대성이 강조되는 것이다.

(6) 예방성

지역주민의 복합적인 복지문제를 조기에 발견하여 예방할 수 있도록 노력해야 한다.

3. 지역사회보장협의체의 기능과 업무

지역사회보장협의체가 수요자 중심의 통합적 서비스를 제공하기 위해 수행하는 주요 기능으로는 협치(governance) 기능, 연계(network) 기능, 통합서비스 기능이 있다. 1) **협치 기능**은 지역사회보장계획의 수립·과정·평가 등 지역사회보장의 주요 사항에 대하여 민간과 공공이 협력하여 심의·자문하는 것이며, 2) **연계 기능**은 사회보장과 관련된 서비스를 제공하는 관계 기관·법인·단체·시설과 연계하고 협력을 강화하는 것이다. 3) **통합서비스 기능**은 협의체 내의 각 분과 간 통합 및 조정 역할을 수행하고 지역주민의 욕구를 반영한 통합적 서비스 제공체계를 지원하고, 통합서비스 제공을 위해 기존의 보건복지뿐만 아니라 고용, 주거, 교육, 문화, 환경 등 다양한 영역과 연계하는 것을 말한다(보건복지부, 2019 : 51, 2024 : 47).

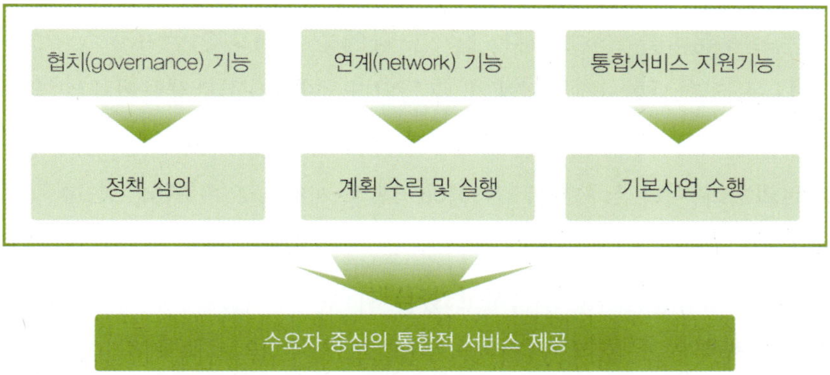

출처 : 보건복지부(2019), p. 51.

그림 10.1 지역사회보장협의체의 주요 기능

지역사회보장협의체는 이상의 세 가지 주요 기능을 수행하기 위해 ① 지역사회보장계획 수립·시행·평가에 관한 사항, ② 지역사회보장지표에 관한 사항, ③ 시·군·구의 사회보장급여 제공에 관한 사항, ④ 시·군·구의 사회보장 추진에 관한 사항, ⑤ 읍·면·동 지역사회보장협의체 구성 및 운영에 관한 사항, ⑥ 그 밖에 위원장이 필요하다고 인정하는 사항(예 연구·조사 활동, 서비스 연계·조정, 통합사례관리를 위한 지원, 교육·훈련 및 세미나 개최 지원, 실무분과 특성을 살린 공동 사업 추진 또는 새로운 사업 개발 추진 등), ⑦ 지역사회보장협의체 운영에 관한 사항 등의 업무를 심의·자문한다(보건복지부, 2019 : 52-102).

4. 지역사회보장협의체의 조직 구성

지역사회보장협의체는 대표협의체, 실무협의체, 실무분과, 전문위원회, 읍·면·동 지역사회보장협의체 등으로 구성된다. 대표협의체는 각 조직의 대표로 구성되고 대표협의체의 장은 효율적인 심의·자문을 위하여 대표협의체 내에 전문위원회를 둘 수 있다. 실무협의체는 실무자 대표로 구성되며, 실무협의체의 장은 필요에 따라 분야별, 이슈별, 문제별 일선 실무자들이 참여하는 실무분과를 둘 수 있다. 읍·면·동에는 지역주민 참여자로 구성되는 읍·면·동 지역사회보장협의체가 구성된다. 지역사회보장협의체는 위원회나 조직, 단체가 아니며, 민간과 정부조직의 **네트워크 기구**라는 점에서 사회복지협의회와는 다르다고 볼 수 있다(김범수·신원우, 2019 : 324; 오정수·류진석, 2016 : 261).

지역사회보장협의체를 구성하고 있는 시·군·구 협의체의 대표협의체, 실무협의체, 실무분과, 읍·면·동 단위 협의체의 관계는 수평적 네트워크로 형성되는 것이 바람직하다. 따라서 읍·면·동 협의체 위원장이 실무협의체나 실무분과 위원으로 참여하도록 하거나, 읍·면·동 협의체 위원장들로 구성된 실무분과의 대표를 대표협의체에 참여하도록 하여 각 협의체 간 의사소통 구조를 확립하는 것이 필요하다.

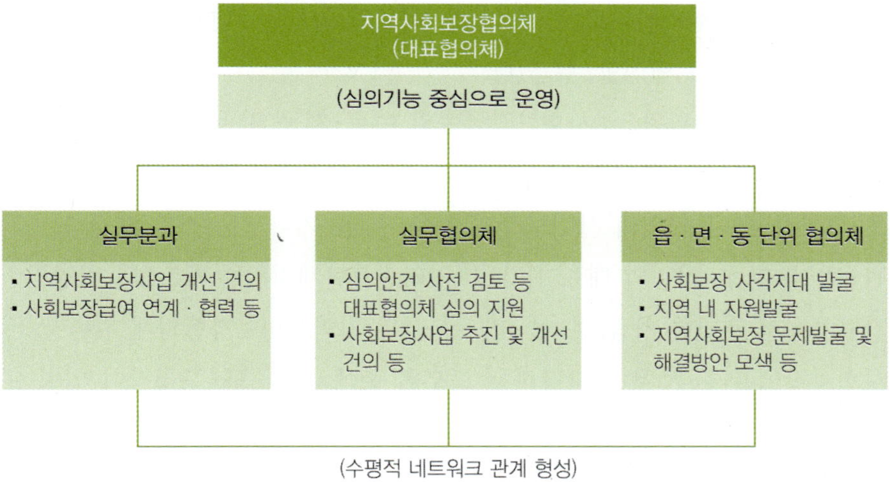

출처 : 보건복지부(2019), p. 41.

그림 10.2 **대표협의체, 실무협의체, 실무분과, 읍·면·동 단위 협의체 간 관계**

지역사회보장협의체를 구성하고 있는 각 협의체의 조직에 대해 구체적으로 살펴보면 다음과 같다(보건복지부, 2019 : 17-45, 2024 : 15-44).

1) 대표협의체와 전문위원회

대표협의체의 위원은 해당 지역사회의 지역사회보장 이해관계자를 대표할 수 있어야 하며(**대표성의 원칙**), 해당 시·군·구의 지역사회보장 영역 및 연계분야의 이해관계자를 포괄해야 하며(**포괄성의 원칙**), 민주적인 절차와 방법에 의해 임명·위촉되어야 한다(**민주성의 원칙**). 위원은 시·군·구 지역사회보장의 주요 구성 주체인 공공부문 대표, 민간부문 대표, 이용자 부문 대표 등으로 구성하고, 실무협의체와 읍·면·동 지역사회보장협의체와의 원활한 의사소통과 연계를 위하여 실무협의체 위원장과 읍·면·동 협의체 위원장을 포함하는 것이 바람직하다.

대표협의체는 위원장을 포함하여 10명 이상 40명 이하의 위원을 성별을 고려하여 구성하고, 위원장은 위원 중에 호선하되, 공무원 위원과 민간 위촉위원 각 1명을 공동위원장으로 선출하는 것이 민관협력 활성화 취지에 부합하기 때문에 바람직하다고 할 수 있다. 위원의 임기는 2년으로 하되, 위원장은 1회에 한하여 연임할 수 있다.

대표협의체의 위원은 「사회보장급여의 이용·제공 및 수급권자 발굴에 관한 법률」 제41조 제3항의 규정에 따라 ① 사회보장에 관한 학식과 경험이 풍부한 사람, ② 지역의 사회보장 활동을 수행하거나 서비스를 제공하는 기관·법인·단체·시설의 대표자, ③ 비영리민간단체지원법 제2조의 비영리민간단체에서 추천한 사람, ④ 읍·면·동 단위 지역사회보장협의체 위원장, ⑤ 사회보장에 관한 업무를 담당하는 공무원 중에서 시·군·구청장이 임명 또는 위촉하게 된다.

임명직(공공부문) 대표협의체 위원은 사회보장에 관한 업무를 담당하는 공무원으로 해당 지방자치단체의 장이 임명하고, 위촉직(민간부문) 대표협의체 위원은 사회보장서비스를 제공하는 민간의 법인·단체·시설의 직능별 대표성을 가진 단체에서 추천하는 사람을 지방자치단체의 장이 위촉하며, 수요자(서비스 이용자)를 대표하는 수요자 대표 위원은 추천이나 공모를 통해 해당 지방자치단체 장이 위촉하되 수요자의 입장을 고려할 수 있도록 포괄성의 원칙에 따라 비영리민간단체에서 추천한 사람, 사회보장에 관한 학식과 경험이 풍부한 사람 등으로 구성한다. 기타 사회보장 연계 영역 대표 위원으로는 지역 특성을 고려하여 지역사회보장 증진을 위해 필요한 자원 및 서비스를 제공할 수 있는 사람 등을 발굴하여 위촉할 수 있다. 2019년부터는 보건서비스와의 연계·협력을 통한 통합서비스 제공을 강화하기 위하여 기타 사회보장 연계 영역 대표 위원으로 보건소 방문간호사, 정신건강복지센터 및 자살예방센터 등 보건 분야 종자자와 노인돌봄기본서비스 종사자, 통합사례관리사 등 복지 분야 종사자를 협의체 위원으로 최대한 영입하도록 하였다.

대표협의체의 장은 협의체 심의사항의 효율적 수행을 위해 전문위원회를 구성·운영할 수 있으며, 운영에 관한 세부적인 사항은 해당 지방자치단체의 조례로 정한다. 전문위원회는 심의 사안에 따라 분야별로 구성할 수 있으며, 대표협의체 위원을 전체 위원의 1/3 이상 반드시 포함하여 구성하여야 한다.

2) 실무협의체

실무협의체는 지역사회보장협의체의 업무를 효율적으로 수행하기 위하여 협의체에 설치하는 것(사회보장급여법 제41조 제4항)으로, 해당 시·군·구의 지역사회보장 주체를 모두 포괄할 수 있도록(**포괄성의 원칙**) 구성하고, 해당 시·군·구의 지역사회보장 영역 업무에 종사하고 있는 실무자나 현장전문가를 중심으로(**전문성의 원칙**) 민주적 절차와 방법을 통해 선출하고 임명 또는 위촉하여야 한다(**민주성의 원칙**).

위원장 1명을 포함하여 10명 이상 40명 이하로 성별을 고려하여 구성한다. 실무협의체 위원장은 위원 중에서 호선하고, 민관협력의 취지를 고려하여 위촉직 민간위원 중에서 선출하는 것이 바람직하며, 지역사회보장협의체 위원장이 임명하거나 위촉한다. 그 밖에 실무협의체의 조직·운영에 필요한 구체적 사항은 보건복지부령이 정하는 바에 따라 시·군·구의 조례로 정한다. 위원의 임기는 2년으로 하되, 위원장은 1회에 한하여 연임할 수 있고, 실무협의체 위원장은 대표협의체와의 원활한 소통을 위해 대표협의체 당연직 위원으로 활동하도록 하고 있다.

실무협의체의 임명직(공공부문 대표) 위원은 사회보장 업무를 담당하는 공무원으로, 해당 분야의 담당 부서장 또는 해당 분야의 팀장을 대표협의체 위원장이 임명한다. 민간부문 위원은 지역 내 사회보장 업무를 수행하거나 서비스를 제공하는 기관·법인·단체·시설의 실무자 중에서 해당 기관 등의 추천이나 공모를 통해 대표협의체 위원장이 위촉하되, 실무협의체 민간위원은 해당 영역의 실무분과장을 겸해야 하므로 해당 기관의 장이나 중간관리자 중에서 위촉한다. 기타 관련 분야 영역의 위원은 지역 특성과 상황을 고려하여 사회보장 관련 기관 간 원활한 연계·협력체계 운영을 위해 필요한 분야의 종사자를 관련 분야 실무협의체 위원으로 위촉할 수 있다.

3) 실무분과

실무협의체의 위원장은 지역의 사회보장 관련 기관, 법인, 단체, 시설 간 연계·협력을 강화하기 위하여 실무분과를 구성·운영할 수 있으며, 실무분과 운영에 관한 세부적인 사항은 시·군·구 조례로 정할 수 있다(사회보장급여법 시행규칙 제6조 제5항).

일반적으로 실무분과는 분야별로 분과장 1명 및 간사 1명을 포함하여 구성하도록 권고하고 있다. 임명직 공공부문 실무위원은 사회복지 및 보건, 의료, 고용, 주거, 교육, 문화, 환경 등 사회보장 관련 업무를 담당하는 공무원이 위원이 되며, 위촉직 민간부문 분과위원은 사회복지 및 보건의료, 관련 사업을 수행하는 법인, 시설, 단체 중에서 지역의 복지 욕구를 대변하는 종사자로 구성하고, 현장에서 주민과 밀접하게 서비스를 제공하거나 연계하는 실무자(팀장급 또는 담당자)로 임명한다. 기타 연계 영역 위원은 사회보장 영역의 확대를 반영하여 지원 대상자에 대한 통합서비스 제공 또는 연계가 필요한 경우에 해당 기관의 실무자 및 전문가 등으로 위촉할 수 있다. 실무분과 위원은 실무협의체 위원장이 임명 또는 위촉하며, 분과위원장은 분과위원 중에서 호선에 의해 선출하고, 실무분과장은 실무협의체 위원을 겸임하도록 권고하고 있다. 임기는 2년으로 한다.

실무분과는 지역의 영유아, 아동, 청소년, 여성, 노인, 장애인 등 사회보장 대상자의 특성과 욕구에 따른 대상별 분과나, 지역의 특성을 반영한 농어촌 분과 등과 같은 지역별 분과 형태로 구성할 수 있다. 또한 지역주민이 필요로 하는 욕구와 기능에 맞게 고용, 주거, 교육, 문화, 관광, 체육 등의 기능별 분과를 구성할 수 있다.

4) 읍·면·동 지역사회보장협의체

읍·면·동 지역사회보장협의체(이하 '읍·면·동 협의체')는 사회보장급여법 제41조 제2항 제5호 및 사회보장급여법 시행규칙 제7조에 근거하여 설치된다. 읍·면·동 협의체는 민관협력을 통한 복지사각지대 발굴 및 통합적 복지서비스 지원체계를 마련하기 위하여, 국민의 복지 체감도 향상을 위해 구축한 기존의 민관협의체를 보다 촘촘한 읍·면·동 단위로 확대 개편한 것이다.

읍·면·동 협의체는 위원장을 포함해 10명 이상으로 지역 특성에 맞게 구성·운영하며, 성별을 고려하고, 협의회 활성화와 운영 효과성을 높이기 위해서 가급적 다양한 배경을 가진 주민이 참여할 수 있도록 하여야 하며, 복지사각지대 발굴 및 모니터링 협력을 얻기 위해 우체국 관계자, 교육복지 관계자 등을 최대한 영입하도록 하고 있다.

읍·면·동 협의체의 위원장은 위원 중에서 호선하며, 읍장, 면장, 동장과 민간 위원 중에서 각 1명을 공동위원장으로 선출할 수 있다. 위원장을 포함한 위원의 임기는 2년이며 연임할 수 있다. 조례 또는 운영세칙 등을 통해 읍·면·동 협의체 조직을 규정할 수 있지만, 일반적으로 지역 상황에 따라 발굴조사팀, 나눔지원팀 등과 같은 소단위 분과 또는 운영위원 형태로 구성할 수 있다.

읍·면·동 협의체는 복지대상자 발굴, 복지대상자 지원 확대를 위한 지역자원 발굴, 읍·면·동 내의 복지 문제 해결을 위한 자체 복지사업으로 지역특화사업 추진 등의 역할을 수행한다. 읍·면·동 협의체는 대표협의체 내에 구성, 실무협의체 내에 구성, 실무분과로 읍·면·동 단위 분과별로 구성하는 방법 등으로 지역 여건 및 역량에 따라 설치하여 운영할 수 있다.

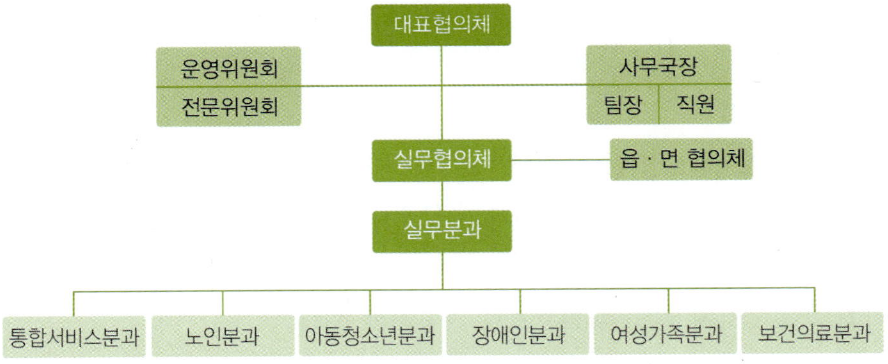

출처 : 홍성군지역사회보장협의체 홈페이지 조직도 참조(http://www.hswelfare.com/index.php?mp=1_2_1, 접속일 2024년 7월 1일)

그림 10.3 지역사회보장협의체 조직도 예시

5. 지역사회보장계획[2)]

1) 개념과 의의

지역사회보장계획이란 지역주민의 사회보장 욕구와 지역 내 복지 자원 등을 고려하여 지방자치단체 실정에 맞는 지역사회보장에 관한 시행계획을 4년 단위로 수립하는 중장기 계획을 말한다. 즉, 지역사회보장계획은 사회보장 관련 서비스가 필요한 지역주민이 지역사회를 구성하는 일원으로서 일상생활을 영위하고 사회, 경제, 문화 및 기타 모든 분야의 활동에 참가할 수 있는 기회를 제공받을 수 있도록 하는 등 지역사회보장의 추진에 관한 사항을 종합화한 계획으로서, 지역사회의 다양한 주체들의 참여를 통해 지역사회가 스스로 실시해야 할 복지사업의 우선순위와 달성목표를 종합적이고 계획적으로 추진하기 위한 중장기 계획이다.

지역사회보장계획이 갖는 의의는 다음과 같다.

첫째, 지역사회보장계획은 지역사회보장서비스를 종합적이고 계획적으로 추진하기 위한 방법으로서 주민참여를 토대로 민관협동을 통하여 복지문제의 해결을 도모하는 것이기 때문에 지역사회복지계획 과정에서 지역사회복지 자원의 동원과 주민참여는 필수적인 것이 되므로 지역사회복지 자원 동원과 주민참여를 촉진할 수 있다.

둘째, 지역사회보장계획은 기초 및 광역 자치단체 수준에서 지역의 특성이나 주민의 복지욕구, 제도의 현황과 문제를 파악하여 이를 해결하기 위해 계획적인 사회복지정책 수립과 사회개발을 추진하는 과정으로 지역사회보장 발전을 가능하게 하는 동력으로도 작용하게 된다.

셋째, 지역사회보장계획을 수립할 때 지역 단위의 교육, 주거, 문화 등 종합적인 사회보장과 그 목표를 점검할 수 있는 지역사회보장지표를 포함하도

---

2) 지역사회보장계획은 보건복지부의 지침에 의거하여 진행되는 법정 계획이므로 보건복지부의 『2019 지역사회보장협의체 운영안내』(보건복지부, 2019 : 52-62, 2024 : 49-58)의 해당 부분을 참조하여 정리하였다.

록 함으로써 맞춤형 복지 실행의 기반을 마련해 주기도 하며, 지역사회보장계획 작성과 시행을 통해 지역 간의 정보 교류를 촉진하여 지역 간 사회보장 수준 차이를 최소화하는 데 도움을 줄 수 있을 것이다.

넷째, 사회복지 관련 조직과 인력들 사이의 상호 조정과 연계가 원활하게 이루어지지 못하고 있는 지역에서는 지역사회보장계획을 수립하는 과정을 통해 이러한 문제를 해결할 수 있는 기회를 얻을 수도 있다.

이상을 종합해 볼 때, 지역사회보장계획은 욕구 및 문제 분석, 복지정책의 우선순위 설정, 자원 및 서비스 공급체계의 설계 등 사회계획으로서의 의미가 있으며, 동시에 주민참여, 서비스 제공 및 지원 등이 이루어지는 사회복지 실천으로서의 의미도 가지고 있다.

2) 종류와 시기

지역사회보장협의체는 사회보장급여법 제35조에 따라 지역주민의 욕구와 자원 등 복지환경을 고려하고 지역사회의 다양한 주체들의 참여를 통해 사회보장사업의 우선순위 등을 결정하는 지역 단위의 사회보장계획을 수립한다. 지역사회보장계획은 중앙 정부의 사회보장기본계획 및 지역보건의료계획 등과 연계하여 수립하도록 법제화되어 있다.

지역사회보장계획에는 수립 주체별로 시·도 지역사회보장계획과 시·군·구 지역사회보장계획이 있고, 계획 수준별로는 4년마다 시행되는 지역사회보장계획과 매년 시행되는 연차별 시행계획이 있다. 시·군·구 및 시·도는 4년 주기로 지역사회보장계획을 수립하고, 매년 연차별 시행계획을 수립해야 한다.

시·군·구 지역사회보장계획은 시행연도의 전년도 9월 30일까지, 시·도 지역사회보장계획은 시행연도의 전년도 11월 30일까지 각각 시·도 또는 보건복지부장관에게 제출해야 한다. 연차별 시행계획의 경우 시·군·구는 전년도 11월 30일까지 시·도지사에게, 시·도는 시행연도 1월 31일까지 보건복지부장관에게 제출해야 한다.

표 10.4 지역사회보장계획의 종류

<table>
<tr><th>구 분</th><th colspan="2">계획의 종류</th></tr>
<tr><td rowspan="2">수립 주체별</td><td colspan="2">① 시·도 지역사회보장계획</td></tr>
<tr><td colspan="2">② 시·군·구 지역사회보장계획</td></tr>
<tr><td rowspan="2">계획 수준별</td><td>① 지역사회보장계획
(중장기 계획, 4년 주기)</td><td>지역주민의 사회보장 욕구와 지역 내 복지자원 등을 고려하여 지방자치단체 실정에 부합하도록 수립하는 지역사회보장에 관한 4년 단위의 계획
• 1기 : 2007~2010년
• 2기 : 2011~2014년
• 3기 : 2015~2018년
• 4기 : 2019~2022년</td></tr>
<tr><td>② 연차별 시행계획
(1년 주기)</td><td>중장기 계획에 따른 1년 단위의 연차별 시행 계획</td></tr>
</table>

출처 : 보건복지부(2019). 2019 지역사회보장협의체 운영안내, p. 52.

3) 지역사회보장계획에 포함되어야 할 내용

사회보장급여법 제35조에 근거해서, 시·군·구 지역사회보장협의체가 수립하게 되는 지역사회보장계획은 지역사회보장조사(욕구조사)와 지역사회보장자원조사(공급조사)를 통해 기본적인 자료를 수집하게 된다.

지역사회보장조사는 지역 내 사회보장 관련 실태, 지역주민의 사회보장에 관한 인식 등에 관하여 필요한 조사를 실시하여, 당면한 사회보장 문제, 삶의 질 등을 살펴 사회보장사업에 대한 필요(욕구)를 수렴한다. 조사내용에 포함되어야 할 주요 내용으로는 ① 성별, 연령, 가족사항 등 지역주민 또는 가구의 일반 특성에 관한 사항, ② 소득, 재산, 취업 등 지역주민 또는 가구의 경제활동 및 상태에 관한 사항, ③ 주거, 교육, 건강, 돌봄 등 지역주민 또는 가구의 생활여건 및 사회보장급여 수급실태에 관한 사항, ④ 사회보장급여의 이용 및 제공에 관한 지역주민의 인식과 욕구에 관한 사항, ⑤ 아동, 여성, 노인, 장애인 등 사회보장급여가 필요한 사람의 사회보장급여 이용 경험, 인지도 및 만족도에 관한 사항, ⑥ 그 밖에 보건복지부장관이 지역주민의 사회보장 증진을 위하여 필요하다고 인정하는 사항 등이다(동법 시행령 제21조 제2항).

지역사회보장자원조사는 지역 내 인력, 조직, 재정 등 사회보장 자원, 사회보장 관련 기관 등 공공복지 자원, 자원봉사 등 민간복지 자원을 망라해 조사한다.

4) 지역사회보장계획 수립 및 운영 과정

(1) 지역사회보장계획 수립 과정

시·군·구 지역사회보장계획의 수립과정은 지역사회보장조사 실시(욕구조사와 자원조사) → 지역사회보장계획(안) 마련 → 지역주민 의견 수렴 → 협의체 심의 → 의회 보고 → 시·도에 계획 제출 → 조정 권고 → 시행 및 시행결과 평가 순으로 진행되고, 시·도 지역사회보장계획은 지역사회보장조사 실시 → 지역사회보장계획(안) 마련 → 위원회 심의 → 보건복지부에 계획 제출 → 시행 및 평가의 과정으로 진행된다.

(2) 지역사회보장계획 시행 과정 모니터링

지역사회보장계획 시행 과정에서는 연차별 추진 상황을 계획 단계에서 설정된 것과 비교하여 당초의 의도대로 집행되었는지 판단하는 모니터링이 시행되어야 한다. 모니터링 결과 당초 의도한 목표를 달성하지 못한 경우에는 그 원인을 찾아 실행계획을 수정·보완해야 한다. 모니터링은 통상 연 1회 실시하고, 시기는 다음 연도 연차별 시행계획 제출 전에 실시하여 계획 수립에 모니터링 결과가 반영될 수 있게 하여야 한다.

지역사회보장협의체와 지방자치단체가 모니터링단 구성 계획을 세우고, 지표 개발을 위해 섭외한 전문가가 각 분야별 실무분과와 실무협의체의 의견을 수렴하여 모니터링 지표를 개발한다. 이후 분야별로 모니터링 참가자를 모집하고, 모니터 요원에 대한 교육을 실시하면 비로소 모니터링단 구성이 완료되고, 실제 모니터링이 이루어진다. 모니터링 결과는 전문가에 의한 통계분석과 보고서 작성 과정을 거쳐 지방자치단체 보고 및 지역사회보장협의체의 심의를 받게 된다. 이것은 이후 연차별 시행계획 수립에 반영되며, 연차별 시행계획은 대표협의체의 심의 후 시·군·구에 제출된다. 시·군·구는 매년 11월 30일까지 시·도에 연차별 시행계획을 제출하여야 한다.

(3) 지역사회보장계획 시행 결과 평가

시·군·구 지역사회보장계획 시행 결과 평가는 시·군·구의 자체 평가체계를 구축하여 평가업무를 담당할 자체 평가팀과 평가를 수행할 평가위원회를 구성하여 시행한다. 자체 평가위원은 가급적 계획수립에 참여하지 않은 지역사회보장협의체 위원과 전문가, 공무원 등을 중심으로 구성해야 하고, 평가위원회는 전문가와 대표협의체와 실무협의체 위원, 공무원 등의 이해관계자 등으로 구성한다. 연차별 시행계획의 시행결과 평가는 추진과정 평가와 시행결과 관련 평가로 나누어 이루어지는데, 추진과정 관련 평가항목은 계획 내용의 충실성, 시행과정의 적정성, 지역주민의 참여도 등을 포함하며, 시행결과 관련 평가항목은 시행결과의 목표 달성도, 지역주민의 참여도와 만족도 등을 포함한다.

6. 향후 발전방향

지역사회 수준에서 민관 거버넌스를 통해 지역주민들의 필요와 요구에 적절하고 신속하게 부응할 수 있는 지역사회 주도의 서비스 전달 및 조정 체계로 자리 잡고 있는 지역사회보장협의체 운영과 지역사회보장계획 수립에 있어 고려해야 할 향후 발전방향은 다음과 같다.

첫째, 지역사회보장계획 수립뿐 아니라 지역사회보장협의체 운영 전반에 지역주민의 광범위하고 적극적인 참여가 보장되어야 한다.

많은 노력에도 불구하고 지역사회보장협의체 구성과 운영에 있어서 지역주민의 참여는 형식적이거나 미미하며, 지역사회보장계획 수립 과정에서는 단순히 조사대상자나 서비스대상자로 한정되는 경우가 비일비재하다. 지역사회보장협의체 운영과 지역사회보장계획의 수립과 조사 과정에 지역주민이 참여하는 것 자체가 지역사회복지실천이고 복지교육이며 자원동원의 출발점이 될 뿐 아니라, 지역사회 능력을 구축하는 것이 된다. 더 나아가 지역주민의 참여는 지역사회 구성원이 자신의 지역사회에 관심을 갖고 자신의 지역사회를 더 잘 이해하고 더 정확하고 완벽하게 무엇을 해야 할지 파악하게 해주는 것이다.

둘째, 지역사회의 이슈와 니즈에 적절히 대응할 수 있도록 지역사회 자원개발을 통해 지역사회에서 활용할 수 있는 자원의 총량을 늘릴 수 있어야 한다.

가용자원의 확대 없이는 지역사회보장계획에 근거한 지역사회보장협의체의 운영은 불가능하며 지역사회에 필요한 새로운 프로그램을 기획하고 적용하는 것이 불가능하고 지역사회의 복지문제를 현장에서 신속하게 해결할 수 없게 될 것이기 때문에 지역주민 복지 체감 만족도를 높일 수 없고 궁극적으로 공동체 회복도 불가능하다.

셋째, 중앙 정부 차원에서는 지역 간 복지 자원의 불균형 문제를 해결할 수 있는 방안을 마련해야 한다.

지방분권화 추세에 따라 복지사업에 있어서 지방자치단체의 책임과 의무가 점차 확대되고 있지만, 극심한 지역 간 자원 편차에 따라 자칫 지역 간 복지 격차를 심화시킬 위험이 높다. 지역사회의 여건과 능력에 맞게 계획이 수립되고 운영되어야 하겠지만, 지역 단위의 종합적인 사회보장체계가 마련되고 지역 간 균형발전이 가능할 수 있는 중앙 정부의 지원이 확대되어야 할 것이다.

넷째, 지역사회보장계획을 뒷받침할 수 있는 전문인력 양성과 지역사회보장협의체 참여 주체들의 적극적 참여를 보장할 수 있는 적절한 동기 부여가 절실하다.

민관 거버넌스에서 민간의 자발적이고 주도적인 참여와 참여 주체들의 협력적 파트너십 구축은 지역사회복지 행정의 효율을 높여줄 것이고, 지역사회보장계획 목표 달성을 위해서는 전문인력 양성과 활용이 뒷받침되어야 할 것이다.

참고문헌

김광희(2015). 지역사회복지론(제3판). 경기 : 공동체.

김범수 · 신원우(2019). 지역사회복지론(제5판). 경기 : 공동체.

보건복지부(2017). 2017 지역사회보장협의체 운영안내. 세종 : 보건복지부.

_________(2019). 2019 지역사회보장협의체 운영안내. 세종 : 보건복지부.

_________(2024). 2024 지역사회보장협의체 운영안내. 세종 : 보건복지부.

오정수 · 류진석(2016). 지역사회복지론(제5판). 서울 : 학지사.

Murray Hawtin & Janie Percy-Smith(2007). *Community Profiling-a practical guide*(2nd ed.). 김영란 · 김형준 · 전진호 · 한상미 공역(2016). 커뮤니티 프로파일링–지역주민과 함께 하는 지역조사 가이드. 경기 : 공동체.

CHAPTER 11 사회복지관

사회복지관[1]은 우리나라 사회복지의 발전과정에서 지역사회복지를 실천하는 데 가장 큰 역할을 해왔으며, 민간사회복지서비스가 자리를 잡는 과정에 사회복지관이 중심이 되었다고 해도 과언이 아니다. 현재에도 사회복지관은 사회복지서비스 니즈를 가진 모든 지역주민을 대상으로 서비스 제공, 재가복지봉사서비스, 사례관리, 주민조직화 등을 통해 지역사회 문제를 예방하고 해결하면서 종합적인 복지서비스를 담당하는 중추적인 역할을 하고 있다. 이처럼 사회복지관은 사회복지학 전공자들이 반드시 알아두어야 하는 지역사회복지 실천의 핵심 현장이다. 이 장에서는 사회복지관의 정의와 발전과정, 기능을 살펴보고 향후 발전과제에 대해 알아보도록 하겠다.

1. 사회복지관의 정의 및 설립근거[2]

1) 사회복지관의 정의

사회복지사업법 제2조 제5호에 의하면 사회복지관이란 "지역사회를 기반으로 일정한 시설과 전문인력을 갖추고 지역주민의 참여와 협력을 통하여 지역사회의 복지문제를 예방하고 해결하기 위하여 종합적인 복지서비스를 제공하는 시설"이라고 규정하고 있다. 여기서 지역사회복지란 주민의 복지증

1) 사회복지사업법 제2조에서는 명칭을 '사회복지관'이라고 규정하고 있으나, 사회복지관은 2000년 이전까지 지역의 대표적인 사회복지서비스 이용시설로 기능을 해왔으며 종합적인 서비스를 제공하는 조직으로의 위상 때문에 '지역사회복지관' 또는 '종합사회복지관'으로 불리기도 한다.

2) 한국사회복지관협회 홈페이지, 보건복지부(2023). 2023 사회복지관 운영관련 업무처리 안내를 참고하였다.

진과 삶의 질 향상을 위하여 지역사회 차원에서 전개하는 사회복지를 말한다. 보건복지부(2023)는 사회복지관의 운영목표를 다음과 같이 정의하고 있다.

> 사회복지관은 사회복지서비스 욕구를 가지고 있는 모든 지역사회 주민을 대상으로 보호서비스, 재가복지서비스, 자립능력 배양을 위한 교육훈련 등 그들이 필요로 하는 복지서비스를 제공하고, 가족기능 강화 및 주민상호 간 연대감 조성을 통한 각종 지역사회 문제를 예방, 해결하는 종합적인 복지서비스 전달기구로서 지역사회 주민의 복지증진을 위한 중심적 역할을 수행해야 한다.

2) 설치 및 운영근거

사회복지관은 사회복지사업법에 근거하여 설립·운영되고 있으며, 영구임대단지 내 사회복지관 설립은 주택법에서도 그 법적 근거를 찾을 수 있다. 또한 법률이나 시행규칙에 포함되지 않은 내용은 보건복지부가 해마다 제시하는 『사회복지관 운영관련 업무처리 안내』에 따른다.

더 알아보기 11-1 사회복지관 설립과 운영의 법적 근거들

■ 사회복지관의 설립근거

– 사회복지사업법 제34조의5(사회복지관의 설치 등)

① 제34조 제1항과 제2항에 따른 시설 중 사회복지관은 지역사회의 특성과 지역주민의 복지욕구를 고려하여 서비스 제공 등 지역복지증진을 위한 사업을 실시할 수 있다.

② 사회복지관은 모든 지역주민을 대상으로 사회복지서비스를 실시하되, 다음 각 호의 지역주민에게 우선 제공하여야 한다.

1. 국민기초생활보장법에 따른 수급자 및 차상위계층
2. 장애인, 노인, 한부모가족 및 다문화가족
3. 직업 및 취업 알선이 필요한 사람
4. 보호와 교육이 필요한 유아·아동 및 청소년
5. 그 밖에 사회복지관의 사회복지서비스를 우선 제공할 필요가 있다고 인정되는 사람

③ 그 밖에 사회복지관의 설치·운영·사업 등에 필요한 사항은 보건복지부령으로 정한다.

- 사회복지사업법 시행규칙 제23조(사회복지관의 설치기준)

② 사회복지관에는 강당 또는 회의실과 방음설비를 갖춘 상담실을 갖추어야 하며, 제23조의2 제1항에 따른 업무수행에 필요한 공간을 확보하여야 한다.

- 사회복지사업법 시행규칙 제23조의2(사회복지관의 운영기준)

① 사회복지관에는 사무분야와 별표 3에 따른 사업분야별로 이를 수행할 수 있는 직원을 각각 두거나 겸직할 수 있도록 하되, 직원의 수는 사회복지관의 규모 및 수행하는 사업을 고려하여 정하여야 한다.

② 사회복지관의 관장과 각 분야별 책임자는 다음 각 호의 자격을 갖춘 자로 하여야 한다.

1. 관장 : 2급 이상의 사회복지사자격증 소지자 또는 이와 동등한 자격이 있다고 법 제36조에 따른 운영위원회(이하 "운영위원회"라 한다)에서 인정한 자
2. 사무분야의 책임자 : 3급 이상의 사회복지사자격증 소지자 또는 이와 동등한 자격이 있다고 운영위원회에서 인정한 자
3. 그 밖의 사업분야의 책임자 : 해당 분야의 자격증 소지자

③ 사회복지관의 관장은 별표 3에 해당하는 사업 중 지역사회의 특성과 지역주민의 복지욕구를 고려한 사업을 선택하여 복지사업을 수행하여야 한다.

④ 사회복지관의 관장은 지역주민의 복지욕구에 대한 조사, 관계 행정기관 및 단체의 의견을 수렴하여 매년도의 사회복지관 복지사업계획을 수립하여야 한다.

⑤ 삭제 <2012. 8. 3>

⑥ 삭제 <2012. 8. 3>

⑦ 사회복지관의 관장은 보건복지부장관이 정하는 바에 따라 사회복지관현황보고서를 매년 1월 말까지 시장·군수·구청장 및 시·도지사를 거쳐 보건복지부장관에게 제출하여야 한다.

■ 임대단지 사회복지관의 법적 근거

- 주택법 제2조(용어의 정의) 제14호 나. 복리시설 정의

제2조(정의) 이 법에서 사용하는 용어의 뜻은 다음과 같다.

14. "복리시설"이란 주택단지의 입주자 등의 생활복리를 위한 다음 각 목의 공동시설을 말한다.
   가. 어린이놀이터, 근린생활시설, 유치원, 주민운동시설 및 경로당
   나. 그 밖에 입주자 등의 생활복리를 위하여 대통령령으로 정하는 공동시설

출처 : 국가법령정보센터(www.law.go.kr).

2. 사회복지관의 변천과정

우리나라 사회복지관의 시초는 1906년으로 거슬러 올라가는데, 당시 원산에서 시행된 인보관운동(반열방[3])을 사회복지관의 태동으로 보고 있다. 뒤를 이어 서울에 태화여자관, 원산에 보혜여자관 등의 여자관을 중심으로 인보관이 설립·운영되었다. 초기 인보관사업은 주로 외세에 의해 선교 등의 목적으로 시작되고 운영되다가, 일본의 강점기를 벗어나면서 자국민에 의한 자국민을 위한 인보관사업으로 그 맥이 이어지게 된다(윤정수, 2006). 초기의 기독교여자관이나 사회관들의 경우는 외국 원조를 바탕으로 여성이나 빈민대상의 선교와 사회계몽 활동을 동시에 추구했었는데(김영종, 2015), 이러한 인보관의 전통을 계승한 것이 사회복지관이다.

사회복지관이라는 명칭이 공식적으로 처음 등장한 것은 1964년 목포사회복지관 설치였다.[4] 사회복지관은 기존의 여자관, 사회관, 인보관에서 시행한 사업 내용과 유사하고, 사회복지실천방법인 케이스워크(case work), 그룹워크(group work), 커뮤니티워크(community work)를 수행했다는 측면에서 유사하나, 조직적 정체성 측면에서는 큰 차이를 보인다. 목포사회복지관은 기존에 존재해 왔던 기독교사회관들과 달리 정부로부터 공적인 사회적 재가를 전제로 출발했다는 점에서 큰 의의가 있다. 이후 공적으로 사회적 재가를 받아서 사회서비스(=사회복지서비스) 수행을 목적으로 새롭게 만들어지는 경우는 대부분 사회복지관이라 불렸다. 기존 기독교사회관들도 1980년대 이후 정부의 재정지원을 받는 상황에서 '사회복지관'의 법제도적 정체성을 받아들이고 명칭도 사회복지관으로 바꾸게 되었다(김영종, 2015 : 37).

1983년 개정된 사회복지사업법에서 '지역사회복지', '재가복지' 등이 사회복지사업에 포함되었고, '사회복지사업'이 법정사업으로 규정된 이후 사회복

3) 1906년 원산에서 메리 놀즈 선교사가 '반열방'이라는 인보관을 최초로 운영하였다. 6평 정도의 초가집에서 여성교육과 보건사업을 수행한 것이다. 선교사들의 일본 감시를 피한 선교활동의 일환이라고 할 수 있으나, 최초의 인보관이라는 데 의미가 있다(한국사회복지관협회, 2015 : 15).

4) 목포사회복지관의 명칭과 공식적 등록의 시점이 다를 수 있지만, 행정적 등록 시점인 1964년으로 인정한다(USC 연찬회, 1971; 김영종, 2015 : 22 재인용). 외원기관인 USC(캐나다유니테리언봉사회), 노한(노르웨이-한국)협회 그리고 목포시 3자 협의에 의해 목포사회복지관이 설치되었다.

지관은 급속도로 증가하게 되었다. 1981년까지 전국 사회복지관 수는 20개소에 불과했으나, 1980년대 후반부터 급격히 양적으로 확대되기 시작하여 10년이 지난 1998년에는 322개소가 설치되었다. 그 이유는 1980년대 전두환 정부의 4대 국정목표의 하나가 복지사회 건설로 채택되어 사회복지서비스 시설들에 대한 전반적인 지원이 확대되었기 때문이다. 노태우 정부에서는 소외계층을 위한 정부시책인 주택 200만 호 건설계획에 따라 영구임대주택 건립 시 사회복지관 설치를 의무화하면서[5] 사회복지관은 급속하게 증가하게 되었다.

더 알아보기 11-2 **사회복지관의 연혁**

1906년	원산 인보관운동(반열방)에서 사회복지관사업 태동
1921년	서울 태화여자관 설립
1926년	원산 보혜여자관 설립
1930년	서울 인보관 설치[6]
1956년	이화여자대학교 사회관 설립[7]
1964년	목포사회복지관 설립
1975년	국제사회복지관연합회 회원국 가입
1976년	한국사회복지관연합회 설립(22개 사회복지관)
1983년	사회복지사업법 개정으로 사회복지관 운영 국고보조
1986년	사회복지관 운영·국고보조사업지침 수립
1989년	주택건설촉진법 등에 의해 저소득층 영구임대아파트 건립 시 일정 규모의 사회복지관 건립을 의무화 사회복지관 설치·운영규정 제정 사회복지법인 한국사회복지관협회 설립
2004년	사회복지사업법 시행규칙 사회복지관의 설치기준 신설(사회복지관 설치·운영규정 폐지)
2005년	국고보조사업에서 분권교부세로 재정지원 방법 변경(사회복지관사업 지방이양사업 선정)
2012년	사회복지사업법 개정, 사회복지관의 설치 등 규정 신설
2017년	전국 460개 사회복지관 설치 운영

5) 1980년대 서울을 비롯한 대도시 곳곳에서 빈민지역에 대한 대대적인 재개발사업이 시행되었다. 철거와 재개발사업으로 도시빈민들은 삶의 토대를 잃어버리게 되자 오랜 기간 철거반대 투쟁을 벌이게 되었다. 그 결과로, 1989년 세입자를 위한 영구임대주택건설 계획이 발표되었고, 빈곤정책의 일환으로 영구임대아파트 건립 시 사회복지관 건립을 의무화하게 되었다.

6) 조선총독부는 방면위원제도를 도입하고 이를 효과적으로 수행하기 위해 서울에 5곳의 인보관을

이러한 변화는 군사쿠데타로 정권을 잡은 그 당시 정부들이 정당성을 확보하기 위한 노력의 결과였다. 2017년 기준 전국에 460개 복지관이 운영되고 있으며, 임대지역에 위치한 복지관은 166개(36%), 일반지역에 위치한 복지관은 294개(64%)이다.

3. 사회복지관의 운영과 기능

1) 사회복지관 운영의 기본원칙

사회복지관은 '인도주의'와 서비스를 필요로 하는 자의 '존엄유지'를 전제로 다음과 같은 기본 원칙에 따라 사회복지사업을 수행해야 한다(보건복지부, 2019).

(1) 지역성의 원칙

사회복지관은 지역사회의 특성과 지역주민의 문제나 욕구를 신속하게 파악해서 사업 계획수립 시 반영하여 지역사회의 문제를 해결하고, 이에 따른 서비스를 제공해야 하며, 지역주민의 적극적 참여를 유도하여 주민의 능동적 역할과 책임의식을 증진해야 한다.

(2) 전문성의 원칙

사회복지관은 다양한 지역사회 문제에 대처하기 위해 일반적 프로그램과 특정한 문제를 해결할 수 있는 전문적 프로그램이 병행될 수 있도록 지식과 기술을 보유한 전문인력이 사업을 수행하도록 하고, 이들 인력에 대한 지속적인 재교육 등을 통해 전문성을 증진하도록 해야 한다.

설치하였다. 종로구 종로5가에 동부인보관(1930), 종로구 사직동에 북부인보관(1935), 마포구에 마포인보관(1936), 성동구에 성동인보관(1936), 영등포에 영등포인보관(1936)을 설치하였는데, 이는 최초로 정부가 관여한 것이라는 의미가 있다. 이후 1954년 다섯 곳의 인보관들은 모두 폐쇄되었다(한국사회복지관협회, 2015 : 18).

7) 1956년 이화여자대학 사회관으로 시작하여, 1975년 캐나다아동복지회 지원으로 이화여자대학교 사회복지관을 신축, 운영하게 되었다.

(3) 책임성의 원칙

사회복지관은 서비스 이용자의 욕구를 충족하고 지역사회 문제를 해결함에 있어서 효과성을 극대화하기 위해 최선의 노력을 기울여야 한다.

(4) 자율성의 원칙

사회복지관은 다양한 복지서비스를 효율적으로 제공하기 위해 사회복지관의 능력과 전문성이 최대한 발휘될 수 있도록 자율적으로 운영되어야 한다.

(5) 통합성의 원칙

사회복지관은 사업을 수행함에 있어 지역 내 공공 및 민간 복지기관 간에 연계성과 통합성을 강화하여 지역사회복지 체계가 효율적이고 효과적으로 운영되도록 해야 한다.

(6) 자원활용의 원칙

사회복지관은 주민욕구의 다양성에 따라 다양한 기능인력과 재원을 필요로 하므로 지역사회 내의 복지자원을 최대한 동원·활용해야 한다.

(7) 중립성의 원칙

사회복지관은 정치활동, 영리활동, 특정 종교활동 등에 이용되지 않게 중립성이 유지되어야 한다.

(8) 투명성의 원칙

사회복지관은 자원을 효율적으로 이용하고 운영과정의 투명성을 유지해야 한다.

2) 사회복지관의 기능

(1) 사회복지관 기능의 변화

사회복지관 기능은 지속적인 사회요구의 변화, 지역주민들의 니즈의 변화, 관련 사회복지기관들의 변화 및 새로운 기관의 출현 등 다양한 요인들로 인해 변화해 왔다. 사회복지관 사업은 2004년도 이전에는 사회복지관의 사업에 초점을 맞추어, 인구대상별로 아동복지, 청소년복지, 노인복지, 장애인복지, 가족복지, 지역복지의 **6대 사업**으로 정의하였다. 그러나 가족 단위의 통합적 서비스의 강조와 새로운 복지환경에 대처하는 사회복지관의 기능과 역할에 대한 논의가 진행되면서 복지관 사업은 인구대상별 사업에서 영역별 사업으로 전환되었다. 이에 따라 2004년부터는 종합적인 서비스 제공 기능과 지역사회 문제 해결과 지역사회조직 기능이라는 두 가지 기능을 중심으로 재편되었고, 서비스 영역별로 가족복지사업, 지역사회보호사업, 지역사회조직사업, 교육문화사업, 자활사업이라는 **5대 사업**을 실시하게 되었다.

또한 2013년도에는 처음으로 사회복지관의 기능 자체가 재조정되어[8)]현재에는 사례관리 기능, 서비스 제공 기능, 지역조직화 기능의 **3대 기능**으로 정의되고 있으며, 이 3대 기능에 따라 주요 사업이 시행되고 있다. 사회복지관은 지역사회를 중심으로 종합적인 복지서비스를 제공하는 곳으로, 시대의 변화에 따라 강조되는 기능과 역할이 조금씩 변화하고 있음을 알 수 있다.

(2) 사회복지관 기능 변화의 특징

사회복지관 기능 변화의 흐름에서 가장 눈에 띄는 것은 사회복지관에 대한 지역조직화 역할의 강조이다. 사례관리나 지역사회보호 기능은 그 전에 제공하던 서비스들을 하나의 공통 기능으로 묶어낸 반면, 지역조직화 기능은 이

8) 사회복지 환경 변화에 따라 사회복지관의 구체적인 역할 및 기능을 정립하여 사회복지관 운영 방향을 설정하고자 하는 논의의 결과 5대 사업에서 3대 기능으로 전환하게 되었다(법적 근거 : 2011년 사회복지사업법 개정, 2012년 사회복지사업법 시행규칙 개정). 기존의 사업 중심의 사업편제에서 기능 중심의 사업편제로 개편되었다.

전에 하던 한 사업분야를 복지관의 기능으로 확대, 강조한 것이다. 이전에 사회복지관이 직접서비스를 제공하는 역할을 강조했다면 지금은 점차 지역을 기반으로 지역주민과 복지 자원들을 조직화하며 주민들의 역량을 강화하고 주민 스스로가 지역의 이슈들을 해결해 나갈 수 있도록 지원하는 역할을 중요시하게 되었다는 것을 알 수 있다. 이는 사회복지관을 둘러싼 환경의 변화를 반영한 결과로, 직접서비스를 제공하는 다양한 민간기관의 증가, 자원봉사자들의 역할 강화 등과 더불어 노인복지관이나 장애인복지관 같은 다른 단종복지관과의 역할 차별성을 모색한 결과라고 할 수 있다.

또한 사례관리 기능이 부각되었는데, 이전에 대상자별로 진행해 오던 사례관리 역할을 기관 내에서 통합하여 진행함으로써 자원 개발 및 연계가 용이하도록 설계하였다. 또한 각 기관별로 진행해 오던 사례관리 업무는 현재 보건복지부의 '희망복지지원단'이나 서울시의 '찾아가는 동주민센터'와 같이 지역사회를 중심으로 민·관협력체계의 통합사례관리를 진행하는 방향으로 바뀌고 있다.

기능(2003년까지)	기능(2004~2012년)	기능(2013년 이후)
1. 종합적 서비스 제공 2. 지역사회 문제해결과 지역사회조직	1. 종합적 서비스 제공 2. 지역사회 문제해결과 지역사회조직	1. 사례관리 2. 서비스 제공 3. 지역조직화
주요 사업 : 대상 중심	**주요 사업 : 영역 중심**	**주요 사업 : 기능 중심**
① 아동복지 ② 청소년복지 ③ 노인복지 ④ 장애인복지 ⑤ 가족복지 ⑥ 지역복지	① 가족복지사업 ② 지역사회보호 ③ 지역사회조직 ④ 교육문화 ⑤ 자활사업	① 사례발굴, 사례개입, 서비스 연계 ② 가족기능 강화, 지역사회보호, 교육문화, 자활 지원 등 기타 ③ 복지네트워크 구축, 주민조직화, 자원 개발 및 관리
• 직접적인 서비스 제공 기능 강조	• 가족기능 및 자활지원 강조	• 사례관리 및 지역조직화 기능 강조

그림 11.1 사회복지관의 기능과 사업의 변화

그뿐만 아니라 1992년부터 복지관 부설로 별도로 설치·운영되던 재가복지봉사센터가 최근에는 복지관에 흡수되어 사회복지관의 지역사회보호사업

분야의 재가복지봉사서비스로 축소되었다. 이는 지역사회에 재가복지서비스를 제공하는 다양한 기관들이 증가하는 현실을 반영한 결과라고 할 수 있다.

이처럼 사회복지관의 기능은 지역주민의 참여를 유도하고 민관협력을 강조하는 방향으로 전환되었다. 그러다 보니 과거처럼 모든 사회복지관들이 천편일률적인 사업을 시행하는 것이 아니라 사회복지관의 위치, 지역적 특성, 대상별 특성, 복지관의 규모, 담당인력 등에 의거하여 전문성, 효율성, 책임성을 최대한 살릴 수 있는 능력의 범위 내에서 사업을 선택적으로 시행하고 있다.

3) 사회복지관 사업의 대상 및 내용

(1) 사회복지관 사업의 대상

사회복지관 사업의 대상은 사회복지서비스 욕구를 가지고 있는 모든 지역주민이다. 다만, 사회복지사업법 제34조의5에 따르면 다음의 지역주민들에게 사업을 우선 제공해야 한다.

① 국민기초생활보장법에 따른 수급자 및 차상위계층
② 장애인, 노인, 한부모가족 및 다문화가족
③ 직업 및 취업 알선이 필요한 사람
④ 보호와 교육이 필요한 유아·아동 및 청소년
⑤ 그 밖에 사회복지관의 사회복지서비스를 우선 제공할 필요가 있다고 인정되는 사람

그러나 사회복지관의 우선대상은 다른 유형의 복지기관의 대상자와 겹치는 경우가 많다. 그 결과 인근지역에 있는 사회복지기관들은 서비스 중복이나 대상자 중복 등을 피하기 위해 관련 기관들과 함께 대상자와 관련된 논의를 반드시 해야 하는 상황이 발생하고 있다.

(2) 사회복지관 사업의 내용

사회복지관의 사업은 사회복지사업법 시행규칙에 규정하고 있으며 구체적으로 살펴보면 다음과 같다. 모든 사회복지관이 이 사업을 모두 시행하는 것이 아니라 사회복지관의 위치, 지역적 특성, 대상별 특성, 복지관의 규모, 담당인력 등에 의거하여 각 사회복지관이 전문성, 효율성, 책임성을 최대한 살릴 수 있는 능력 범위 내에서 사업을 선택적으로 시행하고 있다.

① 사례관리 기능

현재의 파편화되고 분절화된 지역사회복지서비스의 제한점을 극복하고 보다 통합적인 서비스 전달체계로 나아가기 위해 지역사회 내 민관을 아우르는 서비스 네트워크 구축 및 다양한 지역주민의 복지욕구를 연결시켜 맞춤형 서비스를 제공하고자 하는 기능이다. 여기에는 다음과 같은 활동이 포함된다.

가. 사례발굴

지역 내 보호가 필요한 대상자 및 위기개입 대상자를 발굴하여 개입계획 수립

나. 사례개입

지역 내 보호가 필요한 대상자 및 위기개입 대상자의 문제와 욕구에 대한 맞춤형 서비스가 제공될 수 있도록 사례개입

다. 서비스 연계

사례개입에 필요한 지역 내 민간 및 공공의 가용 자원과 서비스에 대한 정보 제공 및 연계, 의뢰

② 서비스 제공 기능

이는 클라이언트에게 사회복지사의 직접적인 전문서비스가 제공되는 영역이라고 할 수 있으며, 사회복지관에서 제공되는 직접서비스는 다음과 같다.

가. 가족기능 강화 서비스

- 가족관계증진사업 : 가족원 간의 의사소통을 원활히 하고 각자의 역할을 수행함으로써 이상적인 가족관계를 유지함과 동시에 가족의 능력을 개발·강화하는 사업
- 가족기능보완사업 : 사회구조 변화로 부족한 가족기능, 특히 부모의 역할을 보완하기 위하여 주로 아동·청소년을 대상으로 실시되는 사업
- 가정문제해결·치료사업 : 문제가 발생한 가족에 대한 진단·치료·사회복귀 지원사업
- 부양가족지원사업 : 보호대상 가족을 돌보는 가족원의 부양부담을 줄여주고 관련 정보를 공유하는 등 부양가족 대상 지원사업
- 다문화가정, 북한이탈주민 등 지역 내 이용자 특성을 반영한 사업

나. 지역사회보호 서비스

- 급식서비스 : 지역사회에 거주하는 요보호 노인이나 결식아동 등을 위한 식사제공 서비스
- 보건의료서비스 : 노인, 장애인, 저소득층 등 재가복지사업 대상자들을 위한 보건·의료 관련 서비스
- 경제적 지원 : 경제적으로 어려운 지역사회 주민들을 대상으로 생활에 필요한 현금 및 물품 등을 지원하는 사업
- 일상생활 지원 : 독립적인 생활능력이 떨어지는 요보호 대상자들이 시설이 아닌 지역사회에 거주하기 위해서 필요한 기초적인 일상생활 지원서비스
- 정서서비스 : 지역사회에 거주하는 독거노인이나 소년소녀가장 등 부양가족이 없는 요보호 대상자들을 위한 비물질적인 지원 서비스
- 일시보호서비스 : 독립적인 생활이 불가능한 노인이나 장애인 또는 일시적인 보호가 필요한 실직자·노숙자 등을 위한 보호서비스
- 재가복지봉사서비스 : 가정에서 보호를 요하는 장애인, 노인, 소년·소녀가정, 한부모가족 등 가족기능이 취약한 저소득 소외계층과 국가유

공자, 지역사회 내에서 재가복지봉사서비스를 원하는 사람에게 다양한 서비스 제공

다. 교육문화 서비스

- 아동·청소년 사회교육 : 주거환경이 열악하여 가정에서 학습하기 곤란하거나 경제적 이유 등으로 학원 등 다른 기관의 활용이 어려운 아동·청소년에게 필요한 경우 학습내용 등에 대하여 지도하거나 각종 기능 교육
- 성인기능교실 : 기능습득을 목적으로 하는 성인사회교육사업
- 노인 여가·문화 : 노인을 대상으로 제공되는 각종 사회교육 및 취미교실운영사업
- 문화복지사업 : 일반주민을 위한 여가·오락 프로그램, 문화 소외집단을 위한 문화 프로그램, 그 밖에 각종 지역문화행사사업

라. 자활지원 등 기타

- 직업기능훈련 : 저소득층의 자립능력배양과 가계소득에 기여할 수 있는 기능훈련을 실시하여 창업 또는 취업을 지원하는 사업
- 취업알선 : 직업훈련 이수자, 기타 취업희망자들을 대상으로 취업에 관한 정보제공 및 알선사업
- 직업능력개발 : 근로의욕 및 동기가 낮은 주민의 취업욕구 증대와 재취업을 위한 심리 사회적인 지원 프로그램 실시사업
- 그 밖의 특화사업

③ 지역조직화 기능

지역 내 복지기관·시설, 지역주민, 자원활동가·후원자 등의 지역사회 자원, 예비사회복지사 등, 지역사회를 위해 함께할 수 있는 구성원들을 조직화하는 기능이다. 구체적인 내용은 다음과 같다.

가. 복지네트워크 구축

지역 내 복지기관·시설들과 네트워크를 구축함으로써 복지서비스 공급의

효율성을 제고하고, 사회복지관이 지역복지의 중심으로서의 역할을 강화하는 사업

- 지역사회연계사업, 지역욕구조사, 실습지도 등

나. 주민조직화

주민이 지역사회 문제에 스스로 참여하고 공동체 의식을 갖도록 주민 조직의 육성을 지원하고, 이러한 주민협력강화에 필요한 주민의식을 높이기 위한 교육을 실시하는 사업

- 주민복지증진사업, 주민조직화 사업, 주민교육 등

다. 자원 개발 및 관리

지역주민의 다양한 욕구 충족 및 문제해결을 위해 필요한 인력, 재원 등을 발굴하여 연계 및 지원하는 사업

- 자원봉사자 개발·관리, 후원자 개발·관리 등

더 알아보기 11-3 **지역 특성에 따른 사회복지관 사업 사례**

고강종합사회복지관은 항공기 소음피해지역인 고강동에 위치한 사회복지관으로 1999년 소음피해 보상에 대한 주민들의 요구에 의해 개관하였다. 항공기 소음에 따른 현상들은 이 지역이 갖는 주요한 특성으로 주민 간의 소통 문제, 고도 제한에 따른 개발 제한, 빌라 및 다세대 주택의 노후화, 주차 및 문화, 편의시설의 부족, 고령사회로의 급속한 확대, 1인가구 및 사회적 보호계층의 증가 등 다양한 사회문제를 발생시켰다. 하지만 이를 해결하는 과정에서 주민들의 자발적인 참여의식 증가, 동아리 및 자생조직의 구성, 문화 및 복지욕구의 실현, 협력적이고 관계중심의 마을문화 공동체 형성 등 능동적인 측면도 확대되었다.

최근 고강동을 넘어 성곡동까지 지역사회 범위가 확대되었고, 코로나 상황 등 사회적 위기 상황에서 보다 찾아가는 복지실천이 중요해졌다. 더 이상 사회복지관이라는 건물에 집중되는 프로그램이 아니라 마을 공간을 중심으로, 기다리는 사회복지에서 찾아가는 복지실천으로, 자주 만나던 특징화된 대상(아동, 노인 등)에서 새롭게 발굴하고 만나는 확대된 주민(청년, 중년 등)사업으로, 보다 주체적인 주민 참여형 마을복지를 실천하고 있다. 그 결과 보다 촘촘하고 활발한 마을중심, 주민중심의 복지실천들이 확대 운영되고 있음을 알 수 있다.

기 능	분 류	단위 사업
사례관리 기능	사례발굴사업	• 사례발굴 홍보 • 민관 통합사례회의
	사례개입사업	• 통합사례회의 • 사례관리 후원금(품) 지원 • 사례발표회 • 통합사례회의 • 사례의뢰 및 연계시스템 구축 • 위기개입 지원 • 외부슈퍼비전 • 이용자 발굴 및 소개 (준사례관리자) • 사례관리 조정 및 모니터링
	서비스 연계	• 내부 서비스 연계 • 저소득층 의료지원 • 지역사회 자원연계 • 집중사례관리 • 외부기관 연계 • 마을사례관리 연계 • 협력기관 및 지원 발굴
	무한돌봄 네트워크사업	• 이용자 발굴 및 소개 • 집중사례회의 • 협력기관 발굴 • 통합사례회의 • 사례관리 조정 및 모니터링 • 지역사회 자원연계
서비스 제공기능	가족기능 강화사업	• 개별/접수상담 • 놀이치료 • 인지학습치료 • 아동청소년 정서지원(멘토링) • 명절 및 절기행사 • 심리검사 및 발달·언어검사 • 언어치료 • 감각통합치료 • 돌봄가족지원사업 • 나들이서비스
	지역사회 보호사업	• 경로식당 • 저소득층지원사업 • 김장나눔사업 • 성인장애인사업 • 영케어러 돌봄/중장년지원사업 • 맞춤형복지지원 • 우리동네 따뜻한 가게 '온스토어' • VR힐링스페이스(심리치유사업) • 한방진료 • 밑반찬서비스 • 결연사업 • 노인맞춤돌봄서비스 • 타임뱅크사업 • 생활복지운동 • 1인가구 지원사업 • 몰래산타
	교육문화사업	• 음악교실 • 영어교실 • 성인문해교실 • 노인대학 '은빛교실' • 책놀이교실 • 독서토론 • 책읽어주는 방 • 유레카교실 • 미술교실 • 헬스 • 도란도란 작은도서관 • 독서치유교실 • 도서관 친구들
	자활지원 등 기타사업	• 출판·홍보사업 • 연구 및 실습지도 • 취약계층일자리사업 • 직원교육 • 사회봉사자 관리 • 대관사업

<table>
<tr><td rowspan="3">지역
조직화
기능</td><td>복지네트워크
구축</td><td>• 고강아동청소년지원네트워크
• 고리울가로공원음악회
• 부천시재가복지연합회
• 부천시사례관리실무자연합회
• 지역아동센터네트워크(엣지아)
• 고강지역도시재생주민상인협의체</td><td>• 지역단체네트워크사업
• 성곡동행복마을관리소 운영위원회
• 부천시지역사회조직연합회
• 부천시문해교육협의회
• 운영위원회, 인사위원회</td></tr>
<tr><td>주민조직화
사업</td><td>• 청년 공동체 '푸를청'
• 청년 문화살롱
• 공간조직화 '사부작사부작
• 공간조직화 '이웃동아리'
• 공간조직화 '성당공간 조직'
• 돌봄조직화 '배달의돌봄'
• 돌봄조직화 '골목잔치'
• 타임뱅크기반 돌봄사업
• 사랑실천문화나눔 행사
• 이주배경아동과 함께하는 '우다빛'</td><td>• 중장년 공동체 '요리조리 청춘'
• 공간조직화 '텃밭상자, 달동네'
• 공간조직화 '호도스'
• 돌봄조직화 '루모스봉사단'
• 돌봄조직화 '파트너'
• 클래식 기타동아리
• 고리울선사문화제
• 여월휴먼시아1단지 주민조직
• 우리마을 지킴이 '온동네 발굴단'
• 소모임지원사업</td></tr>
<tr><td>자원개발 및
관리</td><td>• 자원봉사 활동 및 관리
• 사회복무요원관리
• 자원봉사자 나들이</td><td>• 후원개발관리
• 12월의 데이트</td></tr>
</table>

출처 : 고강종합사회복지관. 2023 사업계획서.

4. 향후 발전방향

사회복지관은 1900년대 초 인보관운동에서 태동하여 현재까지 사회복지서비스 발전 과정을 거의 함께했다고 해도 과언이 아닐 만큼, 우리나라 민간 사회복지서비스 전달체계에서 사회복지관의 비중은 큰 편이었다. 지역사회를 중심으로 주민들과 함께하는 사회복지관은 빠르게 변화하는 사회와 사회복지를 둘러싼 환경 변화에 대응하면서도 그 정체성을 잃지 않으며 지속적으로 중추적인 역할을 해야 할 것이다. 이를 위해 다음과 같은 몇 가지 발전방향을 제시하고자 한다.

첫째, 지역사회 민관 거버넌스를 위한 민관의 역할에 대해 실제적인 고민과 조율이 필요하다.

최근 통합사례관리의 진행으로 사회복지관에서는 기존 진행해 왔던 사례관리사업과의 관계에서 혼란을 겪고, 통합사례관리의 주도권이나 실적을 가지고 관과 갈등을 겪기도 하며,[9] 어떤 기관들은 내부 또는 외부 사례관리 중 하나를 선택하기도 하였다.[10] 지역사회를 중심으로 서비스 전달체계 및 역할의 변화과정에서 민간 영역에서는 변화하는 역할에 적극적으로 고민해야 하며, 동시에 공공영역에서는 민간 영역을 진정한 파트너로서 서로의 역할에 대해 논의하는 자세가 필요하다. 이것이 실제적인 민관 거버넌스를 통한 지역 공동체를 형성하는 길이기 때문이다.

둘째, 지역 특성에 맞는 사회복지관의 다양한 운영이 필요하다.

우리나라의 지역은 규모나 특징에 따라 특별시, 광역시를 비롯한 거대도시, 중소도시, 농어촌, 도농복합지역, 혁신도시 등 다양한 형태이다. 또한 같은 광역시 또는 농어촌이라고 하더라도 지역의 상황은 천차만별이다. 그럼에도 불구하고 지역사회를 기반으로 실천하는 사회복지관은 단일한 형태로 똑같이 기본 3대 기능을 수행하도록 되어 있다. 또한 사회복지사업법에 근거하여 3년마다 동일하게 복지관 평가가 진행되고 있어, 복지관들은 그 평가나 규정에 영향을 받고 그 지역만의 특성, 그 지역에서 특히 요구되는 역할 등에는 상대적으로 집중하지 못하는 경향이 있다. 이에 사회복지관의 존재 이유를 고려하여 보다 지역의 규모나 특성에 맞는 복지관 운영이 필요하며, 이를 위해서는 지역의 특성을 충분히 반영하는 사업으로 전환할 수 있는 평가의 융통성이 요구된다.

---

9) 한국사회복지관협회에서는 2017년 3월 통합사례관리를 비롯한 읍·면·동 복지허브화 과정에서 진행되는 실적 중심의 사례관리, 민관협력의 실종, 자원의 경쟁개발, 복지관 역할 모호 등의 우려를 공식적으로 표하면서 건전한 거버넌스를 제시하였다.

10) 어떤 지역의 경우 통합사례관리는 동주민센터에서 맡기로 하고, 복지관에서는 사례관리 기능 외의 다른 기능들에 집중하기로 하였다.

셋째, 지역주민들로부터의 신뢰와 참여의 강화이다.

사회복지관은 마을 공동체 허브로서 주민들의 협력과 네트워크의 중심에 있는데, 이때 주민들의 지역 공동체를 형성하는 과정에 사회복지관의 역할이 중요해지고 있다. 주민들의 참여와 협력을 증진시키기 위해서는 지역주민들의 신뢰를 확보하는 것이 필수적이며, 이를 위해서 복지관 운영위원회에 지역주민 참여의 비율을 현재보다 증가시키고 다양한 방식으로 주민들이 참여할 수 있는 기회를 보장하는 것 등이 필요할 것이다. 지역사회 구성원들과 함께 그들이 원하는 지역사회를 만들어 가는 것이 바로 지역사회복지이기 때문이다.

넷째, 지역사회의 다양한 조직, 기관들과도 개방적으로 연계하고 협업을 강화하는 것이 필요하다.

지역 공동체를 만들어 가는 것은 사회복지관만의 역할이 아니다. 지역사회는 지역주민의 참여를 바탕으로 지역사회를 기반으로 하는 모든 민관조직이 함께 만들어 가는 것이다. 따라서 사회복지관 그리고 그 구성원들은 개방적인 마음으로 지역사회의 다양한 풀뿌리 민간조직뿐 아니라 공사조직들을 인정하고 협업해야 한다. 또한 소관부처가 다른 사회복지조직인 지역자활센터, 건강가정센터, 다문화센터, 청소년수련관 등과도 지금보다 더 소통하고 연계할 수 있어야 할 것이다.

다섯째, 사회복지관의 기능을 강화하기 위해 보다 거시적인 관점이 필요하다.

사회복지관의 3대 기능 중 서비스 제공 기능과 사례관리 기능은 사회복지관이 오랫동안 수행해 왔던 사업과 관련되는데, 지역사회 전체보다는 개인이나 가족 중심의 직접서비스를 제공하는 것에 초점이 있다. 반면 복지관의 향후 나아갈 방향을 모색하며 최근 강조하고 있는 지역조직화 기능은 개인이 아닌 지역사회 전체의 변화에 초점을 두며 간접서비스 중심으로 이루어진다. 따라서 기존에 익숙했던 직접서비스 중심의 미시적 관점에서 벗어나 보다 거시적인 관점으로 지역사회를 바라보는 자세가 필요하다. 또한 지역조직화는 단기간에 이루어지는 것이 아니라 비교적 긴 시간이 소요되기 때문에,

단기성과에 집중하지 말고 긴 호흡으로 주민과 함께 지역사회 변화에 초점을 맞추어야 할 것이다.

마지막으로, 이처럼 변화되어 가는 사회복지관의 기능을 효과적으로 수행하기 위해서는 사회복지교육 또한 변화, 강화될 필요가 있다.

지역사회를 하나의 전체로 바라보고 주민의 신뢰가 필요한 주민조직화 역할을 제대로 수행하기 위해서는 기존에 강조해 왔던 개인, 가족 대상의 직접 서비스 중심의 교육으로는 부족하다. 향후에는 학교의 정규 교육과정과 사회복지사 보수교육 과정에서 지역주민을 서비스 제공의 대상이 아니라 협력하는 파트너로 바라보는 관점을 강조하고, 조직화 역할을 수행하기 위한 실제적인 역할과 기술 등의 교육내용이 강화되어야 할 것이다.

참고문헌

김영종(2015). 한국 사회복지관의 제도적 정체성 규명에 관한 연구. 한국사회복지행정학, 17(13), 27-56.

김용득(2015). 지역사회 사회관리체계에서 공공과 민간의 역할, 이대로 괜찮은가. 사회복지행정학, 17(1), 241-266.

김진석 · 유동철(2013). 마을지향복지관 역할강화 방안연구. 서울 : 서울시복지재단.

남기철(2016). 지역사회복지에서 찾아가는 동주민센터 사업 의미. 한국사회복지행정학회 학술대회 자료집, 251-254.

보건복지부(2023). 희망복지지원단 업무안내. 세종 : 보건복지부

_________(2023). 사회복지관 운영관련 업무처리 안내. 세종 : 보건복지부.

오정수 · 유진석(2014). 지역사회복지론. 서울 : 학지사.

윤정수(2006). 외세의 조선 진출과 인보관사업의 태동－화광교원과 태화여자관을 중심으로－. 세계한국학대회 발표논문(congress.aks.ac.kr : 52525/korean/viewforum.php?f=91).

이주헌 · 라도삼 · 이정용(2016). 찾아가는 동주민센터 활용한 서울형 주민자치 가능성 모색. 서울 : 서울연구원.

이태수(2016). 서울시 '찾아가는 동주민센터'의 추진의 의미와 과제. 한국사회복지행정학회 학술대회 자료집, 87-109.

이찬희 · 문영주(2012). 부산 사회복지관 지역조직화 운영모델연구. 부산복지개발원.

최성숙(2016). 서울시 찾아가는 동주민센터의 추진의 의미와 과제 토론문. 한국사회복지행정학회 학술대회 자료집, 121-126.

한국사회복지관협회(2015). 사회복지관과 지역사회복지실천. 경기 : 공동체.

국가법령정보센터. www.law.go.kr

보건복지부 블로그. blog.bokjiro.go.kr/m/86

사회보장정보원. ssis.or.kr/index.do

서울시 복지포털. wis.seoul.go.kr/human/goal.do

읍 · 면 · 동복지허브화(희망복지지원단 중앙지원센터) 웹진. www.hopeletter.or.kr

한국사회복지관협회. kaswc.or.kr

CHAPTER 12 지역자활센터

국민기초생활보장법 제정으로 저소득층 대상의 보호중심 서비스는 지역주민 모두를 대상으로 하는 서비스로 확장되었고, 사회복지관에서 소극적으로 진행해온 자활사업도 발전하게 되었다. 자활사업 활성화를 위해 설립되었던 자활후견기관은 현재 지역자활센터로 명칭이 변경되어 운영되고 있다. 지역자활센터는 저소득 지역주민의 자활을 목적으로 설립된 유일한 사회복지기관으로 자리매김하였다. 자활서비스는 저소득 주민이 노동 활동에 적극적으로 참여할 수 있도록 지원하는 근로복지연계 활동으로 확대되었다. 본 장에서는 지역자활센터에서 지역주민의 자활을 위해 시행하고 있는 사업을 중심으로 알아보도록 하겠다.

1. 지역자활센터의 정의 및 설립 근거

지역자활센터는 근로능력이 있는 저소득층에게 교육, 상담, 취업알선, 창업 등의 체계적인 자활지원서비스를 제공함으로써 자활의욕 고취 및 자립능력 향상을 지원하여 탈빈곤을 지원하는 기관이다.

국민기초생활보장법 제16조에 의하면 '수급자 및 차상위자의 자활촉진에 필요한 사업을 수행하기 위하여 사회복지법인, 사회적협동조합 등 비영리법인과 단체를 지역자활센터로 지정할 수 있다'고 명시되어 있다.

자활이란 사전적 의미로는 '자기 스스로의 힘으로 살아간다'는 것이다. 이에 자활사업은 자활사업을 통해 근로능력이 있는 저소득층이 스스로 자활할 수 있도록 자활능력을 배양하고, 기능습득 지원 및 근로기회를 제공하는 것을 목적으로 하고 있다(보건복지부, 2023). 이러한 자활사업을 기초 지역 단위에서 수행하는 체계가 바로 지역자활센터이다.

2. 지역자활센터의 변천과정

현재 '자활'은 우리나라 빈곤정책의 핵심을 이루는 제도 중의 하나이다. 자활사업이 목표로 하는 것은 빈곤계층에게 일을 하도록 함으로써 빈곤선 이상의 소득을 지속적으로 얻어 빈곤과 수급자 상태에서 탈출하도록 하는 것이다. 자활이 사회복지와 빈곤현장에서 핵심 키워드로 자리 잡아 간 것은 1996년 자활지원센터 시범사업을 시행하면서부터 그리고 2000년 국민기초생활보장제도의 도입과 더불어서이다(김인숙, 2006 : 96).

근로능력이 있는 저소득층이 자활하도록 직업훈련과 일자리를 제공하는 자활사업은 1980년대 판자촌 주민에게 대안적 일자리를 제공해 온 도시빈민운동조직의 생산공동체운동을 모델로 만들어진 빈곤정책이다(김수영, 2013). 따라서 1996년 시범사업으로 자활사업을 시작할 때 빈민운동단체에게 지역자활센터의 운영을 위탁하였다.[1] 지금도 과거 빈민·실업운동을 이끌었던 사회운동단체들이 지역자활센터의 상당수를 운영하고 있다.

2000년부터 실시된 국민기초생활보장제도는 기존의 생활보호제도와 달리 수급의 권리성을 강화하고, 자활계획의 수립을 통한 탈빈곤의 의미가 강조된 제도로 도입되었다. 조건부수급자 제도를 통해 자활사업 참여의무를 부과하고, 가구별 종합자활지원계획을 수립하여 체계적인 자활을 지원하고자 자활지원센터가 설립되었다.

2004년 이후부터는 자활지원센터 외에도 광역자활센터, 중앙자활센터, 자활기관협의체 등의 자활사업 추진체계를 확대하여 자활사업을 체계적으로 계획, 조정하였으며 사업의 다양화를 모색하였다. 또한 자활사업 참여자가 자산을 형성할 수 있도록 재정적으로 지원하는 자산형성지원사업 도입을 위한 노력이 2006년부터 시작되었고, 2010년부터 희망키움통장 사업이 본격적으로 시작되었다.

그러나 자활사업이 시작된 지 10년, 그동안 기대되었던 성과를 충분히 보

1) 1999년 자활사업이 상설화되기 이전까지 빈민운동단체와 사회복지관을 모법인으로 한 자활센터는 각각 11개소, 9개소였다.

여주지 못한다는 한계성에 직면한 것으로 평가되었다(노대명 외, 2010). 이를 극복하기 위해 취업 프로그램을 중심으로 복지-고용 연계 성과중심의 자활사업이라는 목표로 희망리본사업이 2009년부터 시작되고 지속적으로 확대, 활성화되었다. 그럼에도 희망리본사업은 취업률과 자활 성과와의 인과관계를 입증하기 어렵다는 본질적인 한계가 드러났을 뿐 아니라, 고용노동부에서 시행하는 취업성공패키지와 그 사업 내용이나 대상이 유사하다는 등의 다양한 문제점이 있어 2015년에 고용노동부로 이관되었다.

한편, 자활사업 참여자의 사례관리를 본격화하면서 2009년부터 자활인큐베이팅 사업을 실시하였고, 이는 이후 Gateway라는 이름의 자활사례관리 통합관리체계를 구축하게 되었다. 자활사례관리를 통해 자활방향 수립을 지원하며 자활을 위해 필요한 서비스 연계와 조정, 점검 및 사후관리를 실시하고 있다. 지역자활센터 내·외부 통합사례회의를 진행하여 자활사업 참여자 및 희망키움통장 대상자의 사례관리가 적정하게 수행될 수 있도록 하고 있다. 2019년 기준으로 지역자활센터는 전국 총 249개가 설치·운영 중이며, 모든 지역자활센터에 자활사례관리사, Gateway 전담관리자, 통장사례관리사가 배치되어 활동하고 있다.

더 알아보기 12-1 **지역자활센터의 연혁**

1996년 자활지원센터 시범사업 실시(전국 5개소)
2000년 국민기초생활보장법 시행, 자활후견기관 설립, 운영(자활지원센터 → 자활후견기관)
2001년 자활후견기관 169기관으로 확대
2004년 광역자활센터 시범사업 실시
2006년 지역자활센터로 명칭변경(국민기초생활보장법 개정, 자활후견기관 → 지역자활센터)
2008년 중앙자활센터 설립허가 및 운영, 광역자활센터 확대 설치(3개소)
2009년 자활인큐베이팅 사업 실시, 희망리본사업 실시
2012년 지역자활센터 사례관리사업 실시, 자활공동체 → 자활기업으로 명칭 변경
2013년 자활사례관리 통합운영(자활인큐베이팅 → Gateway로 명칭 변경)
2014년 희망리본사업 확대, 희망키움사업 차상위계층으로 확대
2015년 희망리본사업 고용노동부 이관
2016년 자활장려금(자활소득공제 포함) 사업 종료

2019년 자활장려금(자활근로소득공제) 재도입
한국자활복지개발원 설립허가 및 운영
지역자활센터 총 249개소 설치 운영 중
※ 지역자활센터는 기초자치단체인 시·군·구에 1개소씩 설치를 목표로 하고 있으나, 현재 13개 시·군·구 미설치됨

3. 지역자활센터의 사업내용

1) 지역자활센터의 운영원칙

자활센터는 근로능력이 있는 저소득층에게 집중적·체계적 자활지원서비스를 제공함으로써 자활의욕 고취 및 자립능력 향상을 지원하는데, 다음과 같은 기본 원칙에 따라 운영되어야 한다(보건복지부, 2023).

(1) 참여주민 고유성과 존엄성의 원칙

인도주의 원칙하에 주민들의 개별적 고유성과 존엄성이 최대한 보장되도록 수행해야 한다.

(2) 주민자발성과 민주적 운영의 원칙

참여 주민이 자활사업의 능동적 주체가 될 수 있도록 민주적 참여를 보장하고 수평적 관계를 지향한다.

(3) 독립성의 원칙

독립된 행정체계와 운영체계를 가져야 하며, 기존 복지관이나 시설의 프로그램 일부로 편입되어 운영되어서는 안 된다.

(4) 기준시설 확보의 원칙

주민들과의 상담, 교육, 훈련 및 경영지도 등의 자활 자립을 도모하는 종합적인 서비스를 제공하기 위하여 일정한 규모의 기준시설을 확보해야 한다.

(5) 전문가에 의한 사업 수행의 원칙

지역사회복지, 지역사회조직 및 개발 관련 분야의 전문지식과 함께 지역조직활동에 전념하여 지역현장 경험을 갖춘 전문적이고 헌신적인 인력에 의해 수행해야 한다.

(6) 교육·훈련의 원칙

참여주민의 자활의지 및 역량의 성장과 종사자의 전문성 함양을 위해 지속적인 교육, 훈련을 실시하여야 한다.

(7) 사회적 가치 구현의 원칙

참여 주민의 역량과 조건에 맞춰 사회적으로 가치가 있고 지역사회에 필요한 자활근로 사업을 운영한다.

(8) 지역사회와의 연대·협력의 원칙

참여 주민의 자활자립을 위해 지역사회 내 다양한 물적·인적 자원을 조직·동원하며, 근로기회 제공과 사회서비스 지원을 통해 지역사회와의 연대와 협력을 구현한다.

(9) 사업실행 평가의 원칙

주민들의 생활향상과 변화의 효과, 재정투자의 효과, 사업 내용 및 방법의 적합성 등이 지속적으로 평가되어야 하며, 평가 결과가 새로운 사업 수행에 환류하여 활용되도록 한다.

2) 자활사업 추진체계

자활사업의 추진을 위해서 여타의 사회복지영역과 마찬가지로 중앙정부와 지방정부 그리고 민간과 공공기관이 함께 역할을 하고 있으며, 다른 지역사회복지 현장보다 다양한 기관이 참여하고 있다. 중앙부처는 보건복지부가 주로 담당을 하지만, 자활대상자들의 취업지원의 역할은 현재 고용노동부에서 시행하고 있다.

민간영역에서는 중앙자활센터, 광역자활센터 그리고 지역자활센터가 자활사업에 대한 조사와 연구 그리고 각 지역 단위별로 역할을 나누어 자활사업을 시행하고 있다. 국민기초생활보장법의 개정으로 2019년 7월 한국자활복지개발원이 설립되어, 기존 중앙자활지원센터에서 하던 역할을 지금은 한국자활복지개발원이 수행하고 있다.

자활사업을 추진하고 있는 체계를 도표로 나타내면 다음과 같다.

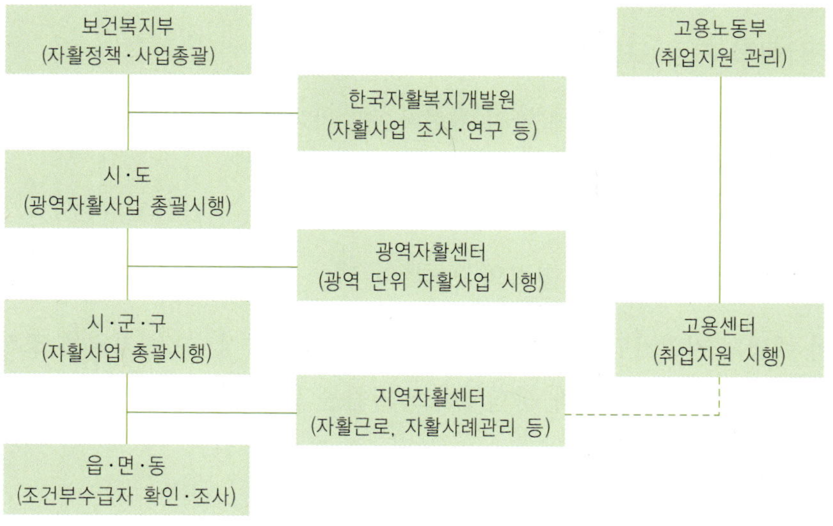

출처 : 보건복지부(2023).

그림 12.1 자활사업 추진체계

주체	역할	기능
보건복지부	• 국민기초생활보장제도 총괄 • 종합자원지원계획 수립(매년 12월) • 자활 프로그램 개발·추진 • 지역자활센터 지정·관리	자활정책·사업 총괄관리
시·도 시·군·구	• 지역자활지원계획 수립(매년 1, 2월) • 자활기금의 설치·운영 • 급여 실시 여부 및 내용결정, 지급 • 자활기관협의체 운영 • 조건부수급자 책정 및 생계급여중지 여부 결정 • 참여자자활지원계획 수립·관리	자활사업 총괄시행
읍·면·동	• 조건부수급자 확인조사(자산조사 제외)	조건부수급자 관리
중앙·광역· 지역자활센터	• 한국자활복지개발원 - 자활지원을 위한 조사·연구·교육 및 홍보사업 - 자활지원을 위한 사업의 개발 및 평가 • 광역자활센터 - 광역 단위의 저소득층에 대한 취·창업 지원 지역특화형 자활 프로그램 개발·보급 등 • 지역자활센터 - 자활의욕 고취를 위한 교육, 참여자 사례관리 - 자활을 위한 정보제공·상담·직업교육 및 취업알선 - 기타 자활을 위한 각종 사업 등	자활사업 수행
고용노동부	• 종합취업지원계획 수립(매년 12월) • 취업지원 프로그램 개발·추진	취업지원관리
고용센터	• 개인별 취업지원계획 수립·관리 • 취업알선 등 취업지원 프로그램 시행 취업대상자의 조건이행 여부 확인	취업지원 시행

출처 : 보건복지부(2023).

그림 12.2 자활사업 추진 주체별 역할

3) 지역자활센터의 대상

자활사업에 참여할 수 있는 자격은 국민기초생활보장법 제16조와 동법 시행령에 따라 조건부수급자, 자활급여특례자, 일반수급자, 급여특례가구원, 차상위자, 시설수급자가 있다(제3조, 제7조, 제8조). 이 중 자활사업에 참여해야 하는 의무참여자는 조건부수급자인데, 조건부수급자란 자활사업에 참가할 것을 조건으로 부과하여 생계급여를 지급받는 사람이며 근로능력이 있는 수급자를 말한다.

자활사업대상자 = ① 조건부수급자 + ② 자활급여특례자 + ③ 일반수급자 ④ 급여특례가구원 ⑤ 차상위자 ⑥ 시설수급자

〈의무참여자〉 〈희망참여자〉

※ 참여 우선순위: ① ▶ ② ▶ ③, ④, ⑤, ⑥

출처 : 보건복지부(2023).

그림 12.3 **자활사업 참여 대상**

- **조건부수급자** : 자활사업 참여를 조건으로 생계급여를 지급받는 수급자로, 생계급여수급권자만을 대상으로 한다.
- **자활급여특례자** : 생계·의료급여 수급자가 자활근로, 자활기업 등 자활사업 및 취업성공패키지(고용노동부)에 참가하여 발생한 소득으로 인하여, 소득인정액이 기준 중위소득의 40%를 초과한 자
- **일반수급자** : 일반 수급자 중 참여 희망자를 의미하며, 65세 이상도 본인 희망 시 참여 가능하다. 단, 정신질환자, 알코올질환자 등은 시·군·구청장의 판단하에 참여 제한 가능
- **특례수급가구의 가구원** : 의료급여특례, 이행급여특례가구의 근로능력 있는 가구원 중 자활사업 참여를 희망하는 자
- **차상위자** : 근로능력이 있고, 소득인정액이 기준 중위소득 50% 이하인 사람 중 비수급권자

• **근로능력이 있는 시설수급자** : 시설수급자 중 생계·의료급여 수급자

이와 같은 근로능력이 있는 수급자에 대하여 조건부과 및 유예를 결정하고, 확인조사 등 자활사업 대상자의 선정과 관리에 필요한 조치를 안내하게 된다. 이 과정은 다양한 자활사업 주체들 중에서 주로 읍·면·동과 자활센터, 고용센터에서 진행한다.

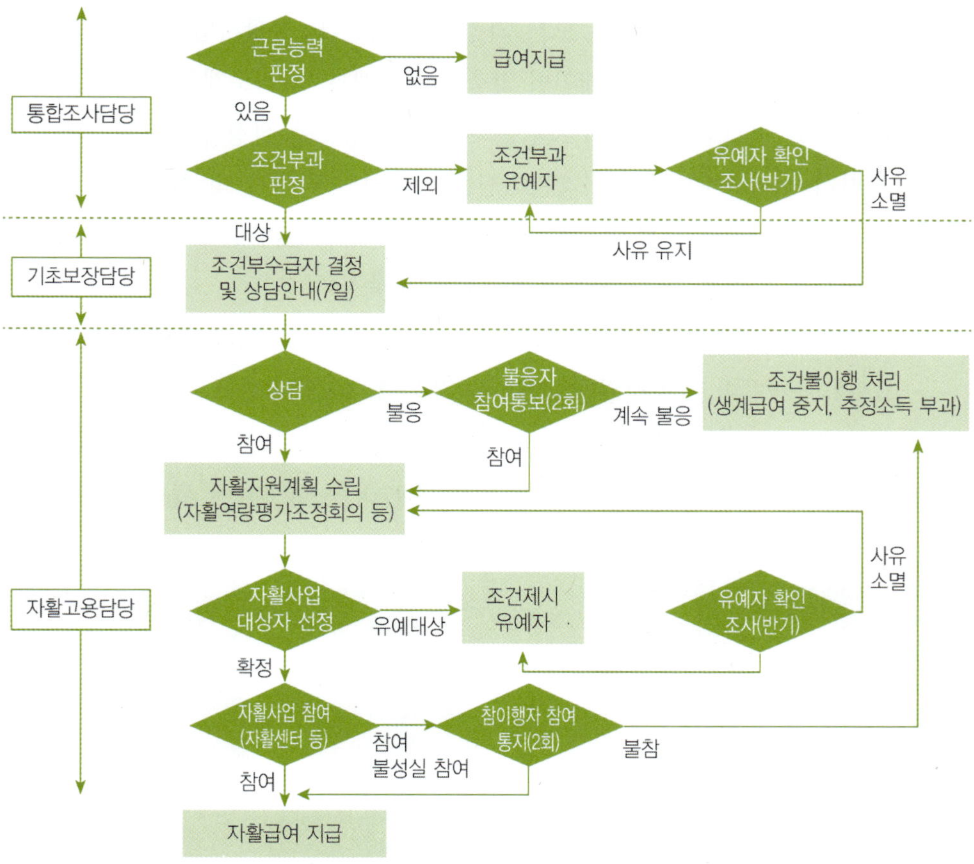

출처 : 보건복지부(2023).

그림 12.4 자활사업 참여대상자 선정 및 관리 절차

4) 사업내용

(1) 자활사례관리

① 개념

자활사례관리란 Gateway 과정을 포함하여 참여자에게 자활 프로그램 지원과 자활 프로그램 수행 모니터링 및 사후관리 등 지역자활센터에서 자활참여자의 자립을 위해 수행하는 모든 과정을 의미한다. 자활사업 참여자의 욕구, 여건, 적성, 능력에 따라 개인별 맞춤형 자립계획 및 경로계획과 적절한 자활 프로그램 연계로 효과적인 자립을 지원하는 경로를 설정하는 프로그램이다.

따라서 지역자활센터 사례관리팀은 자활사업 참여자 및 희망키움통장 대상자의 사례관리가 적정하게 수행될 수 있도록 기관의 인적·물적 자원을 효율적으로 활용해 사례관리 운영체계를 구축한다.

자활사업 참여 전 진입과정(Gateway)을 프로그램화하여 개인별 자립경로(IAP)와 개인별 자활지원계획(ISP)을 세우고, 이를 기반으로 지원을 실시한다. 이러한 자활사례관리를 통해 자활방향 수립을 지원하며, 자활을 위해 필요한 서비스 연계와 조정, 점검 및 사후관리를 실시하게 된다.

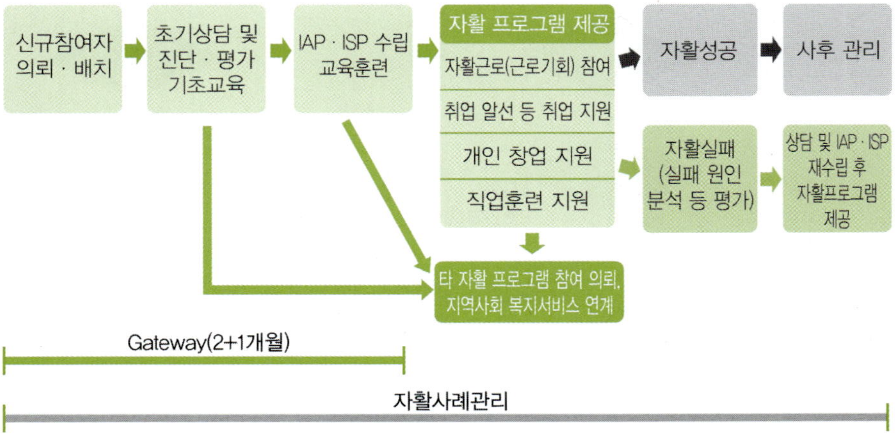

출처 : 보건복지부(2023).

그림 12.5 **자활사례관리, Gateway 업무 흐름도**

② Gateway 과정

이 과정에서는 자활사업 신규참여자와 기존 참여자 중 타 자활 프로그램 참여 후 취업에 실패하거나 기타 자활경로 재설정이 필요한 자를 대상으로 한다.

참여자 의뢰 후 2개월 이내 참여자 개인별 자립경로(IAP: Individual Action Plan) 및 자활지원계획(ISP: Individual Service Plan)을 수립하고, 각 참여자에게 적절한 자활 프로그램을 발굴하여 연계, 모니터링한다. 참여주민의 자활목표 성취율 등을 종합적으로 평가하여 이 과정을 종결하며, 참여자의 성과가 유지될 수 있도록 사후관리를 진행한다.

③ 사례회의

내부 사례회의를 통해 참여 주민에 대한 이해도를 제고하고 사례관리의 효과성을 향상시키기 위한 것으로, 자활센터장, 전담관리자, 실장 및 담당 실무자 등으로 구성된다.

월 1회 이상 내부 사례회의를 진행하며, 자활이 어려운 참여자의 경우 내부 회의를 통해 필요시 희망복지지원단, 정신건강증진센터, 중독통합관리지원센터 등으로 대상자를 의뢰한다.

또한 지역사회 내 다양한 사회복지 유관기관과의 연계, 협력을 통해 사례관리의 효율성 및 효과성을 증대하기 위해 외부 통합사례회의를 진행한다.[2)]이때 월 1회 이상 자활사례관리사 또는 Gateway 전담 관리자가 외부통합사례회의에 참석한다. 현재 전국 모든 지역자활센터에 자활사례관리사가 1인 이상 배치되어 사례관리체계가 운영되고 있다.

2) 조건부수급자 등 저소득층의 자활을 위한 사업 의뢰 및 사후관리체계를 구축하기 위해 자활기관협의체를 구성하여 상시적으로 운영하고 있다. 수급자의 자활 및 복지욕구 충족을 위한 지역사회 중심의 복지서비스 연계시스템을 마련함으로써 실질적 사례관리 체계를 구축하며, 공공·민간자원을 총체적으로 활용함을 목적으로 하고 있다. 시·군·구 기초지방자치단체장이 자활기관협의체 구성·운영 주체가 되며, 직업안정기관(고용센터), 상공회의소 및 소상공지원센터, 사회복지시설, 자활사업실시기관의 대표자들로 구성된다.

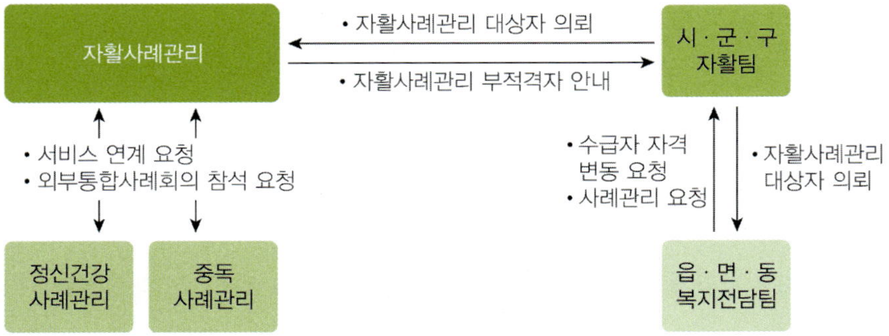

출처 : 보건복지부(2023).

그림 12.6 외부통합사례관리

(2) 자활근로사업

① 개념 및 역할

자활근로사업은 국민기초생활보장법에 의한 저소득층에게 자활을 위한 근로의 기회를 제공하여 자활기반을 조성하는 사업이다. 기존의 공공근로사업처럼 한시적인 일자리 제공이 아닌 저소득층의 자활을 촉진하기 위해 자활기업 창업 등을 위한 기초능력 배양에 중점을 두고 있다.

5대 전국표준화사업인 간병 · 집수리 · 청소 · 폐자원활용 · 음식물재활용사업을 중점으로 추진하되, 정부재정사업의 자활사업 연계 활성화 및 영농 · 도시락 · 세차 · 환경정비 등 지역 실정에 맞는 특화된 사업을 적극 개발하여 추진하고 있다. 자활사업과 연계된 정부재정사업은 정부양곡배송사업, 장애통합교육보조원, 사회취약계층 주택개보수사업, 저소득층 에너지효율개선사업 등이 있다.

② 자활근로 유형

자활근로사업은 참여자의 자활능력과 사업유형에 따라, 근로유지형, 사회서비스형, 인턴 · 도우미형, 시장진입형 자활근로사업으로 구분된다.

가. 근로유지형 : 현재 근로능력 및 자활의지를 유지하면서 향후 상위 자활사업 참여를 준비하는 형태의 사업

나. 사회서비스형 : 사회적으로 유용한 일자리 제공으로 참여자의 자활능력 개발과 의지를 고취하여 향후 시장진입을 준비하는 사업

다. 인턴·도우미형 : 지방자치단체, 지역자활센터, 사회복지시설 및 일반기업체 등에서 자활사업 대상자가 자활인턴사원으로 근로를 하면서 기술·경력을 쌓은 후 취업을 통한 자활을 도모하는 취업 유도형 자활근로사업

라. 시장진입형 : 매출액이 총 사업비의 30% 이상 발생하고, 일정 기간 내에 자활기업 창업을 통한 시장 진입을 지향하는 사업단 사업

(3) 자활기업지원

자활기업은 2인 이상의 수급자 또는 차상위자가 상호협력하여 조합 또는 사업자의 형태로 탈빈곤을 위한 자활사업을 운영하는 업체를 의미한다.

자활사업 실시기관은 시장진입형 자활근로사업의 기술향상·경험 축적 등 수행능력을 제고하고, 기존 자활기업 성공사례를 벤치마킹하여 자활기업으로 육성하고 지원한다.

지원 내용으로는 매출적립금을 활용한 창업자금 지원, 수급자 및 취약계층의 자활기업 참여를 촉진하고 경영안정화를 도모하기 위한 한시적 인건비 지원 그리고 자활을 위한 사업자금 융자와 같은 자활기금 지원 등이 있다.

(4) 자활장려금 사업

자활장려금(자활소득공제 포함) 사업은 2016년 종료되었다가 2019년 다시 도입되었다. 보충급여를 기본원리로 하고 있는 국민기초생활보장제도가 야기할 수 있는 수급자의 근로의욕 감퇴를 예방하는 차원에서, 근로소득의 일정 비율을 산정하여 자활장려금 형태로 구분하여 지원하는 제도이다. 자활소득공제 방식으로 운영되며, 생계급여 산정 시 소득인정액에서 자활소득의 30%를 공제하여 추가 지급되는 생계급여를 '자활장려금'으로 지급한다.

(5) 자산형성지원 사업

자산형성지원사업이란 자활사업에 참여하는 수급가구, 차상위계층 및 자활근로사업단 참여자의 자산형성을 할 수 있도록 재정적으로 지원하는 사업을 의미한다. 사업 대상에 따라 희망키움통장Ⅰ, 희망키움통장Ⅱ, 내일키움통장, 청년희망키움통장사업으로 구분하여 운영하고 있다. 이러한 통장 가입자들이 안정적인 저축 및 꾸준한 근로를 통해 자립·자활에 성공할 수 있도록 지역자활센터에서는 사례관리를 지원한다.

4. 향후 발전방향

자활사업은 정부와 시민사회 간의 협력을 통해 만들어진 거의 유일한 사회정책으로, 빈곤탈출을 위해 시민사회영역에서 시작된 빈민운동이 국가가 운영하는 제도 영역으로 포섭되어 시장에서 빈민들이 자립하는 것을 목표로 하는 사업이다(이수진, 2017). 지역자활센터는 근로능력이 있는 저소득 주민들이 자립할 수 있도록 경제적 활동을 지원하는 것을 목적으로 설립된 첫 지역사회복지기관이라는 점에서 의의가 크다. 지역자활센터가 설립되어 저소득 주민들의 자활을 위해 다양한 노력과 성과를 거두어 왔으며, 그동안의 과정을 바탕으로 향후 발전방향을 제시하면 다음과 같다.

첫째, 지역사회를 고려한 자활사업을 개발해야 한다.

자활사업의 많은 경우, 실적 중심의 요구로 지역을 고려하지 않고 사업을 진행하는 경우가 많다. 참여 주민들의 특성과 지역 특성에 기반한 자활사업 내용, 지역주민과 함께 하며 지역주민조직화가 기반이 되는 자활사업 진행 방식, 지역의 다양한 기관과의 네트워크를 통한 사업 운영 등이 필요하다. 어느 지역에서 자활에 성공했다는 소식을 듣고 그대로 벤치마킹하여 따라하다가 실패하는 경우가 종종 발생하였고, 지역주민과 분리되어, 주민들은 이용하지 않는 자활기업으로 창업했다가 실패하는 경우도 많았다.

따라서 근로 빈곤층과 빈곤층, 일반주민을 분리하여 생각하지 않고, 지역사회를 총체적인 하나로 바라보고 자활사업을 개발, 운영해야 할 것이다. 자활사업의 재화와 용역을 구매하는 지역주민이 얼마나 있는가에 따라 자활기업의 자립 여부는 상당한 차이를 보이며, 그러한 지역주민의 행동은 그들의 자활사업에 대한 이해에 따라 달라지기 때문이다. 이때 자활기관협의체를 기반으로 복지와 고용의 지역사회 네트워크를 활성화하는 것도 매우 중요하다.

둘째, 지역자활센터에서는 자활을 위해 시장 진입을 준비하는 참여자들의 다양한 역량을 강화해야 한다.

시장진입형 자활근로와 자활기업 등은 보호된 시장에서의 경험을 바탕으로 더 이상 보호되지 않는 일반시장으로 진입하거나 활동하는 사업이다. 따라서 특히 시장진입형 자활근로나 자활기업 자활 참여자들은 시장 환경이나 근로 환경에서 자립하기 위해 다양한 역량을 쌓아야 한다. 많은 사회적 기업이나 마을기업, 자활기업 등이 시장진입에 어려움을 겪는 이유는 아이템이 한정되어 있고 그 속에서 상호경쟁하기 때문이다(유동철·홍재봉, 2016). 또한 사업의 성공 가능성에 대한 사전조사가 충분히 이루어지지 않고 사업을 선택하여 진행하는 경우가 많아 사업이 실패하는 경우가 적지 않다(김종일, 2006). 따라서 경제적으로 자립하도록 성공 가능성이 높은 자활 프로그램을 운영하기 위해서는 지역의 특성과 시장성에 대한 철저한 조사를 바탕으로 하는 다양한 경영, 마케팅 역량을 키울 필요가 있다.

셋째, 자활사업 참여자들에게 근로유인 시스템을 개발할 필요가 있다.

자활사례관리 대상자들은 복잡하고 다양한 욕구를 가진 근로능력이 미약하거나 근로에 장애를 가진 참여자들이 많다. 집중 사례관리와 지역자활센터 내·외적으로 실질적으로 작동 가능한 사례회의 체계를 구축하여 다양한 욕구로 근로의욕이 약한 참여자들이 자활사업에 지속적으로 참여하여 자립에 자신감을 갖고 자활로 이어질 수 있도록 해야 한다.

또한 자활기업은 자활근로를 통해 창업한 조직을 말하므로, 자활 성공률의 구성 부문이기도 하고 제도적으로 봤을 때 자활 프로그램의 최종 귀착지이기도 하다(김정원 외, 2013). 그럼에도 자활기업 종사자 월평균 임금은 97만 원으로 나타나 2인 최저생계비보다 낮아, 이는 탈빈곤이라고 하기에는 한계가 많음을 보여준다. 그럼에도 정부에서는 자활기업의 숫자만을 중요시할 뿐 창업의 질과 내용에 대해 관심이 적다. 그러다 보니 이러한 자활기업에 참여할 동기요인이 없는 게 현실이다. 현재 자활 참여자들이 자활기업을 창업해야 할 제도적인 의무가 없으며, 자활근로는 금액은 적어도 안정적인 소득이 보장된다. 자활근로를 계속 참여해도 별 문제가 없는 상황에서 굳이 자활기업 창업이라는 위험부담을 지녀야 할 이유가 없는 셈이다. 결국 자활기업은 자활 프로그램의 최종 귀착지임에도 불구하고 동기유발 요소가 없어 현재는 자활사업 참여자들의 자활기업을 통한 자활 의지와 탈빈곤의 가능성이 낮을 수밖에 없는 실정이다.

넷째, 자활사업의 성과 평가의 변화가 요구된다.

자활사업에 대한 평가의 경우 제도의 명시적인 목표를 반영하는 탈수급과 취·창업에 초점을 둔 객관적 평가가 주를 이루고 있다(조준용 외, 2018). 그러나 자활사업이 단순히 취·창업을 위한 고용서비스가 아님을 잊지 말아야 할 것이다. 자활사업은 공공부조제도의 건전성을 담보하기 위한 소극적 의미를 갖는 동시에 다른 한편으로는 미취업빈곤층에게 취업 기회를 보장하고 자활의 가능성을 열어주는 적극적 의미가 있다(노대명, 2007). 실제 자활사업 참여자 중에는 자활사업에 참여하면서 근로를 하고자 하는 의지와 태도가 만들어지고 근로능력이 전문화됨에 따라 삶에 성공적인 경험이 쌓이고 미래에 대해 구체적인 모습을 그리는 상황을 종종 찾아볼 수 있다(김자옥, 2018). 이처럼 성공적인 자활사업 경험은 선순환되어 참여자의 삶에 대한 의지와 태도가 변화하는, 근로능력이 있는 저소득층의 삶이 전환되고 있는 것이다.

따라서 지역자활센터를 평가할 때 계량적 성과지표뿐 아니라, 자활참여자의 경험과 변화 그리고 이를 위한 실무자들의 노력 과정을 포함할 수 있는

질적 성과까지 포함한 평가가 이루어져야 할 것이다. 실제 사회복지서비스 관련 평가의 경우, 서울시에서는 사회복지관, 노인복지관을 대상으로 양적 평가뿐 아니라 질적 평가를 포함한 정성평가를 도입하여 운영함으로써 운영 효율성뿐 아니라 복지서비스의 질을 제고하고자 하고 있다.

다섯째, 사회복지교육의 변화·강화가 필요하다.

지역자활센터의 사업을 효과적으로 수행하고 지속적으로 변화하는 정책에 유연하게 대처하기 위해서는 사회복지교육 또한 변화·강화될 필요가 있다. 자활사업을 수행하는 현장에서는 사회경제적 구조에 대한 이해, 빈곤층에 대한 이해, 노동에 대한 관점, 근로/노동조건, 경영 등에 대한 이해가 특히 요구된다. 따라서 빈곤, 노동, 경영 등 타 학문 분야와 접점이 되는 지식에 대해서도 다양한 기회에 충분히 교육할 수 있도록 교육내용이 변화, 강화되어야 할 것이다.

참고문헌

김수영(2013). 사회운동조직의 사회복지제도화와 미시저항-지역자활센터의 사례를 중심으로, **한국사회복지학**, 65(2), 255-285.

김인숙(2006). '자활'개념의 재구성에 대한 탐색. **한국가족복지학**, 22(4), 95-129.

김자옥(2018). 자활사업 참여경험에 관한 연구. 숭실대학교 대학원 박사학위논문.

김정원·이문국·이귀진·이선민·조여은(2009). 2009년 지역자활센터 사업운영 실태 및 제도개선방안연구. 한국지역자활센터 협회 부설 자활정책연구소.

김정원·이문국·전세나(2013). 자활사업 제도개선 방안. **비판사회정책**, (38), 7-44.

노대명·이소정·김수현·유태균·이선우·손기철(2010). 자활정책에 대한 평가 및 발전방향. 서울 : 한국보건사회연구원.

보건복지부(2023). **2023년 자활사업안내**. 세종 : 보건복지부.

이수진(2017). 자활사업의 형성과 변화에 관한 연구 : 사회적 공공성의 관점에서. 고려대학교 대학원 박사학위논문.

조준용·김경휘·김자옥(2018). 자활사업 질적·양적 성과병합을 위한 성과지표 개선방안 연구. 중앙자활센터.

국가법령정보센터 http://www.law.go.kr

서울지역자활센터 협회 http://seouljahwal.or.kr

한국자활복지개발원 https://www.kdissw.or.kr/#secondPage

13 CHAPTER 자원봉사센터

오랜 옛날부터 인류 사회에는 순수하고 자발적인 인간애에 근거해서 어려움을 겪고 있는 이웃들을 돕던 아름다운 전통들이 있었다. 우리나라에도 두레, 품앗이, 계, 향약 등 상부상조의 정신을 실천하는 전통이 있었다. 오늘날 우리가 말하는 형태의 자원봉사활동은 1903년 YMCA 창립을 계기로 시작되었고, 1921년 태화기독교사회관에서 여성 계몽과 어린이 건강을 위한 봉사활동이 전개되었다. 1960년대의 적십자 운동을 통해 좀 더 체계화되었고, 1988년 서울 올림픽을 계기로 자원봉사에 대한 사회적 관심과 참여가 본격화되었다. 1991년에는 한국자원봉사연합회 창립총회를 통해 전국 최초의 전문적 민간자원봉사단체가 설립되었다. 2005년 자원봉사활동기본법의 제정으로 자원봉사[1)]의 제도적 기반이 마련되었다(구혜영, 2008 : 31-33; 이원주, 2016 : 351-352). 현재 운영되고 있는 자원봉사센터의 성격은 설립근거나 목적, 담당 부서의 성격에 따라 다양하다. 이 장에서는 자원봉사활동 기본법에 근거해 행정안전부가 주도적으로 설립하고 운용하고 있는 자원봉사센터를 중심으로 살펴보겠다.

1. 자원봉사센터의 정의 및 설립 목적과 근거

자원봉사센터는 지역사회복지 실천에서 중요한 역할을 담당하고 있는 자원봉사활동을 육성·지원·관리하기 위해서 설립된 사회복지기관이다. 자원봉사활동기본법 제3조 제4호에 따르면, '자원봉사센터'란 자원봉사활동의 개발·장려·연계·협력 등의 사업을 수행하기 위하여 법령과 조례 등에 따라

1) 자원봉사(volunteer)라는 말은 라틴어의 'voluntas(자유의지)'라는 단어에서 유래했다. 라틴어의 'voluntas'는 영어의 'will'에 해당되는 라틴어 'volo(의지)'에 어원을 두고 있는 것으로, 그 의미는 자발적인 것, 자주적·임의적 자유의지를 뜻한다(김범수·신원우, 2019 : 380).

설치된 기관·법인·단체 등을 말한다.

자원봉사센터의 설립 목적은 자원봉사활동을 체계적으로 활성화함으로써 시민(주민) 역량을 강화하고, 사회문제를 해결하며, 더불어 살아가는 공동체를 구축하고자 하는 것이다(행정안전부, 2024 : 3). 즉, 지역 주민의 자원봉사활동을 활성화하고 체계적으로 통합·관리하기 위해서 전국 시·군·구에 설치·운영하는 사회복지기관으로, 자원봉사자를 개발·육성하고, 적재적소에 배치하며, 효과적으로 자원봉사 인력을 유지·관리하는 것이다.

자원봉사센터는 자원봉사활동기본법이 제정되기 전인 1996년부터 당시 내무부의 지역종합자원봉사센터 설치·운영 지침에 근거하여 전국의 기초자치단체별로 설립되기 시작했다. 2005년 자원봉사활동 기본법이 제정되어 2006년 2월 5일부로 시행됨으로써 자원봉사센터의 법적 근거가 명확해졌다. 이에 따라 자원봉사센터는 자원봉사활동기본법 제19조와 동법 시행령 제15조에 근거하여 국가 기관 및 지방자치단체가 설치·운영하는 사회복지기관으로 자리매김하게 되었고, 기초자치단체에서는 동 법과 시행령에 위배되지 않는 범위 내에서 지역의 특성에 부합하는 자원봉사활동 지원에 관한 조례를 제·개정하여 지원하게 되었다. 자원봉사센터는 설립 목적에 맞게 민·관 협력의 기본 정신에 입각하여 법인으로 운영하거나 비영리법인에게 위탁하여 운영하는 것을 원칙으로 하고 있다(행정안전부, 2019b : 1, 7).[2)]

2. 자원봉사센터의 변천과정과 현황

자원봉사활동 기본법 시행 첫해인 2006년 기준 전국에 248개의 센터가 운영되고 있었고, 2018년에 전국 광역시·도와 시·군·구 모두에 245개 센터가 설치되었으며,[3)] 2023년에는 한국중앙자원봉사센터 등 총 246개의 지역

2) 지방자치단체에서 운영 중인 자원봉사센터의 성격은 다양하다. 센터의 설립근거나 목적, 담당 부서의 성격에 따라 달라지기 때문이다. 위탁 운영하는 민간사회복지기관으로 인식하는 경우, 공공기관으로 인식하고 지방자치단체가 직접 운영하는 경우, NGO 시민운동단체로 인식하고 운영하는 경우 등이 있다.

자원봉사센터와 한국자원봉사센터협회가 설치되어 있다.[4)]

자원봉사센터의 운영형태는 크게 세 가지로 구분하는데, 직영운영[5)]은 지방자치단체가 직접 운영하는 형태, 법인운영은 지방자치단체에서 법인을 설립하여 운영하는 형태, 위탁운영은 사회복지법인 또는 비영리법인에게 위탁하여 운영하는 형태를 말한다. 운영형태별로 구분해 살펴보면, 2023년 기준 공공기관이 직영하는 경우가 113개소(45.9%), 법인 위탁이 97개소(39.4%), 민간 위탁이 36개소(14.6%)이다. 관련 통계추이를 살펴보면, 민간 위탁운영과 직영운영이 지속적인 하락 추세를 보이는 반면 법인운영은 지속적인 증가 추세를 보이고 있다(행정안전부, 2019a : 13; 행정안전부, 2024 : 9).

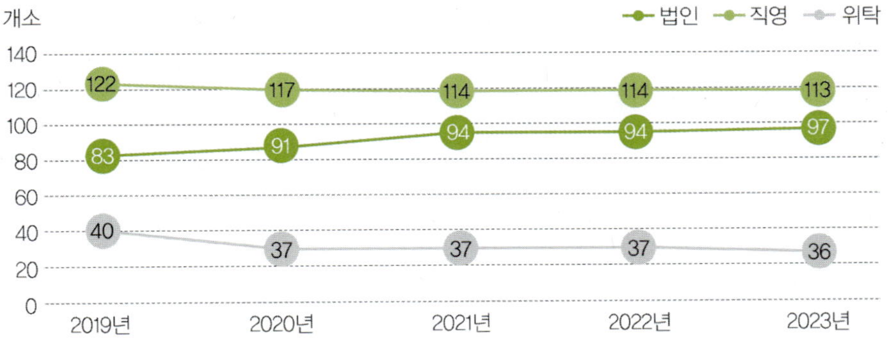

출처 : 행정안전부(2024). 자원봉사센터 현황자료집, p. 9.

그림 13.1 연도별 자원봉사센터 운영형태 변화 추이

2023년 기준으로 전국 자원봉사센터에는 공무원 160명(9%), 코디를 포함한 민간인 1,699명(91%) 등 총 1,859명의 전문인력이 근무하고 있는데, 센터당 평균 약 7.6명 정도에 불과하다(행정안전부, 2024 : 10).

전국 자원봉사센터에 투입된 총 예산은 2018년 1,201억여 원(국비·시도비

3) 행정안전부의 "2019 지방자치단체 행정구역 및 인구현황" 통계에 따르면, 2018년 12월 31일 기준으로 전국의 광역자치단체는 17개, 기초자치단체 226개, 행정시가 아닌 시(제주시와 서귀포시)가 2개로 총 245개 행정구역이 있는 것으로 나타난다(행정안전부, 2019c : 4; 행정안전부, 2024 : 8).

4) 자원봉사센터는 광역시도와 시·군·구별로 각 1개소씩 설치되므로, 자원봉사센터의 총수는 행정구역의 변화에 따라 달라질 수 있다. 한국자원봉사센터협회는 전체 자원봉사센터의 연합체 성격이다.

5) 2011년부터 수년간 지방자치단체에서 직접 운영하되 민간인을 포함하는 운영형태를 혼합직영 형태라고 하여 분리해서 집계하기도 하였지만, 지금은 직영운영 형태에 포함하여 통계를 작성하고 있다.

·시군구비·기타 등을 포함)으로 센터당 평균 약 4억 9천만 원 정도에서 2023년 1,818억여 원에 센터당 평균 약 7억 4천만 원 정도로 늘어난 것으로 나타났다(행정안전부 2019a : 13; 행정안전부, 2024 : 10).

전체 인구 대비 자원봉사자 등록률은 2018년 24.8%에서 2023년 30.1%로 소폭 증가했지만, 등록 인원 중 실제 자원봉사활동에 참여한 비율은 2018년 33.4%에서 2023년 13.5%로 급락했다. 2019년 12월 이후 전 세계에 몰아친 코로나19 팬데믹 여파로 대면 접촉이 제한되면서 줄어든 자원봉사활동 참여가 코로나19 엔데믹 이후에도 회복되지 않은 것으로 보인다. 이런 코로나 팬데믹 여파와 자원봉사센터에 등록하지 않고 자원봉사활동을 하는 사람들을 고려하더라도, 우리나라 전체 인구 중 연 1회 이상 자원봉사활동을 하는 사람의 비율은 전체 인구의 약 10% 내외에 불과한 것으로 추정된다. 자원봉사센터에 등록된 자원봉사자들의 자원봉사활동은 2018년 연 평균 7.1회(연 평균 23.1시간)에서 2023년 연 평균 8.2회(연 평균 26.8시간)으로 소폭 증가한 것으로 집계되었다(행정안전부 2019a : 21-23; 행정안전부 2024 : 4, 21).

3. 자원봉사센터의 운영 원칙 및 기능과 역할

1) 자원봉사센터 운영 원칙

자원봉사센터의 운영원칙은 민간주도성·주민주도성의 원칙, 전문성·책임성·투명성의 원칙, 중립성의 원칙 등 세 가지이다(행정안전부, 2024 : 3).

(1) 민간주도성·주민주도성의 원칙

민·관 협력의 기본 정신에 입각하여 법인으로 운영하거나 비영리법인에게 위탁하여 운영하는 것을 원칙으로 한다는 것이다. 자원봉사센터는 지역주민의 적극적 참여를 유도하여 주민의 능동적 역할과 책임의식을 조성해야 한다.

(2) 전문성·책임성·투명성의 원칙

자원봉사센터는 법령·조례에 따라 설치·운영되는 공적 기관으로 전문인력이 사업을 수행해야 하며, 지속적인 재교육을 통해 전문성을 증진해야 한다. 또한 운영과정의 투명성을 유지하고 책임을 이행하며, 센터장 선임과 조직 운영 시 관련 지침을 준수하여야 한다.

(3) 중립성의 원칙

자원봉사센터는 정치활동, 영리활동, 특정 종교활동 등에 이용되지 않게 중립성이 유지되어야 한다.

2) 자원봉사센터의 기능과 역할

지역주민들의 자발적인 참여가 활성화된다면, 자원봉사활동은 지역사회의 실정에 맞는 복지정책과 서비스를 제공하는 중요한 자원이 될 수 있고, 공공부문의 복지서비스를 보완해줄 수 있을 뿐 아니라, 공공복지의 사각지대를 해소하는 데 중요한 또 하나의 주체 역할을 수행할 수 있을 것이다. 더 나아가 지역사회 문제 해결을 통한 삶의 질 향상에 도움을 줄 뿐 아니라, 지역사회의 민주적 문제해결 능력을 향상시키고 공동체로서의 연대감을 강화하고 민관 파트너십 조성에도 도움을 줄 수 있을 것이다. 이런 자원봉사활동을 효율적으로 관리·운영하기 위해서는 조직적이고 체계적으로 일관성 있게 주도해 나갈 수 있는 체계가 확립되어 있어야 한다. 즉, 주민들의 자원봉사활동에의 접근성을 용이하게 하고 자원봉사활동을 조직화함으로써 효율적인 서비스가 행해지도록 지원·관리하는 기관이 필요한데, 그 대표적인 예가 자원봉사센터인 것이다(구혜영, 2008 : 174, 180).

자원봉사센터의 주요 기능은 자원봉사자 모집과 배치, 교육·훈련, 홍보 및 정보 제공, 인정과 보상, 프로그램 개발 등 지역사회 주민의 자원봉사활동 참여를 유도하고 관리·육성하는 데 있다. 또한 자원봉사활동의 조직화를 위한 각 센터와 지역사회 조직 간의 교류 및 연계망의 구축, 문서화된 자료를 통해 자원봉사자의 활동을 인정하고 계획을 세우는 데 도움을 주기 위한 기록과 등록의 기능도 자원봉사센터의 효율적인 기능 수행을 위해 필수적이다(김범수 외, 2015 : 222 재인용). 자원봉사센터의 핵심 기능은 자원봉사자를 직접 관리하는 기능과 자원봉사조직을 통해 간접적으로 관여하는 기능으로 대별할 수 있다. 즉, 자원봉사의 진흥, 자원봉사 희망자와 수요처의 중개, 자원봉사 활동단체의 지원, 자원봉사 활동단체 상호 간의 협의와 조정, 정부와 민간부문 간의 연계 등의 기능을 수행하는 것이다(감정기 외, 2005 : 330).

자원봉사센터는 민관협력의 바탕 위에서 주민의 자원봉사 활동을 개발·장려하는 거점 역할을 수행하고 지속적으로 관련 단체나 유관 기관 등과 연계·협력을 강화하는 역할을 수행하고 있는데, 좀 더 자세히 살펴보면 다음과 같다(이원주, 2016 : 355-356).

- 지역사회의 문제를 발굴한다.
- 자원봉사자의 유치와 지역사회와의 연계이다. 자원봉사 희망자와 수요자를 적절하게 연계하는 것이다.
- 자원봉사자에 대한 인정과 보상이다. 자원봉사의 지속성을 담보하여, 자원봉사 수요처에 지속적으로 도움을 주기 위해 보상적 프로그램을 제공해야 한다.
- 자원봉사 관련 자료 및 정보를 제공한다.

자원봉사센터 사이의 역할 중복으로 인한 혼선을 방지하고 자원봉사 활성화를 위한 체계적 업무 추진이 가능하기 위해서는 자원봉사센터의 역할을 명확히 규정할 필요가 있을 뿐 아니라 중앙센터·광역센터·기초센터 사이의 역할이 명확히 규정될 필요가 있다. 센터별 역할은 다음 표 13.1에 잘 구분되어 있다. 중앙센터는 자원봉사 정책 개발 및 연구, 중앙 단위 자원봉사기관과의 협력 구축, 자원봉사 국제교류 및 협력, 자원봉사 확산을 위한 홍보 및 문화행사를 수행하는 역할을 하며, 광역센터와 기초센터는 광역자치단체와 기초자치단체 수준에서 각각의 역할을 수행하고 있다(행정안전부, 2019b : 6; 행정안전부, 2024 : 9).

표 13.1 **중앙, 광역, 기초 센터 간 역할 구분**

중앙센터	시 · 도 자원봉사센터	시 · 군 · 구 자원봉사센터
• 자원봉사 정책 개발 및 연구 • 중앙 단위 자원봉사기관 · 단체, 기업과 협력체계 구축 • 지역 자원봉사센터 지원 및 협력 • 자원봉사 아카이브 운영 • 자원봉사 국제교류 및 협력 • 1365자원봉사포털 위탁 운영 • 자원봉사센터 행정업무 정보화 지원 • 재난 대응 및 지원체계 구축 • 자원봉사 확산을 위한 홍보 및 문화행사 • 그 밖에 자원봉사 진흥에 기여할 수 있는 사업추진	• 중앙센터 및 시 · 군 · 구 센터와 협력체계 구축 • 광역 단위 기관 · 단체, 기업과 협력 • 시 · 군 · 구 자원봉사 관리자 및 지도자 대상 교육 • 자원봉사 아카이브 운영 • 자원봉사 프로그램 개발 · 보급 • 지역 자원봉사 활성화를 위한 조사 · 연구 • 시 · 군 · 구 센터 간 정보 교류 및 사업 조정 · 지원 • 1365자원봉사포털 서비스 이용 및 회원정보 관리 · 운영 • 재난 대응 및 지원체계 구축(시 · 군 · 구 현장자원봉사센터 설치 및 운영지원 등) • 그 밖에 시 · 도 지역의 자원봉사 진흥에 기여할 수 있는 사업	• 기초단위 기관 · 단체들과의 협력체계 구축 • 읍 · 면 · 동 자원봉사자 모집 및 교육 · 홍보 • 자원봉사활동 수요처에 자원봉사자 배치 • 자원봉사 프로그램 운영 • 지역 자원봉사 및 공동체 활성화의 거점 역할 수행 • 자원봉사 관련 정보 수집 및 제공 • 1365자원봉사포털 서비스 이용 및 회원정보 관리 · 운영 • 현장자원봉사센터 설치 및 운영 • 그 밖에 시 · 군 · 구 지역의 자원봉사 진흥에 기여할 수 있는 사업

출처 : 행정안전부(2024). 2024 자원봉사센터 운영지침, p. 9.

4. 자원봉사센터의 추진체계

전국의 자원봉사센터는 중앙, 광역단체, 기초자치단체에 따라 그림 13.2와 같은 추진체계를 갖고 있다. 주무부서인 행정안전부는 관계 법령을 관리하고, 자원봉사 진흥을 위한 법정 계획으로 매 5년마다 국가기본계획을 수립하고, 국가기본계획을 구체화하는 연차별 시행계획을 매 1년 단위로 수립 · 심의하며, 자원봉사센터 운영지침을 수립하는 등의 역할을 수행한다.[6] 광역시 · 도와 시 · 군 · 구 기초자치단체는 자원봉사센터 운영을 위한 예산 지원 및 업무 협조와 지도 감독을 수행한다. 행정안전부 산하의 한국중앙자원봉사센터는 자원

6) 법에 의해 의무적으로 수립해야 하는 법정 계획으로 관계 중앙부처 및 지방자치단체의 자원봉사활동 진흥 추진시책 목표와 방향을 제시하는 범정부 종합계획이다. 2024년 현재 "자원봉사 가치확장과 참여확산, 연대와 화합으로 따뜻한 대한민국"을 주제로 자원봉사 진흥 제4차 국가기본계획(2023~2027)이 마련되어 시행되고 있으며, 이에 근거해서 기초자치단체는 매년 연차별 시행계획을 마련해야 한다.

봉사 정책 개발 관련 연구 및 조사, 광역과 기초자치단체의 자원봉사센터 지원 및 국정 현안 사업 추진을 지원하고 있으며, 광역 단위의 자원봉사센터는 광역 단위의 자원봉사 활성화 기본계획을 수립하고, 시·군·구 자원봉사센터의 업무를 지원하며, 자원봉사와 관련한 자원을 발굴한다. 시·군·구 자원봉사센터는 기초 단위의 자원봉사활동을 추진하는 자원봉사 거점 역할을 수행하며, 자원봉사자 및 수요처를 관리하고 있다. 모든 자원봉사센터는 1365자원봉사포털 시스템을 활용한다.

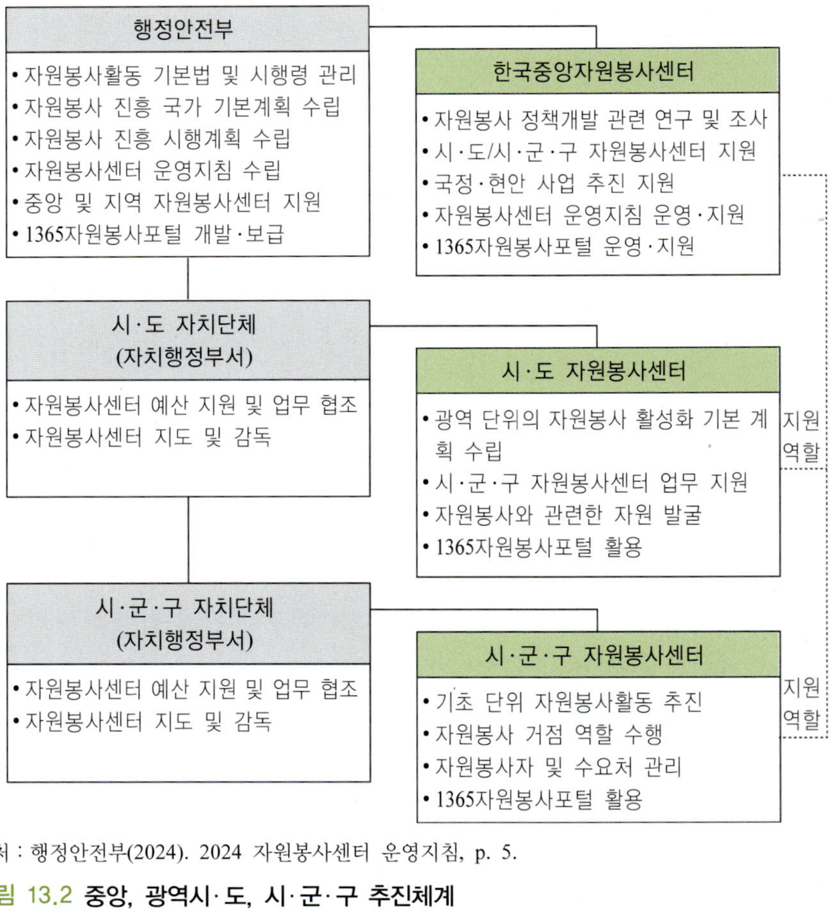

출처 : 행정안전부(2024). 2024 자원봉사센터 운영지침, p. 5.

그림 13.2 중앙, 광역시·도, 시·군·구 추진체계

더 알아보기 13-1 정부 부처별 자원봉사센터 지원체계

우리나라에서 자원봉사를 관리하고 조정하는 역할을 하는 공공부문 기구는 여러 부처로 나누어져 있다. 중앙 정부 차원에서는 행정안전부, 보건복지부, 문화체육관광부, 여성가족부 등에서 담당하고 있다. 최근까지 보건복지부가 자원봉사 업무를 담당하는 주무부처의 역할을 해왔으나, 자원봉사활동 영역이 확대되고 행정안전부 법안으로 자원봉사활동 기본법이 제정됨에 따라 주무부처가 보건복지부에서 행정안전부로 변경되었다.

각 중앙부처는 산하에 자원봉사를 담당하는 과를 두고, 개별적으로 자원봉사센터나 자원봉사 업무 담당 부서를 두고 자원봉사활동을 행정적으로 지원하고 있다. 자원봉사활동 기본법에서는 '자원봉사센터'로 통칭하고 있으나, 행정자치부는 자원봉사센터, 보건복지부는 사회복지정보센터, 여성가족부는 청소년활동진흥센터 또는 청소년 자원봉사센터라는 명칭을 쓰고 있다.

행정안전부는 자원봉사활동 기본법에 근거하여 전국 시·군·구 단위에 한국자원봉사센터협회를 포함한 246개소의 자원봉사센터를 설치·운영하고 있다.

보건복지부는 사회복지사업법 제9조에 근거하여 전국 광역시·도 단위 사회복지협의회 부설로 17개소를 설치·운영하고 있다. 1994년 사회봉사안내소를 자원봉사정보안내센터로 개칭하였다가 현재에는 사회복지정보센터로 개칭하여 운영하고 있다.

여성가족부의 경우, 1995년 여성발전기본법에 근거하여 전국 광역시·도 및 시·군·구 단위에서 여성자원활동센터를 추진해 왔는데, 조직과 구조가 없어서 담당공무원이 다른 업무와 병행해서 추진해 왔다. 자원봉사활동 기본법 제정 이후 지역종합자원봉사센터에 통합·흡수되어 운영되고 있다.

1996년 마련된 '청소년자원봉사센터 설치·운영지원 계획' 및 1997년의 청소년기본법 시행령 제4조에 의해 문화관광부를 주무 부서로 하는 청소년자원봉사센터는 전국 광역시·도 단위에 16개소가 설치·운영되었다. 정부 부처 조직 개편에 따라 2005년에는 국가청소년위원회, 2008년에는 보건복지부로, 2010년부터는 여성가족부로 주무부처가 바뀌어왔다. 청소년자원봉사센터는 2005년부터 청소년활동 진흥법 제65조에 근거하여 운영되다가 2007년부터는 청소년활동진흥센터로 명칭 및 기능이 개편되어 운영되고 있다.

시·군·구청 단위에서는 해당 부처 소속의 자원봉사 업무와 관련 있는 여러 개의 부서가 자원봉사를 담당하고 있는데, 사회과, 사회복지과, 주민생활지원과, 사회진흥과, 가정복지과, 청소년과 등 다양하다. 일부 지방자치단체에서만 독립된 자원봉사 담당 부서나 과를 두고 있다.

2005년 자원봉사활동 기본법 제정에 따라 행정안전부가 여러 중앙 부처에 산재해 있는 센터들의 행정 지원체계를 일원화하는 담당 주무부서가 되었지만, 본래 의도한 행정 일원화 체계를 아직 구축하지는 못하고 있다. 여전히 공공행정 지원체계의 중복과 비효율 등의 문제가 해결되지 않고 있는 것이다.

출처 : 김범수 외(2015). 자원봉사론(제3판), pp. 219, 224-225, 234.

5. 자원봉사센터의 조직 및 인력 구성

자원봉사센터의 조직은 자원봉사활동기본법 제19조 및 동법 시행령 제15조에 따라 구성되는데, 자원봉사센터 조직 구성 시 고려해야 할 원칙은 다음과 같다. 먼저 지방자치단체는 전체 인구, 자원봉사자의 규모 등 지역 자원봉사 환경을 고려하여 자원봉사센터의 조직을 구성하고 운영해야 하며, 지방자치단체는 필요 경비를 지원하고, 전문인력 확보 및 직원 사기진작에 필요한 적정 수준의 인건비를 지원하며, 운영형태와 무관하게 민간인을 직원으로 채용함을 원칙으로 하고, 공개경쟁 방법을 통해 채용해야 한다.

시·군·구 기초자치단체의 자원봉사센터의 기본적인 조직 구성은 그림 13.3과 같은데, 지역사회의 상황이나 각 센터의 사정에 따라 팀명과 팀 수를 조정할 수 있다. 자원봉사센터의 기본 조직은 센터장과 사무국장 아래 운영지원팀과 활동지원팀 그리고 기획/홍보팀으로 구성된다.

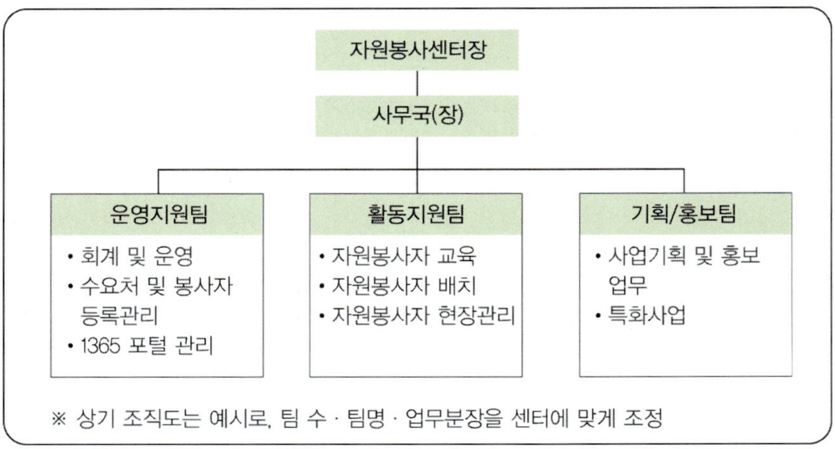

출처 : 행정안전부(2019b). 2019 자원봉사센터 운영지침, p. 17.

그림 13.3 시·군·구 자원봉사센터 조직 구성

시·군·구 기초자치단체는 지역의 자원봉사 수요에 효과적으로 대응할 수 있도록 자원봉사센터를 운영해야 하는데, 인구규모에 따라 대도시형·중

도시형·소도시형으로 구분한다. 자원봉사센터 규모별 상근인원 최저기준은 표 13.2와 같다(행정안전부, 2024 : 24).

표 13.2 시·군·구 자원봉사센터의 상근인원 최저기준

구 분	인구규모	상근인원 최저기준	비 고
소도시형	5만 미만	4명 이상	
	5만 이상 10만 미만	5명 이상	
중도시형	10만 이상 20만 미만	8명 이상	
대도시형	20만 이상 35만 미만	10명 이상	
	35만 이상 50만 미만	11명 이상	
	50만 이상	12명 이상	

비고 1) 상근인원에는 자원봉사전문요원(자원봉사 교육 코디네이터, 자원봉사 전산 코디네이터)을 포함 (이하 같음)
2) 상근인원은 전임인력으로, 공무원이 다른 사무와 겸임하는 경우 제외
출처 : 행정안전부(2024). 2024 자원봉사센터 운영지침, p. 24.

자원봉사센터 장의 자격요건은 자원봉사활동기본법 시행령 제14조 제1항 각호의 규정에 따라야 하는데,[7] 국가가 직영하는 자원봉사센터도 자격요건을 갖춘 민간인을 센터장으로 공개경쟁 방법으로 임기를 정하여 선임하여야 한다.

자원봉사센터는 민·관 협력의 기본 정신을 바탕으로 운영하여야 하므로 자원봉사센터 운영의 민주성을 제고하고 정치적 중립성 확보를 위해 운영위원회를 설치하여야 한다. 운영위원회는 자원봉사센터의 원활한 운영을 위한 정책결정기구로 자원봉사단체 대표, 수요처 대표, 사회 저명인사 등 자원봉사센터 발전에 실질적 도움을 줄 수 있는 인사를 20인 이하로 구성하되 자원봉사단체 대표를 과반수 이상으로 구성하여야 한다. 정치적 중립성을 확보하기 위해 운영위원회 대표는 민간위원 중에서 지역 자원봉사 활성화에 대한 기여도가 높은 1인을 호선으로 선출한다. 운영위원회는 센터의 사업계획 및

7) 자원봉사 관련 학과 조교수 이상의 직에 3년 이상 재직한 자, 자원봉사 관련 기관이나 센터, 사회복지기관이나 시설 등에서 자원봉사 관리업무에 5년 이상 종사한 자, 5급 이상 퇴직 공무원으로서 자원봉사 또는 사회복지업무에 3년 이상 종사한 자, 국가 및 지방자치단체에 등록된 자원봉사 관련 시민사회단체에서 임원으로 10년 이상 활동한 자 등이다.

기본적 운영에 관한 사항과 자원봉사센터 활성화를 위해 운영위원이 필요하다고 인정한 사항에 대하여 심의·의결할 수 있는 권한을 갖는다.

6. 자원봉사센터의 주요 사업 영역과 업무

자원봉사센터의 주요 사업 영역은 자원봉사 전략사업, 조직 육성 및 거점 형성, 홍보·진흥, 연계·협력, 교육 훈련, 정책 개발, 봉사자 등록·관리, 재난 대응체계 구축, 자원봉사 인정, 안전 보장 등 10개 영역으로 나누어 다양한 사업을 시행하고 있는데, 자원봉사센터가 수행하는 업무는 다음과 같다(행정안전부, 2024 : 46-60).

- **자원봉사센터 연간 운영 계획을 수립**한다. 매년 1월 말까지 당해 연도 연간 운영계획을 수립하고 이를 시·도 센터와 중앙센터와 공유하고 매년 2월 말까지 센터 홈페이지를 통해 공개하여야 한다.
- **자원봉사 전략사업을 기획·운영**해야 한다. 자원봉사센터는 자원봉사를 생활화할 수 있도록 지역 환경과 자원봉사자의 수요에 맞는 자원봉사 프로그램을 개발·보급해야 하고, 센터별 지역 실정에 부합하는 특화된 자원봉사 대표 프로그램을 개발·보급함으로써 센터 운영 활성화를 도모한다.
- **자원봉사자 대상의 교육 및 훈련을 시행**하여, 자원봉사자의 자질 향상과 자원봉사활동의 질적 발전을 도모한다.
- 「재난현장 통합자원봉사지원단 운영 매뉴얼」에 따라 **재난 대응 및 복구활동 지원** 업무를 수행한다.
- **자원봉사 종합보험을 운영**한다. 「자원봉사활동 기본법」에 근거하여 자원봉사자 보호를 위한 자원봉사자 보험에 가입하고 운영하여야 한다. 더 나아가 사고 예방을 위한 안전 교육을 실시하고, 보험에 대한 홍보 및 교육을 시행한다.

- **자원봉사 현장에서의 인권보호**를 위해 노력해야 한다. 자원봉사 현장에서 자원봉사자의 안전과 인권 존중, 인권침해 예방, 사생활 존중, 모든 형태의 성폭력 방지 및 성평등 문화 정착을 위해 노력해야 한다. 또한 센터의 자원봉사센터 관리자와 자원봉사 대상자의 인권도 보호되어야 한다.
- **자원봉사 유공자 포상 업무**를 수행한다. 국가와 자치단체는 자원봉사활동으로 국가와 사회에 기여한 공로가 뚜렷한 자원봉사자, 자원봉사단체, 자원봉사센터 등에 대해 포상을 통해 노고를 격려하고 자긍심을 고취해야 하고, 우수 사례 견학 및 우수 자원봉사자 연수 등을 통해 자원봉사활동 발전을 위해 노력해야 한다.
- **자원봉사 인정·예우 사업**을 운영한다. 이것은 자원봉사 활성화 영역(예 실비 및 활동비 지원, 봉사시간 인증 등)과 다른 것으로 자원봉사활동의 가치 증진과 감사의 표현, 동기부여라는 자원봉사 인정 본연의 목적 범위 내에서 시행해야 한다(예 감사 카드, 각종 참여 기회 제공, 봉사자 배지 등 상징물 제공, 각종 할인 쿠폰 제공, 포상 추천 등을 통한 사회적 인정).
- **자원봉사 기록을 관리**한다. 소중한 자원봉사 기록유산을 안전하게 관리하고 보존해야 하며, 자원봉사 아카이브 관리시스템에 등록하고 관리하고 있다.
- **자원봉사 홍보사업**을 수행한다.
- **자원봉사 거점[8] 관련 업무**를 수행한다.

---

8) 자원봉사센터 거점이란 자원봉사 활성화를 위한 활동의 전초기지 역할을 수행하는 곳으로, 지역공동체를 활성화하고 지역통합에 기여하는 중심 거점 역할을 하는 곳이다. 가능한 한 주민들이 접근하기 편리한 기관이나 장소(예 동 주민자치센터, 읍·면사무소, 아파트 단지, 복지시설 등)에 설치하고, 자원봉사활동 경험과 지식이 풍부한 숙련된 자원봉사자가 거점에서 활동하도록 하는 것이 좋다. 자원봉사센터는 거점에서 활동하는 자원봉사 상담가를 대상으로 거점 운영에 필요한 전문교육을 실시하여야 하며, 시·도와 시·군·구는 거점 운영에 필요한 전반적인 지원을 수행해야 한다. 자원봉사센터 거점은 지역수요를 감안하여 시·도와 시·군·구 자원봉사센터가 자율적으로 설치·운영하며 단계적으로 확대 설치해 나갈 계획이다(행정안전부, 2024 : 59-60).

7. 향후 발전방향

자원봉사는 지역사회의 다양한 니즈와 이슈들을 다루는 데 있어, 단순히 공공 서비스의 부족이나 사각지대를 해소하는 보완적인 역할만 수행하는 것이 아니다. 성숙한 민주 시민으로서 자발적으로 자원봉사활동에 참여함으로써 자신의 자아실현뿐 아니라 지역사회의 연대성과 공동체성을 회복하고 강화하는 데 크게 기여할 수 있는 의미 있는 사회복지활동이다. 이러한 지역주민의 자원봉사활동을 활성화하고 체계적으로 통합·관리하는 법정 기관이자 사회복지기관으로서 전국 시·군·구에 설치·운영되고 있는 것이 자원봉사센터이다. 하지만 이러한 설립 목적을 온전히 달성하기 위해서는 아직 여러 가지 문제와 과제가 남아있다. 여기서는 이러한 문제점을 지적하면서 향후 고려해야 할 발전방향을 제시해 보겠다.

첫째, 직영운영보다는 민간이 주도하는 운영 형태로의 전환이 필요하다.

자원봉사센터 운영지침에서는 민·관 협력의 기본정신에 입각하여 법인으로 운영하거나 비영리법인에게 위탁하는 등 민간 주도 운영을 원칙으로 하고, 직영 자원봉사센터도 자격요건을 갖춘 민간인을 센터장으로 선임해야 한다고 명확하게 규정하고 있다.

관련 통계에 따르면, 자원봉사활동 기본법 제정 당시인 2006년에는 직영운영이 151개소(60.9%)로 매우 높았는데, 이후 계속 감소하여 2023년에는 113개소(45.9%)로 많이 줄었지만 아직 가장 높은 비율을 차지하고 있다. 법인운영은 2009년 27개소로 가장 적었지만 2023년 현재 97개소(39.4%)로 급격하게 증가하고 있다. 이에 반해 민간 위탁운영은 지속적인 하락 추세를 보여 2023년 현재 36개소(14.6%)에 불과하다.

민간 전문가의 전문성을 최대한 활용하고, 민간 부문의 적극적인 역할을 제고하기 위해서는 자원봉사센터 운영 형태를 민간이 주도할 수 있는 형태로 획기적으로 전환할 필요가 있다.

둘째, 여러 행정부처에 산재해 있는 자원봉사 관리·조정 담당 부서를 통폐합하거나 관련 부서 사이의 긴밀한 네트워크를 구축할 필요가 있다.

자원봉사활동기본법 제정으로 행정안전부가 자원봉사 주무부처 역할을 맡고 있으나, 실제로 보건복지부, 문화체육관광부, 여성가족부 등에 유사 기구들이 여전히 산재되어 있다. 자원봉사 관리·업무의 책임을 명확히 하고, 행정관리상의 효율을 높이기 위해서는 유사 부서를 통폐합하거나 관련 부서 사이의 업무와 정보 관리가 원활하게 이루어질 수 있도록 명확한 네트워크 구조와 컨트롤 타워가 마련되어야 할 것이다. 이러한 현상은 지방자치단체 차원에서 더 심각하다. 각 지역의 상황을 고려하더라도 이러한 분절적 구조는 시급히 해결되어야 한다. 각 부처에 산재해 있는 유사 부서와의 연계성을 높이고 각 자원봉사센터의 효율적 운영과 통일성을 확보하기 위해서는 전담 부서 신설 등을 통해 일원화된 관리·운영 체계를 갖출 필요가 있다.

셋째, 정부의 행정적·재정적 지원을 확대하고, 상근 인력 확충 및 처우를 개선하여야 한다.

자원봉사센터에 대한 중앙정부와 지방자치단체의 지원 규정이 자원봉사활동기본법에 마련되어 있음에도 불구하고, 실제로 중앙정부와 지방자치단체의 지원은 미약한 실정이다. 부족한 재원은 자원봉사센터 상근 직원의 열악한 처우 문제, 자원봉사센터의 열악한 환경 문제, 지역사회에 적합한 프로그램을 개발하거나 시행할 여력을 가질 수 없게 하는 문제 등을 유발하고 결국 센터 고유의 역할을 수행할 수 없게 한다. 공공부문의 행정적·재정적 지원체계를 구축하고, 민·관 협력이라는 취지에 맞게 지방자치단체는 운영 지침에서 제시하고 있는 최소 상근인원과 최소 운영비 및 사업비 수준을 준수할 수 있도록 해야 한다.

넷째, 사회복지서비스 관련 환경 변화에 적절하게 대처할 수 있도록 준비해야 한다. 지역사회 중심의 복지서비스 제공의 한 주체로 참여할 수 있는 다양한 유형의 자원봉사자를 모집하고 교육해야 하며, 새롭게 부상하는 서비스 수요처를 발굴하고, 지역사회의 특성을 반영한 프로그램을 준비해야 한다.

최근 시설 중심의 복지서비스가 갖는 문제를 극복하고 정상화의 원칙에 따라 지역사회 중심의 복지서비스를 제공하려는 커뮤니티 케어가 강조되고 있고, 지역사회 차원의 공공복지서비스 전달체계도 변화하고 있다. 이러한 변화는 지역주민의 적극적 참여와 결정에 따라 지역주민이 주도하는 지역사회복지실천을 요구하기 때문에 훈련된 자원봉사자에 대한 수요도 늘어나게 될 것이다. 이런 변화가 성공하기 위해서는 공공 부문의 제도적·행정적·재정적·인적 지원이 뒷받침되어야 할 뿐 아니라 민·관 협력 원칙이 제대로 작동할 수 있는 민간 부문의 준비도 필요하다. 특히 자원봉사센터는 이러한 변화에 대응할 수 있도록 해당 지역사회의 특성을 반영한 프로그램을 개발하고, 새롭게 부상하는 서비스 수요처를 발굴해야 하며, 이런 수요처에 적합한 특화되고 훈련된 다양한 유형의 자원봉사자를 준비시켜야 할 것이다. 체계적이고 통합적인 사례관리에 참여할 수 있는 준전문가 수준의 자원봉사자는 부족한 공공서비스 자원을 보완해 줄 수 있을 뿐 아니라 서비스 수준을 향상시키고 복지 체감도와 만족도를 높일 수 있을 것이다.

다섯째, 자원봉사자에 대한 인정 방법과 사회적 보상체계를 강화하는 다양한 방안을 마련하고 제공해야 한다.

자원봉사센터가 공통적으로 제공하는 자원봉사자에 대한 인정 및 보상은 봉사시간 인정, 실비 지급과 보험 가입 수준에 불과하다. 자원봉사자들의 활동 시간을 단순히 최저임금으로 환산하더라도 매년 수천억 원의 예산을 절감하는 경제적 효과가 있을 뿐 아니라 자원봉사는 사회통합이나 공동체 회복이라는 측정할 수 없는 긍정적인 사회적 효과를 가져온다. 자원봉사활동에 대한 인정과 보상을 적절히 제공한다면, 기존 자원봉사자들의 자긍심과 만족도를 높여 지속적인 봉사활동을 하게 하고, 새로운 자원봉사자의 참여 동기를 강화할 수 있을 것이다. 전국 어디서나 봉사활동 실적이 연계될 수 있도록 하고, 어디서나 사용 가능한 활용도 높은 마일리지 적립 제도, 공영시설 이용료 감면, 선진 봉사 시설이나 지역 견학 등 우수 봉사자에 대한 포상 강화 등과 같은 다양한 방안을 고민해 보아야 한다.

여섯째, 지역사회와의 관계를 강화하고, 자원봉사활동에 대한 인식 개선 및 참여를 촉진할 수 있도록 홍보와 교육을 강화해야 한다.

자원봉사센터가 자원봉사자를 모집하고 자원봉사에 대한 사회적 인식을 개선하기 위해서는 지역사회와의 관계를 강화해야 한다. 자원봉사와 관련된 자원과 인력을 개발하고 동원하는 기반이 되는 것이 지역사회이고, 자원봉사활동이 이루어지는 곳도 지역사회이고, 자원봉사활동 서비스를 누리는 곳도 지역사회이고 지역주민이다. 자원봉사활동과 관련된 모든 활동 과정에서 지역사회의 관련 단체와 연계하고 협력하는 중심 역할을 하는 것이 자원봉사센터이다. 따라서 자원봉사센터는 지역사회와 지속적으로 교류해야 하고 다방면의 접촉을 유지해야 한다. 자원봉사활동에 대한 긍정적 인식을 함양할 수 있는 효과적인 홍보가 지속적으로 이루어져야 하고, 지역사회와 관련 있는 자원봉사활동 프로그램을 개발하고, 지역주민들이 쉽고 재미있게 참여할 수 있는 다양한 교육이 제공되어야 한다.

참고문헌

감정기 · 백종만 · 김찬우(2005). **지역사회복지론**. 경기 : 나남출판.

구혜영(2008). **자원봉사실천론**. 서울 : 신정.

김범수 · 권선진 · 손영희 · 신승연 · 이종복 · 전종숙 · 정옥희 · 정용충 · 최은숙(2015). **자원봉사론**(3판). 서울 : 학지사.

김범수 · 신원우(2019). **지역사회복지론**(제5판). 경기 : 공동체.

이원주(2016). **최신 지역사회복지론**. 경기 : 공동체.

행정안전부(2017). 2017 자원봉사센터 현황 자료집. 세종 : 행정안전부.

________(2019a). 2019 자원봉사센터 현황 자료집. 세종 : 행정안전부.

________(2019b). 2019 자원봉사센터 운영지침. 세종 : 행정안전부.

________(2019c). 2019 지방자치단체 행정구역 및 인구 현황. 세종 : 행정안전부.

________(2024). 2024 자원봉사센터 운영지침. 세종 : 행정안전부.

________(2024). 2024 자원봉사센터 현황 자료집. 세종 : 행정안전부.

14 CHAPTER 사회복지공동모금회

지역사회복지실천에서 다루는 니즈나 이슈에 효과적으로 대응하기 위해서는 유·무형의 인적·물적 자원이 반드시 필요하다. 하지만 상당한 재원을 국가 재정에서 충당하는 복지국가에서조차 지역사회복지실천을 위한 재원은 항상 부족한 실정이다. COS로 대표되는 초기 민간사회복지기관과 마찬가지로 오늘날의 민간 사회복지기관도 부족한 공적 재정지원을 보충할 수 있는 방안으로 민간기금을 모금하기 위해 노력하고 있고, 기금모금은 이제 거의 모든 민간사회복지기관의 중요한 업무의 하나로 자리 잡고 있다. 더 나아가 지역사회의 니즈나 이슈에 대해 지역주민들이 관심을 갖고 그 해결과정에 다양한 형태로 참여하게 하는 것이 지역사회복지실천에서 매우 중요한 목적이라는 점에 주목할 필요가 있다. 지역사회 구성원들의 삶의 질을 높이고 지역사회의 변화를 추구하는 데 필요한 재원을 지역주민 스스로 마련하고 배분하는 것은 중요한 지역사회복지실천의 하나이기도 하고 민간복지운동의 한 형태이기도 한 것이다. 이러한 이유로 좀 더 효율적인 민간기금 모금과 배분을 위해 설립된 대표적인 민간모금 비영리 법정단체가 바로 사회복지공동모금회이다. 이 장에서는 공동모금제도의 개념과 목적, 변천과정과 조직, 사업, 향후 발전방향에 대해 살펴보겠다.

1. 공동모금제도의 개념과 목적

우리나라의 사회복지공동모금회법 제2조에 따르면, '사회복지공동모금'이란 사회복지사업과 기타 사회복지활동의 지원에 필요한 재원을 조성하기 위하여 이 법에 의하여 기부금품을 모집하는 것으로 정의하고 있다.

공동모금은 사회 구성원들이 사랑과 배려의 정신에 근거해 나눔의 문화를 실천하고 자발적 기부문화를 정착시킴으로써 사회 구성원 모두의 삶의 질을 높이고 지역사회의 변화를 추구하며 민간복지 발전을 위한 재원을 스스로 마련하고 배분하는 민간복지운동의 한 형태로, 민간부문의 자원을 동원하는 지역사회복지실천의 하나이다. 즉, 민간주도로 민간의 기부금품을 자율적으로 모집한 후 이를 각 사회복지 단체나 시설에 배분하는 제도이다(김광희, 2015 : 417; 이원주, 2016 : 379).

공동모금제도는 민간사회복지기관에 대한 주민의 조직적이고 지속적인 참여를 구조화시키는 방법의 하나로서 지역사회 주민들이 지역사회복지 증진에 적극적으로 참여할 수 있는 기회를 제공하고, 사회복지서비스 프로그램의 전문화 및 질적 수준을 제고할 수 있게 해주지만, 공동모금의 가장 주요한 목적은 민간사회복지를 위한 재원을 조성하는 데 있다(최일섭·이현주, 2008 : 373-374). 따라서 공동모금은 지역사회의 복지욕구 충족을 위해 노력하는 민간사회복지기관을 원조하기 위해 자원봉사자들에 의해 만들어지고 운영되는 민간운동조직이라고 할 수 있다. 이러한 운동은 지역사회를 바탕으로 '모두를 위한 한 번의 기부'라는 원리를 통해 기부의 일원화를 달성하고, 모금된 기금을 보다 효율적으로 활용한다는 원칙에서 출발한다. 보다 구체적으로 공동모금이 갖고 있는 특성에 대해 대략적으로 살펴보면 다음과 같다(류기형, 1991; 최일섭·이현주, 2008 : 376-379).

① 공동모금은 봉사활동으로서의 민간운동이라는 특성을 띤다.
② 공동모금은 지역사회를 중심 기반으로 한다.
③ 공동모금은 효율성과 일원화를 특성으로 한다.
④ 공동모금은 '공표'라는 원칙에 입각한다.
⑤ 공동모금은 전국적인 협조를 도모할 수 있다.

2. 사회복지공동모금회의 변천과정과 조직

1) 변천과정

우리나라의 민간기금모금은 1951년 제정된 기부금모집금지법[1)]과 1952년 발표된 사회부장관 훈령 '후생시설 운영 요령'에서 그 기원을 찾아볼 수 있다. 6·25 전쟁 당시의 사회적 궁핍과 혼란 속에서 난립했던 기부금품의 강요로부터 국민의 재산권을 보호하고 복지시설에 대한 통제를 강화하기 위한 것이었다.

1960년대에 들어서면서 생활보호법과 아동복리법이 제정되었고, 이후 다양한 사회복지서비스 관련법이 제정되었다. 1970년에 이들 사회복지서비스 관련법의 기본법에 해당하는 사회복지사업법이 공포·시행되었는데, 사회복지사업의 범위 및 한계, 사회복지사업 조직운영에 관한 사항, 사회복지사업 종사자의 자격증 교부 및 사회복지법인과 시설에 관한 기준을 제시하고 있을 뿐 아니라, 공동모금회 설립 허용에 관한 내용을 명시하였다.

사회복지사업법을 근거로 1971년 11월 최초의 민간공동모금기구인 한국사회복지공동모금회가 설립되었다. 그러나 이 단체는 당시 오일쇼크로 인한 경제 불황과 공동모금에 대한 일반 국민의 이해 부족, 언론기관 및 각종 사회단체의 비협조 등으로 실패하게 된다. 사업 첫해인 1972년 11월 제1회 공동모금 결과 모금 계획의 2%에 불과한 2백만 원을 모금하는 데 그치면서 공동모금회는 해산 수순을 밟게 된 것이다.

최초의 민간공동모금기구인 한국사회복지공동모금회의 해산 이후, 1975

1) 보건복지부 소관인 사회복지공동모금회법과 달리, 행정안전부 소관 법률인 이 법은 기부금품의 모집절차 및 사용방법 등에 관하여 필요한 사항을 규정함으로써 성숙한 기부문화를 조성하고 건전한 기부금품 모집제도를 정착시키며, 모집된 기부금품이 적정하게 사용될 수 있게 함을 목적으로 제정된 법률이다.
기부금품모집규제법(1995년 개정), 기부금품의 모집 및 사용에 관한 법률(2006년 개정)로 개정되었으며, 2024년 1월에 기부금품 모집·사용 및 기부문화 활성화에 관한 법률로 개정되어 동년 7월 31일부터 시행되고 있다.
이전의 법률이 기부를 예외적으로 허용하는 데 반해, 최근에는 기부 활성화에 초점을 두고 있다.

년 정부 주도의 이웃돕기운동이 시작되었고, 1980년 12월 31일 사회복지사업기금법이 제정되어 정부 주도의 민간모금 및 기부가 이루어졌다. 1982년 1월부터는 한국은행에 사회복지사업기금계정을 설치해 이웃돕기운동으로 조성된 국민성금을 사회복지기금으로 편입해 운영하였다.

이러한 관 주도의 민간모금 모집과 배분 형태가 10여 년간 유지되다가, 1992년 전경련을 비롯한 민간 경제·사회단체를 중심으로 이웃돕기운동추진협의회가 새로 출범하면서 정부와 민간이 공동으로 운영하는 반관반민(半官半民) 형태의 공동모금이 이루어졌다. 그러나 1993년 감사원의 감사 결과, 일부 지방자치단체의 무리한 모금 행위와 목적 이외의 모금 사용이 밝혀지면서 사회적으로 큰 물의를 빚게 되었다. 관 주도의 공동모금은 지역주민의 욕구와 기대를 반영하지 못할 뿐 아니라 정부의 각종 선심성 사업에 악용되는 문제가 있었던 것이다.

관 주도의 사회복지사업기금의 관리 및 운영에서 나타나는 문제점을 해결하기 위한 대안으로 사회복지학계를 중심으로 민간주도의 공동모금제도 도입에 대한 논의가 1990년대 중반 이후 활발하게 전개되었지만 입법 단계에서 번번이 좌절되었다. 그러나 이러한 노력의 결과로 1997년 사회복지공동모금법이 제정되어 1998년 7월부터 시행할 예정이었지만, 시행도 하기 전에 종교계를 비롯한 일부 사회복지계의 반대에 부딪혀 1999년 사회복지공동모금회법으로 변경되었고, 1999년 4월 1일부터 시행하게 되어 오늘에 이르고 있다(박차상 외, 2015 : 337, 554-557; 사회복지공동모금회, 2003 : 38-48).

더 알아보기 14-1 공동모금제도의 유래와 변천

세계 최초의 공동모금은 1873년 영국 리버풀에서 지역 유력 인사들이 기부금 모집의 중복과 강제적 권유를 피하기 위해 처음 시행한 것에서 유래했다. 그러나 본격적인 공동모금이 이루어지고 크게 발전한 것은 1887년 미국 덴버에서 23개 자선조직협회(COS) 중에서 15개 단체가 공동모금을 실시하면서부터였다. 공동모금의 발전에는 19세기 당시 영·미를 중심으로 크게 확산되었던 자선조직협회 운동이 직접적인 영향을 끼쳤다.

민간 사회복지기관이 급증하자 자선 활동에 필요한 기금 확보가 어려워지고 경쟁도 치열해졌다. 이에 민간 사회복지기관들은 좀 더 효율적인 모금과 배분에 관심을 갖기 시작했는데, 그 방법으로 기부금을 공동으로 모금하고 분배하는 공동모금이 채택되었다. 1913년 클리블랜드에서 기부자와 모금활동가, 그리고 기금을 배분받는 기관의 자원봉사자로 구성된 '자선 및 박애연맹(Federation for Charity and Philanthropy)'이 결성되어 공동모금 캠페인을 전개한 것이 오늘날과 같은 공동모금회의 본격적인 시작이라고 할 수 있다.

제1차 세계대전 이후, 1918년 미국 로체스카에서 이러한 활동을 'Community Chest'로 명명하기 시작했고, 1949년 디트로이트에서는 'Community Fund(공동기금)'라고 부르는 공동모금 활동이 시작되기도 하였다. 1950년경에는 1,400여 개 단체들이 'United Way(공동모금회)'를 결성하여 공동모금을 실시하였다. 1960년대부터 1970년대에 걸쳐 전 세계 각지에서 다양한 단체에 의해 이루어지던 모금이 일원화되기 시작했고, 오늘날에는 일반적으로 'United Way(공동모금회)'라는 명칭을 사용하는 경향을 보이고 있다.

출처 : 김범수·신원우(2019), pp. 329, 332-333; 사회복지공동모금회(2003), p. 38; 이원주(2016), pp. 379-380.

2) 조 직

사회복지공동모금회는 사회복지법인 형태로 서울의 중앙모금회와 17개 지방자치단체에 설립된 시·도지회로 구성되어 있다. 그림 14.1은 중앙모금회의 조직 구조를 보여주고 있다. 중앙모금회의 임원은 명예회장과 회장 1인, 부회장 3인, 이사 15~20인, 감사 2인으로 구성되며, 각 임원의 임기는 3년으로 한 차례만 연임할 수 있다. 중앙모금회는 사무총장 산하에 경영지원, 전략기획, 마케팅, 자원개발, 사회공헌, 나눔사업 등 6개 사업본부를 두고 있다. 특별시와 광역시·도에 설치된 17개 사회복지공동모금회 지회는 지역 단위의 사회복지 모금사업을 관장한다.

중앙모금회의 회장은 지회의 운영 개선을 위하여 지도·감독하며, 지역의 특성에 맞게 자율적으로 운영될 수 있도록 노력해야 하며, 각 지회에서 조성한 공동모금재원은 해당 시도의 배분대상자에게 배분하는 것을 원칙으로 하고 있다.

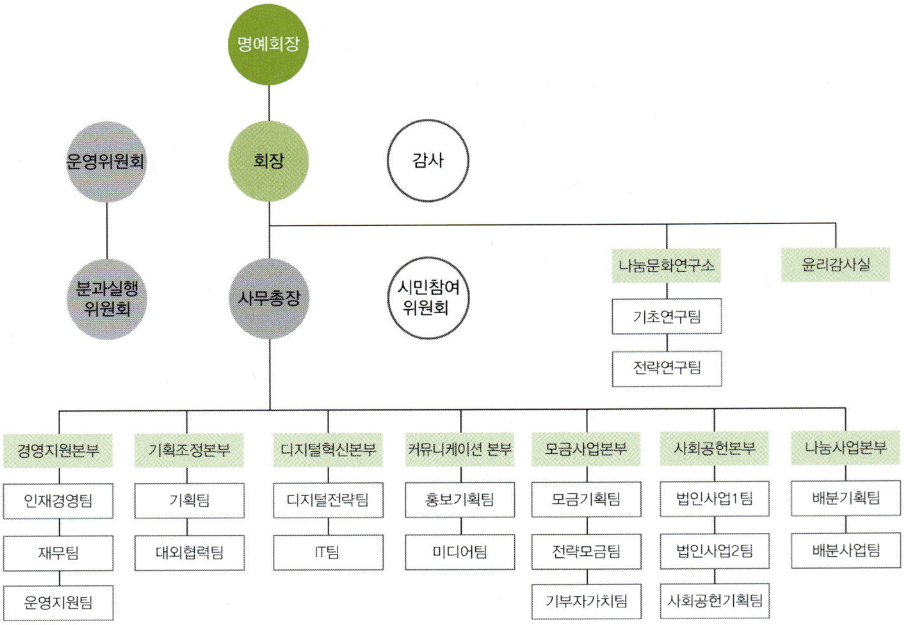

출처 : 사회복지공동모금회 홈페이지 조직도 참조(chest.or.kr, 접속일 2024년 7월 1일).

그림 14.1 사회복지공동모금회 중앙회 조직도

3. 사회복지공동모금회 기본 원칙과 사업 내용

1) 사회복지공동모금회 사업 운영의 기본 원칙

사회복지공동모금회 사업을 운영하는 데 있어 지켜야 할 기본 원칙으로는 첫째, 기부하는 자의 의사에 반하여 기부금품을 모집하면 안 된다는 **강제모금 금지의 원칙**, 둘째, 조성된 공동모금재원은 지역·단체·대상자 및 사업별로 복지수요가 공정하게 충족되도록 배분·관리·운용하여야 한다는 **모금재원의 공정배분의 원칙**, 셋째, 공동모금재원의 배분은 객관적인 기준에 따라 효율적으로 이루어져야 하고 그 결과를 공개해야 한다는 **모금재원의 공개원칙**이 있다(사회복지공동모금회법 제3조).

2) 사회복지공동모금회 사업 내용

사회복지공동모금회법 제5조에 따르면, 공동모금회는 사회복지공동모금, 재원 배분, 재원의 운용 및 관리, 공동모금에 관한 조사 연구 및 홍보와 교육 훈련, 지회의 운영, 공동모금 관련 국제교류 및 협력증진 사업, 다른 기부금품 모집자와의 협력사업, 그 밖에 모금회의 목적달성에 필요한 사업을 수행하도록 하고 있다.

공동모금회의 여러 가지 기능 중에서 가장 중요한 부분은 바로 기금조성(모금)과 배분이라고 할 수 있다. 지금부터는 공동모금회의 모금과 기부, 배분사업을 중심으로 살펴보겠다.

(1) 모금과 기부

우리나라 공동모금회는 회계연도가 시작되기 1개월 전에 매 회계연도의 사업계획 및 예산안을 보건복지부 장관에게 제출하고, 그 계획에 따라 기부금품을 모집하게 된다. 공공모금회의 기부금품 모금방법은 연중 이루어지는 연중모금과 효율적인 모금을 위하여 기간을 정하여 집중적으로 이루어지는 집중모금으로 구분할 수 있다.

집중모금은 주로 12월에 시작하여 다음 해 1월 말까지 이루어진다. 이 기간에는 모금 참여를 독려하기 위하여 모금 목표액의 1%가 모일 때마다 수은주가 1℃씩 올라가도록 하는 '사랑의 온도탑'을 서울 광화문 광장을 비롯한 17개 시·도에 설치하며, 공동모금회의 상징인 '사랑의 열매' 배지를 활용한 모금 홍보도 하고 있다. 효율적이고 공정한 기부금품 접수를 위하여 언론기관을 모금 창구로 지정하고, 지정된 언론기관 명의의 모금계좌를 설치 운영할 수도 있다.

출처 : news.naver.com

그림 14.2 사랑의 열매, 사랑의 온도탑, 익명 기부자의 아너 소사이어티 회원가입 인증패

모금에 참여하는 기부 방법은 그림 14.3에서 볼 수 있듯이 개인기부와 기업기부로 대별할 수 있는데, 기부금품을 기부하는 사람이나 기업은 배분지역이나 배분대상자 또는 사용 용도를 지정할 수 있다.

개인의 기부 형태로는 현금을 기부하는 액수와 기부 기간에 따라 '아너 소사이어티', '나눔리더', '나눔리더스클럽', '착한가정', '착한일터', '착한가게' 등으로 구분되며, 현금 이외의 자산이나 유산을 전문가의 도움을 받아 계획적으로 기부하는 '계획기부', 저금통 기부나 ARS 기부 등을 통해 일시 또는 수시로 기부하는 '일반수시기부' 등이 있다. 중고물품을 제외한 식품·의류 등의 생활용품, 상품권 등의 유가증권, 문화도서, 가전, 잡화 등을 기부하는 '현물기부' 형태로 참여할 수도 있다.

기업의 경우에는 기업사회공헌이나 현물기부를 통해 기부금품 모금에 참여할 수 있다. 기업의 사회적 책임(CSR : Corporate Social Responsibility)이 세계적으로 강조되면서 기업의 사회 공헌활동이 활발해지고 있는데, 기업의 기부 활동은 공공정책의 사각지대를 메우기도 하고, 사회적 이슈화를 통해 제도화를 이끌어 내기도 한다.

기업이 제품 수익금의 일부를 공익을 위해 기부하도록 하는 공익연계마케팅(CRM : Cause-Related Marketing) 프로그램인 '착한소비', 1억 원 이상을 기부하였거나 3년 이내 기부를 약정한 고액 기부 기업을 대상으로 하는 '나눔명문기업' 프로그램도 진행하고 있다.

이 외에도 공동모금회는 기부자의 의사를 전적으로 반영하여 기금사업을 구성하고 운영하는 맞춤형 기금사업으로 별도의 재단을 설립한 것과 같은 효과를 낼 수 있는 '기부자 맞춤기금', 유언자의 재산 전부 또는 일부를 공익 목적을 위해 비영리기관·복지단체·재단 등 유언자와 관계없는 제3자에게 기부하도록 하는 '유산기부', 이를 관리·운영하는 전문 유산기부 프로그램인 레거시 클럽, 부동산·주식·보험 등 현금 이외의 다양한 비현금성 자산을 기부하도록 하는 '희망자산나눔' 등의 기부 방법도 활용하고 있다.

• 국민의 사랑을 모읍니다.

사회복지공동모금회는 개인·단체·기업 기부자분들이 쉽고 즐겁게 나눔에 참여할 수 있도록 다양한 기부방법을 마련하고 있습니다.

개인 기부	아너 소사이어티	나눔리더	나눔리더스클럽
개인 기부	1억 원 이상 일시 또는 5년간 약정기부	1백만 원 이상 일시 또는 1년 내 약정기부	동호회, 동창회, 팬클럽 등의 단체 이름으로 1천만 원 이상 일시 또는 3년 내 약정기부
개인 기부	착한가정	착한일터	착한가게
개인 기부	부부, 자녀 등 가족 이름으로 매월 정기적으로 2만 원 이상 약정기부	매월 급여에서 약정한 기부금을 자동이체 하는 직장인 정기기부	가게 매출액의 일정액(3만 원 이상)을 정기기부
개인 기부	계획기부	일반수시기부	현물기부
개인 기부	부동산·주식·증권·보험 등 현금 이외의 자산 또는 유산을 기부할 수 있도록 전문가의 도움을 받아 방법과 용도를 계획해 기부	일시 또는 수시로 이루어지는 기부로 ARS 기부, 저금통 기부 등	식품·의류 등의 생활용품, 상품권·뮤지컬·영화관람권 등의 유가증권, 문화도서, 가전, 잡화 등을 기부(중고물품 불가)

기업 기부	기업사회공헌	현물기부	착한소비
	기업맞춤형 사회공헌 활동을 제안하고 지원	기업들이 생산·판매하는 제품을 기부	나눔명문기업
기타	기부자 맞춤기금	유산기부	희망자산나눔
	기부자의 의사에 따라 맞춤형 기금 사업 구성·운영	유언자의 재산 전부 또는 일부를 기부	부동산·주식·보험 등 현금 이외의 다양한 비현금성 자산을 기부

출처 : 사회복지공동모금회 홈페이지 참조(chest.or.kr, 접속일 2020년 2월 10일).

그림 14.3 사회복지공동모금회 기부 형태

더 알아보기 14-2 공동모금의 모금방법별 특징 비교

공동모금의 모금방법은 주요 모금대상을 "누구로 하느냐"에 따라 크게 '개별형', '기업중심형', '단체형', '특별사업형' 등 네 가지 유형으로 나눌 수 있다. 일반적으로 모든 공동모금회는 적어도 하나 이상의 모금 유형을 함께 활용하고 있다.

1. 개별형

모든 주민을 사회복지사업에 참여시킴으로써 사회복지사업에 관심을 가지고 이해를 높일 수 있는 모금 방법이다. 따라서 이 방법은 복지의식 고취와 사회복지에 대한 긍정적인 여론 형성을 통해 사회복지의 향상을 도모할 수 있다는 장점이 있다. 그러나 가가호호 방문 등을 통해 개개인에게 직접 접근하는 방법은 많은 인력과 시간이 소유된다는 문제점과 노력에 비해 모금액수가 적다는 단점이 있다. 이 방법은 대부분의 나라가 사용하는 가장 기본적인 모금 방법으로 일본과 필리핀이 이 유형에 크게 의존하고 있다.

2. 기업중심형

회사나 사업체 등과 그 노동자들을 대상으로 하는 모금형태로 상대적으로 적은 노력과 시간으로도 일시에 많은 모금을 할 수 있고, 특히 노동자에 대한 급여원천공제와 같은 모금방법을 사용할 경우 아주 간편하고 손쉽게 꾸준히 모금을 할 수 있다는 장점이 있다. 그러나 참여를 다소 강제할 수 있다는 측면이 있고, 최대한 많은 사람이 참여하도록 해야 한다는 모금활동의 특성이 손상될 수 있는 단점이 있다. 미국, 호주, 영국, 캐나다 등이 주로 활용하는 방법이다.

3. 단체형

기업중심형과 같이 재력이 있는 재단이나 협회로부터 모금하는 것으로 많은 액수의 모금을 손쉽게 할 수 있다는 장점이 있으나 많은 주민을 참여시킬 수 없다는 단점이 있다. 또한 이 모금방법은 기업중심형보다 규모도 작을 뿐 아니라 대상이 한정되어 있어 자주 활용할 수 있는 유형이 아니고, 주된 모금방법으로 사용하기 부적절하다.

4. 특별사업형

특별한 프로그램이나 이벤트를 활용해 모금하는 방법으로 개별형, 단체형, 기업중심형 등을 병행해서 모금할 수 있다. 이 방법은 걷기대회, 카니발, 음악회, 골프대회, 바자회 등의 특별 프로그램을 제공함으로써 기부자에게 흥미, 오락성 또는 반대급부 등을 제공한다는 점에서 호응도가 높고 여론형성이나 분위기 조성 등 최대의 홍보효과를 가져올 수 있다는 장점이 있다. 그러나 이러한 프로그램은 특별한 경우에 제한적으로만 활용할 수 있어 모금의 안정성을 확보하기 힘들고 사치나 낭비라는 비난을 받을 수 있고, 주민의 관심을 끌 만한 프로그램 개발이 어렵다는 단점이 있다.

출처 : 김광희(2015), pp. 434-436; 최일섭·이현주(2008), pp. 387-389.

(2) 배분

공동모금회가 모집한 기부금품은 지역사회의 다양한 복지 니즈와 이슈를 다루기 위해 활용되고 있지만 이를 충족시키기에는 항상 턱없이 부족하기 때문에 이를 어떻게 효과적으로 배분할 것인가는 매우 중요한 일이 아닐 수 없다. 따라서 공동모금회의 배분 사업은 공정하고 투명하게 진행되어야 할 뿐 아니라 합리적이고 효율적으로 진행되어야 한다.

공동모금회는 매년 8월 31일까지 공동모금재원의 배분 대상, 배분 한도액, 배분심사기준 등 공동모금재원의 배분에 필요한 사항을 공고하여야 하며(사회복지공동모금회법 제20조 제1항), 공동모금재원은 사회복지사업이나 그 밖의 사회복지활동에 사용해야 한다. 다만, 기부금품모집과 공동모금회의 관리·운영에 필요한 비용은 직전 회계연도 모금총액의 100분의 10의 범위에서 이사회의 의결을 거쳐 사용할 수 있다.

공동모금회의 배분기준에 따르면, 배분사업은 신청사업, 기획사업, 긴급지원사업, 지정기탁사업 등의 4개 분야로 나누어져 있다. 신청사업은 자유주제 공모 형태로 사회복지 증진에 도움이 되는 사업을 신청받아 심사를 거쳐 배분하는 사업이고, 기획사업은 공동모금회가 매해 지정한 주제나 배분대상자로부터 제안받은 내용 중에서 배분하는 시범적이고 전문적인 사업이며, 긴급지원사업은 재난구호 및 긴급구호, 저소득층 응급지원 등 긴급히 지원해야 할 필요가 있는 경우에 배분하는 사업이고, 지정기탁사업은 기부자가 기부금품의 배분지역이나 배분대상자 또는 사용용도를 지정한 경우 그 취지에 따라 배분하는 사업을 말한다.

표 14.1 사회복지공동모금회 배분사업(2020년)

구분	사업내용	배분규모	신청 시기	지원신청서 제출처
신청사업	사회복지 증진을 위하여 자유주제 공모 형태로 복지 사업을 신청받아 배분하는 사업 [프로그램사업 및 기능보강사업]	3,000만 원 이하 (※ 지회별로 배분 한도액 범위 내에서 조정될 수 있음)	2019년 7월	지회
기획사업	모금회가 그 주제를 정하여 배분하는 사업 또는 배분대상자로부터 제안받은 내용 중에서 선정하여 배분하는 시범적이고 전문적인 사업	별도지정	별도공고	중앙회/지회
긴급지원 사업	재난구호 및 긴급구호, 저소득층 응급지원 등 긴급히 지원해야 할 필요가 있는 경우에 배분하는 사업	별도지정	별도공고	중앙회/지회
지정기탁 사업	사회복지 증진을 위하여 기부자가 기부금품의 배분지역·배분대상자 또는 사용용도를 지정한 경우 그 지정취지에 따라 배분하는 사업	별도지정	수시	

출처 : 사회복지공동모금회(2019). 2020 배분사업 안내, p. 8.

공동모금회의 지원 사업 사례를 살펴보면 그림 14.4와 같다. 2018년의 경우 공동모금회는 '빈곤, 질병, 소외'라는 3대 아젠다를 설정하고, 이 아젠다를 실행하는 내용의 8대 지원사업을 지정해 실시하고 있다. 빈곤분야에서는 뜻하지 않은 위기로 삶의 기반이 흔들린 개인과 가정을 위해 ① 기초생계지원, ② 교육·자립 지원, ③ 주거·환경 개선 사업을 실시하며, 질병분야에서는 저소득층을 대상으로 ④ 보건·의료 지원, ⑤ 심리·정서 지원 사업을 실시하며, 소외분야에서는 어린이·장애인·노인 등의 사회적 약자를 대상으로 ⑥ 사회적 돌봄 강화, ⑦ 소통·참여 확대, ⑧ 문화격차 해소 사업을 실시하였다.

• 이웃에게 희망을 보냅니다.

사회복지공동모금회는 '빈곤·질병·소외'라는 3대 아젠다를 설정하고, 복지사각지대가 없는 대한민국을 만들기 위해 우대 지원사업을 실시하고 있습니다.

빈곤분야	질병분야	소외분야
뜻하지 않은 위기로 삶의 기반이 흔들린 개인과 가정을 위해 기초생계를 지원합니다. 낙후된 주거와 환경을 개선하고, 보다 나은 미래를 맞을 수 있도록 교육·자립의 기회도 지원하고 있습니다.	생계유지조차 어려운 저소득층에게 경제적 부담이 큰 의료비를 지원하고 있습니다. 복지 혜택이 닿지 않는 곳에서 질병으로 고통받는 분들의 신체적·정신적인 건강 회복도 돕습니다.	어린이·장애인·노인 등 돌봄이 필요한 사회적 약자들이 세상과 소통하고 사회활동에 참여하도록 돕습니다. 더불어 살아가는 사회를 위한 인식 개선 사업과 문화의 상대적 빈곤을 해소하는 체험활동도 지원합니다.
• 기초생계지원 • 교육·자립 지원 • 주거·환경 개선	• 보건·의료 지원 • 심리·정서 지원	• 사회적 돌봄 강화 • 소통·참여 확대 • 문화격차 해소

출처 : 사회복지공동모금회 홈페이지 참조(chest.or.kr, 접속일 2020년 2월 10일).

그림 14.4 사회복지공동모금회 8대 지원사업

2020년 이래 사회복지공동모금회 중앙회는 지원사업 설정에 지속가능발전목표(SDGs)를 적용하고 있다. 2024년에는 기존의 지속가능발전목표를 발전시켜 사랑의 열매만의 독자적인 16가지의 지속가능발전목표(C-SDGs)를 제시하고 각 영역별로 구체적인 지원사업을 실시하고 있다. 표 14.2는 지속가능발전목표를 적용한 사회복지공동모금회 중앙회의 지원사업을 비교하여 보여주고 있다.

표 14.2 사회복지공동모금회 중앙회 SDGs 영역별 지원사업 비교

2020년 지속가능발전목표 16개 영역	2024년 사랑의 열매만의 지속가능발전목표 16개 영역
• 경제적 빈곤퇴치 • 영양 및 급식지원/기아종식 • 신체·정서적 건강과 회복 • 교육 및 자립역량 강화 • 성평등 • 깨끗한 물과 위생 • 모두를 위한 깨끗한 에너지 • 양질의 일자리 만들기 • 적정 기술과 정보기술 격차 해소 지원	• 현금·현물 기초생계지원 • 결식예방을 위한 주·부식 및 특수식 지원 • 의료비 및 의료서비스 지원과 심리정서 지원 • 학습지원, 직업 및 창업교육, 평생교육 및 재능교육 지원 • 여성 관련 지원 • 식수 위생 관련 지원 • 재생 및 청정에너지 지원 • 고용 및 창업 관련 지원

• 사회적 배제 감소와 불평등 완화 • 지속가능한 지역사회 인프라 구축 • 지속가능한 생산과 소비 • 기후 변화와 대응 • 해양생태계 보존 • 육상생태계보호 • 사회적 약자의 권리증진	• 적정기술과 정보기술 격차 지원 • 취약계층의 여가·문화·안전·돌봄 지원 및 지역사회통합 지원 • 지역사회 및 복지시설 환경 개선/지역사회 협력 인프라 구축 • 쓰레기 감소, 리사이클링/업사이클링 관련 사업 • 기후변화 관련 각종 대응활동 • 해양생태계 보호 관련 사업 • 육상생태계 보호 • 연대와 협력, 인권옹호 등 지원

공동모금회의 지원 사업 배분 절차는 일반적으로 사업신청 공고, 사업계획서 접수, 심사, 해당 심의위원회의 심의와 승인, 선정결과 통보 및 배분금 지급과 사업관리, 사업결과보고서 제출 및 평가의 순으로 진행된다. 단, 기획사업의 경우 공고 이전에 사업주제선정이 먼저 이루어지며, 긴급지원사업의 경우에는 사업 성격상 공고 단계가 생략된다(자세한 배분기준과 사업별 배분 절차는 사회복지공동모금회 홈페이지 chest.or.kr 참고).

더 알아보기 14-3 **공동모금의 배분방법**

1. 기관분배형

사회복지시설이나 기관을 대상으로 모금액을 배분하는 방법

2. 문제 및 프로그램 배분형

지역사회의 보건 및 사회문제를 해결하기 위해 배분하거나 이를 위한 구체적인 프로그램을 위해서 배분하는 방식

3. 혼합형

'기관분배형'과 '문제 및 프로그램 배분형'이 혼합된 경우를 말하는데, 이 둘 중에 기관분배를 우선하면 '기관배분 우선형'이라 하고, 문제 및 프로그램 배분을 우선하면 '문제 및 프로그램 우선형'으로 분류

4. 지역배분형

지역 단위로 배분하는 방법으로 주로 낙후된 지역을 중심으로 배분하여 해당 지역의 특수한 문제를 해결하고 지역복지를 증진시키기 위한 방법

우리나라의 경우, 문제 및 프로그램을 대상으로 배분도 하고 지역 단위로도 배분하고 있기 때문에 혼합형의 배분 유형에 해당한다고 볼 수 있다. 각 배분 방법은 각각의 장단점이 있으므로 각 국가나 지역사회의 특성에 따라 바람직한 배분 유형이 다를 수 있다.

출처 : 최일섭·이현주(2008), pp. 390-391.

4. 향후 발전방향

우리나라의 대표적 민간모금기관인 사회복지공동모금회는 1971년 한국사회복지공동모금회가 발족된 이후 꾸준하게 발전하며 상당한 성과를 이루어왔다. 높아지는 복지욕구를 충족시키기 위한 민간 재원을 확보함으로써 우리나라 민간사회복지분야의 발전과 전문화에 기여했을 뿐 아니라, 지역사회복지에 대한 주민들의 관심과 참여를 유도함으로써 우리사회의 연대와 통합에 기여해 왔다. 또한 지역 사이의 복지재원 불균형을 시정하고, 국가복지의 한계와 사각지대 해소에 기여하기도 했다. 하지만 여전히 해결되지 않고 있는 몇 가지 문제가 계속 제기되고 있다. 여기서는 이러한 문제점을 지적하면서 향후 발전방향을 제시해 보겠다.

첫째, 모금의 다변화와 일상화가 이루어져야 한다.

여전히 우리나라의 기부참여는 OECD 국가 중에서 가장 낮은 편에 속하며, 정기적인 기부보다는 비정기적이고 일회성 기부가 다수를 차지하고 있고, 모금도 주로 연말에 이루어지는 집중 모금 기간에 이루어지고 있다. 모금 방식의 다변화와 일상화를 통해 연중 모금이 활성화되어야 하며, 정기 기부가 가능한 다양한 기부 방식을 개발할 필요가 있다.

둘째, 공동모금과 배분, 운영 전반에 있어서의 투명성과 합리성을 높일 필요가 있다.

이것은 공동모금에 대한 국민의 신뢰와 직결되는 것이다. 간혹 발생하는 공동모금회 기금 운영 비리 사건 한 건만으로도 기부에 대한 엄청난 불신을 불러와 기부 문화 확산에 치명적 장애가 되곤 한다. 공동모금회의 운영 전반에 시민의 참여를 확대함으로써 공동모금에 대한 투명성을 높이고, 기금 배분에 있어서 전문가를 비롯한 시민들의 다양한 의견을 수렴할 수 있는 시스템을 확보함으로써 배분의 합리성을 높여야 할 것이다. 더불어 선정된 사업이나 프로그램에 대한 평가도 보다 철저하게 이루어져야 할 것이다.

셋째, 공동모금회의 독립성이 보다 확보되어야 한다.

법정단체인 공동모금회가 어느 정도 국가의 복지정책 방향에 영향을 받거나 주무부서인 보건복지부의 지도·감독을 받을 수밖에 없지만, 법적인 보장을 받는 민간모금기관이라는 본질적인 정체성이 훼손되지 않도록 보다 높은 독립성을 확보할 수 있어야 할 것이다.

넷째, 지방 지회의 자율성을 높여야 한다.

현행 사회복지공동모금회의 구조가 중앙회 중심으로 이루어져 있지만, 개별 지역사회의 니즈나 이슈에 보다 빠르고 적극적으로 대응할 수 있는 것은 지방 지회일 수밖에 없다. 따라서 지방 지회가 보다 높은 자율성을 발휘할 수 있도록 공동모금회의 구조도 지역중심으로 점차적으로 변화될 필요가 있고, 지방 지회의 모금 활성화를 위한 노력도 병행되어야 할 것이다.

참고문헌

김광희(2015). **지역사회복지론**(제3판). 경기 : 공동체.

김범수 · 신원우(2019). **지역사회복지론**(제5판). 경기 : 공동체.

류기형(1991). 지역공동모금제에 관한 연구. 서울대학교 대학원 박사학위논문.

박차상 · 정상양 · 김옥희 · 강종수 · 고관용 · 정희경(2015). **한국 사회복지법 강의**(제5판). 서울 : 학지사.

사회복지공동모금회(2003). **사회복지공동모금회 5년의 발자취**. 서울 : 사회복지공동모금회.

_______________(2019). 2020 배분사업 안내. 서울 : 사회복지공동모금회.

이원주(2016). **최신 지역사회복지론**. 경기 : 공동체.

최일섭 · 이현주(2008). **지역사회복지론**(제2개정판). 서울 : 서울대학교출판부.

사회복지공동모금회 홈페이지. chest.or.kr

15 CHAPTER 지역사회복지운동

운동은 생물체에서 능동적으로 일어나는 여러 가지 움직임을 뜻한다. 이 개념을 사회에 적용한 것이 사회운동이다. 사회운동은 사회생활의 불만족스러운 조건이나 문제에 대한 해결 또는 예방과 관련된 집단적 노력(현외성, 2011 : 20)이라 할 수 있다. 과거에는 노동운동이나 농민운동 등 계급에 기반한 운동이 사회운동의 주류를 이루었으나 현대에는 다양한 부문으로 확대되고 세분화되고 있다. 환경운동, 여성운동, 청년운동, 지역운동, 주거권운동, 장애인운동, 성소수자운동, 복지운동 등이 그 예이다. 이 장에서는 지역사회복지운동을 다루고자 한다. 지역사회복지운동은 지역운동과 사회복지운동이 합쳐진 것이다. 범위와 규모에 따라 차이는 있지만 대부분의 지역운동은 특정 지역을 기반으로 지역 안에서, 그 지역 구성원을 주체로 하고 있다. 우리는 주민이나 회원 등 구성원들이 주체로 참여하여 더 좋은 지역사회를 만들어 주민들의 삶의 질을 높이는 활동을 지역사회복지운동으로 이해하고자 한다. 이 장에서는 이러한 운동 중에서 사회적 경제운동(지역화폐운동, 협동조합운동), 마을만들기운동, 주거권운동, 환경권운동에 대해 살펴보기로 하겠다.

1. 사회적 경제운동

우리는 시장경제를 중요시하는 사회에서 살고 있다. 시장경제는 이윤 추구가 목적이기 때문에 개인의 경제적 이득을 최우선으로 한다. 그 결과 개인의 부는 예전보다 더 많이 축적되었지만, 빈곤은 여전히 존재하고 있으며 소득 양극화로 인한 사회적 갈등 등 빈곤이 파생한 문제는 예전보다 더 심각해졌다. 이런 시장경제의 대안으로 나온 것이 '사회적 경제'이다. 사회적 경제는 경제적인 이익을 추구하면서도 그 이익을 만드는 과정에 직간접적으로 관여한 사람들을 우선적으로 고려하여 그들에게 이익을 나누려고 노력한다. 이윤이 생길 수 있도록 구성원들이 지속적으로 서로 협동하고 상호의존할 수 있는 구조를 만들고 그런 구조가 계속 유지되게 하는 과정에서 더 좋은 사회를 만들고자 하는 새로운 경제운동이다. 여기에서는 지역화폐운동과 협동조합운동에 대해 다루겠다.

1) 지역화폐운동

최초의 지역화폐운동은 1983년 캐나다의 코목스 밸리라는 조그마한 섬마을에서 컴퓨터 프로그래머였던 마이클 린턴(Michael Lynton)에 의해 시작된 것으로 알려져 있다. 레츠(LETS : Local Exchange and Trading System)라고도 불리는 지역화폐는 특정 지역 안에서 특정 사람들 사이에서만 사용되는 화폐이다. 화폐의 형태도 있지만 화폐가 아닌 거래장부만 있는 경우도 있다.

(1) 지역화폐운동이란?

지역화폐운동은 특정 지역에서만 통용되는 화폐를 통해 지역 자원의 지역 내 교환과 거래를 장려하고 현금이 없어 경제활동에 참여하지 못하는 주민들에게도 경제활동을 할 수 있는 기회를 제공함으로써 지역주민의 자립적인 삶을 추구하는 운동이다. 지역화폐를 통한 거래에는 학벌, 재산, 지위, 명예 따위의 세속 기준이 통용되지 않는다. 일반적인 경제 체제에서는 늘 남의 도움을 받으면서 살아야 하는 저소득층이나 취약계층 사람들에게도 다른 사람을 돕고 서비스를 제공할 수 있는 기회를 만들어 준다. 지역 내에서 거래하기 때문에 자원과 에너지의 낭비를 줄여서 지속이 가능하고 순환이 가능한 지역사회를 만드는 데 기여한다.

지역화폐의 회원들은 가입과 동시에 자기 이름으로 계좌를 개설한다. 모든 계좌는 0에서 시작하는데 계좌에 잔액이 없다고 거래를 못하는 것은 아니다. 실제로 화폐를 찍어내는 것이 아니라 거래 상대방의 계좌에 거래량만큼의 지역화폐를 기록해 주는 일이다. 모든 거래는 거래사무소를 통해 이루어진다. 사무소에서는 정기적으로 물품이나 서비스 목록을 발행하고, 회원은 이것을 보고 정해진 지역화폐 가격으로 거래를 한다. 거래가 이루어지면, 물품이나 서비스를 제공한 사람의 계좌에는 해당 금액이 자산으로 기록된다. 반면에 구매자의 계좌에는 부채로 기록된다. 이런 지역화폐를 사용한 거래는 기본적으로 신뢰를 바탕으로 한 것이기 때문에 부채가 지속적으로 늘어나는 사람은 회원 사이에서 신뢰를 잃게 되어 거래 대상에서 기피될 가능성이 높아진다.

(2) 사례 : 대전 한밭레츠

우리나라의 지역화폐운동은 1996년 녹색평론이 레츠를 소개하면서부터 시작된 것으로 알려져 있다. 이후 1998년 신과학 운동을 하는 사람들의 조직인 '미래를 내다보는 사람들의 모임'이 미래화폐라는 이름으로 지역화폐운동을 시작했고, 최근에는 전국적으로 지역화폐운동이 퍼져나가는 추세이다. 현재 전국에 약 50개의 지역화폐운동 조직이 운영 중인 것으로 파악된다. 여기에서 소개할 사례는 대전에서 통용되고 있는 '한밭레츠'이다.

한밭레츠는 대전 전 지역 내에서 통용되는 지역화폐를 통해 회원들이 노동과 물품을 거래할 수 있는 교환제도로서 자신이 보유하고 있는 노동과 물품을 이를 필요로 하는 다른 사람에게 제공하고, 자기 자신도 다른 사람으로부터 필요한 노동과 물품을 제공받을 수 있는 '다자간 품앗이' 제도이다. 2016년 한밭레츠에 가입되어 있는 회원가구는 651가구이며, 연간 거래 건수는 10,372건, 지역화폐인 '두루'와 현금 거래액을 모두 합쳐 연간 2억 7천여 만 원이 거래되고 있다.

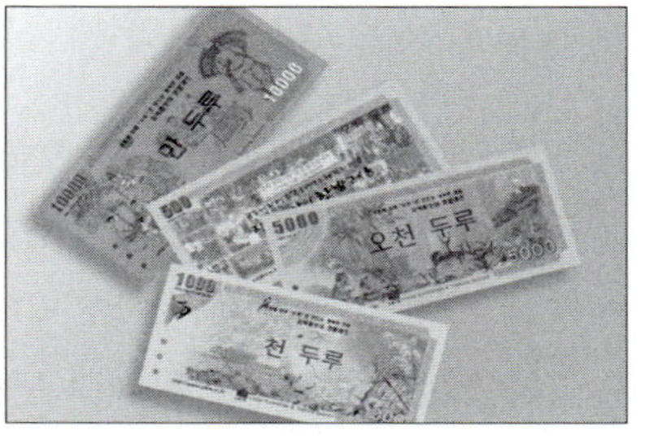

출처 : 대전 한밭레츠 홈페이지 참조(www.tjlets.or.kr, 접속일 2024년 6월 30일).

그림 15.1 지역화폐 '두루'

한밭레츠는 관리자, 품앗이 도우미, 협력두루지기, 운영위원회에 의해 운영된다. 관리자는 '두루지기'라 부르며 회원들의 활동 독려, 신입회원 교육, 품앗이 활동 관련 강의를 진행한다. 품앗이 도우미는 두루지기를 도와 만찬행사와 큰 행사 개최 시 행사 진행요원, 소식지 발간 지원 등을 담당한다. 협력두루지기는 두루지기의 업무를 지원하는데, 현재 1인이 활동하고 있다(한밭레츠, 2016).[1] 한밭레츠에서는 지역화폐인 '두루'와 현금을 함께 사용하고 있다. 전체 가격의 30% 이상을 두루로 거래해야 하며, 거래 금액의 5%는 수수료로 적립한다. 분류별 거래 현황을 살펴보면 거래 건수는 음식/식품, 농축산물, 가맹점, 의료, 교육/행사 순으로 나타나고 있으며, 거래 총액은 의료, 농산물, 음식/식품 등의 순으로 나타나고 있다.

한밭레츠는 지역 공동체운동과 지역대안경제운동을 목표로 하는 시도였다. 한밭레츠의 지역화폐인 '두루'를 매개로 정기적·비정기적 모임과 활동을 통하여 다양한 지역사회 문제의 해결과정에 참여함으로써 지역사회복지적인 함의를 이끌어 내고 지역 공동체운동으로서의 성과를 보여주고 있다.

2) 협동조합운동

국제협동조합연맹(ICA)에 따르면, 협동조합이란 "공동으로 소유하고 민주적으로 운영되는 사업 조직을 통해 공동의 사회적·경제적·문화적 욕구를 충족하기 위해 자발적으로 결성되어 자율적으로 운영되는 단체"이다. 이 자율적으로 운영되는 단체에는 기업이나 회사의 형태가 가장 많고, 작은 사업체나 생산자 혹은 소비자 조직 등도 있다. 협동조합이라고 하면 상당히 복잡하고 만들기가 어려울 것으로 생각되지만 다음의 사례는 그렇지 않다는 것을 잘 보여준다.

> A 중소기업에 다니는 직원 30명은 매일 점심때면 큰 고민에 빠집니다. 회사 규모가 작아 자체 식당이 없어서, 점심때마다 먹을 만한 식당을 찾아다니는 것이 큰 숙제이기 때문입니다. 하루는 한 직원이 제안을 했습니다. 직원들이 일정한 돈을 거두고 부족분은 회사의 지원을 받아 '직원식당협동조합'을 만들자는 내용이었습니다. 식당 장소와 장비는 회사에서 제공하고 식당

1) 이 운영 인력 외에 한밭레츠는 사업의 활성화를 위하여 운영위원회와 소식지위원회, 행사위원회가 구성되어 있다.

에서 일하는 요리사는 직원들이 직접 고용하여 운영하는 것입니다. 이러한 형태로 운영되는 사업조직, 즉 기업이 협동조합입니다. 이 식당의 투자자는 직원들입니다. 요리사는 외부에서 고용되지만 식당 경영도 직원들이 참여하고, 식사를 하는 고객도 바로 직원들입니다(이대중, 2013 : 35).

(1) 협동조합운동이란?

18세기의 산업혁명은 공장과 대량생산 체제를 가져오면서 부의 집중을 야기하였지만 다른 한편에서는 이에 대한 대안적 모델로 협동조합이 시작되는 계기를 마련하였다. 협동조합의 역사에서 빼놓을 수 없는 사람은 바로 영국의 로버트 오웬(Robert Owen, 1771~1858)이다. 산업혁명 시기에 성공한 기업가였던 오웬은 12세 미만 아동의 공장 노동을 금지시켰고, 하루 평균 근로시간도 단축시켰으며 아울러 어린이 교육과 협동조합 공동체 사업 등을 전개하였다(더 알아보기 1-2 참고). 이러한 그의 노력은 1844년 영국 로츠데일에서 최초의 협동조합인 '공정선구자조합'이 결성되어 성공적으로 운영되는 데 밑거름이 되었다. 영국의 이러한 성공은 이후 이웃 나라들로 전파되어 프랑스에서는 농민들로 구성된 생산자협동조합이, 고리대금업자의 횡포가 큰 문제였던 독일에서는 상호부조의 개념으로 도입된 신용협동조합이 처음으로 시작되었다(이대중, 2013). 스페인 바스크 지방의 작은 자치도시인 몬드라곤에서 1956년에 1개의 작은 협동조합으로 시작된 몬드라곤 협동조합은 현재 다른 나라에까지 공장을 설립하여 운영하는 등 스페인 경제의 상당 부분을 차지하고 있는 세계적으로도 유명한 성공사례이다. 한국에서는 한살림 등의 농업부문에서 시작되어 지금은 먹거리를 넘어 다양한 공산품 및 의료 등의 서비스로도 확대되는 등 시민사회 영역에서 다양한 형태의 협동조합들이 조직되어 운영되고 있다. 한편 2012년 12월에 협동조합기본법이 시행되면서 5인 이상만 되면 출자금에 상관없이 협동조합을 설립할 수 있게 되어[2] 협동

2) 협동조합을 설립하고자 하는 때에는 5인 이상의 조합원 자격을 가진 자가 발기인이 되어 정관을 작성하고 창립총회의 의결을 거친 후 주된 사무소의 소재지를 관할하는 시·도지사에게 신고하여야 한다(협동조합기본법 제15조 제1항).

조합에 대한 관심이 증대되었다.

협동조합은 조합원들이 공동으로 출자하고 참여하여 소유하고 운영되는 조직으로 소유자와 경영자, 사용자가 동일한 것이 큰 특징이다. 그리고 1주 1표의 의결권을 부여하여 주식을 많이 보유할수록 의결권이 커지는 주식회사와는 달리, 출자금을 낸 모든 조합원들이면 출자금의 액수와 상관없이 누구나 똑같이 한 표씩을 행사하는, 1인 1표제의 평등한 의결권을 행사한다.

한편 국제협동조합연맹(ICA)은 1995년에 '협동조합 7대 원칙'을 발표하여 운영의 원칙을 분명히 하였다. 일곱 가지의 원칙은 다음과 같다.

1원칙 : 자발적이고 개방적인 조합원 제도
2원칙 : 조합원에 의한 민주적 관리
3원칙 : 조합원의 경제적 참여
4원칙 : 자율과 독립
5원칙 : 교육, 훈련 및 정보 제공
6원칙 : 협동조합 간의 협동
7원칙 : 지역사회에 대한 기여

협동조합의 유형은 기준에 따라 매우 다양하다. 첫째, 참여하는 조합원의 역할에 따라, 생산자협동조합과 소비자협동조합으로 나눌 수 있다. 생산자협동조합은 생산자가, 소비자협동조합은 소비자가 조합원이 된다. 미국의 선키스트와 한국의 서울우유 등이 생산자협동조합의 사례이고, 소비자협동조합으로는 '한살림'과 'iCOOP생협'이 대표적인 사례이다. 둘째, 조합원의 구성에 따라서도 크게 두 가지로 구분되는데 직원들이 조합원으로 참여하는 직원협동조합과 조합원들이 외부로부터 직원을 채용하는 일반협동조합이 있다. 앞서 예로 들었던 직원식당협동조합 사례는 일반협동조합에 속한다. 최근 들어 이 두 형태의 조합 외에 새로운 형태의 조합도 늘고 있는데 다중이해관계협동조합과 사업자협동조합이 그것이다. 다중이해관계협동조합은 조합원이 소비자나 직원 등 개인 차원뿐 아니라 법인이나 회사, 지역단체 등의 조직 차원 등 다양한 계층과 소속의 조합원들이 참여하는 협동조합인데 의료생활협동조합이 대표적이다. 사업자협동조합은 슈퍼마켓이나 카센터, 개인택시 등의 사업자나 기업이 조합원으로 참여하는 형태를 말한다. 마지막으로 협동조합은 설립목적에 따라 일반적인 사업을 하는 일반협동조합과 공익적인 사업을 우선적으로 수행하는 사회적협동조합으로 구분할 수 있다. 국내 1호 사회적협동조합은 '행복도시락'[3)]이다.

(2) 사례 : 클린광산사회적협동조합

클린광산사회적협동조합은 광주광역시 광산구 관내 청소를 대행하던 미화업체 소속 미화원 16명이 출자해 탄생했다. 이 미화업체는 사정으로 폐업을 결정했고, 미화원들은 일자리를 잃을 처지였다. 이에 미화원들은 협동조합에 눈을 돌리게 되었고, 미화원들이 협동조합 설립 의사를 밝히자, 광산구는 2012년 11월부터 협동조합에 대한 제반 정보를 제공하고, 설립 절차를 지원했다. 미화원들이 직접 협동조합을 만들어 청소 대행에 나선 것은 전국 최초의 사례로, 이 협동조합은 설립 1년 만에 조합원들의 급여가 20% 오르고 샤워실, 휴게실 등 복지시설과 제대로 된 안전장구 등이 확충되었다. 이에 따라 작업 능률이 올랐고 그 결과 주민들의 청소 행정 만족도도 상승했다.

이 사례는 일석삼조의 효과가 있다는 평가를 받고 있다. 먼저 환경미화원들에게는 회사의 주인이자 직원으로 일하는 협동조합을 설립하여 안정적인 일자리가 생겼고, 구청에는 항상 잡음이 많았던 환경미화용역을 투명하게 집행할 수 있게 된 것이다. 그리고 무엇보다 지역주민은 안정적인 환경미화 서비스를 제공하는 협동조합이 생겨 한층 개선된 공공서비스를 받을 수 있게 된 것이다.

---

3) '행복도시락'은 결식아동과 저소득층 노인에게 무료 급식을 제공할 목적으로 설립된 공익적 성격의 협동조합이다. 행복도시락 사회적협동조합에서는 식자재 공동구매, 공공기관 도시락 납품 등의 수익사업을 병행하며, 실업 해소를 위해 취약계층을 조리원과 배달원으로 고용하고 있다. 한 가지 특색은 대기업(SK 행복나눔재단)이 조합원으로 참여하여 재정적인 지원을 수행하는 새로운 형태의 사회공헌 모델을 제시한 것이다. 따라서 '행복도시락'은 사업이자 동시에 다중이해관계협동조합으로도 볼 수 있다(이대중, 2013).

미화원들은 노동문제에 정통한 변호사를 이사장으로 선임했다. 조합을 투명하게 운영하고, 혹시 발생할 수도 있는 조합원 간 갈등을 공정하게 해결하기 위해서였다. 다른 경제주체와의 시장경쟁에서 살아남아야 하는 과제가 남아있지만[4] 2016년에도 다음과 같이 3명의 환경미화원과 운전 및 수거를 할 직원을 공개 채용하는 등 공공성과 책임성을 다하는 협동조합으로 발전하고 있다.

클린광산사회적협동조합

공개경쟁채용 공고

모집부문	근무형태	자격요건
환경미화원(3명) 생활폐기물 수집 운반업 (운전 및 수거)	주 5일 근무 (06 : 00~15 : 00)	• 성별 제한 없음 • 만 20세 이상~만 59세 이하 • 광주광역시거주자

- 접수기간 : 2016. 10. 13.~10. 17.(09시~18시)
- 접수처 : 광산구 상무대로 507-6(우산동)
  ☎ (062) 951-8444
- 접수방법 : 직접 방문접수 및 우편접수
- 제출서류 및 양식, 구체적인 내용은 다음카페와 사랑방홈페이지 참조

출처 : 클린광산사회적협동조합 카페 참조(http://cafe.daum.net/cleangs1214, 접속일 2024년 6월 30일).

그림 15.2 클린광산사회적협동조합 채용 공고

2. 마을만들기운동

우리는 마을에서 살고 있다. 사전적 의미에서 마을이란 '여러 집이 모여 사는 곳'을 나타내는 우리말이지만 실제 생활에서 마을은 사람들이 모여 살게 되면서 자연적으로 서로를 잘 알고 지내는 지리적 공간으로 쉽게 이해된다. 최근 들어 지역이라는 말과 함께 마을이라는 말을 많이 사용하고 있는

4) 클린광산협동조합은 지방자치단체인 광산구청의 사업을 위탁받아 수행하고 있어서 상대적으로 안정적인 사업기반에서 출발하였다. 이것은 사업의 지속성을 저해할 수 있는 요소이다. 따라서 지방자치단체 외, 예를 들면 지역 내 다른 협동조합의 사업장이나 건물 등에 대해서 환경미화사업을 병행하여 추진할 필요가 있다(이대중, 2013).

추세인데, 이것은 마을이라는 단어에서 사람들이 따뜻함과 정 같은 공동체성을 더 많이 느끼기 때문이다. 지역사회복지에서 추구하는 지역 공동체나 좋은 지역사회 만들기 등이 마을만들기운동이라는 이름으로 진행되고 있는 것도 같은 맥락에서 이해할 수 있겠다.

1) 마을만들기운동이란?

앞에서 우리는 지역운동의 핵심 요소로 주체, 즉 지역주민의 노력, 참여를 들었다. 마을만들기운동에서 집중적으로 살펴보고자 하는 부분도 바로 마을만들기운동에서의 주민의 참여와 노력이다. 즉, 주민이 주도하여 만들어 가는 마을만들기운동이다. 그렇다면 마을만들기운동은 무슨 마을을 만들자는 운동일까? 그것 역시 마을만들기운동의 주체인 주민들이 의논하고 합의하여 결정해야 한다. 누군가가 일방적으로 지정해 놓고 주민들은 비자발적으로 따른다면 그 결과가 아무리 좋아도 그것을 운동이라고 보기 어렵다. 그리고 그 결과물은 오래가지 못한다. 주민들이 결정하였다면 살고 있는 마을 앞에 마을을 꾸며주는 단어를 붙이면 될 것이다. '행복한 마을', '떠나고 싶지 않은 마을', '재미난 마을', '예술이 숨 쉬는 마을', '인정이 넘치는 마을' 등이 그 예이다. 따라서 이 책에서는 마을만들기운동을 '**지역주민이 주체가 되어 마을의 공동체성을 회복하고 마을의 고유한 특성과 문화를 만들어 가는 것**'으로 정의하겠다. 마을만들기운동이 성공하기 위해서는 지역주민의 참여와 주도적인 역할이 중요하다. 그리고 무엇보다 지역주민 간의 협력이 필요한데 협력을 위해서는 서로 간의 신뢰와 존중이 있어야 한다. 나와 함께 '좋은 지역사회'를 만들어 가는 좋은 이웃에 대한 존중과 서로에 대한 배려가 있을 때 협력이 이루어져 좋은 마을을 만들 수 있다.

현재는 마을만들기운동에 지방자치단체가 지원하고 있는데 이 과정에서 운동보다는 사업의 형태로 변화된 경우도 있다. 2012년 서울시는 '서울시마을 공동체지원센터'를 개소하였고 이후 전국 대부분의 지방자치단체가 마을지원센터를 설립하였다. 이렇게 공공이 지원하면서 마을만들기 활동이 체계를 잡고 확대된 이면에는, 주민의 자발성이 떨어지는 것을 경계하는 목소리도 점점 높아지고 있다. 공공지원 공모사업이 마을의 다양성을 이해하지 못하여 결국 마을을 획일적으로 만들 수도 있다는 지적이다. 공공이 정해놓은 틀과 기준에 맞추어야 하는 심사과정에서 탈락되는 마을도 생기고 그 결과 마을과 마을을 경쟁시키고 분열시킨다는 비판에 귀 기울일 필요가 있다. 이에 정부지원 공모사업에 참여하기보다는 마을끼리 머리를 맞대고 협동과 연대를 모색하는 경우도 있다(정기석, 2016).

한편 마을만들기사업 결과 낙후된 도시지역이 예술, 문화 등의 특성 있는 마을로 변화하였지만 기득권과 경제 논리의 힘을 감당하지 못하여 결국, 원주민이나 먼저 이주해 온 사람들이 버티지 못하고 떠나게 되는 젠트리피케이션(gentrification)의 문제가 발생하는 점도 새로운 문제점으로 떠오르고 있다.

더 알아보기 15-1 **젠트리피케이션**

젠트리피케이션(gentrification)은 1964년 영국의 사회학자 루스 글래스가 처음 사용한 개념이다. 신사 계급을 뜻하는 '젠트리'에서 파생된 말로 구도심이 번성해 중산층 이상의 사람들이 몰리는 현상을 의미한다. 그러나 그 이면에는 임대료가 오르고 임대료를 감당하지 못하는 원주민이 자기 지역 밖으로 내몰리는 현상까지도 포함한다. 과거 조용한 한옥마을이었던 경복궁 인근의 삼청동, 북촌, 서촌은 2010년 이후 젊은 예술가들의 활동지로 주목받으며 많은 사람들이 찾는 곳으로 변모되었는데 그 결과 임대료 상승으로 마을만들기 초창기에 노력하였던 사람들이 이 지역을 떠나기도 하였다.

2) 사례 : 서울 한복판의 공동체 마을, 성미산마을

마을만들기의 원조라고 할 수 있는 대표적 사례로 서울의 성미산마을을 꼽을 수 있다. 성미산마을은 서울 마포구의 성산동, 서교동, 망원동, 연남동 주변 마을을 지칭하며, 이 마을의 중심부에 66m 높이의 작은 동산인 성미산('성산'으로도 불린다)이 있다. 2001년 서울시와 마포구의 성미산 개발 계획에 대한 마을 주민들과 외부 단체의 반대운동 과정에서 성미산마을이라는 이름이 생기게 되었다. 성미산마을 주민들은 성미산마을을 '크고 작은 동아리의 네트워크'로 이해하고 있는데 70여 개의 동아리와 단체, 마을기업, 협동조합[5]들이 활동하고 있다. 성미산마을이 형성되었던 과정을 간단히 설명하면 다음과 같다.

(1) 시작(1994~2000) : 공동육아 공동체

성미산마을은 1994년 대안 어린이집 형태인 '공동육아협동조합 우리어린이집'을 만들면서 시작되었다. 이듬해인 1995년에 두 번째 어린이집인 '날으는 어린이집'이 개원하였고 이후, '도토리 방과 후 어린이집(1997년)', '풀잎새 방과 후 어린이집(1999년)'이 개원하였다. 2000년에 이 네 개의 협동조합 어린이집 조합원을 중심으로 '마포두레생협'을 시작하면서 새로운 조직을 구성하게 된다.

(2) 성미산 지키기(2001~2003년) : 마을 공동체의식 강화

2001년 서울시가 성미산 개발 계획을 발표하고 산을 없애고자 벌목 등을 시작하였다. 이에 마을 주민들의 조직적인 반대운동이 일어났다. '마포두레

5) 카페 '작은나무(협동조합)', 성미산장애인 공동체에서 장애인을 고용하여 운영하고 있는 협동조합 '더치커피', '울림두레생협(전마포두레생협)', 100여 명의 주민들이 출자하여 운영 중인 친환경 마을 식당 '성미산밥상'과 반찬가게 '동네부엌', 재활용 가게인 '되살림가게(지역화폐 두루 통용)' 그리고 마을금고로 주민들에게 대출을 해주고 있는 '성미산 대동계' 등의 다양한 조직과 마을기업들이 활동하고 있다.

생협'이 반대운동에 중심적 역할을 하였고, 이 활동이 외부로 알려지면서 '성미산마을'이라는 이름이 생겨나게 되었다. 주민들이 돌아가며 밤을 새워 성미산을 지켰고 부상을 당하는 주민들도 생겼지만 이 과정을 통해 주민들은 자신이 '마을 사람'이라는 의식을 갖게 되었다. 2003년 성미산 개발 계획이 백지화되면서 마을 사람들은 마을의 주인의식과 함께 자신감이 고취되었고, 이후 다양한 주민 동아리가 조직되고 커뮤니티 활동이 활성화되어 갔다.

(3) 마을의 확대(2003~2010년)

2002년에 최초의 마을기업으로 불리는 반찬가게 '동네부엌'이 만들어지고, 2004년에는 '차병원협동조합(카센터)'이, 그리고 12년제 비인가 대안학교인 '성미산학교'가 만들어졌다. 또한 성미산마을극장 '나루'가 시민단체 네 군데(환경정의, 녹색교통, 여성민우회, 함께하는 시민행동)의 이주와 함께 설립되면서 마을주민들의 상시적 문화 발표 공간으로 활용되고 있다.

(4) 전환 모색(2011~현재)

마을로 이주하는 주민들이 많아지면서 도심 속 주거문제를 해결하고자 공동주택(co-housing) 개념의 공동체주택들이 만들어져서 '소통이 있어 행복한 주택 만들기(소행주)' 1, 2, 3, 4호를 분양했고, 나아가 독립생활자(독신자)들의 공동주택도 건립하여 각자의 공간을 가지고 함께 살아가고 있다.

마을 주민들이 주도하여 절기나 계절별로 마을 축제 등의 다양한 마을 행사[6]를 벌이며 살고 있는 성미산마을 사람들은 현재는 성미산마을을 넘어 이웃 마을의 공동체 사업 등을 지원하고 있다. 다양해진 마을 구성원과 이들 사이의 연결망이 복잡해지면서 주민들의 마을살이에 대한 피로감이 높아지는 등 새로운 문제점도 나타나고 있지만 성미산마을 사람들은 오늘도 지속가능한 마을을 위한 실험을 이어가고 있다.

---

6) 현재 성미산마을의 주요 마을 행사로는 2월 : 지신밟기, 3월 : 나무심기, 5월 : 마을 축제, 9월 : 성인식, 10월 : 마을 운동회, 11월 : 동아리축제, 12월 : 반백잔치/하소연대회 등이 열리고 있다.

3. 주거권운동

쾌적한 생활공간도 인간다운 삶을 살기 위해 꼭 필요하고, 이것을 요구하는 것은 인간의 당연한 권리여서 '주거는 인권이다'라는 구호까지 생겨났다. 특히 집은 주민이 살아가는 데 가장 기본적인 공간이기 때문에 지역사회복지의 핵심 요소라고 할 수 있다. 그럼에도 불구하고 국내에서 집은 경제적 재화, 특히 재산증식의 도구로 사용되는 등 공공 영역이기보다는 민간의 시장 영역에서 다루어져 왔다. 그러나 주거권은 헌법과 법률이 보장하고 있는 권리[7]이므로, 주거권운동은 바로 그 헌법적 권리를 보장받기 위한 운동이다. 이미 1948년 세계인권선언문에도 채택될 만큼 유럽을 포함한 많은 국가들에서는 주거권을 중요시해 왔다. 특히 영국에서는 주거문제가 1942년 베버리지보고서에서 영국 사회가 해결해야 할 5대 악 중의 하나로 '불결'이 채택될 만큼 매우 중요한 문제로 다루어졌다. 여기에는 19세기 후반 빈민들의 주거환경 개선에 선구자적 노력을 하였던 옥타비아 힐(Octavia Hill, 1838~1912)의 기여가 매우 컸다. 그녀의 가장 큰 헌신은 공공임대주택 건설을 통해 주거복지 수준을 한 단계 높인 것이다. 그뿐만 아니라 1915년 글래스고우에서 일어난 집세 인상 반대운동은 영국의 지역사회행동 모델의 대표적 사례가 되었다. 이 운동의 결과로 집세제한법(Rent Restriction Act)이 만들어졌고 전국실업노동자운동이 지역사회를 거점으로 활발해졌으며, 이후 지역사회센터의 설립을 촉진시켰다(김종일, 2006 : 52). 이런 의미에서 집에 대한 권리를 주장하는 것은 지역사회복지 실천에서 매우 중요하다.

---

7) 국가는 주택개발정책 등을 통하여 모든 국민이 쾌적한 주거생활을 할 수 있도록 노력해야 한다(헌법 제35조 제3항). 또한 주택법에는 국가 및 지방자치단체는 주택정책을 수립, 시행할 때는 ① 국민이 쾌적하고 살기 좋은 주거생활을 할 수 있도록 할 것, ② 주택시장의 원활한 기능 발휘와 주택산업의 건전한 발전을 꾀할 수 있도록 할 것, ③ 주택이 공평하고 효율적으로 공급되며 쾌적하고 안전하게 관리될 수 있도록 할 것, ④ 국민주택 규모의 주택이 저소득자·무주택자 등 주거복지 차원에서 지원이 필요한 계층에게 우선적으로 공급될 수 있도록 해야 한다고 국가와 지방자치단체의 의무를 규정해 놓았다.

더 알아보기 15-2 영국 주거복지의 선구자, 옥타비아 힐

옥타비아 힐(Octavia Hill, 1838~1912)

옥타비아 힐은 1838년 영국 케임브리지셔의 위스베치에서 태어났다. 그녀의 아버지 제임스 힐은 협동조합의 아버지로 불리는 로버트 오웬(Owen)을 추종했던 개혁적인 사람으로, 오웬의 사상을 전파하기 위해 지역 최초 신문인 「동쪽의 별(the Star in the East)」을 발간하기도 했다. 한편 옥타비아의 외조부는 공리주의 사상을 집대성한 제러미 벤담의 친구이자 영국의 '위생개혁의 아버지'로 알려져 있는 사람이다. 그는 빈민에게 적절한 주거환경을 만들어 주자는 캠페인을 벌였는데, 옥타비아는 이것에 큰 영향을 받았다. 13살이 되던 해인 1851년, 런던으로 이사 온 옥타비아는 처절한 도시 빈곤을 목격하게 되었고, 성인이 되어선 기독교 사회주의 계열의 활동가가 되었다. 그녀는 1865년 대표적 빈곤 지역이었던 런던 중서부 매럴러번 지역에 방 6개가 딸린 통나무집 3채를 매입, 깨끗하게 수선하여 빈민 가정에 임대하였다. 개인의 습관 변화도 중요하게 보았던 그녀는 임차인 가정들이 임대료 납부일에 정확하게 납부하는 것이 중요함을 강조하였고 꼬박꼬박 세입자 가정을 방문하였다. 이를 통해 가장의 음주 습관, 부부관계, 아이들의 모습 등을 관찰하였고 대화를 통해 그들이 겪고 있는 문제의 해결에 도움을 주기로 했다. 임대인의 권한을 이용해 세입자들에게 삶의 의지를 북돋고, 세입자끼리 협동하여 공동체의식이 향상되도록 노력하였다. 이후 낙후된 주거시설을 더 많이 매입하였고 이곳에 마을회의, 저축클럽, 연극활동 등과 같은 공동체적 문화시설을 확충하면서 빈곤에 찌든 지역을 평화롭고 조화로운 지역 공동체로 바꾸었다. 한편 그녀는 공유지보존운동에도 관심이 커 1893년 내셔널 트러스트 창립에도 참여하였다. 이러한 그녀의 노력은 주거권이 인간다운 생활을 할 기본권 중 하나가 되고 이러한 인식이 확산되는 데 크게 기여하였으며, 나아가 영국이 복지국가가 되는 데에도 이바지하였다.

출처 : 이창곤(2014). 복지국가를 만든 사람들. 서울 : 인간과복지.

1) 주거권운동이란?

국토교통부의 발표에 따르면 한국의 주택보급률은 2022년 기준 102.1%이다. 주택보급률이란 주택의 수를 가구 수로 나누어서 산출한 값으로 주택보급률이 100%를 넘는 것은 가구 수에 비해 주택이 많음을 뜻한다. 한국은

2008년부터 100% 시대에 접어들었다. 그러나 주거 현실은 차갑기만 하다. 건축한 지 20년이 넘은 주택 비중이 44%를 차지하는 주택의 질적인 문제는 둘째치더라도 높은 집값으로 인해 50%가 넘는 사람들이 전세나 월세로 살아가게 하고 있다(전국의 자가 비율은 57%). 자기 소유의 집을 가지고 있는 경우에도 대다수가 금융권의 대출을 통해 구입하였고, 매달 원금과 이자 등을 은행에 갚고 있다. 이것마저 버거워하는 계층이 많아져 '하우스 푸어(house poor)',[8] '렌트 푸어(rent poor)'[9]에 이어 '깡통 주택'[10]이라는 용어까지 등장했다.

한국 사회에서 주거권운동과 관련하여 자주 사용되었던 용어는 '철거'와 '강제 이주'이다. 공업화와 도시화의 과정에서, 이 두 용어는 한국 사회의 주거권 박탈 현상을 잘 나타낸다. 이때마다 당사자들의 저항이 있었다.

주거권이 '모든 국민들이 쾌적한 주거공간에서 살 수 있는 권리'라고 할 때 주거권운동이란 쾌적한 주거공간에서 살 수 있는 권리를 보장받지 못하거나 침해받았을 때 그 권리에 대해 행동하는 것이라고 할 수 있다.

더 알아보기 15-3 한국 주거권운동의 역사

한국의 주거권운동의 역사는 일제 강점기와 한국전쟁을 거쳐 1960년대부터 현재까지 이어져 오고 있는 경제개발 과정에서 침해받아 온 가난한 사람들의 주거권의 역사와 함께한다. 공업화로 인한 농촌의 이농현상과 이에 따른 도시화는 도시 빈민층을 증대시켰고, 가족들이 살 집을 얻지 못한 이들은 무허가 정착지를 만들어 살게 되었다.[11] 노동력의 필요

8) 하우스 푸어는 비싼 집에 사는 가난한 사람들이라는 뜻으로 최근 서울과 수도권을 중심으로 무리하게 대출을 받아서 집을 샀다가 대출이자와 빚에 짓눌려 힘겹게 살고 있는 사람들을 말한다. 이 경우 은행권의 대출 이자 금리가 올라가게 되면 파산 등의 심각한 경제 위기가 오게 된다. 이 용어는 2010년대 초반부터 많이 사용되었는데, 2020년대로 넘어오면서는 대출은 물론이고 '영혼까지 끌어모아 투자하는 사람들'을 의미하는 '영끌족'이라는 용어가 많이 사용되고 있다.

9) 하우스 푸어에 빗댄 말로 전세나 월세로 살아가는 사람들이 치솟는 임대비용을 감당하는 데 소득의 상당액을 지출해 저축이나 문화적 생활 등을 할 여력이 없는 사람들을 렌트 푸어라고 한다.

10) 집값이 빈 깡통처럼 되었다는 의미로, 전세를 내준 집값이 전세금과 대출금 합계를 밑도는 주택을 말한다. 이것은 주로 집값이 하락하여 생기는데, 전세를 준 집을 판 후 세입자에게 전세금을 돌려주고 나면 남은 돈이 적거나 없어서 은행 대출금을 갚지 못하게 된다.

11) 정부의 주택정책 부재 속에서 공업화정책으로 서울로 유입된 노동자 계층은 하천, 임야, 제방 등 주거지로서는 부적절한 부지에 정착하며 도시빈민이라는 계층을 형성하기 시작하였다. 1960년대 중반까지 정부는 무허가 정착지에 대한 별다른 정책을 가지고 있지 않았다.

에 따라 이를 암묵적으로 인정하였던 정부는 도심재개발과 도시환경정비정책이라는 명분 아래 폭력적으로 강제 철거와 강제 이주를 실시하였다. 주거권운동은 이에 대한 도시 빈민들의 집단적 저항의 맥락에서 살펴보아야 한다. 이러한 맥락에서 경기도 광주대단지 사태는 주거권운동의 시발점이라고 볼 수 있다. 이후 청계천 철거 등을 겪으면서 당시 민주화운동에 참여했던 종교계 및 학생운동권 출신 인사들이 체계적이고 조직적으로 빈민지역에서 주민조직화 사업을 시작하였다. 이러한 사업의 성과로 경기도 시흥시의 '복음자리'와 같은 철거민들의 자조적인 공동체마을이 형성되기도 하였다.

88 서울 올림픽을 대비하기 위한 도시 정비와 1987년 6월 민주항쟁에서의 철거민들의 격렬하고도 조직적인 운동의 결과는 1989년 정부가 19만 호 영구임대 주택 정책을 도입하는 중요한 계기가 되었으며, 재개발지역의 세입자 대책도 이주비에서 방 한 칸 입주권을 거쳐 사업구역 내 공공임대주택 건립으로 발전하게 만들었다. 그러면서 '주거권'이라는 개념이 확산되기 시작하였고 저소득층의 주거문제에서 전 국민을 대상으로 하는 주거의 권리가 사회적인 관심사로 떠오르게 되었다.[12] 1990년대에 들어서면서 그동안 각종 개발지역에서 쫓겨난 가난한 사람들이 도시 외곽을 중심으로 비닐하우스촌[13]을 형성하며 새로운 무허가 정착지를 만들었고, 1997년 IMF 경제위기 이후 급속도로 증가한 노숙인, 쪽방 거주자의 문제도 사회적인 문제로 대두되었다. 이러한 현상은 여전히 사회적인 약자인 저소득층의 주거문제에 대한 근본적인 해결책이 미비하다는 것을 보여주는 사례이다. 이에 종교계, 학계, 주거권운동단체, 시민단체(NGO) 등이 협력하여 법과 제도 개선에 나서, '도시재정비 촉진을 위한 특별법(2006)', '주거기본법(2015)' 제정운동이 전개되어 일정 정도의 성과를 거두기도 하였다. 2009년 1월 겨울철에 시도된 서울시의 강제 철거와 이에 저항하는 세입자 간의 충돌에서 발생한 화재사건으로 6명이 사망한 용산사건은 지금까지도 해결되지 않은 상태로 이어져 오고 있으며 이 사건을 계기로 제정운동이 있었던 '강제퇴거금지법' 제정운동이 있었으나 국회에 계류되다가 자동 폐기되었다.[14]

출처 : 서종균(2011). 주거권 운동의 역사와 과제. 도시와 빈곤, 90. 한국도시연구소.

---

12) 1990년대에 들어와서도 각종 재개발사업은 계속 진행되었는데 재개발사업에서의 갈등은 세입자 대책으로 공공임대주택 공급이 제도화되었지만 여전히 철거 이후 공공임대주택이 완료되기까지 '임시거주시설' 문제와 공공임대주택에 입주하지 못하는 '미해당자' 문제가 주요 쟁점이 되며 철거투쟁은 지속된다.

13) 2017년 봄, 서울 강남의 유일한 비닐하우스촌으로 남아 있는 구룡마을에 화재사건이 나기도 했다.

14) '강제퇴거금지법'에는 불법적인 철거, 퇴거 현장에서의 폭력행위 금지 및 위반 시 형사처벌 조항 신설, 국가인권위원회에서 권고한 퇴거 금지 시기(일출 전과 일몰 후, 공휴일, 겨울철, 악천후) 명시, 원주민의 '재정착 권리' 개념을 도입하여 원주민이 개발사업 시행 전과 동등한 수준으로 거주하거나 일할 수 있도록 하는 것 등이 주요 골자이다.

2) 사례 : 민달팽이 유니온

도시 빈민층과 시민들의 노력으로 현재 주거권에 대한 개념이 정립되었으나 주거는 사회적 권리라는 인식이 더 확대될 필요가 있다. 이러한 노력과 함께 한국에서는 새로운 주거 문화에 대한 실험들이 이어지고 있다. 대학생이나 청년층의 거주문제와 노년층의 소득문제를 동시에 해결하고자 하는 '셰어 하우스' 실험이나 각 가정의 독립된 생활을 보장하면서도 공동 거실이나 주방, 창고 등을 공유할 수 있도록 설계된 '공동체 주택' 등이 그것이다. 1인 가구를 위한 공동체 주택도 있고, 협동조합주택도 등장하였다. '민달팽이 유니온'은 이러한 새로운 주거권운동의 대표적인 사례이다.

민달팽이 유니온은 사회경제적 불평등으로 새롭게 주거취약계층으로 대두된 청년층의 당사자 연대로 비영리 주거모델을 실현하고, 제도 개선을 실천해 '청년주거권 보장'과 '주거불평등 완화'에 기여하는 것을 목적으로 2011년에 설립되어, 2024년 현재에도 활동하고 있는 청년단체이다. 설립 초기에는 반찬 만들기, 이사 품앗이, 제습제 공동구매 등 주로 회원 중심의 모임을 하다가 대학 기숙사 실태 조사 후 비용이 높은 민자 기숙사 방식이 아닌 대학의 예산으로 직접 건립하여 직영하는 기숙사 건립을 촉구하는 등 주거권 보장을 위한 활동을 활발하게 전개하고 있다. 이 과정에서 청년주거의 안정화와 보편적 주거권 보장을 위해서는 대안모델이 필요함을 깨닫고, 협동조합의 형식을 통해 대안적 주택을 직접 공급하여 주거문제를 해결하기 위해 2014년에 민달팽이 주택협동조합을 조직, 지금까지 공유형 사회주택 달팽이집을 제공하고 있다.

민달팽이 주택협동조합은 조합원이 주거 공동체를 이루어 살아갈 수 있는 '사회적 주택'의 공급 및 관리를 맡으며, 민달팽이 주택협동조합의 조합원은 조합의 서비스를 공동 이용하고 조합을 함께 소유하고 있다. 현재 협동조합에서는 민달팽이 주택 공급과 중개 서비스, 그리고 룸메이트 매칭 프로그램을 주요 사업으로 실시하고 있다. 2023년에는 사회적으로 큰 파장을 일으켰던 전세사기 피해 사망자를 추모하는 사업과 전세사기 및 깡통전세 문제 해결을 위한 시민사회대책위원회 출범에 앞장섰다. 이후 '깡통전세 방지법' 개정안 발의와 관련 특별법 제정을 촉구하는 등 피해대책 연대 활동을 이어오고 있다.

4. 환경권운동

집 문제와 마찬가지로 지역사회에서 살아가는 주민들의 건강과 안녕에 중요하고 치명적인 이슈 중 하나가 환경이슈이다. 환경이슈는 사회복지와는 거리가 먼 것처럼 느껴질 수 있으나 최근 전 지구적 기후변화에 따라 긴 겨울과 더운 여름을 몇 차례 보내면서 '에너지빈곤층'에 대한 관심이 많아지기 시작했다. 그뿐 아니라 가뭄이 나면 물을 공급받아야만 하는 지역, 4대강 공사로 인해서 생계를 잃어버린 지역, 핵폐기물 저장소로 인해 생명에 위협을 느끼는 지역 등 환경과 관련한 지역사회의 위험이 갈수록 늘어가고 있다. 2011년 일본 동북부 바다에서 일어난 강력한 해일로 인해 인근 해안지역인 후쿠시마에 있던 원자력발전소에서는 방사성 물질이 유출되는 참사가 발생하였다, 그 결과 상당수의 지역 주민들이 목숨과 삶의 터전을 잃어버리는 등 지역사회가 사실상 붕괴되는 현상을 보기도 하였다.

환경에 대한 문제는 한 개인이나 조직, 한 국가만이 노력해서 될 일이 아니기 때문에 국제적 연대가 그 무엇보다 필요하다. 그래서 1972년 6월 스톡홀름의 국제연합 인간환경회의[15)]에서 채택된 환경원칙 제1항에 "인간은 품위 있고 행복한 생활을 가능하게 하는 환경 속에서 자유·평등과 충족할 만한 수준의 생활을 향유할 기본적 권리를 가진다"고 명시해 환경권이 인간의 기본적 권리임을 선언하였고 동시에 환경에 대한 고려 없는 경제개발은 낭비적이고 지속불가능하다고 선언하면서 이를 위해 각국이 노력할 것을 피력하였다. 그러나 주요 환경 오염국으로 지목된 미국을 비롯하여 선진국의 개선 노력은 매우 미흡한 실정이다.

---

15) UN은 이날을 기념하여 해마다 6월 5일을 '세계 환경의 날'로 지정하였다.

1) 환경권운동이란?

환경권은 인간답게 살기 위해서는 건강하고 쾌적한 환경 속에서 살아야 한다는 권리이다. 따라서 환경권운동은 환경 침해에 대한 거부도 포함한다. 우리나라 헌법에서는 '모든 국민은 건강하고 쾌적한 환경에서 생활할 권리를 가지며, 국가와 국민은 환경보전을 위하여 노력하여야 한다(헌법 제35조)'고 규정하고 있다. 이것은 원칙적으로 환경오염에 반대할 수 있을 뿐 아니라 지금 당장은 환경오염이 없어도 앞으로 그 위험성이 예상되는 경우에도 거부할 수 있음을 의미한다. 아울러 현세대의 후속세대에 대한 책임감도 부여하는 개념이다.

환경이 전 세계적 이슈로 등장하면서 전통적으로 환경보호를 위해 노력하였던 단체들이 새롭게 조명받고 있다. 국제 환경 NGO 단체인 그린피스를 포함하여 한국의 녹색연합, 환경운동연합 등이 함께 연대하며 환경정의를 실천하고 있다. 이런 단체들 외에 주민들에 의한 환경권지킴운동도 상당수 있다. 특히 한국은 많은 국민들이 반대했음에도 불구하고 정부가 주도하여 실시한 '4대강 정비사업'으로 인한 심각한 환경오염 후유증이 도처에서 보고되고 있는 상황이라 환경권운동에 대한 관심이 매우 높다. 정부 주도의 환경보호운동이 계몽성으로 진행되다가 시민주도의 사회운동화된 것은 반핵·반공해 운동에서부터라고 할 수 있다. 1978년 경남 고리에 우리나라 최초의 원자력 발전소가 설립되면서 이에 반대하는 운동이 시작되어, 1982년에 한국공해문제연구소가 창립되었고 1993년에 공해추방시민운동연합과 통합하여 환경운동연합을 조직하여 현재까지 활동을 하고 있다. 지역사회 차원에서는 원전이나 핵폐기물처리장, 쓰레기 매립장 등에 대한 반대운동 등이 있다. 이러한 환경권운동은 '건강하고 쾌적한 환경에서 살 권리'가 지역주민에게 있고, 그것의 침해에 대한 올바른 저항이라고 할 수 있다. 또한 잊지 말아야 할 것은 환경은 자신의 세대에만 해당되는 것이 아니라 후속세대에도 영향을 미친다는 것이다. 지금 현재 깨끗한 공기, 깨끗한 물을 만들고 유지하는 것은 지속가능한 사회를 위해 꼭 필요하다. 그럼에도 불구하고 환경문제는 지역사회개발의 논리에 묻혀 훼손되었고, 그 결과 지역주민 간의 갈등이 심해져 오랫동안 같이 살아온 이웃들을 서로 반목하게 만들기도 했다.

2) 사례 : 밀양 송전탑 반대운동

2000년대에 들어와 정부와 한국전력공사는 신고리 원자력발전소에서 생산되는 전력을 경남 창녕에 있는 북경남변전소까지 가져가기 위해 '신고리-북경남 765kV 송전선로 공사' 사업 계획을 세웠다. 2000년부터 추진된 사업은 밀양시 등 관계 기관과도 협의를 마친 상태였지만 정작 주민들은 잘 모르고 있었다. 뒤늦게 사태를 직시한 해당 지역주민이 반발하자 정부와 공사는 2005년 첫 주민설명회를 개최했으나 주민들은 매우 미흡하게 여겼다. 이 자리에 참석한 인원은 송전선로가 지나는 5개 면 11개 마을의 총 인구 2만 1,000여 명의 0.6%(126명)에 불과했던 것이다. 이후에도 정보는 충분히 공유되지 못했고, 마을 사람들은 협의의 장에 가지 못했다. 회사 측은 마을 사람들과 비공식적으로, 일대일로 만나는 방식을 택했다. 이들은 '합의서 도장'을 찍는다는 조건으로 자녀의 취업을 약속하거나, 선물이나 접대를 제공했다고 한다(밀양 765kV 송전탑반대대책위, 2015). 반대과정에서 주민 한 명의 분신자살도 있었지만 정부와 한전은 송전탑 건립을 강행하였다.

주민들은 반대운동 과정에서 받은 인권침해나 건강권 침해보다 마을 공동체의 파괴를 가장 아파하고 있다. 찬성과 반대 주민으로 나뉘었고, 그 아픔은 지금도 이어지고 있다. 밀양송전탑 반대투쟁 백서(2015)에는 11개 마을마다 벌어졌던 마을 공동체 파괴 상황을 이렇게 표현하고 있다. "불신의 터전 위에 밀양 주민들은 계속해서 주민 간 사법 분쟁으로 내몰리고 있다"며 "마을은 이제 되돌리기 어려울 정도로 분열되었다. 돈(보상)으로 마을 공동체를 분열시킨, 수백 년 이어져 내려온 마을을 철탑으로 찢고, 돈으로 다시 한번 찢어낸 그 죄에 대한 책임을 한전과 정부에서 져야 한다"고 촉구하고 있는 상황이다.

참고문헌

김종일(2012). 지역사회복지론(개정신판). 서울 : 청목출판사.

밀양 765kV 송전탑반대대책위(2015). 밀양송전탑 반대투쟁 백서(2005~2015). 서울시마을만들기지원센터.

서종균(2011). 주거권 운동의 역사와 과제. 도시와 빈곤, 90. 한국도시연구소.

이대중(2013). 협동조합, 참 쉽다. 서울 : 푸른지식.

이창곤(2014). 복지국가를 만든 사람들. 서울 : 인간과 복지.

정기석(2016). 마을전문가가 만난 24인의 마을주의자. 경남 : 펄북스.

한밭레츠(2016). 정기총회자료집. www.tjlets.or.kr

현외성(2011). 사회복지운동론. 경기 : 공동체.

찾아보기

인명

내용

기타

저/자/약/력

■ 김영란
Catholic University of America. 사회복지학 박사
목포대학교 사회복지학과 교수
yrkim@mokpo.ac.kr

■ 김형준
강남대학교 대학원 사회복지학 박사
부천대학교 사회복지학과 조교수
hjk11@bc.ac.kr

■ 전진호
가톨릭대학교 대학원 사회복지학과 박사과정 수료
전) 경희대학교 공공대학원 객원교수
welljin@catholic.ac.kr

■ 한상미
가톨릭대학교 대학원 문학박사(사회복지 전공)
인덕대학교 사회복지학과 부교수
smhan@induk.ac.kr

【제3판】

지역사회복지론

|공저자| 김영란 · 김형준 · 전진호 · 한상미

|1판 1쇄| 발행 2018년 3월 2일
|1판 3쇄| 발행 2019년 7월 30일
|2판 1쇄| 발행 2020년 2월 29일
|2판 5쇄| 발행 2023년 9월 15일
|3판 1쇄| 발행 2024년 8월 30일
|3판 2쇄| 발행 2025년 7월 30일

|발행인| 김동훈
|발행처| 공동체

|주소| 경기도 고양시 일산동구 호수로 358-39, 동문타워 I 905호(백석동)
|전화| 031) 814-3000(대표)
|팩스| 031) 814-3100
|홈페이지| http://www.compub.co.kr
|전자우편| compub@naver.com
|출판등록| 2005년 10월 6일
|등록번호| 제396-2005-36호

|ISBN| 979-11-6725-600-3
정가 **23,000원**

MEMO

MEMO

MEMO